物流工程与管理系列教材

物流工程与管理概论

Introduction to Logistics Engineering and Management

齐二石　霍艳芳　刘　亮　编著

清华大学出版社
北　京

内 容 简 介

本书汇总了国内外学者的观点,研究了物流的基本概念和作用,描述了物流理论与方法产生的原因和历史过程,在此基础上,系统地表达了物流工程与管理的学科体系,说明了该学科的研究对象、研究方法和主要的专业基础理论,如物流管理学、物流经济学和物流系统工程学等,详细地说明了物流系统、功能及其应用;介绍了物流工程与物流管理的主要内容。本书最后介绍了物流发展的最新动态。本书为"物流工程与管理系列教材"起了一个开头和奠定基础的作用,作为物流学科的概论是比较合适的。

本书可用于工业工程专业和物流工程专业,也可用于工商管理中的物流管理和电子商务等专业。为便于教学,本书为教师提供电子课件。

本书封面贴有清华大学出版社防伪标签,无标签者不得销售。
版权所有,侵权必究。举报: 010-62782989,beiqinquan@tup.tsinghua.edu.cn。

图书在版编目(CIP)数据

物流工程与管理概论/齐二石,霍艳芳,刘亮编著. —北京:清华大学出版社,2009.6(2023.9重印)
(物流工程与管理系列教材)
ISBN 978-7-302-18569-7

Ⅰ. 物… Ⅱ. ① 齐… ② 霍… ③ 刘… Ⅲ. 物流—物资管理 Ⅳ. F252

中国版本图书馆 CIP 数据核字(2008)第 142266 号

责任编辑:高晓蔚
责任校对:宋玉莲
责任印制:杨 艳

出版发行:清华大学出版社
网 址:http://www.tup.com.cn,http://www.wqbook.com
地 址:北京清华大学学研大厦 A 座
邮 编:100084
社 总 机:010-83470000
邮 购:010-62786544
投稿与读者服务:010-62776969,c-service@tup.tsinghua.edu.cn
质 量 反 馈:010-62772015,zhiliang@tup.tsinghua.edu.cn

印 装 者:北京鑫海金澳胶印有限公司
经 销:全国新华书店
开 本:185mm×230mm 印 张:23.75 插 页:1 字 数:485 千字
版 次:2009 年 6 月第 1 版 印 次:2023 年 9 月第 10 次印刷
定 价:59.00 元

产品编号:027083-02

物流工程与管理系列教材
编 委 会

主任委员：齐二石

委　　员：（按拼音顺序）

蔡临宁　清华大学机械工程学院

方庆琯　安徽工业大学机械工程学院

霍佳震　同济大学经济与管理学院

霍艳芳　天津大学管理学院

彭　岩　天津大学管理学院

齐二石　天津大学管理学院

徐广姝　北京物资学院

尤建新　同济大学中国科技管理研究院

张志勇　北京物资学院

PREFACE

随着经济全球化进程的加快和世界经济的高速发展,现代物流已成为继生产和营销之外的"第三利润源泉"。现代物流在全球范围内已成长为一个充满生机并具有巨大发展潜力的新兴行业,其发展水平正在成为衡量一个国家综合国力、经济运行质量和企业竞争力的重要指标之一。随着我国社会主义市场经济的飞速发展,物流业越来越受到广泛重视。

物流工程与管理是社会经济发展与科技进步的产物。从20世纪初科学管理产生(后更名为工业工程),以泰勒和吉尔布雷斯等为代表的工业工程师主要通过工程设计手段来提高生产作业现场的效率。那时就有了作业现场布置以及工件、工具和动作的流程、顺序及方法研究,虽然称之为工作研究,但其中孕育后来物流的概念和原理,也为提高企业现场效率提供了有效的理论与技术。随着生产的发展,人们逐渐开始注重工厂及企业的整体效益,要求作业现场的效率要服从全厂、全企业的效率,于是产生了工厂布置与物料搬运(plant layout and materials handling),这也是早期的企业物流系统方法,时至今日仍然是企业提高整体效益和竞争力的重要手段之一。20世纪70年代后,世界经济高速发展,商品经济的专业化分工深入,人们更加注重区域与社会效益,使得企业间的效益分配关系变得更为重要。所以专业化分工使企业间的供应运输、物料配送、产品销售等都由专业化物流公司来承担,制造企业只需将精力和资金集中在自己的制造优势上,于是就产生了以服务为主要功能的第三方物流企业。后来由于对企业本身物流系统改善与提高和第三方物流企业的规划、设计、运营等提出咨询、经营和改善的需求,又产生了专门为物流业服务的第四方物流企业,加之区域物流和国际贸易的高速增长的需求而产生了非常活跃的国际物流等,从而产生了庞大的物流产业,也为社会其他产业的发展提供了无限的动力和基础。

我国关于物流系统的研究始于20世纪80年代初,其需求主要产生于制造业。当时在机械工业部等部委所属的工厂设计院的总图布置业务就提出了我国早期的物流,后来国家物资部注意了物资流通的管理和研究,这类问题研究称之为物资调配(physical distribution)。而中国社会科学院在那时也开展了物流经济和物流学(logistics)的研究。随着我国社会主义市场经济的快速发展,短短二三十年时间,物流已在我国经济发展中具有异常重要的地位,物流研究与教育也得到蓬勃发展,建立一套基础性物流工程与管理的教材已经十分重要。

目前作为研究的对象,物流系统已经明确地划分为两类:一类是企业内部的物流系统,它对企业管理的效益起着非常重要的作用;另一类是所谓的社会物流系统,它既要解决企业间的物流服务问题,又具有对区域经济和社会经济效益起决定意义的系统功能。因此物流工程与管理在21世纪高等人才教育的知识结构中占有极为重要的位置。更重要的是,物流工程与管理具有科学的规律性一面,又具有与地方文化、企业文化密切相关的"本土化"的一面。日本丰田公司在吸收了美国工业工程治理与技术体系的基础上,结合日本文化和丰田公司本身的企业理念与特征,创建的独具特色的精益物流系统的管理创新活动,对于中国的企业管理乃至整个管理科学和工业工程科学工作者来说都是极具参考价值的理论与实践。显然,我国的物流工程与管理也必然是中国式的,一定是"西方的理论与中国社会主义市场经济相结合的"产物。正因如此,本套教材的难度就越来越大,既要考虑理论与技术上的主流内容、本科学习水平与程度上的需要和发展趋势,还要考虑企业物流分析、设计和管理的需要,以及社会物流系统设计与管理的需要。

近几年物流学科发展相当快,不仅在工业工程专业中设有物流工程方向,而且还在工学和管理学分别设立了物流工程和物流管理专业等,但也出现了体系重叠等问题。有鉴于此,本套教材以教育部物流类专业教学指导委员会发布的"物流工程"和"物流管理"专业指导性培养方案以及教育部管理科学与工程类专业教学指导委员会发布的"管理科学与工程教学要点"为参考依据,并引进许多案例,以适应物流工程与管理教学和学科发展的需要。

本套教材重点考虑了物流学科的管理内容,也考虑了一定的物流技术内容。因而本套教材既可用于工业工程专业和物流工程专业,也可用于工商管理中的物流管理和电子商务等专业。

全套教材共分7种。《物流工程与管理概论》,天津大学齐二石等编著;《物流系统规划与设计》,同济大学尤建新等编著;《物流管理信息系统》,同济大学霍佳震等编著;《物流系统运作管理》,北京物资学院张志勇等编著;《物流企业管理》,天津大学彭岩等编著;《物流系统仿真》,清华大学蔡临宁等编著;《物流系统设施与设备》,安徽工业大学方庆琯等编著。

由于物流工程与管理学科、我国经济之快速发展以及我国经济存在的特殊情况,加之本套书乃属新书系列,且作者水平有限,编写难免存在不当之处,敬请读者和同仁给予批评指正。

2008年9月

FOREWORD

每个国家商品经济的发展都要有这样一个过程,当资本原始积累基本完成,而工业化也从初期发展到中期阶段时,社会化的分工就越来越专业化。一个公司原来是产、供、销全过程的,由小到大,到大而全,它在专业化分工的巨大浪潮中由于利润分配原则和成本过高不利于公司的竞争发展,从而进行了外包(outsourcing)等活动,将其上游生产过程和下游销售活动分离或外包出去,成为不同的法人,公司抓住原有的核心能力部分(也许是生产、研发),像日本的丰田公司。丰田的销售公司早已独立成完全从事营销活动的专业化公司,而丰田的上游零部件企业也完全独立并参与丰田公司的准时制生产,形成了强大的供应链。另一方面,社会发展的本身也促进许多公司完全变成从事制造服务的专业化公司(也许原来是生产、供销完整的公司)。这个发展过程说明了社会商品经济的进步,在这个进步中,物流的角色毫无疑问越来越重要。

本来物流是制造业中的一部分,是一个管理子系统,但是随着社会经济的发展,特别是今天的经济全球化趋势,使其作用不断扩大,它既扮演生产过程不可缺少的一部分,又扮演企业间和社会生产、消费全系统、全过程十分重要的一个部分。自20世纪80年代以来,我国经济突飞猛进的发展,也使得物流快速蓬勃发展。本来它是工业工程学科的一个方向、分支,属于管理科学与工程这个一级学科的一部分,然而物流的发展突破了人们的想象,在区域经济、社会整体经济中越来越重要、活跃。在我国高校专业设置上,为满足社会发展的人才需要,就出现了在工学中的物流工程和管理学中的工商管理的物流管理专业,乃至还出现了物流与电子商务等更加多的物流相关学科。

我作为教育部学科发展与设置专家委员会的委员,曾多次提出这些物流专业在学科属性和服务对象上无明显的不同,它既有工程学科的分析、设计等工程属性,又有管理学科的经营、运作和控制等管理属性,因而这个学科最适合的称谓应该是"物流工程与管理"。鉴于许多学者也有此意,加之清华大学出版社的支持,为了试探性地来系统、专业、规范地支持与指导这门学科的发展,所以出版这套物流工程与管理的教材,以供各大学的工业工程、物流工程、物流管理乃至电子商务等专业参考与使用。

本书主要由我和天津大学霍艳芳副教授、刘亮博士主持编写。毛照昉、李晓梅、许永龙、杨道箭、温艳、张洪亮、谢秋、王玻等人参与了编写工作。毛照昉参加了第一、八章的编写，李晓梅参与了第二、六章的编写，杨道箭编写了第一、二章的部分内容，王玻参与了第三章的编写，温艳参与了第四、六章的编写，谢秋参加了第五章的编写，许永龙编写了第七章的主要内容，张洪亮参与了第八章的编写。

本书编写过程中参阅借鉴了大量文献资料，谨向相关作者致以衷心的感谢。由于篇幅和其他原因，引用标注可能在本书的参考文献中有所遗漏，敬请谅解！由于作者知识有限，物流在中国发展迅速，本书不可能概括全面，肯定有诸多不妥之处，请同仁和读者批评指正。

齐二石

2008 年 10 月

CONTENTS

第1章 绪论 ··· 1
 本章要点 ··· 1
 1.1 物流的概念与目标 ··· 1
  1.1.1 物流的概念 ··· 1
  1.1.2 物流的定义 ··· 1
  1.1.3 物流的目标 ··· 3
 1.2 物流的三要素及分类 ·· 4
  1.2.1 物流的三要素 ·· 4
  1.2.2 物流的分类 ··· 5
 1.3 物流的作用 ·· 9
  1.3.1 物流的效用 ··· 9
  1.3.2 物流提供增值服务 ·· 11
  1.3.3 物流的作用 ··· 11
 1.4 物流与商流和信息流的关系 ··· 14
  1.4.1 物流与商流 ··· 14
  1.4.2 物流、商流和信息流之间的关系 ··································· 15
 案例 沃尔玛"天天平价"背后的奥秘 ··· 16
 思考题 ··· 17

第2章 物流的产生和发展 ·· 18
 本章要点 ··· 18
 2.1 物流概念的产生与演进 ··· 18
 2.2 美国物流的发展 ·· 24
  2.2.1 美国物流的发展历程 ·· 26

V

2.2.2 美国物流业的发展趋势 ………………………………………… 31
　　2.2.3 美国物流业的政策法规 ………………………………………… 34
2.3 日本物流的发展 ……………………………………………………… 37
　　2.3.1 日本物流的发展历程 …………………………………………… 38
　　2.3.2 日本物流业的发展趋势 ………………………………………… 41
　　2.3.3 日本政府对物流业的政策 ……………………………………… 41
2.4 中国物流的发展 ……………………………………………………… 47
　　2.4.1 中国物流的发展历程 …………………………………………… 48
　　2.4.2 中国物流业的现状 ……………………………………………… 50
　　2.4.3 中国物流业存在的问题 ………………………………………… 55
　　2.4.4 发展趋势 ………………………………………………………… 57
案例　中石油物流：寻找水晶鞋 ………………………………………… 59
思考题 ……………………………………………………………………… 61

第 3 章　物流工程与管理学科体系 …………………………………… 62

本章要点 …………………………………………………………………… 62
3.1 体系架构 ……………………………………………………………… 62
3.2 物流工程与管理核心问题 …………………………………………… 64
　　3.2.1 研究对象 ………………………………………………………… 64
　　3.2.2 研究内容 ………………………………………………………… 64
　　3.2.3 学科性质 ………………………………………………………… 65
　　3.2.4 研究方法 ………………………………………………………… 66
　　3.2.5 基本原理 ………………………………………………………… 67
　　3.2.6 基本技术 ………………………………………………………… 67
3.3 管理学与物流 ………………………………………………………… 69
3.4 物流经济学 …………………………………………………………… 70
　　3.4.1 物流经济学概述 ………………………………………………… 70
　　3.4.2 物流经济的性质及特征 ………………………………………… 73
　　3.4.3 物流市场的需求与供给 ………………………………………… 75
3.5 物流系统工程 ………………………………………………………… 96
　　3.5.1 物流系统工程的核心内容 ……………………………………… 96
　　3.5.2 物流系统工程的常用技术 ……………………………………… 98
案例　某机械制造企业生产物流合理化改造 …………………………… 101
案例讨论题 ………………………………………………………………… 104

思考题 ··· 104

第4章　物流系统及其功能 ··· 105
　本章要点 ·· 105
　4.1　物流系统概述 ·· 105
　　4.1.1　物流系统定义与特点 ·· 105
　　4.1.2　物流系统的目标 ··· 107
　　4.1.3　物流系统功能要素 ·· 107
　　4.1.4　物流系统基本模式 ·· 109
　4.2　运输 ·· 109
　　4.2.1　运输概述 ··· 109
　　4.2.2　运输方式的分类 ··· 111
　　4.2.3　运输合理化 ··· 113
　4.3　仓储 ·· 117
　　4.3.1　仓储的有关概念 ··· 117
　　4.3.2　储存的地位与作用 ·· 118
　　4.3.3　储存作业流程 ·· 119
　　4.3.4　储存合理化 ··· 121
　4.4　装卸搬运 ··· 125
　　4.4.1　装卸搬运的概念 ··· 125
　　4.4.2　装卸搬运的作用 ··· 125
　　4.4.3　装卸搬运的特点 ··· 126
　　4.4.4　装卸搬运的分类 ··· 127
　　4.4.5　装卸搬运的合理化措施 ·· 127
　4.5　包装 ·· 129
　　4.5.1　包装的概念及其作用 ·· 129
　　4.5.2　包装的分类 ··· 131
　　4.5.3　各种包装材料的特点 ·· 132
　　4.5.4　包装合理化 ··· 133
　4.6　流通加工 ··· 134
　　4.6.1　流通加工的概念 ··· 134
　　4.6.2　流通加工的作用 ··· 135
　　4.6.3　流通加工的分类 ··· 136
　　4.6.4　流通加工合理化 ··· 137

- 4.7 配送 ……………………………………………………………………………… 138
  - 4.7.1 配送的概念及其特点 ……………………………………………… 138
  - 4.7.2 配送的分类 …………………………………………………………… 140
  - 4.7.3 配送中心的定义及功能 …………………………………………… 142
  - 4.7.4 配送中心的工作流程 ………………………………………………… 143
  - 4.7.5 物流合理化 …………………………………………………………… 144
- 4.8 物流信息 ……………………………………………………………………… 145
  - 4.8.1 物流信息的定义及特点 …………………………………………… 145
  - 4.8.2 物流信息的作用 ……………………………………………………… 146
  - 4.8.3 物流信息系统的概念及特征 ……………………………………… 147
  - 4.8.4 物流信息系统的基本功能 ………………………………………… 148
  - 4.8.5 常用的物流信息系统 ……………………………………………… 149
- 案例 1 美国先进的电子商务物流配送模式 ………………………………… 154
- 案例 2 沃尔玛的物流体系与信息技术 ……………………………………… 156
- 案例讨论题 …………………………………………………………………………… 158
- 思考题 ………………………………………………………………………………… 159

第 5 章 物流应用系统 ……………………………………………………………… 160

- 本章要点 …………………………………………………………………………… 160
- 5.1 基本体系构成 ………………………………………………………………… 160
- 5.2 企业物流 ……………………………………………………………………… 161
  - 5.2.1 企业物流系统概述 …………………………………………………… 161
  - 5.2.2 企业生产物流系统 …………………………………………………… 164
  - 5.2.3 企业物流系统的类型 ………………………………………………… 167
  - 5.2.4 企业物流系统分析方法 …………………………………………… 168
  - 5.2.5 物流系统合理化的原则和途径 …………………………………… 173
- 5.3 区域物流 ……………………………………………………………………… 177
  - 5.3.1 区域物流及其特点 …………………………………………………… 177
  - 5.3.2 区域物流与区域经济 ………………………………………………… 179
  - 5.3.3 区域物流规划 ………………………………………………………… 181
- 5.4 国际物流 ……………………………………………………………………… 184
  - 5.4.1 国际物流的概念 ……………………………………………………… 184
  - 5.4.2 国际物流的发展过程、成因及特点 ……………………………… 185
  - 5.4.3 国际物流业务流程及国际物流系统分析 ………………………… 189

   5.4.4 国际物流发展的建议与对策 …………………………………………… 192
  5.5 第三方物流 …………………………………………………………………… 193
   5.5.1 第三方物流的定义 ………………………………………………………… 193
   5.5.2 第三方物流企业的分类 …………………………………………………… 193
   5.5.3 第三方物流的价值体现 …………………………………………………… 194
   5.5.4 企业选择第三方物流服务的一般决策过程 ……………………………… 197
 案例 第三方物流（宝供与宝洁——基于双赢的合作）………………………………… 200
 思考题 …………………………………………………………………………………… 201

第6章 物流工程技术与方法 …………………………………………………………… 202

 本章要点 ………………………………………………………………………………… 202
 6.1 总体体系架构 ………………………………………………………………… 202
   6.1.1 物流工程的产生 …………………………………………………………… 202
   6.1.2 物流工程的研究意义 ……………………………………………………… 203
   6.1.3 物流工程的目标 …………………………………………………………… 205
   6.1.4 物流工程的研究内容 ……………………………………………………… 207
   6.1.5 物流工程的常用技术 ……………………………………………………… 209
 6.2 设施规划与设计 ……………………………………………………………… 211
   6.2.1 设施规划与设计概述 ……………………………………………………… 211
   6.2.2 场址选择的任务和意义 …………………………………………………… 213
   6.2.3 场址选择考虑的因素 ……………………………………………………… 214
   6.2.4 场址选择的步骤和内容 …………………………………………………… 215
   6.2.5 场址选择的方法 …………………………………………………………… 216
   6.2.6 设施布置设计 ……………………………………………………………… 220
   6.2.7 系统布置分析的基本要素 ………………………………………………… 222
   6.2.8 系统布置设计 ……………………………………………………………… 224
 6.3 库存与仓储 …………………………………………………………………… 225
   6.3.1 库存的定义、种类及作用 ………………………………………………… 225
   6.3.2 库存成本 …………………………………………………………………… 227
   6.3.3 独立需求库存系统 ………………………………………………………… 228
   6.3.4 相关需求的库存系统——MRP …………………………………………… 233
   6.3.5 ABC 分类法 ………………………………………………………………… 237
   6.3.6 仓库的规划与设计 ………………………………………………………… 238

- 6.4 器具与设备 ... 240
  - 6.4.1 器具与设备的分类 ... 240
  - 6.4.2 物流仓库设备 ... 241
  - 6.4.3 装卸搬运机械 ... 244
  - 6.4.4 集装单元器具 ... 249
  - 6.4.5 自动化仓库 ... 255
- 6.5 运输与搬运 ... 258
  - 6.5.1 运输系统中分析与决策的主要内容 ... 258
  - 6.5.2 运输优化与运输模型 ... 259
  - 6.5.3 物料搬运系统 ... 262
  - 6.5.4 物料搬运系统分析设计方法 ... 264
- 6.6 物流标准化 ... 269
  - 6.6.1 物流标准化的概念及特点 ... 269
  - 6.6.2 物流标准的种类 ... 270
  - 6.6.3 物流标准化的意义及作用 ... 272
  - 6.6.4 物流标准化的方法 ... 273
- 案例 惠普选址 ... 274
- 案例讨论题 ... 276
- 思考题 ... 276

第7章 物流管理 ... 278

- 本章要点 ... 278
- 7.1 物流管理概述 ... 278
  - 7.1.1 物流管理的定义 ... 278
  - 7.1.2 物流管理的目标 ... 279
  - 7.1.3 物流管理的必要性与重要性 ... 280
  - 7.1.4 物流管理的内容 ... 281
- 7.2 物流组织 ... 282
  - 7.2.1 物流/供应链组织选择概述 ... 282
  - 7.2.2 物流组织结构 ... 284
  - 7.2.3 跨职能组织 ... 287
  - 7.2.4 虚拟组织 ... 287
- 7.3 物流战略管理 ... 288
  - 7.3.1 物流战略概述 ... 288

  7.3.2 物流战略环境分析 290
  7.3.3 物流战略选择与实施 292
 7.4 物流成本管理 301
  7.4.1 物流成本结构 302
  7.4.2 物流成本核算 309
  7.4.3 物流成本管理策略 311
 7.5 物流系统绩效评价 314
  7.5.1 物流系统评价概述 314
  7.5.2 物流系统绩效的评价方法 317
 案例 日本物流的发展战略 326
 思考题 329

第8章 物流发展的最新动态 331

 8.1 供应链管理 331
  8.1.1 供应链的概念、特征及类型 331
  8.1.2 供应链管理的概念及其演化 334
  8.1.3 供应链管理的内容及基本原则 335
  8.1.4 典型供应链管理方法介绍 337
 8.2 绿色物流 342
  8.2.1 绿色物流的概念 342
  8.2.2 绿色物流产生的背景和意义 343
  8.2.3 绿色物流系统构成 345
  8.2.4 逆向物流 348
 8.3 第四方物流 350
  8.3.1 第四方物流的概念与特征 350
  8.3.2 第四方物流的运作模式 354
 案例1 戴尔公司的供应链管理 355
 案例2 日本夏普公司的绿色包装与绿色运输 357
 思考题 359

参考文献 360

第1章 绪 论

本章从物流基本概念的直观理解入手,在详尽分析目前国内外物流定义的基础上,给出本书对物流的定义,并对物流三要素和七种分类方法进行了描述;分析了物流服务的特性与目标;从不同角度说明了物流的作用;分析了物流、商流和信息流三者之间的关系;最后讨论了物流工程与管理的内容与方法。

1.1 物流的概念与目标

1.1.1 物流的概念

物流中"物"是指一切可以进行物理性位置移动的物质资料,泛指一切物质实体,有物资、物品、物体的含义。物流学中的"流",指的是物理性运动,有运动、移动和流动的含义,不包括化学、生物、机械、社会的运动。值得一提的是,静止也是"流"的一种运动形态。

有人认为物流就是流通,但其实物流不是流通,而是流通的一部分;有人认为物流就是储运,但其实物流不是储运,而储运却是物流的一部分。传统意义上的物流是指物的流动,即物质实体的流动过程,具体指运输、贮存、配送、装卸、保管、物流信息管理等各种活动。物流是一个系统、一个过程、一个职业和一门学科。

1.1.2 物流的定义[①]

随着物流概念的国际化,物流含义有了新发展,不同学者给出了不同定义,下面是几种有代表性的定义。

(1) 美国供应链管理专业协会(Council of Supply Chain Management Professionals,CSCMP):"物流管理是供应链管理的一部分,是对货物、服务及相关信息从起源地到消

---

① 本部分参考王国华. 中国现代物流大全[M]. 北京:中国铁道出版社,2004.

费地的有效率、有效益的正向和反向流动和储存进行的计划、执行和控制,以满足顾客要求。"该定义中,明确指出物流管理是供应链管理的一部分,从而给物流确定了一个明确而合理的位置,物流管理必须从供应链的角度进行,物流系统从属于供应链系统,因此我们从事的物流管理必须是供应链的物流管理。

(2) 欧洲物流协会(European Logistics Association,ELA)于1994年发表的《物流术语》中将物流定义为:"物流是在一个系统内人员或商品的运输、安排及与此相关的支持活动的计划、执行与控制,以达到特定的目的。"欧洲物流协会的这个术语标准已经成为欧洲标准化委员会的物流定义。

(3) 日本日通综合研究所的《物流手册》中,把物流解释为"物流是把物资从供给者手里移动到需要者手里,创造时间性、场所性价值的经济活动",它的活动领域是"包装、搬运、保管、在库管理、流通加工、运输、配送等"。物流有种种目的(出货量、目的地、收货人、成本、时间、服务水平等条件),为了达到其目的,需要使用物流技术(包装方法、运输方法、搬运方法、保管方法、信息处理技术等),并且为了有效地操作,需要管理活动。

(4) 2001年,我国颁布的《中华人民共和国国家标准 物流术语》(GB/T 18354—2001)中将物流定义为:"物品从供应地向接收地的实体流动过程。根据实际需要,将运输、贮存、装卸、搬运、包装、流通加工、配送、信息处理等基本功能实现有机结合。"

(5) 中国台湾的物流定义以台湾物流管理协会于1996年给出的最具代表性:"物流是一种物的实体流通活动的行为,在流通过程中,通过管理程序有效结合运输、仓储、装卸、包装、流通加工、资讯等相关物流机能性活动,以创造价值,满足顾客及社会性需求。"

从上述各种定义中可以得出各国物流定义特点,见表1-1,同时可以得出物流的定义有以下共性:

① 物流是一个过程,是一个将实物(有人认为也应包括人)从起源地(供应地)向消费地(接收地)进行流动,以消除其空间阻隔和时间阻隔的过程。

② 物流过程由若干环节所组成。在中国的物流定义中,对这一组成环节叙述得最为明确,分别为运输、储存、装卸和搬运、包装、流通加工、配送、信息处理7个基本环节。

③ 物流过程的有机组合,其目的是为了提高过程效率,即以最少的投入,达到最大的物流效果。

④ 物流过程所追求的是"满足顾客要求"。物流过程的设计、策划、整合,均应以满足顾客要求为最终目标;一切物流活动,均应围绕顾客需求而展开。

因此,我们认为现代物流应定义为:"泛指原材料、产成品从起点至终点及相关信息有效流动的全过程,它将运输、仓储、装卸、加工、整理、配送、信息等方面有机结合,形成完整的系统,进行的计划、执行与控制,为用户提供多功能、一体化的综合服务。"

表 1-1　各国(地区)物流定义特点的比较与分析

国家或地区	定义的特点	总　　　结
美国	从企业管理的角度出发,明确指出物流是供应链的一部分,强调了客户服务思想。	欧美国家的物流定义较多地强调了组织管理,中国、日本和中国台湾则较多地强调物流的功能和过程。
日本	从物流所包含的内容出发,强调了物流活动过程的一体性。	
欧洲	从企业管理的角度出发,强调了供应链思想。	
中国	从物流所包含的功能出发,强调了物流功能的有机结合性。	
中国台湾	从物流活动的过程出发,强调了物流活动过程的一体性和客户服务思想。	

1.1.3　物流的目标

一个有效的物流系统所追求的一般目标有以下几个主要方面。

1. 良好的服务

物流系统是流通系统的一部分,它连接着生产与消费两个环节,因此要求物流系统应具有很强的服务性。这就要求始终以用户为中心,并树立"用户第一"观念。物流系统采取送货、配送等形式是其服务性的具体体现。在技术方面,"准时供货"、"柔性供货"等理念的实施,正是为了提供良好的服务。

2. 准时制

准时制(just in time,JIT)不但是服务性的延伸,也是用户对物流提出的较为严格的要求。因为,准时制不能容忍在物流过程中时间和空间的浪费。因此,物流速度问题不仅是用户提出的要求,而且也是社会发展进步的要求。随着社会大生产的发展,这一要求变得更加强烈。追求准时制,促使人们在物流领域采取诸如直达物流、多式联运、高速公路系统等一系列管理和技术。

3. 节约

节约是经济领域的重要规律,在物流领域中除流通时间的节约外,由于流通过程消耗大而又基本上不增加商品使用价值,所以依靠节约来降低投入,是提高相对产出的重要手段。因此,物流过程作为"第三利润源泉"就是依靠节约成本来实现的。在物流领域为推行集约化方式，提高单位物流的能力而采取的各种节约、省力、降耗措施，正是节约的体现。

4．规模优化

以物流规模作为物流系统的目标，目的是为了追求"规模效益"。规模效益问题在流通领域如生产领域一样，是人们追求的目标，但是由于物流系统比生产系统的稳定性差，往往难以实现规模化的要求。当前大量出现的所谓"第三方物流"、"物流园区"等正是物流集约化的体现。

5．库存调节

库存调节是物流系统本身调控的要求，当然也涉及物流系统的效益。物流系统是通过本身的库存，起到对社会物流需求的保证作用，从而创造一个良好的社会外部环境。在物流领域中正确确定库存方式、库存数量、库存结构和库存分布，就是这一目标的体现。

1.2　物流的三要素及分类

1.2.1　物流的三要素

所谓物流三要素是指物流活动中需要具备的三个最基本的要素，即流体、载体和流向。物流三要素的内涵是任何传统的运输或仓储或物资流通都无法包容的。

（1）流体

流体指物流中的"物"。因为物流的目的是实现"物"从供应者向需要者的流动，尽管为实现此目的，有一部分"物"要不断地储存在仓库中，这也是流动的前提，是流动的一种形式，但所有的"物"终究都要经过运输等形式实现空间上的移动。因此，总的来说，"物"是处于不断流动状态的。

流体具有社会属性和自然属性。社会属性指其所体现的价值，以及生产者、采购者、物流作业者与销售者之间的各种关系，有些重要物品作为物流的流体还关系着国计民生，因此在物流过程中要保护流体的社会属性不受任何影响。自然属性是指物理、化学、生物属性。物流管理的任务之一是要保护好流体，使其自然属性不受损坏，因而需要对流体进行检验、养护，在物流过程中需根据自然属性合理安排运输、保管、装卸等物流作业。

根据流体的自然属性和社会属性，可以计算流体的价值系数，即每立方米体积商品的价值。该系数可以反映商品的贵贱，对物流部门确定物流作业方案有重要参考价值，价值系数越大的商品，物流过程越要精心。一方面可采取商品保险措施，同时运输、保管、包装、装卸等各个环节的组织与作业均要精心安排。

（2）载体

载体指流体借以流动的设施和设备。载体分为两类,一类是直接盛载并运送流体的设备,如车辆、船舶、飞机、装卸搬运设备等,另一类指基础设施,如铁路、公路、水路、港口、车站、机场等基础设施。物流载体的状况尤其是物流基础设施的状况直接决定物流的质量、效率和效益。

（3）流向

流向指从流体起点到止点的流动方向。物流的流动方向有三种：一种是自然流向,指根据产销关系所决定的商品的流向,这表明一种客观需要,即商品要从产地流向销地；二是市场流向,指根据市场供求规律由市场确定的商品流向；三是实际流向,指在物流过程中实际发生的流向。

对某种商品而言,可能会同时存在以上几种流向,如根据市场供求关系确定的商品流向是市场流向,这种流向反映了产销之间的必需联系,是自然流向；实际发生物流时还需根据具体情况来确定运输路线和调运方案,这才是最终确定的流向,这种流向是实际流向。在确定物流流向时,理想的状况是商品的自然流向与商品的实际流向相一致,由于载体的原因,导致商品的实际流向经常偏离自然流向。

物流的流体、载体和流向三要素之间有极强的内在联系。如流体的自然属性决定了载体的类型和规模,流体的社会属性决定了流向,载体对流向有制约作用,载体的状况对流体的自然属性和社会属性均产生影响。因此,进行物流活动要注意处理好三要素之间的关系,否则就会使物流成本提高、服务降低、效益低下、效率下降。

1.2.2 物流的分类[①]

按照不同的标准,物流可作不同的分类。物流分类的目的是为了便于管理。政府部门可以依此对物流行业进行市场监管、行业管理和制定规章政策；物流企业可以依此对自身进行市场定位,制定相应的营销管理策略；科研机构则可以依此对物流行业进行科学研究。在物流研究与实践过程中,针对不同类型的物流,需要采取不同的运作方式、管理方法等；针对相同类型的物流活动,可以进行类比分析、规模整合等。通常物流可以按以下几种方式分类。

1. 按照从事物流的主体进行划分,可分为第一、二、三、四、五方物流等

（1）第一方物流是指需求方(生产企业或流通企业)为满足自己企业在物流方面的需求,由自己完成或运作的物流业务。

---

① 本部分参考汝宜红. 物流运作管理[M]. 北京：清华大学出版社,2003.

(2) 第二方物流是指供应方(生产厂家或原材料供应商)专业物流部门,提供运输、仓储等单一或某种物流服务的物流业务。

(3) 第三方物流(third party logistics,3PL 或 TPL)是指由物流的供应方与需求方以外的物流企业提供的物流服务。即由第三方专业物流企业以签订合同的方式为其委托人提供所有的或一部分的物流服务。所以第三方物流也称之为合同制物流。

(4) 第四方物流(fourth party logistics,4PL)是一个供应链的集成商,是供需双方及第三方的领导力量。它不是物流的利益方,而是通过拥有的知识、信息技术、整合能力以及其他资源提供一套完整的供应链解决方案,以此获取一定的利润。它是帮助企业实现降低成本和有效整合资源,并且依靠优秀的第三方物流供应商、技术供应商、管理咨询以及其他增值服务商,为客户提供独特的和广泛的供应链解决方案。

(5) 第五方物流:是指从事物流业务培训的一方。随着现代综合物流的开展,人们对物流的认知需要有个过程,目前就是处在这样一种状况,当传统的物流方式正在被人们否定的时候,在大量的有关建立新的物流体系的介绍中,人们开始茫然和不知所措。因此,提供现代综合物流的新的理念以及实际运作方式便成为物流业中的一项重要的行业,即物流人才的培养。

2. 按物流的范畴分为社会物流、行业物流和企业物流三大类

(1) 社会物流是指以全社会为范畴、面向广大用户的超越一家一户的物流。社会物流涉及在商品的流通领域所发生的所有物流活动,因此社会物流带有宏观性和广泛性,所以也称为大物流或宏观物流。伴随商业活动的发生,物流过程通过商品的转移,实现商品的所有权转移,这是社会物流的标志。社会物流研究的内容包括:对再生产过程中随之发生的物流活动的研究;对国民经济中的物流活动的研究;对如何形成服务于社会,面向社会,又在社会环境中运行的物流的研究;对社会物流体系结构和运行的研究。加强对社会物流的研究可以为国家带来巨大的经济效益和社会效益,由于社会物流所涉及的是大社会领域,对社会物流的研究已经受到国家和社会高度的重视。

(2) 行业物流是指在一个行业内部发生的物流活动。在一般情况下,同一个行业的各个企业往往在经营上是竞争对手,但为了共同的利益,在物流领域中却又常常互相协作,共同促进行业物流系统的合理化。在国内外有许多行业均有自己的行业协会或学会,并对本行业的行业物流进行研究。在行业的物流活动中,有共同的运输系统和零部件仓库以实行统一的集配送;有共同的新旧设备及零部件的流通中心;有共同的技术服务中心进行对本行业操作和维修人员的培训;有统一的设备机械规格、采用统一的商品规格、统一的法规政策和统一报表等等。行业物流系统化的结果使行业内的各个企业都得到相应的利益。

(3) 企业物流是指在企业经营范围内由生产或服务活动所形成的物流系统。企业作为一个经济实体,是为社会提供产品或某些服务的。一个生产企业的产品生产过程,从采购原材料开始,按照工艺流程经过若干工序的加工变成产品,然后再销售出去,有一个较为复杂的物流过程;一个商业企业,其物流的运作过程包括商品的进、销、调、存、退等各个环节;而一个运输企业的物流活动,则是指按照客户的要求提货、将货物运送到客户指定的地点并完成交付。

3. 根据作用领域的不同,物流分为生产领域的物流和流通领域的物流

(1) 生产领域的物流贯穿生产的整个过程。生产的全过程从原材料的采购开始,便要求有相应的供应物流活动,即采购生产所需的材料;在生产的各工艺流程之间,需要原材料、半成品的物流过程,即所谓的生产物流;部分余料、可重复利用的物资的回收,就是所谓的回收物流;废弃物的处理则需要废弃物物流。

(2) 流通领域的物流主要是指销售物流。在当今买方市场条件下,销售物流活动带有极强的服务性,以满足买方的需求,最终实现销售。在这种市场前提下,销售往往以送达用户并经过售后服务才算终止,因此企业销售物流的特点便是通过包装、送货、配送等一系列物流实现销售。

4. 根据发展的历史进程,将物流分为传统物流和现代物流

(1) 传统物流的主要精力集中在仓储和库存的管理和派送上,而有时又把主要精力放在仓储和运输方面,以弥补在时间和空间上的差异。现代物流不仅提供运输服务,还包括许多协调工作,是对整个供应链的管理,如对陆运、仓储部门等一些分销商的管理,还包括订单处理、采购等内容。由于它把很多精力放在供应链管理上,责任更大,管理也更复杂,这是与传统物流的区别。

(2) 现代物流是为了满足消费者需要而进行的从起点到终点的原材料、中间过程库存、最终产品和相关信息有效流动及储存计划、实现和控制管理的过程。它强调了从起点到终点的过程,提高了物流的标准和要求,是各国物流的发展方向。国际上大型物流公司认为现代物流有两个重要功能:能够管理不同货物的流通质量;开发信息和通信系统,通过网络建立商务联系,直接从客户处获得订单。

传统物流与现代物流之间的具体区别见表 1-2。

表 1-2 传统物流与现代物流的区别

内　　容	传　统　物　流	现　代　物　流
物流服务特点	各种物流功能相对独立 无物流中心 不能控制整个物流链 限于地区物流服务 短期合约	广泛的物流服务项目 第三方物流被广泛采用 采用物流中心 供应链的全面管理 提供物流服务 与全球性客户的长期合作

续表

内　容	传统物流	现代物流
物流服务管理	价格竞争 提供标准服务	以降低总物流成本为目标 增值物流服务 为顾客提供"量身定做"的特殊服务
物流信息技术	无外部整合系统 有限或没有电子数据交换（EDI）联系 无卫星定位系统	实时信息系统 与顾客、海关等的 EDI 联系 卫星跟踪系统 存货管理系统
物流管理	有限或没有现代管理	全球质量管理 时间基础管理 业务过程管理

5. 按物流的流向不同，可以分为内向物流和外向物流

内向物流是企业从生产资料供应商进货所引发的产品流动，即企业从市场采购的过程；外向物流是从企业到消费者之间的产品流动，即企业将产品送达市场并完成与消费者交换的过程。

6. 按物流活动地域范围不同，可以分为地区物流、国内物流和国际物流

（1）地区物流：研究地区范围的物流对于提高所在地区的企业物流活动的效率，以及保障当地居民的生活福利环境，具有不可缺少的作用。对地区物流的研究应根据所在地区的特点，从本地区的利益出发组织好相应的物流活动，并充分考虑到利弊两方面的问题，要与地区和城市的建设规划相统一和妥善安排。例如，某地区计划建设一个大型物流中心，这将提高当地的物流效率、降低物流成本；但也应考虑到会引起供应点集中所带来的一系列交通问题。

（2）国内物流：指区域物流和城乡物流两类，包括行政区域物流和经济区域物流；城镇物流和乡村物流。

（3）国际物流：是指在两个或两个以上的国家（或地区）之间进行的物流活动。
从跨地域到跨国不是物流简单的地域或空间放大的问题，而是国内社会经济发展与对外经济发展的程度的体现，同时还涉及国际贸易、国际法律等问题。

7. 按物流活动所属产业分类，可以分为第一产业物流、第二产业物流和第三产业物流

（1）第一产业物流：农业物流、采掘业物流等；
（2）第二产业物流：制造业物流、建筑业物流等；

（3）第三产业物流：商业物流、服务业物流、军事物流等。

1.3 物流的作用

1.3.1 物流的效用

物流作为一种社会经济活动，对社会生产和生活活动的效用表现为创造七大效用：时间效用、空间效用、占有效用、形态效用、品种效用、信息效用和风险效用。

1. 物流创造时间效用

时间效用是指"物"从供给者到需要者之间本来就存在有一段时间差，由于改变这一时间差创造的效用，称做"时间效用"。时间效用通过物流获得的形式有以下几种。

（1）缩短时间

缩短物流时间，可获得多方面的好处，如减少物流损失、降低物流消耗、加速物的周转、节约资金等。从全社会物流的总体来看，加快物流速度，缩短物流时间，是物流必须遵循的一条经济规律。

（2）延长时间差

在某些具体物流中有时通过人为地能动地延长物流时间来创造效用。例如，秋季集中产出的粮食、棉花等农作物，通过物流的储存、储备活动，有意识延长物流的时间，以均衡人们的需求。

2. 物流创造空间效用

物流创造场所效用是由现代社会产业结构、社会分工所决定的，主要原因是供给和需求之间的空间差，商品在不同地理位置有不同的价值，通过物流将商品由低价值区转到高价值区，便可获得价值差，即"空间效用"，有以下几种具体形式。

（1）从集中生产场所流入分散需求场所创造效用

现代化大生产通过集中的、大规模的生产以提高生产效率，降低成本。在一个小范围集中生产的产品可以覆盖大面积的需求地区，有时甚至可覆盖一个国家乃至若干国家。通过物流将产品从集中生产的低价值区转移到分散各处的高价值区有时可以获得很高的效益。

（2）从分散生产场所流入集中需求场所创造效用

和上面一种情况相反的情况在现代社会中也不少见，例如，粮食是在一亩地一亩地上分散生产出来的，而一个大城市的需求却相对大规模集中，这也就形成了分散生产和集中需求。

（3）在低价值地生产流入高价值地需求创造场所效用

现代社会中供应与需求的空间差十分普遍，现代人每日消费的物品几乎都是在相距一定距离的地方生产的。这么复杂交错的供给与需求的空间差都是靠物流来弥合的，物流也从中取得了利益。

在经济全球化的浪潮中，国际分工和全球供应链的构筑，一个基本选择是在成本最低的地区进行生产，通过有效的物流系统和全球供应链，在价值最高的地区销售。

3．物流创造占有效用

通过营销手段、技术支持、客户服务等手段，直接或间接地增加客户或消费者想拥有产品或服务的愿望，并帮助客户或消费者实现这种愿望，这时占有效用也就实现了。

占有效用与时间、空间效用是互相依存的。时间与空间效用只有通过占有效用的产生才能够实现，而反过来，如果没有时间与空间效用的实现，消费者便实现不了想拥有产品或服务的愿望，或者根本就没有这种愿望，占有效用的实现也就无从谈起了。

4．物流创造形态效用

在创造产品或服务的过程中，通过加工、包装等手段使产品或服务以适当的形式提供给用户，这便产生了形态效用。如将各种电子元部件组装成整机出售、将现在产品进行外形的包装后再行出售等等，都产生了产品的形态效用。

5．物流创造品种效用

目前，无论生产资料还是生活资料消费者所需的都是多种多样的产品，而专业化生产并不能使生产厂商满足这一需求，物流则解决了这一问题。它可以集中不同的产品提供给消费者，这便创造了品种效用。

6．物流创造信息效用

21世纪是一个信息大爆炸的时代，信息在商业运作及经济管理中起着举足轻重的作用，如产品供求信息、产品说明和使用情况、行业发展情况、用户的意见、技术发展趋势等各种信息都活跃在整个经济活动过程中，对这些信息进行过滤、筛选、整理、分析，并总结出规律用以指导自己的工作。在这期间所获得的价值是无形的，也是不可估量的。

7．物流创造风险效用

在经济活动中存在和隐藏着许多风险，如质量风险、财务风险、信贷风险、汇率风险、政策风险等等。谁来承担这些风险责任常常会引发各方的争论，不仅浪费了物流运作的时间,还会极大地增加交易成本。而由专业的流通企业来承担这些风险无疑会极大地增强供求双方的信心,同时加快物资流通的速度和再生产的过程,也节省了物流成本。

所以,物流业是高附加值的产业。关于这一点,马克思早在 100 年以前,就对物流业构成中首当其冲的运输业进行过深刻而全面的科学论述:"除了采掘工业、农业和加工工业以外,还存在第四个物质生产领域……这就是运输业。""它表现为生产过程在流通过程内的继续,并且为了流通过程而继续。"

1.3.2 物流提供增值服务

物流增值活动是指分拣、包装、组装、贴标签等提供附加价值的服务。具体服务种类见表 1-3。实际上,所有物流作业形式都是使产品增值的过程。由于通过物流使产品由此及彼并确保整个物流过程严密无缝,物流所创造的价值增量是非常巨大的。物流的作用在于通过物流服务为企业创造价值。现代综合物流的含义绝不仅仅是将海、陆、空等各种形式的运输,以及仓储、加工、信息处理等功能简单地捆绑组合,也不仅仅是利用社会和自身资源为企业组织物流服务。它的作用应该是通过对企业采购、生产、销售、配送等各环节的整合,向企业提供系统定制化的个性服务。这种定制服务可在物流领域形成新价值,从而提升企业的竞争力。这就好比是一家供应商,当它向企业提供分散的轮胎、发动机、底盘、坐椅等部件时,它所提供的仅仅是简单的产品组合,而当它将这些零部件组装起来提供给客户时,它所提供的是运输工具。两者的差别当然不言而喻。这种对供应链的整合优化能力正是物流作用的核心所在。

表 1-3 增值物流服务种类

运输	车辆维护	订单分拣	质量控制/产品实验
存储	托盘化	存货控制	客户化
分装	包装/重新包装	分拣包装	售后服务
集运	贴标签	货物跟踪	咨询服务

1.3.3 物流的作用

物流是经济社会这个大系统中的一个重要子系统,它与经济社会发展的关系极为密切。物流成为一个独立的经济过程,是经济社会发展的必然结果;反过来物流自身的不断发展也取决于经济社会发展的程度。在社会主义市场经济条件下,经济社会发展离不开物流,市场经济越发达,物流的作用,无论从微观经济的运行上还是从宏观经济的运行上,都显得更为重要。

1. 物流在微观经济运行中的作用

企业是国民经济的细胞,企业是市场的主体,企业生产经营采取资金循环的形式,即由购买(供应)、生产和销售三个阶段构成。在这种经济运行中,物流的作用主要表现在以下几个方面。

(1) 物流是企业生产连续进行的前提条件。现代化生产的重要特征之一是连续性。一个企业的生产要连续地、不间断地进行,一方面必须根据生产需要,按质、按量、按时,均衡不断地供给原材料、燃料和工具、设备等;另一方面,又必须及时将产成品销售出去。同时,在生产过程中,各种物质资料也要在各个生产场所和工序之间互相传递,使它们经过一步步的连续加工,成为价值更高、使用价值更大的产品。在现代企业生产经营中,物流贯穿于从生产计划到把产成品送达顾客手中的整个循环过程之中,并紧紧围绕着物品使用价值的形态功能更替和价值的实现转移。企业生产经营的全部职能都要通过物流得以实现,企业生产经营管理活动无一不伴随着物流的开发与运行。不论是供应物流、生产物流还是销售物流,如果出现阻塞,企业整个生产经营系统的运行就必然要受到影响。因此,物流是企业生产连续进行的必要条件。

(2) 物流是保证商流顺畅进行、实现商品价值和使用价值的物质基础。在商品流通过程中,一方面要发生商品所有权的转移,即实现商品的价值,这个过程即是"商流";另一方面,还要完成商品从生产地到消费地的空间转移,即发生商品的实体流动——"物流",以便实现商品的使用价值。商流引起物流,物流为商流服务。没有物流过程,商流就不能最后完成,包括在商品中的价值和使用价值就不能真正实现。而且物流能力的大小,直接决定着整个流通的规模和速度。如果物流效能过小,整个市场流通就不会顺畅,就不能适应整个市场经济发展对物品快进快出、大进大出的客观要求。

(3) 物流信息是企业经营决策的重要依据。生产力水平的迅速提高,生产规模的急剧扩大,商品需求量和供给量也越来越大,生产结构和消费结构越来越复杂,导致商品市场竞争异常激烈。在这种情况下,必须及时、准确、迅速地掌握市场信息和物流信息,从某种意义上讲,信息就是金钱。而且商品经济越发达,信息的作用就越大、越重要。近年来,物流信息在整个经济信息系统中占有越来越重要的地位。许多生产企业和流通企业都建立了设备先进的物流信息中心,以便及时掌握企业内部和外部的物流信息,作为企业生产经营决策的重要依据。

2. 物流在宏观经济运行中的作用

社会再生产是千千万万个企业再生产的总体运动过程。这个总体运动就是宏观经济的运行。如果把整个经济社会看做一个大系统的话,那么物流仅是这个大系统中的一个子系统。这个系统对整个宏观经济的运行发挥着重要作用。

(1) 物流是社会经济大系统的动脉系统,是连接社会生产各个部门成为一个有机整体的纽带。在任何一个社会(或国家)的经济,都是由众多的产业、部门、企业组成的。这些企业又分布在不同的地区、城市和乡村,它们之间互相供应产品,用于对方的生产性消费和个人生活消费。它们互相依赖而又互相竞争,形成极其错综复杂的关系。物流就是维系这些关系的纽带。尤其是在现代科学技术的发展,已经引起和正在引起经济结构、产业结构、消费结构的一系列变化的情况下,物流像链条一样把众多的不同类型的企业、复杂多变的产业部门,以及成千上万种产品连接起来,成为一个有序运行的国民经济整体。

(2) 物流的发展对商品生产的规模、产业结构的变化以及经济发展速度具有制约和促进作用。一方面,流通规模必须与生产发展的规模相适应,这是市场经济运行的客观要求。而流通规模的大小在很大程度上取决于物流效能的大小,包括运输、包装、装卸、储存等。例如,只有在铁路运输、水运和汽车运输有了一定发展的情况下,煤炭、水泥等量大、体重的产品才有可能成为大量生产、大量消费的产品,这些商品的生产规模才有可能扩大。另一方面,物流技术的发展,能够改变产品的生产和消费条件,从而为经济的发展创造重要的前提,推动传统产业升级,提升国家产业结构,如图 1-1 所示。例如,肉、奶、蔬菜、水果等农产品,在没有储存、保管、运输、包装等物流技术作为保证时,往往只能保存几天到十几天的时间,超过这个期限就会丧失价值和使用价值。但是,当运输技术有了充分发展时,这类商品就能在较短的时间内进入更为广阔的市场和消费领域。同时,由于储存技术的发展,使得这些产品可以在较长时间内保存其使用价值,并在较长时间里消费。此外,随着物流技术的迅速发展,物资流转速度将会大大加快,从而能够加速经济的发展。

(3) 物流的改进是提高经济效益的重要源泉。如前所述,物流组织的好坏,直接影响着生产过程的顺利进行,决定着物品的价值和使用价值能否实现。而且物流成本已成为生产成本和流通成本的重要组成部分。降低社会物流总成本,可以明显提高社会经济运行效率。2011 年,全国社会物流总费用为 8.4 万亿元,物流成本占 GDP 比例为 17.8%。如图 1-2 所示,我国物流费用如果能够降低 1%,就可以减少费用 840 亿元。据有关资料,

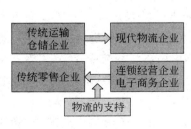

图 1-1 物流推动产业升级

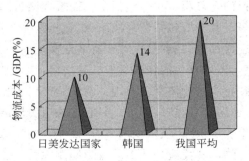

图 1-2 物流成本占 GDP 的比例比较

美国的生产成本占到工厂成本的10%左右,其他就是流通费用和物流成本;全部生产过程只有5%的时间用于制造加工,其余95%多为搬运、储存等物流时间。由于科技进步和生产管理水平的提高,通过降低物资消耗和提高劳动生产率来降低产品成本已经取得很大成效,在这方面的潜力已经越来越小;而物流领域却是一块"未被开垦的处女地",在管理和技术上加以改进,将是"大幅度降低成本的宝库",通过采取合理组织运输、减少装卸次数、提高装卸效率、改进商品包装和装卸工具来减少物品损耗等措施,降低物流费用,将成为企业"第三利润"的源泉。当代一些经济发达的国家已开始把重点放到"第三利润"的挖掘上,在节约物流费用上大做文章,并取得了较好的效果。在我国,节约物资消耗和提高劳动生产率的潜力固然很大,但节约流通费用的潜力更大。据不完全统计,全国由于物流方面的原因造成的损失每年不下百亿元。水泥每年在物流过程中的破包率为15%~20%,损失水泥相当于年产量的5%,直接损失4.5亿元;玻璃的物流损失平均为20%,年损失4.5亿元;陶瓷破损率占产量的20%,年损失达2亿多元;化肥破袋率占产量的30%,年损失达4亿多元;粮食由于仓储条件差和保管不善,每年损失约300亿斤;鲜活商品因运输困难大量腐烂而造成的损失更是屡见不鲜。同时,重复运输、相向运输十分严重,既浪费运力又增加流通费用。这些都充分说明,我国物流领域的潜力是巨大的。开发物流、改进物流、提高物流管理水平无论对于企业经济效益还是社会宏观经济效益,都具有十分重要的作用。

1.4 物流与商流和信息流的关系

1.4.1 物流与商流

商流是指"物品"所有权转移的活动,一般称为贸易或交易。商流的研究内容是商品交换的全过程。具体包括市场需求预测、计划分配与供应、货源组织、订货、采购调拨、销售等。其中既包括贸易决策,也包括具体业务及财务的处理。所以,商流和物流都是流通的组成部分,二者结合才能有效地实现商品由供方向需方的转移过程。一般在商流发生之后,即所有权的转移达成交易之后,货物必然要根据新货主的需要进行实体转移,这就导致相应的物流活动出现。物流是产生商流的物质基础,商流是物流的先导,二者相辅相成,密切配合,缺一不可。只有在流通的局部环节,在特殊情况下,商流和物流才可能独立发生。一般而言,从全局来看,商流和物流总是相伴发生的。

物流和商流是从商品流通职能中引申和分解而来的。就生产资料流通来说,商流是指生产资料商品在流通买卖中发生形态变化的过程,即由货币形态转化为商品形态,以及由商品形态转化为货币形态的过程;物流是指生产资料商品物理移动的过程,即伴随商流过程发生的产品从生产地到消费地的移动过程。

商流和物流是同一个生产资料流通过程中相伴发生的两个方面,表现在流通领域中生产资料商品的价值和使用价值的运动,因此商流和物流是互相依存的关系。但是,商流和物流又有不同的内容、特点和规律性。一般来讲,商流和物流是前后继起的运动。在商品经济的条件下,商流是物流的前提,而物流是商流的继续和完成。只有通过商流,才能实现产品所有权、支配权、使用权的转移;而在商流的基础上必须通过物流才能实现产品由生产领域向消费领域的运动。因此,物流要受商流的制约,而商流要靠物流来完成。它们之间的相互关系,主要表现在以下几方面。

1. 商流反映一定生产关系,决定着生产资料流通的社会性质,也决定着物流的社会性质。

2. 流通的实质是实现商品的价值和使用价值,商流是实现商品价值形式的更替,物流是实现商品使用价值位置的变换,它们共同保证商品的价值和使用价值在流通领域顺利地得到实现。

3. 商流的价值运动方向和规模,决定着物流的使用价值运动的方向和规模,而物流的交通运输、储存、保管、包装等条件,也制约着商流交换中人们彼此接触的范围和广度。

4. 商流阻塞、停滞会直接涉及物流的顺畅与发展,而物流阻塞、不通畅也会直接影响商品到达消费者手中的速度和商品价值实现的时间,影响商流的发展。

1.4.2 物流、商流和信息流之间的关系

物流、商流和信息流是从商品流通内部结构描述流通过程的概念,称为流通过程中的"三流"。它们之间的构成关系见图 1-3。物流、商流和信息流之间关系极为密切,可以说,失去了其中任何一"流",另外两"流"都不会长期存在下去。三"流"是互为依存的前提条件,又是互为依存的基础。具体表现在:

1. 信息流是由商流和物流引起并反映其变化的各种信息、情报、资料、指令等等在传送过程中形成的经济活动。因此,信息是具有价值和使用价值的。没有信息流,商流和物流就不能顺利地进行。

2. 信息流既制约着商流,又制约着物流,为商流和物流提供预测和决策依据。同时,信息流又实现商流和物流相互沟通,完成商品流通的全过程。

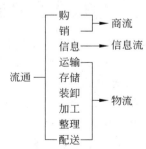

图 1-3 物流、商流、信息流与流通的构成关系

3. 三"流"之间相辅相成,紧密联系,互相促进。因此,三"流"不仅有利于提高流通企业的经济效益,而且也有利于提高社会效益。

但是,从其本身的结构、性质、作用及工作方法来看,三"流"各有其特殊性,各有其不同的独立存在的特点,又各有其本身运动的规律。

流通过程的信息流,从其信息的载体及服务对象来看,又可分成物流信息和商流信息两类。两类信息中,有一些是交叉的、共同的,又有许多是商流或物流特有的,非共同的信息。商流信息主要包含进行商品交易有关的信息,如资源信息、价格信息、市场信息、资金信息、合同信息、需求信息、付款结算信息等。物流信息则主要是输入、输出物流的结构、流向与流量、库存储备量、物流费用、市场动态等信息。商流中的商品交易、供需合同等信息,不但提供了商品交易的结果,也提供了物流的依据,是两种信息流主要的交汇处。而物流信息中的库存量信息,不但是物流的结果,也是商流的依据,还是两种信息流的交汇处。所以,物流信息不仅作用于物流,也作用于商流,是流通过程不可缺少的预测和决策依据。

物流是一个集中和产生大量信息的领域。由于物流不断运动的性质,所以,这种信息也随时间不断发生,信息量比一般的相对运动性较差的领域大得多。这么多的信息出现往往容易产生混乱,人们也很难从中发现和取得对管理和决策有用的那一部分,因此,物流信息的处理方法和处理手段便是物流信息工作的重要内容,否则物流便难以做到十分顺畅。

物流和信息关系如此密切,物流从一般活动成为系统活动也有赖于信息的作用,如果没有信息,物流则是一个单向的活动,只有靠信息的反馈作用,物流才成为一个有反馈作用的,包括了输入、转换、输出和反馈四大要素的现代系统。

因此,在商品经济条件下,迅速、准确、完整地掌握商流信息和物流信息就成为企业、部门、地区和国家经济能够持续、快速、健康发展的重要前提。

案例 沃尔玛"天天平价"背后的奥秘

提起"沃尔玛"这个名字,中国的消费者并不陌生,它是美国著名的零售企业。其创始人萨姆·沃尔顿于1945年在小镇本顿维尔开始经营零售业,经过几十年锲而不舍的奋斗,终于建立起全球最大的零售业王国。萨姆·沃尔顿曾经被《福布斯》杂志评为全美第一富豪,也因为其卓越的企业家精神而于1991年被布什总统授予"总统自由勋章",这是美国公民的最高荣誉。

沃尔玛是全美投资回报率最高的企业之一,其投资回报率为46%,即使在1991年不景气时期也达32%。沃尔玛之所以成功,重要原因之一就是其采用了"折价销售"策略。

但沃尔玛的"天天平价"不是像其他零售商那样来自对供应商收取各种进场费等方式的"盘剥",更不是来自对内部员工克扣工资降低福利待遇的"压榨",而是从不断改善和效率提升的物流配送体系中降低成本,从而进一步降低商品价格。"物流供货系统是沃尔玛的核心竞争力所在。"

在沃尔玛,物流配送体系的重要性仅次于员工,如果说员工对沃尔玛健康发展的重要程度是75%的话,物流几乎占了余下的25%。因为顾客之所以能在沃尔玛以最低价格买到最优的产品,在很大程度上都依赖于物流体系在发挥作用。

沃尔玛中国公司目前在深圳和天津一南一北分别建有两大配送中心,分别负责沃尔玛在东北和南部的商品配送工作。正是依靠南北两大配送中心的集中配送(大型送货卡车主要在夜间工作),沃尔玛有效控制了商品的成本、交货时间以及供应商的订单满足率。通过对供应链的有效整合,沃尔玛借助POS自动补货系统,可以实现配送中心和每个商店的现货最大化和多余库存最小化。这样,进入沃尔玛配送中心的商品可以做到无滞留地于当天直接转送到各店,从而减少了库存,加速了流通速度。

沃尔玛中国物流部门有一个量化目标:实现98.5%的现货率和100%的供应商订单满足率。这个目标对别的企业来说,几乎是"不可能完成的任务",但凭借沃尔玛全球的技术和经验支持,沃尔玛中国物流部门可以完成这一任务。沃尔玛同时一直在努力提高其在华物流供货体系的信息化水平。

(资料来源:改编自 http://www.examda.com/wuliu/anli/.)

思 考 题

1. 物流的定义是什么?
2. 什么是物流三要素?
3. 物流有哪些分类?
4. 简述物流有哪些作用。
5. 试述物流、商流和信息流三者之间的关系。
6. 写一篇你对物流的认识和体会文章。

第 2 章 物流的产生和发展

本章就物流概念的产生与演进历程分四个阶段进行了详细的分析,主要结合物流概念在美国与日本的发展情况,描述了物流概念发展的来龙去脉;同时介绍了物流在美国、日本和中国的发展情况,对物流在上述三国的发展历程、现状、发展趋势和政策等进行了分析。

2.1 物流概念的产生与演进

物流概念的产生与演进可以用图 2-1 表示,从早期单一的实物配送,经过若干变迁和完善,发展到当今的供应链,其发展是随着经济活动的发展、物流作用范围的提高和人们对物流认识的逐步提高而发展的。物流概念发展的早期在美国被称为 PD(physical distribution),引入到日本后被称为"实物流通"。随着物流的发展,物流概念在美国由 PD 转变为 logistics,此时物流概念在日本也发生了相应的变化。物流概念于 20 世纪 70 年代末 80 年代初引入中国,最初是由日本的"实物流通"翻译而来。当美国和日本的物流概念都演进成为 logistics 时,中国沿用了原先的物流的称呼,但内涵已发生了变化。

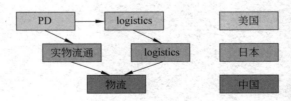

图 2-1 物流概念的产生与演进

1. 物流概念启蒙(1940 年以前)

物流一词的起源,有各种各样的说法,如果从有限的资料追根寻源的话,物流

(logistics)是从古希腊语 logistike（计算），logistes（计算人员），到拉丁语的 logista，再到法语的 logistique，最后发展至英语的 logistics。

倘若作为军事领域的"后勤"一词是属于物流领域的话，在西方它的使用可以追溯到古希腊、罗马时代；在我国，则可以追溯到古代的奴隶社会，所谓"兵马未动，粮草先行"，我国古代战争中的粮草辎重问题可以算是原始的物流问题；古代镖局可谓是物流公司的雏形，镖师就是初始的物流管理者。

1901 年，约翰·F. 格鲁威尔（John F. Crowell）在美国政府报告《农产品流通产业委员会报告》中第一次论述了对农产品流通产生影响的各种因素和费用。

物流一词最早见于美国，1915 年阿什·肖（Arch Shaw）在《市场流通中的若干问题》一书中就提到了"物流"，他指出"物流是与创造需求不同的一个问题"。1916 年阿什·肖在《经营问题的对策》一书中，初次论述物流在流通战略中的作用。因为在 20 世纪初，西方有些国家已经出现生产大量过剩、需求严重不足的经济危机，大多数企业因此提出了销售和物流的问题，此时的物流指的是销售过程中的物流。同年，L. D. H. 威尔德（Weld）指出市场营销能产生三种效用，即所有权效用、空间效用和时间效用，与此同时，他还提出了流通渠道的概念，应该说这是早期对物流活动较全面的一种认识。

1927 年拉尔夫·布素迪（Ralph Borsodi）在《流通时代》一书中，初次用 logistics 来称呼物流，为物流的概念化奠定了基础。

20 世纪 20 年代（第一次世界大战后），美国著名营销专家弗莱德·E. 克拉克（Fred E. Clark）运用实物配送（physical distribution）作为要素研究企业经营活动，将物流活动真正上升到理论高度加以研究和分析。他于 1929 年在所著的《市场营销的原则》一书中，将市场营销定义为商品所有权转移所发生的各种活动以及包含物流在内的各种活动，从而将物流纳入市场经营行为的研究范畴之中。

1935 年美国销售协会最早对物流作了定义：实物配送（physical distribution）是包含于销售之中的物质资料和服务，与从生产地到消费地流动过程中伴随的种种活动。

总的来看，这一时期对物流的认识特点表现为，尽管物流已经开始得到人们的普遍重视，但是在地位上，物流仍然被作为流通的附属机能看待，也就是说，物流是流通机能的一部分，例如，克拉克将流通机能划分为"交换机能"、"物流机能"和"辅助机能"三部分。

2. 物流概念的产生和推广（19 世纪 40 年代初期至 19 世纪 80 年代初期）

现代社会的物流，特别是作为经营领域的物流，实际上开始于第二次世界大战。1941 年到 1945 年第二次世界大战期间，美国军事兵站后勤活动的开展为人们对综合物流的认识和发展提供了重要的实证依据，而且也推动了战后对物流活动的研究以及实业界对物流活动的重视。这表现在 1945 年，美国正式形成了一个戴尔塔＆阿尔法输送组织，这是一个对输送管理知识教育给予奖励，并为进一步推广而在全美范围内结成的团体组织。

此后，1946年在美国正式成立了全美输送物流协会（AST&L），该组织的主要职能是对专业输送者进行考试，并颁发证书，从而将物流活动的培训纳入正规化的轨道。

第二次世界大战期间，围绕战争物资供应，美国军队有两个创举，第一是建立了"运筹学"的理论，另一个是建立了后勤理论，并将其应用于战争活动中。其中所提出的"后勤"是指将战时物资生产、采购、运输、配给等活动作为一个整体进行统一布置，以求战略物资补给的费用更低、速度更快、服务更好。后来"后勤"一词在企业中广为应用，又有商业后勤、流通后勤的说法，这时的后勤包含了生产过程和流通过程中的物流，因而是一个包含范围更广阔的物流概念。

1954年，在美国波士顿工商会议所召开的第26次波士顿流通会议上，鲍尔·D.康柏斯发表了题为《市场营销的另一半》的演讲，他指出无论是学术界还是实业界都应该重视认识、研究市场营销中的物流，真正从战略的高度来管理、发展物流，应该讲，这是物流管理发展的一个里程碑。

1956年，霍华德·T.莱维斯（Howard T. Lewis）、吉姆斯·W.克里顿（James W. Culliton）和杰克·D.斯蒂勒（Jack D. Steele）三人撰写了《物流中航空货运的作用》一书，在书中他们指出航空货运尽管运费比较高，但是由于它能直接向顾客进行商品配送，因而节约了货物的在库维持费和仓库管理费，因此，应当从物流费用总体上来评价运输手段的优缺点，霍华德等学者的研究第一次在物流管理中导入了整体成本的分析概念，深化了物流活动分析的内容。

1961年爱德华·W.斯马凯伊（Edward W. Smykay）、罗纳德·J.鲍尔索克斯（Ronald J. Bowersox）和弗兰克·H.莫斯曼（Frank H. Mossman）撰写了《物流管理》，这是世界上第一本介绍物流管理的教科书，在该书中他们详细论述了物流系统以及整体成本的概念，为物流管理成为一门学科奠定了基础。20世纪60年代初期，密歇根州立大学以及俄亥俄州立大学分别在大学部和研究生院开设了物流课程，成为世界上最早把物流管理教育纳入大学学科体系中的学校。

1962年美国著名管理学家彼得·德鲁克在《财富》杂志发表了《经济的黑大陆》一文，强调应当高度重视流通以及流通过程中的物流管理，从而对实业界和理论界又产生了一次重大的推动作用。

在这一背景下，1963年，美国物流管理协会（National Council of Physical Distribution Management，NCPDM）成立，该协会将各方面的物流专家集中起来，提供教育、培训活动，这一组织成为世界第一个物流专业人员组织。该协会最初对物流管理的定义是：物流管理（physical distribution management）是为了计划、执行和控制原材料、在制品库存及制成品从起源地到消费地的有效率的流动而进行的两种或多种活动的集成。这些活动可能包括但不仅限于：顾客服务、需求预测、交通、库存控制、物料搬运、订货处理、零件及服务支持、工厂及仓库选址、采购、包装、退货处理、废弃物回收、运输、仓储管理。

此后,1969年罗纳德·J.鲍尔索克斯在《市场营销》杂志上刊登了《物流的发展——现状与可能》,对综合物流概念的过去、现状以及未来发展作出了全面分析。

1976年,道格拉斯·M.兰伯特(Douglas M. Lambert)对在库评价的会计方法进行了卓有成效的研究,并撰写了《在库会计方法论的开发:在库维持费用研究》一文,指出在整个物流活动所发生的费用中,库存费用是最大的一个部分。道格拉斯对费用测定的研究,对物流管理学的发展作出了重大贡献。

从20世纪50年代到70年代末,很多有关物流的论文、著作、杂志开始大量涌现,有关物流管理研讨的会议也开始频繁召开。

日本于20世纪50年代从美国引入了物流这一概念。当时日本的企业界和政府为了提高产业劳动率,组织了各种专业考察团到国外考察学习,其中有"流通技术专业考察团",从1956年10月下旬到11月末,在美国各地进行了实地考察,首次接触了物流这个新生事物。1958年,刊登在《流通技术》杂志上的《劳动生产率报告33号》。第一次提及了物流(physical distribution)的概念,立即被日本产业界所接受。1964年被正式译为"物的流通"。20世纪70年代初,"物的流通"一词被简称为物流。

20世纪六七十年代,多个术语描述企业物流活动,包括"物资管理"、"营销后勤"、"供应管理"、"后勤工程"、"商业后勤"、"分销管理"等。

日本日通综合研究所1981年在《物流手册》上对物流的定义是:物流是物质资料从供给者向需求者的物理性移动,是创造时间性、场所性价值的经济活动。从物流的范畴来看,包括包装、装卸、保管、库存管理、流通加工、运输、配送等诸种活动。如果不经过这种过程,物就不能移动。

3. 物流概念的演进(20世纪80年代中期)

随着时间的推移物流在概念上也在发生着变化,最初的物流(physical distribution)概念主要侧重于商品移动的各项机能,即发生在商品流通领域中的在一定劳动组织条件下凭借某种载体从供应方向需求方的实体流动。这种物流是一种商业物流或者销售物流,具有明显的中介性,是连接生产与消费的手段,直接受商品交换活动的影响和制约,具有一定的时间性。

但是,进入20世纪80年代以来,随着社会经济的高速发展,物流所面临的经济环境也有了很大的变化,主要表现在以下几个方面。

(1) 经济管制的缓和使经济自由的空间越来越大,真正意义上的物流竞争开始广泛开展,从而为物流的进一步发展提供了新的更大的机会。

(2) 信息技术的急速发展和革新,不仅使业务的效率化和作为决策支持的信息系统的构筑成为可能,同时也使部门间、企业间的结合或一体化成为可能。

（3）企业合并和市场集中化的发展使原来的经济构造发生改变，这种变化要求物流必须具备以最低的成本为顾客提供较高水平的服务。

（4）经济全球化的发展，随着商品不断地向世界市场提供，物流逐步跨越了国境，正因为如此，在要求物流能对生产和销售给予有效支援的同时，应该具备在不同环境国家间充分发挥其业务优势的能力。

在这种情况下，原来的物流（physical distribution）概念受到了严峻的挑战。第一，传统的物流只重视商品的供应过程，而忽视了与生产相关的原材料和部件的调达物流，而后者在增强企业竞争力方面处于很重要的地位，因为原材料以及部件的调达直接关系到生产的效率、成本和创新；第二，传统的物流是一种单向的流通过程，即商品从生产者手中转移到消费者手中，而没有考虑到商品消费以后包装物或者包装材料等废弃物的回收以及退货所产生的物流活动；第三，传统物流只是生产销售活动的附属行为，并着重在物质商品的传递，从而忽视了物流对生产和销售在战略上的能动作用，特别是以日本为主的准时制（just in time）生产方式在世界范围内的推广，使得以时间为中心的竞争越来越重要，并且物流直接决定了生产决策。

1984年哥拉罕姆·西尔曼（Graham Soharmann）在《哈佛商业评论》上发表了题为《物流再认识》的文章，指出现代物流对市场营销、生产和财务活动具有重大影响，因此，物流应该在战略意义上得到企业高层管理人员的充分重视。

与环境的变化相适应，1985年，美国物流管理协会（National Council of Physical Distribution Management，NCPDM）更名为 The Council of Logistics Management（CLM），用 logistics 代替了 physical distribution，并将其定义为："物流（logistics）是对原材料、在制品、产成品及相关信息从起源地到消费地的有效率、有效益的流动和贮存进行计划、执行和控制，以满足顾客要求的过程。该过程包括进向、去向、内部和外部的移动以及以环境保护为目的的物料回收。"这个定义更加强调顾客的满意度、物流活动的效率性，将物流从原来的销售物流扩展到了调达、企业内和销售物流。

4. 物流概念的新发展（20世纪80年代后期至今）

20世纪80年代中期以后，在理论上，人们越来越清楚地认识到物流与经营、生产紧密相连，它已成为支撑企业竞争力的三大支柱之一。

1985年，威廉姆·哈里斯（Harris William D.）和斯托克·吉姆斯（James R. Stock）在密歇根州立大学发表了题目为《市场营销与物流的再结合——历史与未来的展望》的演讲，他们指出从历史上看，物流近代化的标志之一是商物的分离，但是随着1965年以西蒙（Leonard S. Simon）为代表的顾客服务研究的兴起，在近20年的顾客服务研究中，人们逐渐从理论和实证上认识到现代物流活动对于创造需求具有相当大的作用，在这一认识条件下,如果再像原来那样在制定营销组合特别是产品、价格、促销等战略过程中,仍然将物流排除在外,显然不适应时代的发展。因此,非常有必要强调营销与物流的再结合。这一理论对现代物流的本质给予了高度总结,也推动了物流顾客服务战略以及供应链管理战略的研究。

1991年,CLM将1985年定义进行修订,将"原材料、在制品、产成品"修改为"产品、服务"。1991年11月在荷兰举办了第九届国际物流会议,人们对物流的内涵进行了更多的拓展,不仅接受了欧美的现代物流(logistics)概念,认为物流应包括生产前和生产过程中的物质、信息流通过程,而且还向生产之后的市场营销活动、售后服务、市场组织等领域进行发展。现代物流应该是指企业生产和经营的整个过程,包括所有实物、信息的流通和相关的服务活动,它涉及企业经营的每一个领域。显然,物流概念的扩展使物流不仅包括了与销售预测、生产计划的决策、在库管理、顾客订货的处理等相关的生产物流,还延伸到了与顾客满意相关的各种营销物流活动。

1992年6月,日本两个物流研究机构"日本物流管理协议会"和"日本物流管理协会"合并组成"日本后勤系统协会",将物流(PD)改称后勤(logistics)。该协会的专务理事稻束原1997年在《这就是"后勤"》一文中对"后勤"下了定义:"后勤"是一种对原材料、半成品和成品的有效率流动进行规划、实施和管理的思路,它同时协调供应、生产和销售各部门的个别利益,最终达到满足顾客的需求。换言之,"后勤"意味着:按要求的数量,以最低的成本送达要求的地点,以满足顾客的需求作为基本目标。

1998年美国物流管理协会对物流的概念做出了调整:物流是供应链过程的一部分,其专注于物品、服务及相关信息从起始点到消费点的有效流通和储存的计划、执行(实现)和控制,以满足顾客需求。

2001年,CLM对物流定义做了进一步修订,修订后的定义是:物流是供应链过程的一部分,它是对商品、服务及相关信息在起源地到消费地之间有效率和有效益的正向和反向流动与贮存进行的计划、执行与控制,其目的是满足客户要求。

2003年,CLM对物流定义进行了重要修改,定义为:"物流管理是供应链管理的一部分,是对货物、服务及相关信息从起源地到消费地的有效率、有效益的正向和反向流动和储存进行的计划、执行和控制,以满足顾客要求。"此定义强调了物流的组织管理性。

2005年1月1日,美国物流管理协会(CLM)正式更名为美国供应链管理专业协会(Council of Supply Chain Management Professionals,CSCMP)。这标志着全球物流进入供应链时代的开始。

物流定义的演变过程见表2-1。

表 2-1 物流定义的演变过程

年 份	定 义	机 构
1935	物流(physical distribution)是包含于销售之中的物质资料和服务,与从生产地到消费地流动过程中伴随的种种活动。	美国销售协会
1963	物流管理是为了计划、执行和控制原材料、在制品库存及制成品从起源地到消费地的有效率的流动而进行的两种或多种活动的集成。这些活动可能包括但不仅限于:顾客服务、需求预测、交通、库存控制、物料搬运、订货处理、零件及服务支持、工厂及仓库选址、采购、包装、退货处理、废弃物回收、运输、仓储管理。	美国物流管理协会(NCPDM)
1981	物流是物质资料从供给者向需求者的物理性移动,是创造时间性、场所性价值的经济活动。从物流的范畴来看,包括:包装、装卸、保管、库存管理、流通加工、运输、配送等诸种活动。如果不经过这种过程,物就不能移动。	日本日通综合研究所
1985	物流是对原材料、在制品、产成品及相关信息从起源地到消费地的有效率、有效益的流动和贮存进行计划、执行和控制,以满足顾客要求的过程。该过程包括进向、去向、内部和外部的移动以及以环境保护为目的的物料回收。	美国物流管理协会(CLM)
1991	物流是以满足客户需求为目的,以高效和经济的手段来组织产品、服务以及相关信息从供应到消费的运动和存储,进行计划、执行和控制的过程。	美国物流管理协会(CLM)
1992	"后勤"是一种对原材料、半成品和成品的有效率流动进行规划、实施和管理的思路,它同时协调供应、生产和销售各部门的个别利益,最终达到满足顾客的需求。	日本后勤系统协会
1998	物流是供应链程序的一部分,其专注于物品、服务及相关信息从起始点到消费点的有效流通和储存的计划、执行(实现)和控制,以满足顾客需求。	美国物流管理协会(CLM)
2001	物流是供应链过程的一部分,它是对商品、服务及相关信息在起源地到消费地之间有效率和有效益的正向和反向移动与贮存进行的计划、执行与控制,其目的是满足客户要求。	美国物流管理协会(CLM)
2003	物流管理是供应链管理的一部分,是对货物、服务及相关信息从起源地到消费地的有效率、有效益的正向和反向流动和储存进行的计划、执行和控制,以满足顾客要求。	美国供应链管理专业协会(CSCMP)

2.2 美国物流的发展

美国是现代物流的发源地,是当今世界物流业发展最好的国家之一。2011 年《财富》世界前 10 大物流企业有 3 家为美国公司(Us Postal Service,UPS)。美国的水、陆、空、铁立体交通网络十分发达。2007,全球十大货运机场,美国占4个(孟菲斯、安克雷奇、路易斯维尔、迈阿密)。美国洛杉矶港、纽约港、长滩港、奥克兰港都是世界大港,内河如密西西比河运输也相当发达。美国铁路总长度为30万公里,全球最长。美国公路总长度为640万公里,其中州际高速公路为7.5万公里。

处于产业生命周期发展期的美国物流业,正在向成熟期迈进,物流总成本从1982年的4740亿美元增长至2003年的9360亿美元,年均增长率为3.29%。美国现代物流业快速发展的直接结果之一即是物流总成本占GDP比例的下降。根据美国物流协会的研究结果,美国物流总成本占GDP的比例从1982年的14.5%下降到2003年的8.5%,如表2-2所示。

表2-2 1982—2003年美国物流总费用及构成情况

项 目	1982	1985	1988	1990	1992	1995	1998	2001	2002	2003
仓储费用(亿美元)	2 340	2 270	2 510	2 830	2 370	3 020	3 210	3 390	2 980	3 000
运输费用(亿美元)	2 220	2 740	3 130	3 510	3 750	4 410	5 290	5 810	5 770	6 000
管理费用(亿美元)	180	200	230	250	240	300	340	370	350	360
物流总费用(亿美元)	4 740	5 210	5 870	6 590	6 360	7 730	8 840	9 570	9 100	9 360
占GDP比例(%)	14.50	12.30	11.50	11.40	10.00	10.40	10.10	9.50	8.70	8.50

资料来源:Rosalyn Wilson. 15th Annual State of Logistics Report [R]. Lombard:Council of Logistics Management,2004.

根据Datamonitor(2005)的测算,以零售业、消费电子工业、汽车业、医药业、高新科技产业为代表的全球物流市场总额(内部物流支出与物流外包支出的合计)在2004年达到5271亿美元,美国所占的比例为33.3%,如图2-2所示。

从2000年到2004年,以上述五个行业为代表的美国现代物流业市场总额从1486亿美元增长到1756亿美元,年均增长率达4.20%,如图2-3所示。

在零售业、消费电子工业、汽车业、医药业、高新科技产业这五个行业物流市场中,零售业占据了市场的主体,份额达到70.70%,消费电子工业所

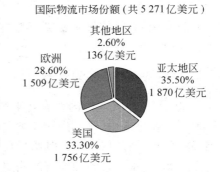

图2-2 国际物流市场份额分布图(2004)

资料来源:Datamonitor. Global Logistics [R]. London:Datamonitor,2005.

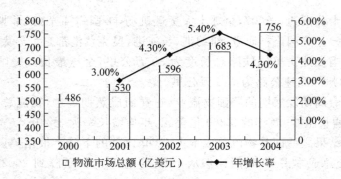

图 2-3　2000—2004 年美国物流市场总额及年增长率

资料来源：Datamonitor. Logistics in the United States[R]. London：Datamonitor，2005.

占份额最少，仅为 1.40%，如图 2-4 所示。由此可见，零售业是美国物流市场的主体。

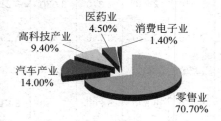

图 2-4　美国物流市场的行业分布

资料来源：Datamonitor. Logistics in the United States[R]. London：Datamonitor，2005.

2.2.1　美国物流的发展历程[①]

一般来说，美国的物流发展分为 5 个时期，即 20 世纪 50 年代、60 年代、70 年代、80 年代和 90 年代。

1. 休眠的 20 世纪 50 年代

20 世纪 50 年代美国的物流处于休眠状态，其特征是这一领域没有一种处于主导的物流理念。在企业中，物流的活动被分散进行管理，比如，在企业中运输有生产部门进行管理，库存由营销部门管理。其结果使物流活动的责任和目的相互矛盾。

究其原因，主要是美国经济的快速发展使得企业的生产满足不了需求，企业的经营思想是以生产制造为中心，根本无暇顾及流通领域中的物流问题。

---

① 本部分参考庄严. 美国物流业研究[D]. 硕士学位论文. 长春：吉林大学，2004.

2. 概念化的 20 世纪 60 年代

美国 20 世纪 60 年代的主要经济发展目标是向"富裕的社会"前进。其间是美国历史上的繁荣时期。虽然当时东西方处于冷战状态中，但美国国内的经济发展速度很快。当时支撑美国经济发展的主要动力是以制造业为核心的强有力的国际竞争能力。美国的工业品向全世界出口，MADE IN USA 成为优质品的代名词。因此，美国 60 年代是大量生产、大量消费的时代。生产厂商为了追求规模经济进行大量生产，而生产出的产品大量地进入流通领域。大型百货商店、超级市场纷纷出现在城市的内部和郊区。

与此相反的是，20 世纪 60 年代美国企业的物流系统却没有很大的改进，如果从物流系统现代化的角度进行定义的话，不如说 20 世纪 60 年代是美国物流的停滞期。究其原因，第一，在持续地大量生产、大量消费的美国经济时代，作为企业来说，并没有太大的压力。在大量生产、大量消费的生产模式下，虽然企业一般都拥有大量的仓库，但由于经济的快速增长，企业的收益相对稳定，使得企业对削减库存不太关心。在 20 世纪 60 年代，备货日期达到 30 天，为此，企业一般都拥有大量库存。作为企业的物流管理者，大量库存是天经地义的事，没有必要进行改善。

第二，对提供运输服务的物流企业，美国政府制定了严格的管理制度，比如对卡车运输和铁路运输业者，ICC（Interstate Commerce Commission，州际通商委员会）制定了严格的准入制度和运费规定，这样就限制了物流行业间的竞争。运费成为不可浮动的定价，企业也就不可能通过压低价格来削减运输成本。另外，一旦产生由于通货膨胀导致运费上升，则运输业者还可通过交通管理部门提高运费转嫁危机。因此，一般企业对物流系统的改革并不热心，而且，大多数利用自家车辆进行货物运输。

实际上，由于政府的管理制度限制了物流的发展，同时也没有给予企业更多改革权利，所以当时大多数企业内并不考虑物流改革，仅把物流作为一个成本核算的部门。对物流的理解也只停留在工厂的产成品的物理性的移动功能。

20 世纪 60 年代物流的发展得益于以下几个方面：

（1）消费者需求模式的改变。20 世纪 60 年代的大量生产和大量消费，使得人口迅速增长，出现了农村向城市的转移，同时，中心城市的人口向城市边缘地区转移。这一趋势的变化导致超市和大型百货店向郊区扩张。同时，人口的增加也促使超市等商品的种类和花色大幅度增加，使得经营者不得不大幅提高库存量。这也造成订货频率和数量的增加。

（2）企业成本的压力。20 世纪 50 年代以前，美国没有任何一家企业统计过物流成本在销售额中的比例。进入 60 年代后，由于竞争的激烈，企业开始向降低生产成本以外的领域寻求出路。据统计，当时物流成本占 GNP 的 15%，个别企业物流费用在销售额中占到 22%。而当时的英国是 16%，日本达到 27%。企业开始意识到物流对企业降低成本的作用。

（3）物流总成本概念的引入。

（4）计算机技术的发展。线性规划技术、模拟仿真系统的大量运用为物流系统的规划、设计等提供了支持。

（5）军事上的经验支持。

3. 发展的20世纪70年代

20世纪70年代的美国经济发生了重大变革。两次石油危机对美国经济产生了深刻的影响。石油价格从1973年2美元一桶高涨到40美元。由于能源价格的高涨，造成通货膨胀、失业率增加。

物价上涨给美国企业的经营带来了很多困难，迫使企业开始考虑改善物流系统。这是因为：第一，原油价格的上涨，直接导致油价上涨，使得运输成本在ICC的规定中大幅提高，货物运输业者很容易将燃料价格的上涨转嫁到运价中，使得利用卡车运输的企业成本增加，所以企业不得不研究如何降低物流费用。

第二，物价上涨也导致美国经济停滞不前，影响产品的销售。其结果使得企业产品积压。过去，企业的库存始终处于粗放经营状态，而现在则成为企业的重大问题。另外，当时美国为了抑制通货膨胀，采取了高利息的政策，这就给拥有大量产品库存的企业带来了需要负担高额利息的压力。为此，20世纪70年代的美国企业开始全面改善大量生产、大量消费时代的物流系统。

这样，20世纪70年代的美国企业，由于外部环境的变化，一方面给企业自身带来了改善物流系统的推动力，同时，也促使政府开始修改高物流成本温床的管理政策。作为企业的经营者，也开始意识到传统的物流政策已经限制了自由竞争，不利于经济的发展。以1978年航空货物运输政策改善为契机，20世纪80年代美国政府出台了一系列鼓励自由竞争的政策，得到了企业的欢迎。

在此，有必要一提的是，20世纪70年代的前期出现了一种新的物流服务方式，它就是1973年由Fred Smith使用8架小型飞机开始的航空快递业务。Smith在大学毕业论文中论述了如何有效利用基地的问题，大学毕业后，为进一步检验其理论的正确性，开始组建Federal Express(FedEx)公司，提供航空快递服务。Federal Express公司提供全美国翌日到达的门到门航空快递服务，它的服务是以及时性、准确性以及可信赖性为原则。这种运输方式的出现，对美国物流的发展产生了重要的影响。

4. 物流革新的20世纪80年代

（1）宽松的政策

20世纪80年代，美国政府出台了一系列物流改善政策，给美国物流的发展带来了极大的促进作用。在政策改善对象的卡车运输业,新企业的出现,增加了行业竞争的激烈程度,使得很多企业破产。相反,由于政策环境的宽松,使得利用运输服务的企业得到了实惠。占GNP物流费用的比例,在20世纪80年代大幅减少,显示了政策环境的改善对经济的直接影响效果。

20世纪80年代的美国经济开始出现国际化倾向,给一般企业带来了很强的竞争压力。这一时期,很多外资企业进入美国是增加竞争压力的重要因素之一。另外,不仅是原材料和零件,很多美国企业也开始进口外国的产品,同时,由于美元贬值,很多企业也积极地出口产品。这样,在国际化的进程中,美国企业意识到提高国际竞争力的重要性。

(2) 从PD向logistics的转化

在这一进程中,物流在企业经营战略中的地位也逐渐被企业接受,一些大型企业开始主动积极地改善企业的物流系统。其象征是对物流的理解从physical distribution向logistics的转化。20世纪70年代初物流概念以及物流的重要性仅被一小部分企业所认识,到了80年代,已被大多数企业所接受。因此,可以说,20世纪80年代是美国企业全面进入物流领域的时代。

在物流的实践过程中,涌现出很多既提高了物流的合理化,又增加了企业利润的企业。这样对于企业来说,一旦认识到了物流在企业经营中的重要性,物流在企业中的地位也就得以提高。物流管理部门成为企业经营战略中的重要职能部门。

(3) JIT管理思想的导入

在20世纪80年代,作为企业削减库存的重要方法,JIT方式急速普及。由于70年代企业的重要课题是削减库存,所以,美国的很多企业也开始引入日本汽车工业开发的JIT管理方式。JIT方式的采用,大大降低了企业的库存,但同时却给运输带来了新的压力。即企业对运输服务的准确性和及时性比以往任何时候要求都高。因此,能否提供高质量的服务成为企业竞争的重要条件。

JIT是在多品种、小批量生产领域的一种存货管理的零售库存方式,通过准时地衔接,不再以库存作为生产过程的保障,而是以即时供应作为保障,这样就降低了企业库存压力,提高了利润。

(4) 新技术的革新

另外,在这一时期,铁路运输也出现了很多革新,以铁路运输为主的多式联运(intermodal transport)开始迅速普及。而且这一时期,铁路集装箱运输也开始迅速发展,例如双层集装箱运输方式(double stack train)就是这一时期的产物。这种运输方式的产生,给美国国内集装箱运输提供了重要的支撑。

航空快递运输的大量出现也是这一时期的产物,由于企业大量采用JIT的生产方式,翌日送达的要求逐渐增多,给航空快件运输的发展带来了巨大的推动作用。其结果是,在前述 FedEx 公司之后,涌现了诸如 UPS、DHL 等众多的航空快递企业。还有 Emery CF Air Freight Burlington Express 等公司。还有一些航空货代企业也开始通过购买运输机进入这一领域。有鉴于此,航空公司在 20 世纪 80 年代取消了航空货物专机。

期间,FedEx 为了扩大势力收购了 Flying Tiger 公司,一跃成为美国航空业界的最大企业。

而 UPS 则于 20 世纪 80 年代成立了航空运输子公司,成为仅次于 Federal Express 公司的第二大公司。另外,如 CF(Consolidated Freightways)公司 1989 年收购了 Emery Air Freight 公司,也进入了这一领域。

(5) 新的管理形式——企业外包制的开展

外包制(outsourcing)是美国企业 20 世纪 80 年代兴起的管理思想。当时美国企业将企业流程再造作为经营合理化的重要手段,重新对业务内容、资源的分配进行考虑。也就是通过撤出非核心竞争业务来提高经营效率。外包则成为当时降低成本提高企业竞争能力的重要手段而受到重视。

外包制的经济环境:经济的低速增长;收益水平低下;信息技术的进步;业务专门化、多样化。

外包企业的条件:具有综合能力;有资金实力;核心竞争力明确;有先进的信息系统支撑;具备各种人才;具有企业顾问能力;具有灵活的系统。

委托企业的条件:有高度的委托管理体系;本企业在人才、技术和成本方面较弱;具有先进的信息系统。

外包的优势:整合资源进行战略投资;固定费用流动化;专门服务的有效利用;生产效率提高,成本降低;增强国际竞争力。

因此,20 世纪 80 年代,美国企业在新的物流理念的指导下,改善物流系统,开始提供多样的物流服务,可以说,20 世纪 80 年代迎来了美国物流革新的新时代。

5. 整合的 20 世纪 90 年代

(1) 供应链管理理论的产生

进入 20 世纪 90 年代,美国企业的物流系统更加系统化、整合化,物流也从 logistics 向 SCM 转化。物流与供应链管理的区别在于,物流强调的是单一企业内部的各物流环节的整合,而供应链并不仅是一个企业物流的整合,它所追求的是商品流通过程中所有链条企业的物流整合。具体指的是商品到达消费者手中,中间要包括零售商、批发商、制造商、原材料零件的供应商等,而物流则处于流动的整个环节中。为了能够以低成本、快速地提供商品,仅考虑单一企业内部的物流整合是远达不到目的的,必须对链条的所有企业的物流进行统一管理、整合才能实现上述目标,这就是供应链管理的基本概念。

依照供应链管理的基本思想,很多行业已经开始进行实践。在食品杂货业被称之为ECR(efficient consumer response),在纺织业被称之为QR(quick response)。仅在开展ECR的食品行业,由于批发业和生产企业的联合,初步推算可以节约300亿美元。因此,20世纪90年代美国的企业,通过供应链管理积极地推进企业物流的合理化和效率化。

另外,20世纪90年代,美国出现了新的物流服务业态——第三方物流服务。由于货主企业多样化的物流需求,美国新兴的物流市场在20世纪90年代前期急速地扩大。

(2) 精益思想的产生

精益物流(lean logistics)起源于精益制造(lean manufacturing)的概念。作为JIT(just in time)的发展,精益物流的内涵已经远远超出了JIT的概念。可以说,所谓精益物流指的是:通过消除生产和供应过程中的非增值的浪费,以减少备货时间,提高客户满意度。

2.2.2 美国物流业的发展趋势

随着经济全球化步伐的加快,科学技术尤其是信息技术、通信技术的发展,21世纪美国物流的发展呈现出新的特点。

1. 物流管理体制的某些改革正在酝酿之中

为了强调并协调各种不同运输方式之间的衔接问题,从根本上实现物畅其流,美国已在考虑对现行的物流管理体制进行某些改革,正在酝酿筹建大运输部,作为比较集中统一管理物流中主要交通运输环节的机构。美国罗德纳·斯拉特提出了《美国运输部1997—2002财政年度战略规划》,成为美国物流现代化发展的指南之一。规划中指出:目前的运输部,各运输方式管理部门普遍以谨慎自主的形态存在。而实际上,面对越来越严重的财政限制,每一任部长都试图建立某种统一的表面交通运输管理方式,以期减少财政开支,并降低由于各种交通运输方式之间的不协调而造成的内耗。该部认为:信息时代的客货运输,已令人更加信服地认识到,按不同运输方式实施分别管理的管理方法已经过时,而未来的运输部将成为一个大运输部。大运输部这个概念反映了现在运输部各部门之间的统一融合,21世纪的运输部将有更少的机关、更少的规则和更少的职员。它们将依靠信息系统进行更有效的工作,大运输部的思想将是美国建立21世纪运输部的指导思想。由此可见,建立大运输部的构想展示了21世纪美国物流管理体制的发展趋势。

2. 电子物流迅速兴起

基于美国网络电子商务的迅速发展,促使电子物流企业通过互联网加强企业内部、企业与供应商、企业与消费者、企业与政府部门的沟通，相互协调，相互合作。消费者可以直接在网上获取有关产品或服务信息，实现网上购物。这种网上的"直通方式"使企业能迅速、准确、全面地了解需求信息，实现基于顾客订货的生产模式和物流服务。此外，电子物流可以在线追踪发出的货物，在线规划投递路线，在线进行物流调度，在线进行货运检查。可以说电子物流将是美国21世纪物流发展的大趋势。

3. 物流企业向集约化与协同化发展

21世纪是一个物流全球化的时代，要满足全球化的物流服务，企业规模必须扩大，形成规模效益。美国物流企业扩大规模主要采取两种形式。

(1) 物流园区的建设

美国物流园区是多种物流设施和不同类型的物流企业在空间上集中布局的场所，是具有一定规模和综合服务功能的物流集结点。如美国得克萨斯州圣安东尼奥市利用即将关闭的空军基地，兴建大型物流园区，以使该市尽快成为全美自由贸易区中的贸易走廊。为此，该市制定了前10年免征财产税、销售税返回、对从事中转货运的企业免征财务税等一系列税收优惠政策，以吸引投资和物流企业的进驻。

(2) 物流企业的兼并与合作

随着国际贸易的发展，美国一些大型物流企业跨越国境，展开连横合纵式的并购，大力拓展国际物流市场，以争取更大的市场份额。美国大型的陆上运输企业AEI以11.4亿美元并入德国国营邮政，美国UPS则并购了总部设在迈阿密的航空货运公司——挑战航空公司。据不完全统计，1999年美国物流运输企业间的并购数已达23件，并购总金额6.25亿美元。

4. 物流服务向优质化和全球化发展

随着消费多样化、生产柔性化、流通高效化时代的到来，社会和客户对物流服务的要求越来越高，物流服务的优质化是物流今后发展的重要趋势。为此，美国物流企业推出了5个亮点(5Right)的服务，即把好的产品，在规定的时间、规定的地点、规定的方式，以适当的数量提供给客户，这已成为美国物流企业优质服务的共同标准。物流服务的全球化是美国物流今后发展的又一重要趋势。目前美国许多大型制造部门正在朝着"扩展企业"的方向发展。这种所谓的"扩展企业"，基本上包括了把全球供应链条上所有的服务商统一起来，并利用最新的计算机体系加以控制。同时，制造业已经实行"定做"服务理论，并不断加速其活动的全球化，对全球供应连锁服务业提出了一次性销售(即"一票到底"的直销)的需求。这种服务要求极其灵活机动的供应链，也迫使物流服务商几乎采取了一种"一切为客户服务"的解决办法。

5. 第三方物流快速发展

目前美国制造商逐渐将配送工作交由第三方物流实施,配送自营。在美国,第三方物流被认为尚处于产品生命周期的发展期,美国企业目前使用第三方物流服务的比例约为58%,且需求仍在增长。研究表明,美国33%的非第三方物流服务用户正积极考虑使用第三方物流服务;美国72%的第三方物流服务用户认为他们有可能在三年内更多地使用第三方物流服务。美国的第三方物流市场具有潜力大、渐进性和高增长率的特征,这种状况将使第三方物流企业拥有大量的服务客户。美国第三方物流业也随着美国总体物流市场的发展而保持着较快的发展速度。美国第三方物流市场总额从1996年的308亿美元,增长到2003年的769亿美元,如图2-5所示。第三方物流占物流市场的比例也从2000年的5.6%增长至2003年的8.2%。

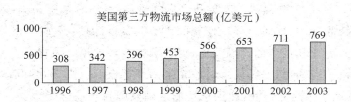

图2-5　1996—2003年美国第三方物流市场总额

资料来源:Rosalyn Wilson. 15th Annual State of Logistics Report[R]. Lombard:Council of Logistics Management,2004.

6. 现代科技应用于物流业

随着现代科技的迅猛发展,先进的通信技术、信息技术、网络技术普遍被应用于美国物流业,为企业改造和提升物流技术服务。美国物流业正在向信息化(采用无线互联网技术、卫星定位技术、地理信息系统、射频标识技术、物联网)、自动化(自动引导小车技术、搬运机器人技术)、智能化(电子识别和电子跟踪技术、智能运输系统)、集成化(信息化、机械化、自动化、智能化于一体)方向发展。

7. 绿色物流渐成时尚

物流虽然促进了美国经济的发展,但是物流在发展的同时也给城市环境带来不利的影响,如运输工具的噪声、污染排放、对交通的阻塞等,以及生产及生活中的废弃物的不当处理所造成的对环境的影响。为此,美国等发达国家对21世纪物流提出了新的要求,即绿色物流。绿色物流包括两方面,一方面是对物流系统污染进行控制,即在物流系统和物流活动的规划与决策中尽量采用对环境污染小的方案,如采用排污量小的货车车型,近距离配送,夜间送货(减小交通阻塞,节省燃料和减少排放);另一方面就是建立工业和生活废料处理的物流系统。

2.2.3 美国物流业的政策法规

美国作为一个法治国家,健全完善的政策和法律,对美国物流业的发展起到了积极的推动作用。美国物流业的政策法规有如下主要特征。

1. 国家确立以现代物流业发展带动社会经济发展的战略目标和规划

美国在其到 2025 年的《国家运输科技发展战略》中,规定交通产业结构或交通科技进步的总目标是:建立安全、高效、充足和可靠的运输系统,其范围是国际性的,形式是综合性的,特点是智能性的,性质是环境友善的。其远景目标是:适应经济增长和贸易发展的需要,通过建立高效和灵活的运输系统,促进美国经济的增长及提高在本地区和国际上的竞争力;改进机动性和可达性,确保运输系统的畅达、综合、高效和灵活等等。近期目标是:改进运输系统结构的完善性,使国家运输基础设施新增通行能力,与其运营效率保持平衡等等。作为物流的一项重要内容和推动运输物流发展的政府政策,美国运输部长罗德纳·斯拉特提出了《美国运输部 1997—2002 财政年度战略规划》,它已成为美国物流现代化发展的指南之一。规划指出:在 1997—2002 年作为跨越 20 世纪到 21 世纪桥梁的 5 年中,美国将面对全球化的市场、环境的挑战、跨越国界的安全威胁和通信与信息革命等环境要素的变化,面对这些挑战与变化,他指出要为美国提供机会,给他们以灵活的选择。这一规划将完善 21 世纪的运输系统,该系统将是全世界最安全、易得、经济和有效的系统。可以说,从整体上讲,这个规划是美国物流管理发展的又一个里程碑。

2. 美国物流业各环节适用各自的法规

美国规范物流的法律,就是现在规范物流各环节的现行法律。美国物流服务提供者目前要依照其服务内容的不同,在不同的营运范畴内分别遵守不同的法律条款。具体而言,在美国,从事铁路、公路、航空以及内河运输必须遵守汇编在《美国法典》中的 TITLE49 的运输法和联邦法规汇编中的 TITLE49 法案;而从事海上运输则必须遵守《美国法典》中的 TITLE46 的航运法和联邦法规汇编中的 TITLE46 法案。从美国物流业发展的实际状况看,沿袭以往的各种法律从各个不同的业务环节来管制物流服务,仍是十分有效的。这些物流服务的本身主要是一些传统运输方式的经营者将其业务范围向前后两端延伸所致,因而国家相应的原有法律对其的整体约束并未发生本质的变化,仍可通过"分块包干"的方式,对物流业进行法制管理。

3. 国家通过改革减少对运输业的控制

20世纪80年代初,美国联邦经济出现改革。当时的州际贸易委员会即现在的表面运输委员会决定结束联邦经济法规对货物运输物流化的控制,这在很大程度上促进了物流的发展。实际上,自20世纪80年代起,美国国会陆续通过并出台了《汽车承运人规章制度改革和现代化法案》、《斯泰格斯铁路法》,形成了一种运输改革的环境。接着,在90年代,美国又相继通过了《协议费率法》、《机场航空改善法》和《卡车运输行业规章制度改革法案》。特别应提到的是,为了适应当前世界航运大势,美国国会又修改了《1984年航运法》,推出了《1998年航运改革法》。这一系列的法律改革,在某种程度上减少了国家对运输业的控制和约束,推动运输业更接近于自由市场体系,从而为充分发挥物流业的整体效应和实现供应链的一体化,提供了广阔的发展空间。

4. 加强基础设施建设和发展多式联运

交通基础设施是构筑物流基本环节的硬环境,美国政府将加强交通基础设施建设作为推动物流发展的重要政策之一,而多式联运作为各种不同运输方式的集约组合以及交通运输基础设施的优化运用,更是受到美国政府的高度重视。美国于1991年颁布《陆路多式联运效率法》后,在以后的6年中,投入1 510亿美元,以改善公路和大宗货物运输的设施系统。美国国家运输部一直强调,建立智能化的国家多式联运运输系统是其面临的主要任务。在1991年美国《多式联运法》中就明确指出:"发展国家多式联运运输系统是美国的政策。这个运输系统应能够提供可增强美国经济竞争力的基础,并且又能够高效利用能源运输旅客和货物。这个系统是由各种具体交通运输方式统一、交叉之后组成,也包括未来的交通运输方式。"1994年9月,美国国家多式联运委员会在向戈尔副总统及众、参两院递交的一份关于美国多式联运的报告中,再次强调发展高效的多式联运运输是联邦运输政策的目标。在《美国运输部1997—2002财政年度战略计划》中,运输部长Rodney E. Slater指出:"运输部面临的最大挑战是建立这样一种运输系统,该运输系统应该做到:在地域上能够国际到达;在形式上能够多式联运;在特色上应该是智能化的;在服务范围上应该是广大的。"他在2000年7月呈交的《2000—2005年运输部战略计划》中,又将之进一步具体化、系统化,提出21世纪美国要建立的运输系统的特征:"国际到达——连接我们到达全球的每一个新的市场和新的目的地;多式联运——使我们能够从各种运输方式的集成运作中受益;智能化——让我们运用技术的力量,来提高运输系统的

能力与效益;服务范围广泛——服务于全体美利坚公民。"

5. 积极推动第三方物流和共同配送的发展

目前,由于美国的制造商经营观念与方式的转变,采取了多样化、小数量的生产方式,企业为了降低流通成本、提高运营效率,能够将更多的精力和资源集中于自身的核心业务上,逐渐将自己配送工作交给第三方物流企业来完成。在美国,第三方物流已形成规模,发展势头强劲。除了第三方物流,共同配送也是美国采用较为广泛、影响较大的一种先进的物流方式,对提高物流运作效率、降低物流成本,进而提高整个社会经济运营能力都具有十分重要的意义。从美国的经验来看,实现共同配送能够减少社会车流总量,减少闹市卸货妨碍交通的现象,改善交通运输状况;通过集中化处理,有效提高车辆的装载率,节省物流处理空间和人力资源,提升商业物流环境,取得最大效益。通过查询 AWC(Affiliated Warehouse Companies Inc.)网上资料,以有明确服务范围和用地规模为标准,筛选获得美国 52 个配送中心的资料,这些配送中心兼具仓储、配送功能,具有一定的代表性。这 52 个配送中心属于地方性的有 9 个,其他都是区域性的配送中心。据统计,美国地方性配送中心用地规模一般为 1~5 平方公里,以食品和日用百货等生活资料的存储和配送为主;区域性配送中心用地规模多在 1~10 平方公里,最大不超过 40 平方公里,存储、配送的产品较多,以食品、化工产品、机械产品、木材等大宗生产生活资料为主。

6. 组建物流园区以提高物流经营的规模效益

美国物流园区,是政府从城市整体利益出发,为解决城市功能紊乱,缓解城市交通拥挤,减轻环境压力而在郊区或城乡边缘带主要交通干道附近专辟用地建成的专门用来开展物流业务的区域。它通常是一个大型配送中心或多个配送中心的聚集地。在物流园区中,一般以仓储、运输、加工等用地为主,同时还包括一些与之配套的信息、咨询、维修和综合服务等设施的用地。一般情况下,美国等发达国家在全国范围内布置物流园区地址时主要考虑了三方面因素:一是至少有两种以上的运输方式,特别是铁路和公路在该址连接;二是选择交通枢纽中心地带,使物流园区网络与运输枢纽网络相结合;三是经济合理性,其中包括运输方式的选择与使用、环境保护与生态平衡以及物流园区经营利益的实现等。美国政府通过此类逐步配套完善的各项基础设施、服务设施和提供的优惠政策,促进了物流园区的建设。较之日本、德国来说,美国的物流园区建设尚处于起步阶段。

2.3 日本物流的发展

日本于1956年从美国引进现代物流管理理念后,开始大规模进行本国现代物流建设。物流业很快成为国民经济的核心课题。随着高新技术的突飞猛进和计算机信息网络的日益普及,传统物流在不断向现代化意义上的物流转变,日本政府和业界人士早已形成共识,即现代物流的发展水平已成为一个国家综合国力的重要标志。

据2000年国际物流博览会提供的资料,日本近20年来主要制造业的物流成本占销售额的比例已由1975年的10.16%下降到1999年的8.09%。宏观物流成本占日本GDP的比例由1991年的10.6%下降到1997年的9.6%,这一成本水平低于美国的10.2%。

根据Datamonitor(2005)的测算,以零售业、消费电子工业、汽车业、医药业、高新科技产业为代表的日本五大行业物流市场总额从2000年的732亿美元(79 212亿日元)减少至2004年的682亿美元(73 733亿日元),年均增长率为−1.8%,如图2-6所示。

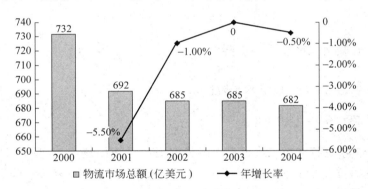

图2-6 2000—2004年日本五大行业物流市场总额及增长率

资料来源:Datamonitor. Logistics in the United States[R]. London:Datamonitor,2005.

在亚太物流市场上,日本是最主要的国家,占据了亚太物流市场总额的36.5%,如图2-7所示。

在日本零售、医药、汽车、高科技和消费电子物流市场中,零售业所占比例最高,达67.70%,其次是汽车业(14.80%)和高科技产业(10.00%),所占份额最小的是医药业(2.30%),如图2-8所示。

日本物流市场出现萎缩的态势,客户的需求却日渐复杂。日本市场上的物流企业,一方面要满足客户逐步提高的要求,另一方面又要避免高成本、低利润的困境。近年来,日

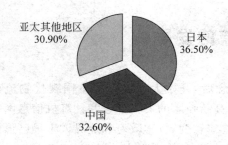

图 2-7 亚太物流市场细分

资料来源：Datamonitor. Logistics in Asia-Pacific[R]. London：Datamonitor，2005.

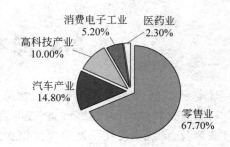

图 2-8 2004 年日本物流市场细分

资料来源：Datamonitor. Logistics in Japan[R]. London：Datamonitor，2005.

本市场上出现了许多著名的为客户提供综合物流服务的大型物流企业，主要是 Nippon Express Co. Ltd.（日本通运株式会社）、Nippon Yusen Kabushiki Kaisha（日本邮船股份有限公司）、Seino Transportation Co. Ltd.（西浓运输有限公司）和 Yamato Transport Co. Ltd.（大和运输有限公司），这些物流公司的客户不仅包括日本，还遍及整个亚太地区。

2.3.1 日本物流的发展历程

日本物流的发展可分为以下六个阶段。

1. 第一阶段（1945—1953 年）

1945—1953 年是日本第二次世界大战失败后的经济恢复期，也是物流的萌芽时期。这一阶段，日本以重化学工业为主导，采取"倾斜生产方式"，重点发展煤炭、钢铁、化学工业。粮食、食品供给不足，短缺商品曾实行配合制，市场供应紧张。国家重生产、轻流通，物流作为流通技术，只被看做销售过程中的辅助手段，不受重视，仍存在肩背人扛，野蛮装卸，包装简陋等现象。1950 年成立了装卸研究所，开始使用传送带、起重设备和叉车。

2. 第二阶段（1953—1963 年）

这一阶段是日本经济恢复到战前水平以后开始高速增长的起步时期，也是物流发展的初期。日本经济仍以生产为主导，流通处于配角地位。尽管进行大量设备投资、技术革新，推行机械生产，机械、化工、钢铁、电力等工业迅速发展，产量不断扩大，资源逐渐丰富，但市场仍然供不应求。人们解决了"吃"的问题，开始注重"穿"的问题。生产是"主角"的地位并没有改变，物流作为销售活动的辅助地位也没有真正改变。不过，在这一物流发展初期阶段也发生了一些变化。

（1）1956年日本经济经过10年的恢复期后，生产效率有了很大提高，已经意识到与生产效率相对，流通效率不匹配，于是刚刚成立不久的日本生产性本部决定向美国派出代表团，考察流通，这就是1956年秋季出访美国的日本"流通技术专业考察团"。该考察团从美国带回了物流的概念，引进了 physical distribution 一词。从此，在日本掀起了物流启蒙、宣传和普及运动，奠定了物流发展基础。

（2）企业对物流问题引起了注意，开始感觉到搞好物流的重要性。日本三共株式会社、学习研究社、花王石硷株式会社、三菱电机株式会社等企业率先重视物流，采用各种手段提高流通效率。

（3）在物流技术方面，1955年开始在仓库和运输车辆管理中简单使用计算机，1957年日本国铁（国营铁路）托盘货物装载试车，1959年日本国铁集装箱专列投入运营。

3. 第三阶段（1963—1973年）

这一阶段正是日本经济高速增长，物流也开始受到重视的时期，市场商品变得饱和，货物流通量骤增，流通成为经济发展的障碍，到了不解决物流，整体经济就无法推进的地步。从20世纪60年代初起，由于经济飞速发展，货物量急速膨胀，日本全国出现了交通拥挤、滞船压港、汽车废气、震动、噪音公害日益严重现象。尽管生产发展，商品堆积，但物价不见降低，成本居高不下，究其原因，发现是流通中的物流问题作梗。日本政府逐渐认识到物流的重要性，开始研究和解决物流问题。

1964年，"物的流通"一词首次在媒体亮相，在通产省产业构造审议会流通部会中设立了"物的流通部会"，日本高速列车"新干线"通车。1967年运输省在运输经济审议会中设立了物的流通部会及城市交通部会，成立了日本仓库协会，设立了东京流通中心株式会社。1970年，日本两个最大、最权威的物流团体——日本物的流通协会和日本流通管理协议会成立，日本早稻田大学西泽修教授的"第三利润源泉"学说问世。在这一物流发展阶段，日本的高速公路、铁路、港湾建设投资大幅度增长，大型流通中心、物流基地、物流园区、卡车终端、配送中心建设如雨后春笋，遍地开花。立体自动化仓库、冷冻仓库、集装箱运输船、管道输送、托盘联营、专用货物码头大量涌现，各种自动化物流机械和设备数量增多，计算机在仓库、配送中心、卡车终端等各个物流领域普遍应用，发挥越来越大的作用。

4. 第四阶段（1973—1983年）

这一阶段，正遇1973年第一次世界石油危机，日本经济从此由高速增长转为稳步增长，强调节约能源和资源，工业生产由"量"的扩大，转为"质"的提高，市场饱和，商品供大于求，流通主导经济发展，物流在经济舞台上唱"主角"。在这个时期里，日本经济因饱受石油危机的严重冲击，不得不调整产业结构，向节约资源和能源方向发展。企业为了适应新经济形势下消费者的新要求,不得不一方面提高服务质量和水平;另一方面又要压降成本,出现了种种新的矛盾。日本政府为使经济持续稳步发展,进一步重视流通环节,加大物流合理化的力度,增加物流基础设施投资,注重企业物流发展。1976 年经济企划厅流通问题研究会发表《流通效率化》研究报告。1977 年,运输省流通对策本部制定《物流成本计算统一标准》。1979 年,运输省流通对策本部发表《城市物流合理化调查报告》。1983 年,日本物流学会正式成立。

5. 第五阶段(1983—1993 年)

在这一发展阶段,消费主导日本经济,消费者是"上帝"的说法被世人公认。企业由原来的注重生产,转为注重消费者。用户第一,客户至上。"上帝"的多样化需求和个性化消费,给物流又增添了新的难度。日本经济由前 10 年的稳步增长转为缓慢增长,物流产业更加受到政府与企业上下一致的重视,作为经济的重要支柱,物流业在这一时期里,备受青睐。随着经济全球化的进展,跨国投资、异地生产逐渐普及,物流也随之向国外延伸和发展,国际物流成为新的课题。在理论界,物流的范围扩大,物流的重点转移,物流名词也发生变化。20 世纪 80 年代中期以后,由于 physical distribution 即 PD 已不再适应现代经济社会的发展要求,因此转为使用 logistics 表示物流。在这一阶段里,企业在竞争激化的经营环境中,在提高服务质量和水平的同时,努力降低成本,加强物流管理,调整物流体系,追求综合效益。共同运输、共同配送、协同组合的做法得到推崇。计算机联网、信息共享、跨国运作进一步铺开。条形码技术、托盘联营、单元化装载搬运、门到门配送等进而提升了企业物流运作的水平,系统化、智能化物流有了长足的发展。

6. 第六阶段(1993 年至今)

在这一阶段,国际政治经济环境发生了很大变化,日本泡沫经济破裂,出现了历史上最长时期的经济低迷,国际化和环保型经济成为日本的主流。从物流中找出路,把物流问题置于首要地位,加强国际竞争力,建立环保型、资源再生循环型经济社会,成为日本政府新的政策取向。在长期经济不振的时期,金融业呆坏账困扰,出口数量减少,企业找不到其他利润突破口,国家拿不出有效的经济增长对策。而另一个侧面是,老少社会(人口老龄化和少儿化)问题、环境噪音、汽车废气、废弃物公害,消费者需求苛求化、特殊服务化等问题成堆。面对这种状况,日本政府积极调整物流政策,加大物流投入,采取种种积极举措,立志创建国际一流的物流产业。1996 年,日本政府在国家经济体制改革文件中把物流列为首要课题。1997 年制定了一个重要的政策性文件,即《综合物流施政大纲》。该大纲作为实现日本物流现代化的指导方针,确定了三项基本目标:

(1) 提供亚太地区便利而具有魅力的物流服务;
(2) 实现对产业竞争不构成妨碍的物流成本;

(3) 解决好环保问题。

2001年,日本政府为了强化这一施政纲领,根据形势变化和发展需要,又在该大纲的基础上颁布了《新综合物流施政大纲》。仅这一举措,足以证明日本政府对物流的重视程度。

在环保及资源再生利用方面,日本环境厅于2000年颁布了《循环型社会基本法》,2001年又对《废气物处理法》进行了修改。这一阶段,企业也开始重新审视自己的经营理念。长期以来,一直是以生产为出发点考虑物流,后来又以市场营销为出发点考虑物流。在新的时代,人类进入了信息化社会,经济跨国界发展,环境被置于重要地位,消费者才是企业的生命。

2.3.2 日本物流业的发展趋势

从物流活动主体形态看,日本的物流运作正朝专业化方向发展。很多制造型企业为了强化自身的物流管理,降低物流活动总成本,开始将企业的物流职能从其生产职能中剥离开来,成立专业子公司或通过第三方物流企业来提供专门的物流服务,为此一大批物流子公司和专业物流公司应运而生,逐步形成物流产业。自1975年以来日本各类物流运作形态的费用比例变化情况中可以看出,企业自身内部物流与通过物流子公司或第三方物流企业提供物流的费用比例在进入90年代以来发生了根本性的改观。

日本在1996年出现第三方物流公司,而且有众多公司已成为或表示要成为第三方服务提供者。日本政府在《综合物流施政大纲》中,明确了物流领域进行经济结构改革的一系列举措,为日本现代物流业的发展起到了积极作用。电子数据交换(EDI)信息系统在现代物流业中广泛地推广使用。另外,日本政府提倡环保化,对环境保护非常重视。2002年3月制定了《防止地球暖化施策大纲》,2000年6月,环境省颁布了《循环型社会基本法》,2001年4月,又颁布了《废弃物循环法》、《废弃物处理修正法》,原生劳动省和经济产业省颁布了《家电回收再生法》等等。

2.3.3 日本政府对物流业的政策

1990年,日本通产省的政策咨询机构"物流和经济研究会"在研究了国际国内经济形势和日本的物流系统现状以后,发出了"如果现在的物流状况不改变的话,物流将会成为经济成长的瓶颈"警言。这个研究结果和观点引起了日本政府的高度重视,促使日本政府对物流业的发展给予了更多的关注,正式拉开了日本物流系统再建的序幕。

为了使企业在21世纪继续保持和具有更大更强的国际竞争力,日本政府在本国物流系统建设的过程中,始终起着重要的指导和引导作用。特别是1997年4月和2001年7

月的两次内阁会议所通过和发布的《综合物流施策大纲》和《新综合物流施策大纲》，促使已经比较先进和完善的日本物流系统又向着更加先进、科学、合理的目标发展。

1. 对应经济形势变化制定新的物流事业法规

第二次世界大战以后，日本政府对与物流有关的行业和产业参入实行严格的限制政策，这既有维护市场秩序的一面，也有保护落后企业，以至于造成流通成本居高不下的另一面。进入20世纪90年代，面对国内外经济形势巨大的变化，日本政府对流通产业和物流事业相关的法律及法规进行了清理，废除并制定了新的法规。其中主要有《物流二法》和《物流效率化法》。前者从物流的角度，对物流事业引进了竞争机制。后者从商流的视角，规定对现有的流通业现状进行改革，形成有效率的纵向的流通组织，把零散的小规模商业商店组织起来，统一管理。这使自发形成又落后于时代的日本流通系统开始进入了"流通现代化"的发展阶段。

（1）规制缓和的《物流二法》。对日本物流业来讲，最具有强烈划时代意义的是1989年制定、1990年12月实施的《货物自动车运送事业法》和《货物运送经营事业法》。这两个法一推出，即替代了连续实施长达40余年之久的30部与物流产业有关的法律和政府规定。在《物流二法》实施的10年间，包括物流子公司在内，约有1.1万家新公司进入了物流行业，增添了活力，带来了竞争。但是，随着行政改革和规制缓和的进展及《物流二法》的实施，一些负面效果相继露出水面，如超重装载、疲劳驾驶、汽车废气污染等问题。对此，日本政府采取了对应措施，但未得到根本性解决。显然，经济规制和社会规制之间的矛盾又给日本政府提出了必须解决的新课题。

（2）《物流效率化法》。1992年10月，通产省中小企业厅将《中小企业流通业务效率化促进法》（简称《物流效率化法》）公开发表。该法对当时日本物流的现状做了如下的描述：①随着生产及销售活动的多样化、高度化，日本的物流在质和量的两方面都正在发生着很大的变化。这种变化带来了物流需求的不均衡、物流成本上升、物流系统效率下降和外部不经济等各种各样的问题。②物流在各种各样的经济活动中产生，随着企业活动和消费者行为的变化而变化。

在经过了20世纪60年代的经济高速成长期以后，对于大量生产、大量消费的新经济现象，日本流通业怎么适应已经发生了巨大变化的产业构造和产业组织，从而实现自身的变革也成了政府部门研究的重要课题之一。

2. 为提高企业国际竞争力制定了物流大纲

《综合物流施策大纲》和《新综合物流施策大纲》是日本内阁会议通过并颁布的关于日本物流事业的纲领性政策文件。它提醒并要求中央政府各有关部门、社会各行各业必须对物流事业予以高度重视，按照大纲的总体设计思路和规划具体地实行和执行。前者要求在中央各有关部门的联合行动下,对物流相关的基础设施的整备,要放宽或取消不合理的政策限制,在信息化、标准化、效率化等方面起到规范和规划作用;后者总结了前者被实施的情况,结合新的形势变化提出了更加完善的物流系统建设目标,并对所应达到的目标做了规定。两个大纲颁布的目的和意义不仅极大地促进了日本物流系统自身的高度化和现代化,更重要的是使日本从国家经济发展的战略高度,面对经济全球化的加速过程中日益增长和变化的物流需求,通过降低物流成本、加快物流速度,以保持和增强日本企业的国际竞争力。今天,持续不断地确定新的奋斗目标,对物流系统进行扩充完善改造,已经是日本物流系统发展的明显特征。

(1)《综合物流施策大纲》

1997年4月4日,日本内阁会议通过了具有重要影响力的《综合物流施策大纲》决议报告。该大纲是根据1996年12月17日日本政府决定的《经济构造的变革和创造规划》中有关"物流改革在经济构造中是最为重要的课题之一,到2001年既要达到物流成本的效率化,又要实现不亚于国际水准的物流服务,为此各相关机关要联合起来共同推进物流政策和措施的制定"这一指示而制定的。这个大纲是日本物流现代化、纵深化发展的指针,对于日本物流管理的发展具有历史意义。

《大纲》前言的首句就是:"日本的物流业正面临着一个历史转折点。"《大纲》强调:"为了满足日益增长的物流需求,对物流业进行综合性的强化治理,已是刻不容缓的紧急课题。"《大纲》明确了在2001年前必须达到的3项基本目标,即:

① 在亚洲太平洋地区建起一个最为方便最具魅力的物流服务体系。包括完善基础设施建设,放宽规制,简化贸易手续,利用标准化、信息化提供高质量的物流服务等。同时为了适应国际化的进展,进一步在软、硬件方面实行改善。

② 在不成为影响企业在当地竞争力的成本水准基础上,提供上述的物流业务标准。日本的物流费用逐年降低,与美国相比已不分高低,但在与港口相关的费用上,与亚洲国家的某些港口相比,费用还处在高水平,这不利于日本参与国际竞争。

③ 采取与物流活动相关的能源、环境、交通安全等问题的保全对策。为了使城市交通更加顺畅,进一步改善基础设施建设,减少交通事故。并且规定了要达到上述目标的各项措施。

(2)《新综合物流施策大纲》

2001年7月,由于日本国内及国际局势发生了变化,同时为了检验1997年制定的大纲实施以来的成果,日本政府又出台了《新综合物流施策大纲》。

《新大纲》明确提出了最迟在2005年以前建成一个面对21世纪与日本经济社会相适应的新的物流系统,即:①构筑起一个包括成本在内的具有国际水准竞争力的物流系统;②构筑起一个能够不恶化环境,能够向资源循环利用型社会作出贡献的物流系统。《新大纲》明确和设定了具体的目标数值。如:(a)继续推动使用标准化托盘,2005年以前能够用货物托盘运输的货物的托盘使用率应达到 90%（2001 年大约为 40%，欧美为 50%～60%）。(b) 在 21 世纪初期，使用陆地交通通向中转站的联运，在半天以内能够往返的地区比率要达到 90% 以上（2001 年大约为 80%）。(c) 在 21 世纪初期，从汽车专用道路的进出口，10 分钟以内能够到达机场、港口的比例要达到 90% 以上（2001 年机场为 46%，港口为 33%；欧美大约为 90%）。(d) 在三大都市圈的人口集中地区，早晚的平均车行速度要达到每小时 25km，货运汽车的载货率要提高到 50%（2001 年，分别为 21km 和 45%）。

从政策推进的角度，《新大纲》提出：各主体承担各自的作用；构筑公平竞争的物流服务市场；物流重点设施的建设和现存设施的合理利用。

为了实现上述的目标，在新的大纲中明确了以下三个方向：

① 建设具有国际竞争力及高效的物流系统

i. 构筑高效的物流系统：促进企业共同化、信息化的发展，推动规制改革、简化行政手续；推进标准托盘运输的单元化；在区域间物流中，推动建设使消费者在卡车、海运、铁路各种运输方式的自由竞争中，可以自由选择运输手段的交通体系；在城市内部的物流中，推进 TDM（交通需求管理）政策的实施。

ii. 强化国际物流节点的功能：进一步加强对连接国际物流节点的接口道路、海上高速网络及干线道路网络的建设；推进港口 24 小时营业制，进出口货物手续的电子化、一站式服务等，大幅度改善国际港口物流的效率。

② 构筑解决社会课题的物流系统

i. 地球温暖化问题的对应：促进卡车运输效率的提高，推动运输方式的转化。

ii. 大气污染等环境问题的对应：强化排出尾气的限制，开发和普及低公害车辆，建设环状道路增加交通容量，利用 TDM 政策使城市交通更加通畅。

iii. 为了实现循环型社会，构筑静脉物流系统。

iv. 物流安全问题的对应。

③ 构筑支撑国民生活的物流系统

i. 在物流规制放宽后，确保能够提供安定的物流服务和保护消费者利益不受损害。

ii. 城市建设中充分考虑与物流的衔接。

iii. 构筑安定的物流系统。

3. 政府对物流系统建设的主要政策和直接支持事例

自 20 世纪 60 年代前后，物流概念传入日本，物流在日本开始受到重视至今已有 50 余年，日本的物流事业和物流系统也从初期的自然形成状态发展到今日的具有世界一流水准的现代化程度。在此期间，日本政府制定和实施了为数不少的物流政策，真正有力地推动和引导了本国流通及物流业的发展。实行混合经济体制的日本，虽说主要是用"看不

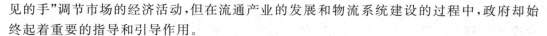

见的手"调节市场的经济活动,但在流通产业的发展和物流系统建设的过程中,政府却始终起着重要的指导和引导作用。

(1)《流通业务市街道整备法》

在日本,每个公司除了配备自用物流设施之外,还根据《流通业务市街道整备法》配置大规模的物流据点。《流通业务市街道整备法》是日本政府在1966年制定的,它的目的是通过使集中在大城市中心的流通设施向已经整备好的外围地区集中搬迁,以提高大城市的流通机能以及使道路交通流畅,维持和提高城市的机能。根据这一法律,目前已在22个城市中建设了24个物流团地。运作的程序如下:

通产省、运输省、农林水产省、建设省以及经济企划厅的5位主管大臣对有关流通业务的城市进行设施配备,制定全国通用的具体政策,并且决定对象城市。

在每个对象城市,都道府县的知事等作为城市规划,制定流通业务地区的数量、位置、规模、机能、设施的种类等基本方针。

地方的公共团体、建设团体等根据城市规划进行流通业务团地的土地建设及团地内的公共设施、公益设施等的配备工作。

(2) 成立进行流通产业研究及推广物流技术标准,统一规格的民营机构"流通系统开发中心"

20世纪70年代初期,由于民营企业对于流通系统化的认识不足,以及培养推动流通系统化人才的相应组织也未成立,导致民营企业流通活动的基础调查研究和信息的收集及提供工作无人做。所以,在推动流通系统化的工作并未达到理想的效果和目标的1972年4月,通产省在有关部门协作配合下,成立了"财团法人流通系统开发中心"。该中心主要进行和流通产业有关的各种物流技术的研究开发及普及推广等工作,如:开发无人店铺系统、POS系统、流通信息网、统一销售交易码、再生资源物流系统、货物托盘、市内最佳货物运送系统、改善市内物流状况、不同行业的流通系统化等项目,另外还进行了消费品物流成本的研究开发与调查、培训流通系统设计人员、提供物流信息等工作。

(3) "流通系统化"工程建设

1969年7月,日本通产省把产业构造审议会流通分会所作《关于流通系统化》为题的第7次咨询研究报告作为政府的一项经济政策公开发表。当时对流通产业和物流系统的基本认识是:"一个国家的流通活动的整个系统,不是一个由不同的各个单独的流通机能所构成的集合体,而是通过连接使它们成为一个有机的整体,一个系统。"为了使"流通系统化"工程顺利建成,1970年,日本通产省采纳该会建议成立了流通系统化推动会,并于1973年制定了流通系统化实施计划。所谓"流通系统化"就是把国家的流通系统按企业内部、企业间和国民经济三个层次构建。同时,从最合理的生产活动角度和建设物流系统的角度进行目标规划和设计。

① 从企业和地域的角度看,"流通系统化"首先使企业的生产经营、计划、营销、物流、

财务等部门各自建立起部门分系统,再将企业内部的各部门分系统组合起来,形成某个企业的分系统,最后将各企业的系统组合在一起构成全国规模的流通系统。

② 从物流的角度看,"流通系统化"可以由营销过程的程序化、物流系统化、规格的统一标准化和各地区的分流系统、不同物资的分流通系统等分系统构成。

(4) 物流基础设施的建设

从 1959 年至今,由运输省主管的日本物流基地的建设和扩充工程得到了以下的发展。①1959 年,《汽车终端站场法》公布,随即有 19 家企业对全国 25 所站场进行了整备,1994 年已经达 1 657 所。②1966 年开始对流通业务团地进行扩充整备。③1967 年开始建设"陆运和海运"、"汽车和铁路"等由两种运输部门结合的终端站场。④1986 年,为了满足高度化、多样化物流的需求,在现有物流既有的基本功能基础上,再增添如流通加工、信息处理等,使其成为具有复合功能、高附加价值型的物流基地。

(5)《大规模物流基地的合理配置构想》

1973 年 10 月,日本通产省产业政策局编发的《大规模物流基地的合理配置构想》报告书公开发行。该《构想》分宏观和微观两部分对其构想进行了设计和描述,并从产业、地域和功能的角度对日本的物流系统进行了详尽的分析和规划。

(6)《物流据点整体状态的规划设计》

1995 年前后,作为日本经济社会发展基础的物流业不得不面对市场提出新的要求:一是必须满足一个个收发次数多、件小,且要求准点守时,具有高度化、多样化物流服务需求的用户;二是随着进口量的增加、内外价格差的调整,产业构造和消费意识的变化等因素也在要求物流的高度化;三是由物流引发的环境污染、道路交通拥挤、劳动力不足等问题,迫切要求物流系统进行改造。在这种情况下,为了满足社会和经济对物流的强大需求,日本运输省从自己的行政管辖范围及角度出发推出了《物流据点整体状态的规划设计》。

(7)《物流基地的整备目标》

1996 年 7 月,日本运输政策审议会物流分会公开发表了《物流基地的整备目标》研究报告。该报告提出,物流基地的整备目标包括提高流通效率的物流设施、机动转移基地型终端站场、货运汽车终端站场、共同运输配送基地、进口物流设施、食粮贮备设施和流通设施共六项内容。报告明确,整备由国家、地方政府、民间企业共同实施;要制定不同类型和不同地区的据点的整治目标和投资方案,制定保证用地和选址定点的措施,中央和地方政府要联合协作,要放宽对于物流基地选址定点的限制。如,在运输省 1996 年的《物流政策推进计划》中,就具体安排了港口整备第九个 5 年计划和机场整备第七个 5 年计划等具体目标。

(8)《产业再造计划》

日本政府于 1996 年公布《产业再造计划》。为了防止企业的空洞化,日本政府突出了一系列政策强化经济。其中在再造计划中,提出了四个发展方向,即:

① 国际物流基地的建设和其机能的现代化;

② 区域物流结构的改革；
③ 城市内部物流的效率化；
④ 物流系统的信息化。

4．物流基地的建设

日本政府从1956年开始，便将主要的物流功能定位在离市中心20公里左右的地区，并对物流基地的建设制定了专门的法规（如填海、建路、银行贷款、税制、生活配套等），由运输省、通产省担负管理职能。

东京团地仓库株式会社在此背景下应运而生。该公司成立于1966年，由112家仓库公司共同出资，用政府给予的动迁置换资金以及优惠的专项贷款，经过16年的持续建设，在东京的东、西、南、北部的足立、板桥、京浜、葛西建设了四个物流基地。

足立流通中心通过首都高速公路与东北汽车道直接相连，是往东北、北海道方向的物流基地。其集配区域包括足立区、荒川区等北部地区。

板桥流通中心位于东京都的西北部地区，担负着往上信越、北陆方向的物流基地的作用。其集配区域包括北区等的西北部地区。

京浜二区流通中心是日本最大的公共流通中心，是东海道及太平洋沿岸地区的物流基地。其集配区域包括大田区、品川区等南部地区。

葛西流通中心是日本第二大的公共流通中心。其集配区域包括江户川区、江东区等东部地区。

东京团地仓库株式会社四个物流基地将运输、集散、中转、储存、配送、租赁、提供订货、销售服务等功能有机结合起来，在公司内部建立了信息网络，组成了业务互联系统，发挥了各自的区位作用，提高了物流设施的利用率。

这四个物流基地分别由众多的股东（公司）合资兴建，再租借给各个企业使用。租借中有偿提供机械设备、库房维持及作业方面的劳务服务。物流基地使用寿命为60年，计划20年收回投资，但经过努力在16~17年投资已收回。这也充分说明，现代化物流基地建设投资庞大，回收周期长，长期产出比较稳定，效益明显等特点。

现代化的物流基地，使日本的仓储业从单纯的储存仓库形态变为集约化、综合型的流通仓库形态，给日本的物流现代化带来了新的飞跃。

2.4 中国物流的发展

20世纪70年代以前，中国的经济研究中几乎没有使用过"物流"一词，自80年代初由日本引入物流概念之后，我国开始了对物流的研究。经过20余年的发展，物流已成为我国经济发展的重要因素,并成为企业创造利润的源泉。但也应看到,在对物流的研究及应用上,与发达国家相比,还有一定距离,有些问题不解决将影响我国物流的进一步发展,加大与发达国家的差距。

2.4.1 中国物流的发展历程

物流概念是通过两个渠道从国外引入中国的。第一个渠道是在 20 世纪 80 年代初,随着欧美的"市场营销学"理论介绍到中国,在市场营销理论中介绍了"physical distribution",从而把物流概念引入了中国。第二个渠道从欧美途经日本介绍到中国。1979 年 6 月,中国物资工作者代表团赴日本参加第三届国际物流会议,回国后在考察报告中第一次引用"物流"这一术语,从而将物流概念引入中国。当时基于 physical distribution,后转为 logistics。但与日本不同,后来中国仍然沿用原来"物流"中文译法。自 1979 年"物流"概念引入中国后的时间里,中国物流理论和实践经历了两个重要阶段。

1. 中国物流初期发展阶段(20 世纪 80 年代初至 90 年代初)

这一阶段是我国经济从计划经济向市场经济过渡的时期。在计划经济时期,中国商品流通的方针是为生产服务、为人民生活服务,流通是生产的"蓄水池",工业企业生产的产品绝大多数由流通企业进行销售、储存、运输。流通分为内贸、外贸,内贸又分为商业、物资、粮食、供销社等系统,每个系统中又分为批发、零售与储运企业。

随着我国开始实行改革开放政策,经济建设的步伐明显加快,国内商品流通和国际贸易不断扩大,资源分配组织供应逐渐打破了部门和地区的界限而转向社会化、专业化方向发展,物流活动开始考虑整体的经济效益,运输、仓储、包装、装卸、流通加工的系统化和全过程优化的思想和实践活动已经开始,新建了一系列交通基础设施(以运输业为例,截至 1990 年底我国水、陆、空运输网线总长度有了较大增长,其中 25% 以上是在这十余年期间建成的。其中尤以公路建设更为突出,已建成高速公路、汽车专用公路多达 4 000 公里,十年来新建和改建的高速汽车专用公路超过了前 30 年建设总和的 3 倍),物流技术也得到了不断改进,开展了集装箱运输、散装运输和联合运输等业务,使得物流活动的经济效益和社会效益比过去有了明显的提高。

20 世纪 80 年代初,在物资部专业刊物《物资经济研究通讯》上刊登了由北京物资学院王之泰教授撰写的《物流浅谈》一文。文章较为系统地讲述了物流的概念、物流的管理、物流的结构以及物流信息等。此后我国诸多专家学者就开始深入研究、探讨物流对我国经济的影响和在我国的应用,并在不同的背景下对物流做了定义,如王嘉霖、张蕾丽(1987)在《物流系统工程》一书中指出:物流系统泛指物质实体的场所(或位置)转移和时间占用,即物质实体的物理移动过程(有形的与无形的)。狭义地讲,物流包括从生产企业内部原材料、协作件的采购开始,经过生产制造过程中的半成品的存放、装卸、搬运和成品包装,到流通部门或直达客户后的入库验收、分类、贮存、保管、配送,最后送达顾客手中的全过程,以及贯穿于物流全过程的信息传递和顾客服务工作的各种机能的整合。

有关物流的学术团体相继成立,并积极有效地组织开展了国内国际物流学术交流活动,了解和学习国外先进的物流管理经验。1982年机械工业部聘请美国物流专家理查德·缪瑟(Richard Muther)来华讲学,在工厂设计院系统讲解了物流系统技术理论。中国物流流通学会在1989年在北京成功地承办了第八届国际物流会议,对我国的物流发展起到了积极的促进作用。物流学研究已经被业内人士重视。

2. 中国物流大发展和国际化阶段(20世纪90年代初至今)

1992年,我国正式确立了建设社会主义市场经济的目标。在一个相对自由、宽松的市场经济环境中,经济增长迅速,买方市场逐渐形成,市场竞争越来越激烈,零售企业、连锁商业企业在市场中的主导地位逐步加强。外商大举进入我国日化、家电等生产领域,并引进了现代物流观念和物流网络体系,越来越多的生产企业已经认清物流能力在市场竞争中越来越重要的作用;与此同时,一批"三资"储运、物流企业应运而生,传统的储运企业开始向综合物流企业发展,也产生了一批新的民族物流企业。在这种情况下,一些生产、零售企业开始退出物流领域,不再新建仓库,转向市场寻求合格的物流代理商。这标志着我国现代物流业已经开始起步。

1999年11月25日,吴邦国副总理在现代物流发展国际研讨会上指出:现代物流是一项跨行业、跨部门、跨地区,甚至跨国界的系统工程,现代物流作为一种先进的组织方式和管理技术,被广泛认为是企业在降低物流消耗、提高劳动生产率以外的重要利润源泉,在国民经济和社会发展中发挥着越来越重要的作用。这标志着政府重视现代物流的发展,随后各地区和城市也纷纷制订物流发展规划,并积极开展国际物流业务,使物流向国际化方向迈进。经过若干年的发展,目前我国已逐步建立了专业化、现代化、社会化的物流网络。

2001年3月1日,国家经贸委、铁道部、信息产业部、对外贸易经济合作部、中国民用航空总局等联合下发了《关于加快我国现代物流发展的若干意见》。在十六届三中全会文件中,再一次明确发展现代物流的重要性,在本届政府机构改革中,明确推进物流业发展是政府职能。交通部在2003年10月,确定上海交运(集团)公司、北京市大型物资运输公司、酒泉钢铁(集团)有限责任公司汽车运输公司、中国物资储运总公司、中国远洋物流公司、中国对外贸易运输(集团)总公司和中海集团物流公司为道路运输行业发展现代物流的试点企业,等等。全国已有20多个省市和30多个城市做出了物流业发展规划并出台了必要的产业政策,规划的部分内容已开始实施,有些物流园区已开始招商引资,取得一定进展。

在此期间,物流在我国的定义有了新发展,王之泰(1995)在《现代物流学》一书中,将物流定义为:"按用户(商品的购买者、需求方、下一道工序、货主等)要求,将物的实体(商品、货物、原材料、零配件、生成品等等)从供给地向需要地转移的过程。这个过程涉及运输、贮存、保管、搬运、装卸、货物处置和拣选、包装、流通加工、信息处理等许多相关活动。"吴清一(1996)在《物流学》一书中,将物流定义为:"指实物从供给方向需求方的转移,这种转移既要通过运输或搬运来解决空间位置的变化,又要通过贮存保管来调节双方在时间节奏方面的差别。"

2001年,我国颁布的《中华人民共和国国家标准 物流术语》(GB/T 18354—2001)中将物流定义为:"物品从供应地向接收地的实体流动过程。根据实际需要,将运输、贮存、装卸、搬运、包装、流通加工、配送、信息处理等基本功能实现有机结合。"

2.4.2 中国物流业的现状[①]

我国的物流业经过20余年的发展,取得了一定的成就。2011年,全国社会物流总费用为8.4万亿元,按现价计算同比增长18.5%,增幅比上年提高1.8个百分点;与GDP的比率为17.8%,与一年持平,运输费用为4.4万亿元,占社会物流总费用的52.8%;保管费用为2.9万亿元,占社会物流总费用的35%;管理费用为1.1万亿元,占社会物流总费用的12.2%。

全国物流业增加值为3.2万亿元,按可比价计算同比增长13.9%。占全国服务业增加值的15.7%,比2010年提高0.8个百分点。

1991年以来物流总费用与GDP比率呈逐步降低态势,2006年比2000年降低1.1个百分点,比1991年降低5.7个百分点,从中可以发现我国物流运行质量逐步提高的趋势,见表2-3。

表2-3 1991—2006年物流总费用与GDP比例(%)

年 份	运输费用	保管费用	管理费用	社会物流总费用
1991	13.3	7.5	3.2	24.0
1992	12.7	7.2	3.1	23.0
1993	12.8	6.6	3.0	22.4
1994	11.6	6.8	3.1	21.4
1995	10.6	7.3	3.2	21.2
1996	10.7	7.2	3.2	21.1
1997	10.4	7.4	3.3	21.1
1998	10.3	6.7	3.2	20.2

① 本部分参考国家发展和改革委员会经济运行局等. 中国现代物流发展报告 2006[M]. 北京:机械工业出版社,2006.

续表

年 份	运输费用	保管费用	管理费用	社会物流总费用
1999	10.6	6.0	3.3	19.9
2000	10.1	6.0	3.2	19.4
2001	9.9	5.9	3.1	18.8
2002	10.0	6.1	2.9	18.9
2003	10.4	5.9	2.6	18.9
2004	10.6	5.6	2.6	18.8
2005	10.2	5.8	2.5	18.5
2006	10.0	5.9	2.4	18.3

根据Datamonitor(2005)的测算,以零售业、消费电子工业、汽车业、医药业、高新科技产业为代表的中国五大行业物流市场总额保持着快速增长态势。从2000年至2004年,该指标从265亿美元(2 198亿人民币)增长到611亿美元(5 059亿人民币),年均增长率达23.20%,见图2-9。

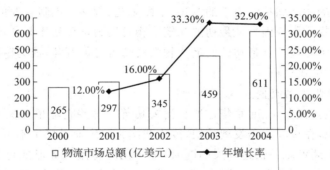

图2-9　2000—2004年中国五大行业物流市场总额
资料来源：Datamonitor,Logistics in the United States,2005.

但是,相对于经济发达国家和地区的物流产业而言,中国的物流业尚处于起步、发展阶段,其主要特点如下。

1. 企业物流仍是全社会物流活动的重点,专业化物流服务需求迫切

我国物流的发展水平还比较低,近年来,随着买方市场的形成,企业对物流领域中存在的"第三方利润源"开始有了比较深刻的认识,优化企业内部物流管理,降低物流成本成为目前多数国内企业最为强烈的愿望和要求。

与此同时,专业化的物流服务需求已经出现且发展势头极为迅速。其主要是跨国公司在中国从事生产经营活动、销售分拨活动及采购活动中,对高效率、专业化物流服务的

巨大需求。另外,国内一批颇具竞争力的优势企业对专业化物流服务也具有较强的需求,如海尔集团、青岛啤酒、上海宝钢等,在市场扩张的过程中,在不断优化企业内部物流系统的基础上,已开始尝试和利用专业化物流服务并取得成效。还有一些私营企业、快递服务行业以及电子商务领域等,也产生和存在着一定规模的物流服务需求。

2. 专业化物流企业开始涌现,多样化物流服务有一定程度的发展

近年来我国出现的专业化物流企业主要由以下三部分构成。

(1) 国际物流企业

这些国际物流公司一方面为其原有的客户——跨国公司进入中国市场提供延伸的物流服务,如丹麦有利物流公司为马士基船运公司及其货主企业提供的物流服务;另一方面,针对中国市场正在生成和发展的专业化物流服务需求提供服务,如 UPS、TNT 等国际大型物流企业纷纷进入中国的快递市场。

(2) 由传统运输、储运及批发贸易企业转变形成的物流企业

中国发展规模较大的准物流企业——中外运集团在与摩托罗拉(中国)公司的合作中,根据客户市场的发展和物流需求的变化,不断规范、调整和创新企业的物流服务内容,提高服务质量,使物流服务内容从最初的几笔货物发展为全程物流服务,服务区域从天津市场扩展至全国,服务模式从最初的几笔货物发展到每月数百吨,成为摩托罗拉(中国)公司最主要的物流服务供应商。

(3) 新兴的专业化物流企业

如广州的宝供物流公司、北京华运通物流公司等。这些企业依靠灵活的竞争策略和对专业物流的认识,在市场竞争发展较快,成为我国物流产业发展中不可忽视的力量。

在物流企业不断涌现并快速发展的同时,多样化的物流服务形式也有了一定程度的发展。一方面围绕货运代理、商业配售、多式联运、社会化储运服务、流通加工等物流职能和环节的专业化物流服务发展迅速;另一方面是正在起步的系统化物流服务或全程物流服务,即由物流企业为生产、流通企业提供从物流方案设计到全程物流的组织与实施的物流服务。

3. 物流产业发展正在引起各级政府的高度重视

目前深圳、北京、天津、上海、广州、山东等地方政府极为重视本地区物流产业的发展,并已着手研究和制定地区物流发展的规划和有关促进政策。深圳市已明确将物流产业作为支持深圳市 21 世纪经济发展的三大支柱产业之一,并制订了"十五"和 2015 年现代物流发展规划。中央政府有关部门,也从不同角度关注着我国物流产业的发展,并积极地研究促进物流产业发展的有关政策。

4. 第三方物流企业得到了较快发展

据美国美世顾问公司与中国物流与采购联合会的调查,2001年真正第三方物流市场的规模为400亿元,以年30%速度上升,到2003年,真正第三方物流市场的规模已超过600亿元。第三方物流客户需求从更多行业、更多企业、更大范围释放出来,物流需求从进出口企业、中外合资与外商独资企业、连锁超市企业、高新技术企业向传统企业特别是制造业企业发展;从运输、仓储等传统业务外包向管理、配送等增值服务发展,有一部分开始要求全程物流服务,优化供应链管理已开始出现。物流需求的增长促进第三方物流企业的扩张式发展,目前已有上万家,形成了四大板块:

(1) 从传统运输向仓储企业转型的物流企业,如中远物流、中外运、中海物流、中储物流、中邮物流、中铁物流(中铁快运、中铁现代、中铁集装箱、中铁联合)、招商局物流等;

(2) 中外合资与外商独资物流企业,如美国总统轮船、联邦快递、联合包裹、丹麦马士基,德国邮政,日本通运、九川急便等等,大田联邦快递、中外运敦豪、志勤美集物流、英运物流等都在中国迅速扩展业务;

(3) 民营物流企业,如天津大田、广州宝供、上海大通、北京宅急送、浙江炎黄在线等等;

(4) 工业与流通物流企业,如青岛海尔物流、上海百联物流、广东安得物流、北京物美物流等。

5. 港口物流发展迅猛

我国目前有15个保税区,GDP年均增长高达39.9%,发展国际物流成为保税区最重要、最核心的功能,许多保税区都提出建设区域性国际物流中心的发展目标。外向型经济发展是港口吞吐量增长的主要动力,以进出口国际集装箱运输为主体的口岸物流发展迅猛。集装箱吞吐量香港稳居全球第一,上海超过高雄,跃升全球第三。长三角、珠三角、环渤海及中原部分省的物流发展情况基本代表我国物流发展趋势和形势。

6. 物流基础设施和装备发展初具规模

经过多年发展,目前我国已经在交通运输、仓储设施、信息通信、货物包装与搬运等物流基础设施和装备方面取得了长足的发展,为物流产业的发展奠定了必要的物质基础。

据中国物流统计年鉴显示,从1991年至2005年,铁路营业里程从5.78万公里上升到7.5万公里;公路里程从104.1万公里上升到192万公里。从1991年至2004年,内河航道从10.97万公里上升到12.33万公里;民用航空线从55.91万公里上升到204.94万公里,增长了近3倍;输油(气)管道里程从1.62万公里上升到3.82万公里。见表2-4。

表 2-4 1991—2005 年中国交通网络建设情况　　　　　万公里

年份	铁路营业里程	公路里程	内河航道里程	民用航空航线里程	输油（气）管道里程
1991	5.78	104.11	10.97	55.91	1.62
1992	5.81	105.67	10.97	83.66	1.59
1993	5.86	108.35	11.02	96.08	1.64
1994	5.90	111.78	11.10	104.56	1.68
1995	6.26	115.70	11.10	112.90	1.72
1996	6.49	118.58	11.08	116.65	1.93
1997	6.60	122.64	10.98	142.50	2.04
1998	6.64	127.85	11.03	150.58	2.31
1999	6.74	135.17	11.65	152.22	2.49
2000	6.87	140.27	11.93	150.29	2.47
2001	7.01	169.80	12.15	155.36	2.76
2002	7.19	176.52	12.16	163.77	2.98
2003	7.30	180.98	12.40	174.95	3.26
2004	7.44	187.07	12.33	204.94	3.82
2005	7.50	192.00	—	—	—

在信息通信方面,到 2010 年我国已拥有电信网络干线光缆达 859.3 万公里,并已基本形成以光缆为主体,以数字微波和卫星通信为辅助手段的大容量数字干线传输网络,包括分组交换数据网(China PAC)、数字数据网(China DDN)、公用计算机互联网(China Net)、公用中继网,这四大骨干网络的总容量已达 62 万个端口,覆盖范围包括全国地市和 90% 的县级市及大部分乡镇,并连通世界主要国际信息渠道,使管理和控制的技术得以应用,提高了我国物流信息管理水平,为我国物流业的快速发展奠定了坚实的基础。

7. 物流需求快速上升,增幅明显高于经济增长

20 世纪 90 年代以来,我国经济持续快速发展,GDP 年均增长约 10%,2002 年增长 8%,经济总量首次超过 10 万亿元人民币;2003 年 GDP 增幅达到 9.1%,达到 135 823 亿元;2005 年 GDP 高达 182 321 亿元,增幅达 9.9%。国民经济的高速增长构成了强大的物流需求。从 1991 年至 2004 年,社会物流总费用从 5 182 亿元提高到 29 114 亿元,总费用规模扩大了 4.6 倍,见图 2-10。

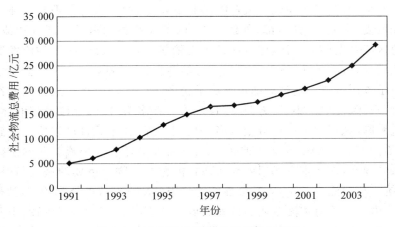

图 2-10　中国社会物流总费用增长趋势

2.4.3　中国物流业存在的问题

中国物流业按照现代物流业发展的特点衡量,尚处于起步发展初期,与物流发达国家和地区的物流发展水平相比,中国还存在不小的差距,表现在以下几个方面。

1. 观念陈旧,亟待转变

受传统计划经济体制的影响,我国相当多的企业仍然保留着"大而全"、"小而全"的经营组织方式,从原材料采购到销售过程中的一系列物流活动主要依靠企业内部组织的自我服务完成,没有按照现代物流理念,对企业内部物流进行整合和重组,或者实行业务外包。根据调查,在工业企业中,36%和46%的原材料物流由企业自身和供应方企业承担,而由第三方物流企业承担的仅为18%。产品销售物流中由企业自理、企业自理与第三方物流企业共同承担的比例分别是24.1%和59.8%,而由第三方承担的仅有16.1%。在商业企业中,由企业自理和供货方承担物流活动分别为76.5%和17.6%。同时,多数企业内部各种物流设施的保有率都比较高,并成为企业经营资产中的一个重要组成部分,这成为制约中国物流产业快速发展的一个瓶颈。企业内部运输和仓储设施、各种物流装备、人员等资源无法在全社会范围内实现合理的交流和流动;另一方面企业缺乏提高物流效率、降低成本的内在动力和手段,从而制约了现代物流的社会化、专业化发展。

2. 物流管理和流通体制制约着物流业的发展

现代物流的发展,要求打破传统的行业与区域限制,建立一个统一、开放、竞争有序的大市场。但是由于目前我国现代物流业刚刚起步,因此物流市场管理与行业管理还没有理顺,国家经贸委、交通部、铁道部、外经贸部、内贸局等各承担了一部分物流管理职能。从各地看,地区经济发展不平衡,地方保护主义依然存在。因此,我国物流发展呈现出明显部门化、区域化特征,工业、商业、物资、交通等各自为政,都在上项目、抢市场,相互间协调性差,造成了资源浪费。这种局面也造成了企业物流活动很难达到必须的经济规模和预期的投资回报,致使规模小、实力弱、增长乏力。在多头管理、分段管理的体制下,受部门、地方利益牵制,现行政策法规数量虽多,但相互之间有矛盾且难以协调一致。发展现代物流业所需的产业政策和产业规划尚未出台,而我国现有与物流有关的法律法规多是部门性、区域性规章,往往带有部门或地区保护的色彩。物流市场的进入与退出、竞争规则基本上无统一法律法规可循,对社会性的物流服务缺乏有效的外部约束,致使不正当竞争难以避免。由于缺乏对物流企业的正确认识和合理界定,在工商部门的企业注册目录中至今没有物流企业的一席之地;物流企业的设立还要受到种种限制,手续烦琐,专业物流组织策划企业的法律地位尚未得到法律承认等等,限制了第三方物流业的进一步发展。

3. 物流企业小、散、差,经营管理水平有待提高

我国目前具有全球竞争能力的物流企业不多,大多数物流企业只能提供简单的运输和仓储服务,而流通加工、物流信息服务、库存管理、物流成本控制等物流增值服务方面,尤其是在物流方案设计及全程物流服务等高层次的物流服务方面还没有全面开展,很难满足一体化物流服务的需要。有的地方有一个仓库、几部车就自称为物流企业。除少数企业以外,大多数物流企业技术装备和管理手段仍比较落后,服务网络和信息系统不健全,大大影响了物流服务的准确性与及时性。目前从事物流服务的企业,包括传统的运输和储运等流通企业和新型的专业化物流企业,规模和实力都还比较小,网络化的经营组织尚未形成。多数从事物流服务的企业缺乏必要的服务规范和内部管理规程,经营管理粗放,很难提供规范化的物流服务,服务质量较低。更为重要的是,企业缺乏通晓现代物流运作和物流管理的复合型专业人才,员工素质不高,服务意识不足,缺少市场开拓的主动权。

4. 物流设施和装备条件影响物流效率的提高

我国交通运输基础设施总体规模很小,不仅远远落后于欧美等经济发达国家,就是与印度、巴西等发展中国家相比也存在较大差距。各种物流设施及装备的技术水平较低,物流作业效率不高。物流设施和装备的标准化程度低,影响全社会物流效率的提高。集装箱运输在整个货运量中的比例我国只有20%,而世界平均高达65%。我国目前托盘总数约为7000万个,但规格、标准都不统一。信息技术应用水平较低,如条形码、GPS技术、物资采购管理(MRP)和企业资源规划(ERP)等物流管理软件,在物流领域中的应用水平较低,缺乏必要的公共物流信息交流平台,以电子数据交换(EDI)、互联网等为基础的物

流信息系统在我国还没有得到广泛的应用。

5. 物流社会化、专业化程度相对较低

物流总值的规模和速度大大高于物流增加值,自1991年至2002年12年间,全社会物流总值从3万亿元上升到23.3万亿元,增长了6.7倍,年均以20.4%的速度递增;而同期物流行业增加值从2 257亿元上升到7 133亿元,增长才2倍多,年均递增11%。物流增加值仅占GDP的6.8%。这说明目前仍然以企业自身发展物流为主。

6. 物流发展仍处在粗放扩张阶段

从投资率(固定资产投资与增加值的比率)来看,我国物流投资率在"八五"时期平均为24.1%,尚低于国民经济投资率8.8个百分点;到"九五"时期上升到39.9%,已经高于国民经济投资率4.4个百分点;进入"十五"时期,这一比率已经达到50%,大大高于国民经济投资率。从1991年到2002年,物流投资率从14.2%上升到50.1%,平均每年上升3.3个百分点,高过这期间国民经济投资率升幅2个多百分点。

7. 物流资金周转率低

2001年我国国有及限额以上非国有工业企业物流资金周转率平均每年为1.6次;限额以上批发和零售商业企业平均为2.8次,而日本企业平均高达15次以上,一些跨国连锁企业如沃尔玛、麦德龙、家乐福等公司更是高达20到30次。浙江省是我国经济相对发达的省份,但社会存货占GDP的比例高达8.2%,而发达国家一般不超过1%,发展中国家不超过5%。

2.4.4 发展趋势

1. 物流需求弹性逐年增高,经济增长越来越依赖于物流的发展

随着各省市对物流业的重视和投入的增加,越来越多的省市将物流业作为支柱产业来发展,使得物流需求弹性逐年增高,经济增长越来越依赖于物流的发展。统计资料表明:"八五"时期我国物流需求弹性平均为1.26,"九五"时期平均为1.35,"十五"时期平均为1.63,"十一五"时期将达到2左右。

2. 第三方物流的比例逐年增加

随着市场竞争进一步加剧,必然促使企业更加关注其核心资源和核心竞争力的培养,而将企业内部物流交由专业物流公司经营。据前所述,目前我国第三方物流的市场比例不大,工商企业中使用第三方物流的约占22.2%,而美国占58%。因此,我国第三方物流潜力很大,有广阔的发展空间。预计今后几年,我国第三方物流服务的比例将会逐渐增大。

3. 物流信息化程度越来越高

自从信息技术进入经济领域以来,信息化在国民经济各个领域中都发挥着重要作用。像ERP、电子商务、电子政务等,对各种企业、政府等部门都得到广泛应用。面向物流应用的软件越来越多。像阿里巴巴、淘宝等这样的电子商务企业在不久的将来会使物流业的经营理念和运作形态都产生重大变革。

4. 物流国际化进程进一步加快

由于世界制造业和OEM中心在向我国转移,以及经济一体化进程的加快,未来我国与世界各国之间的物资、原材料、零部件与制成品的进出口运输,不论是数量还是质量都会发生较大变化。为适应这一变化,要求我国必须在物流技术、装备、标准、管理、人才方面与世界对接。因此,我国物流业在国际化方面将会有较快的发展。

5. 物流园区的规划和建设逐步完善

物流园区是物流业发展的客观需要。各地将根据物流市场的实际需求,制订大型物流园区建设规划,优先整合存量资源,减少土地占用,防止重复建设和盲目发展。

6. 加快物流信息化进程

现代物流是以信息技术为支撑的,没有信息化就没有现代物流的发展。在我国大力发展信息化的新形势下,物流的信息化应该走在其他行业前面。今后几年,我国物流业将加快构建物流管理公共信息平台,大力推进物流电子数据交换(EDI)的普及和应用,制定物流信息的标准和网络接口规范,建立物流信息的共享机制,提高物流领域的信息化水平。建立全国性公路运输信息网络,实现信息共享,降低货车的空驶率。

7. 物流企业向规模化、集团化发展

我国的物流企业大多规模小、实力弱、能力低,因此随着国内物流市场竞争的进一步加剧和国际知名跨国综合物流企业大量进入我国,国内的一些物流企业将通过重组、资本扩张、收购、兼并、流程再造等形式,向规模化、集团化物流企业发展,提高核心竞争力。

8. 加快物流人才的培养

现代物流的蓬勃发展呼唤着系统的物流知识,呼唤着成功的物流经验,呼唤着成熟的

物流技术,呼唤着多层次的物流人才,特别是高级物流管理人才。抱怨员工素质低是没有任何实际意义的,只有通过不断地规范专业培养,才能形成一个人才梯队。有鉴于此,我国将逐渐建立和完善物流职业资格认证、专业学历教育、短期职业培训相配套的物流人才培养体系,使物流员工素质低、高层次物流人才匮乏的现状得到缓解。

案例 中石油物流:寻找水晶鞋

几年前,当物流在国内刚从一种概念变成一个企业时,物流自营还是业务外包,对于中石油及类似的石化企业来说,可能还不是那么迫切。但时至今日,市场变化翻天覆地。2006年底,国内石油销售行业迎来对外资开放的大限,按照加入WTO的承诺,我国对外资全部开放石油零售业务。[9]

此时,中石油和中石油样的企业与国际石油巨头的较量无疑将步入更深层次,弱势的物流及供应链管理无疑是民族石化企业的软肋,但也必将成为一个竞技舞台。在这个舞台上,中石油如何跳好它们的舞蹈?

1. 自营之困

据说,童话中的灰姑娘只有合脚的水晶鞋才能跳出最优美的舞蹈。我们的中石油要想在物流方面有优秀的表现,大概也要找上一双合脚的水晶鞋。

对于合脚的水晶鞋,中石油似乎更热衷于自己给自己定做。近年,中石油提出改造物流系统的一套思路:要打造一条化工产品的快速轨道,转变长运距、低效率带来的被动局面,以最快的速度抢占终端消费市场。中石油把信息化和专业化看做现代物流的两条腿。

信息化上,从2003年年初开始,中国石油就着手化工产品销售信息平台建设,利用现代化的智能网络技术,构建一流的网络平台,并利用这个平台,通过快捷、畅通、安全的信息支撑,实现物流、资金流和票流的即时、统一管理。

专业化上,中国石油成立了中国石油化工销售东北公司和中国石油化工销售西北公司两大专业物流企业,成立了专业化工销售队伍,设立塑料橡胶、有机化纤、无机化肥、物流调运4个专业管理部,用较少的专业管理人员,负担起了每年1000万吨以上的化工产品的宏观营销管理任务。

中国石油还采取全程配送方式,在兼顾经济效益的前提下,以最快的速度将化工产品及时送达目标市场。按照中国石油管理层"集中、集合、集约、集成"的要求,化工板块继续优化完善物流方式,大力实施集约化经营和专业化管理。在优化运输方式上,化工板块采用干线运输和支线运输相结合的运输方式,加强与铁路部门联系,缩短了运输时间,并通过计划调节货物集港数量和集港周期,从而压缩货物集港时间。

我国成品油供需存在地区间的不平衡,东北和西北地区只占约20%,但东北和西北地区的成品油产量却占全国总产量的近50%。面对这个市场,2005年4月8日,中石油建立辽河石油勘探局大连辽河油田海洋运输有限责任公司。中国石油开始拥有第一个成品油运输船队,公司初始阶段将以成品油的近海运输和内河运输为主,势将独揽北油南运的业务。

但业内人士也指出,尽管中石油进行了物流系统的改造,在信息化建设上已经走在国内对手的前面。但由于自身条件限制,中石油不能完成庞大的包括运输、配送等物流的各个环节,而目前国内物流企业普遍发展滞后,即使一些大型的物流公司也因为网络不足、专业化不够,难以提供与中石油现代物流体系匹配的服务。

2. 外包之患

据悉,预计到2020年中国将进口原油2.5亿吨。作为国内最大的石油进口商,中石油的物流业务一直存在难言之隐。

中国进口油源地为中东、非洲、美洲、东南亚等,石油进口主要依靠大型油轮运输,但中国并没有足够规模的油轮运输队,中石油和中石化一样长期没有自己控制的油轮船队。海上油运业务主要由国际油轮联营体、马士基、环球航运、韩国现代等海外油轮公司租船承运。

2006年2月8日,中石化与中远在北京签署了进口原油和油品供应合作长期协议,中远今年将为中石化运输进口石油600万吨,以后扩展到3 000万吨。7月25日,中石化又与中国长江航运集团签订了进口原油长期运输协议,迈出了中国进口原油运输自主化、国有石化企业物流外包的步伐。

而面对竞争对手的新举措,中石油的远洋运输却依然选择国外油轮。也许这出于中石油对国内油运业信心不足。据业内人士指出:中国船队运输能力偏小。世界海运总运力7亿吨,油轮运力约占1/3,而中国油轮船队运力仅600万吨,约占全部油轮运力的2.6%,目前由中国船东控制的超大型油轮仅有10条左右,即使全部服务于中国的原油进口,充其量每年的承运能力也只有3 000万至4 000万吨,而2005年中国原油进口超过8 000万吨。

此外,中国船舶结构也存在一定的问题。目前中国远洋运输企业中,相对集装箱和散货船航运,中国的油轮运输规模并不大,且以单壳船、小船、旧船居多,油轮船队明显存在规模小、吨位小、船型结构不合理的问题,以及长期以来形成行业分割、资源整合不力的情形。

目前每年至少有90%的进口原油是通过国外油轮运输的,在原油对外依存度达40%、原油进口仍主要依靠海运的现实面前,这样的处境无异于生命线被别人掐在手中,一旦发生战争,原油进口极易受制于人。

为中国运输进口原油的油轮大部分属于国际油轮联营体、韩国现代、环球航运等国际航运巨头。而对国外油轮的依赖还有一个最直接的后果,就是丢掉了确定运价的话语权。2005年,由马士基等13家航运巨头组成的"泛太平洋运价稳定协议组织"突然大幅提升运价,使中国企业措手不及,但却只能无奈接受。

3. 携手之舞

联手物流企业改善自身物流体系，可谓中石油一个公开的法宝。

早在 2003 年初，中石油最大的控股子公司中国石油天然气股份有限公司开始携手中国远洋运输（集团）总公司，以增资扩股的形式将中远集团所属的中国船舶燃料供应总公司（以下简称中燃）改造为双方共同出资的有限责任公司。通过合作，中石油借助中远完善的船用燃油销售网络，以较低的成本冲浪船用燃油市场。

目前，中燃国内外成员企业 30 余家，在大连、秦皇岛、青岛、连云港、上海、广州、湛江、宁波、舟山、烟台、汕头、厦门、防城、珠海、南京、南通、江阴、茂名、香港等国内主要港口拥有实力雄厚的地区直属和合资公司，在新加坡、韩国、荷兰等国建立了海外专业公司或网点。中燃拥有各类船舶近 90 艘，储油库 16 座，总库容达 89 万立方米，以及设施完备的油码头和火车装卸线，能够为中石油油品仓储、运输提供很好的业务支撑。

在国际油品物流业务上，中石油也在不断寻求合作，2006 年 3 月中石油国际公司新加坡分公司已经入股新加坡裕廊岛一项世界级石油仓储物流库项目——环宇仓储物流库，成为中石油首次在国外参与建设大型石油仓储物流库。该仓储计划于 2007 年底落成并全面投入运作，建成后可储存各种石油产品（柴油、汽油、航空油、原油、石脑油等）约 200 万吨，与之配套的码头将建 12 个泊位，整个库区计划建设 73 个储油库，大大增强了中石油在国际资本市场上的配置和流通能力。

（资料来源：改编自 http://www.examda.com/wuliu/anli/.）

思 考 题

1. 物流概念的产生和演进历程分哪几个阶段？
2. 怎样理解物流从 physical distribution(PD) 到 logistics 的变化？
3. 简述美国物流业的发展趋势。
4. 简述日本物流的发展历程。
5. 简述中国物流业的现状和存在的问题。
6. 中国物流的发展趋势是什么？

第3章 物流工程与管理学科体系

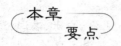

从20世纪50年代开始直到21世纪,与物流有关的新概念、新理论、新技术层出不穷,这些问题涉及面很广,没有哪一个现有学科能够覆盖,因此与物流有关的产、学、研各方人士一直都对此非常关注。像其他新兴学科的建立一样,物流学科的建立也许还要经过一段时间,还需要进行大量的探索,但是,从科学发展的规律来看,体现多学科交叉、综合特点的物流科学肯定会形成和完善,因为这门学科可以改善人们对于更大范围内的事物的认识,它符合人类认识发展的规律。

本章在以往研究基础上,首先构建了物流工程与管理的学科体系和有关核心问题,之后就相关基础学科——管理学、物流经济学、系统工程学进行论述,并给出这些学科与物流工程与管理学科的基本关系。

3.1 体系架构[①]

组成物流工程与管理系统的要素很多,国内外过去几十年的深入研究实际上已经涉及了所有这些要素,但是为什么还是没有形成物流工程与管理的学科体系呢?究其原因,主要是目前的研究很多是为物流而物流,从物流到物流,缺少对物流工程与管理的学科体系的全面系统研究。因此,物流研究是概念性的繁杂和不够系统。为了深入探讨物流学科体系的建立问题,我们对物流工程学科体系架构进行了设计,基本框架如图3-1所示。

第一层——核心层。物流系统的基本概念。由关键的核心概念组成,具有可扩充性。如物流、配送、物流中心、配送中心等等。要理解物流,必须借助这些概念,物流工程与管理学科体系的所有其他组成部分都是通过这些概念来表现并且由此展开的。这些概念是人类在逐步归纳和综合几千年的社会实践基础上抽象出来的,当这些概念足够稳定,其内涵和外延能够被准确表达的时候,说明以这些概念为基础演绎出一个学科的时机成熟。这一层是物流工程与管理学科体系的基本内核。

---

① 本节参考何明珂. 物流系统论[M]. 北京:中国审计出版社,2001.

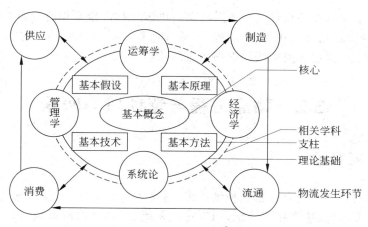

图 3-1　物流工程与管理体系架构

第二层——支柱层。物流系统学科体系的基本假设、基本原理、基本技术和基本方法，这四大支柱与物流系统学科体系的核心概念一起演绎出物流学科体系的基本框架。物流的核心概念和这四大支柱组成了物流学科体系的主要理论。

第三层——理论基础。物流工程与管理这个大学科的建立，本身依赖于其他已经成熟的学科作为自己的理论基础，物流理论就是在这些理论的基础上发展起来的，这也是物流与其他相关学科联系的具体反映。不过，与物流这个大工程相联系的学科很多，它们本身分成不同的层次，其中最为紧密联系的理论主要有四类：系统论、运筹学、经济学和管理学。

系统论提供物流学科的最根本的思维方法和逻辑；运筹学提供实现物流系统化的技术与工具，它是系统论在物流中应用的具体方法；经济学提供物流系统资源配置的基本理论，物流系统的资源配置服从经济学的假设、原理和规律；管理学提供物流系统具体运作的基本假设、原理和规律。以上四类代表四个理论体系：系统论代表系统论、系统工程、价值工程等等；运筹学代表高等数学、线性代数、线性规划、概率论与数理统计等；经济学代表宏观经济学、微观经济学等；管理学代表管理学、营销学、组织行为学、战略管理等理论。这些理论对物流工程学科体系来说是最为重要的，因而是物流学科体系的理论基础。这些理论本身也成为物流工程与管理学科体系的一部分，它们是互相联系的，同时，除了这些理论以外，物流学科体系还以其他一些学科理论为支撑，但其他理论同这些理论相比，比物流学科理论体系的距离要远一些，因此作为第四个层次。

第四层——相关学科。现代物流的运作和管理都依赖于现代化的技术手段和条件，研究这些技术或手段的学科就成为物流工程与管理学科体系的相关学科，比如电子、电器及信息学科对现代物流的作用越来越显著，这些学科对其他许多学科都起类似的作用，因此作为物流学科的相关学科来处理。

以上四个层次形成的物理学科体系框架与供应、制造、流通和消费四大环节具有紧密的联系,因为物流活动发生在供应、制造、流通和消费所有环节,所以,物流工程的研究对象就是供应、制造、流通和消费活动中的物流问题。

3.2 物流工程与管理核心问题

3.2.1 研究对象

物流工程与管理的研究对象是物流系统,物流系统本身是一个非常复杂的系统,包括原材料供应物流系统、生产物流系统、销售物流系统、废弃物物流系统、回收物流系统等,物流工程与管理学科研究从原材料采购到生产、流通直至消费的供应链全过程中物的时间和空间转移规律。物在时间和空间上的转移有5个要素:流体——"物",载体——设备设施,流向——物的转移方向,流量——物流的数量表现:数量、重量、体积,流程——物流路径的数量表现。任何物流系统都有这5个要素,因此物流学科的研究对象主要应该包括这五个方面。

3.2.2 研究内容

物流学科研究对象决定了物流学科的研究内容。由于物流学科的研究对象主要是物流的五要素,所以物流学科的研究主要围绕物流五要素及其相关问题展开。主要内容如下。

1. **物流作为新兴学科要研究的一些基本问题**

物流学科是新兴学科,需要研究的问题包括:该学科的研究对象、研究内容、学科性质、研究目的、研究方法、基本假设、基本概念、基本原理、理论体系、基本技术以及物流学科与其他相关学科的联系等。

2. **围绕物流设施而要研究的问题**

在物流学科建设的初期,急需要对下列问题进行研究:物流的概念,物流在国民经济中的作用,物流的宏观管理,物流对生产、流通和消费的影响,物流的本质特征,物流与传统储运的区别,物流包括的行业,物流产业的发展前景,物流的结构与功能分析,物流中心或者配送中心的规划、设计与管理等。

3. **围绕物流五要素而要研究的问题**

从流体的角度来看,需要研究的问题有:不同商品的物流特性,不同商品的保管、养护技术与方法、商品的检验与鉴定技术、商品的识别技术,商品的物理、化学、生物特性对于运输、储存、装卸、包装、流通加工、物流信息处理的影响和要求,商品的品种结构与企业经营的关系等等。

从载体的角度看,需要研究的内容主要有:载体的数量与结构优化和载体的最优化配置,载体网络布局与优化,载体的规划、设计与运作技术,载体的建设与管理,载体的技术进步等。

从流向的角度来看,主要研究内容包括:物流的流向规律,物流流向的组织与优化,物流流向的控制技术等。

在流量方面,主要研究如何在物流过程中,以尽可能少的流量,尤其是尽可能少的中间库存(在库库存和在途库存),满足末端消费者需求,因此要研究零库存技术、JIT技术以及其他与库存控制有关的技术。

在流程方面,要配合生产资源的配置、销售网络的布局来研究如何使物流流程最短,尤其是在给定的物流网络情况下,如何使物流路径最短。

从五要素的协调来看,主要研究内容包括:五要素的关系、五要素的集成与协调技术等。

4. 围绕物流的具体功能而要研究的问题

物流系统包括的功能主要有运输、储存、装卸、包装、流通加工、物流信息处理等,现代物流还要提供各种增值服务功能,物流工程与管理要研究以上某一个功能作为一个独立的系统要研究的方方面面问题。

5. 围绕建立物流系统而要研究的问题

物流集成是现代物流与传统储运的本质区别,要将储存、运输等物流系统所包含的各个具体功能集成起来不是一件容易的事,物流学科要研究物流系统界定的原则与标准,物流系统的功能、资源、组织、运作等的集成规律,比如集成的条件、模式、技术及具体措施等。当物流系统能够很好地集成之后,还要对物流系统与商流系统、制造系统、客户服务系统等进行集成。越是能够在更大的范围内进行集成,意义就越大,这项研究对物流学科体系的建立具有战略意义。

3.2.3 学科性质

物流工程与管理属于经济学、管理学、工学和理学等相互交叉的新兴学科[①]。

---

① 鞠颂东,徐杰. 高层次物流教育与学科建设问题研究[C]. 第二届中国物流学术年会. 北京,2003.

1. 经济学属性

物流工程与管理研究大量的物流资源配置优化、物流市场的供给与需求、政府对物流的管理、物流的发展与增长等问题,而解决这些问题靠的是经济学理论在物流中的具体应用。物流涉及许多经济学专业,比如经济学、国际经济与贸易等。

2. 管理学属性

物流活动是由物流组织来完成的,而"管理是一切组织的根本",企业的物流系统规划与设计、物流业务的具体运作、物流过程的控制、物流效益的考核与评估等等都是管理,需要管理学理论的指导。物流与许多管理学类专业有关,如工程管理、工业工程、信息管理、工商管理、市场营销、会计学、财务管理等等。

3. 工学属性

现代物流系统首先需要进行科学的系统设计,现代物流是一个技术含量很高的产业。国外大型配送中心一般都是高度自动化的物流设施,建设前需要大量的工程技术人员进行分析和工程设计,建成后需要工程技术人员进行维护和管理。物流系统分析、设计、建设和管理都涉及大量的工程和技术,因此它涉及工学类的许多专业,比如机械、建筑、电子、信息、材料、交通运输等等。

4. 理学属性

物流的流体是商品,各种商品的物理、化学、生物特征不完全相同,照顾好顾客就要照顾好将要配送给顾客的商品,商品的检验、养护、鉴定、流通加工等作用环节都需要诸如数学、物理、化学等的指导。同时,研究流体的理学属性,可以为设计、制造承载流体的载体、为用户使用商品提供依据和指导。

物流工程与管理还与其他许多学科有关,比如哲学、法学等,但就物流工程与管理整体而言,它是具有以上四种属性的新型交叉型学科,具有多学科、交叉性、边缘性、综合性的特点。

3.2.4 研究方法

物流工程与管理的研究方法集经济学、管理学、工学、理学的研究方法之大成,研究方法依研究的内容而定。与物流工程与管理相关的学科采用的方法可能各有侧重,比如,经济学和管理学的研究方法偏重于实证分析、规范分析、案例分析、图表分析、经济计量、系统分析等,工学、理学的研究方法偏重于采用模拟、实验、观察与观测、公式、定理等。马克思主义的唯物辩证法、分析与综合、归纳与演绎、数据采集与分析、优化方法以及学术争论等等是各个学科都要采用的研究方法。物流工程与管理研究要采用以上所有的方法。

3.2.5　基本原理

物流工程与管理的基本原理应该用来阐述物流的基本运动规律，并且运用物流基本概念来反映物流的基本理论。物流工程与管理的基本原理归纳为9个方面，即物流工程的9大原理：物流目标系统化、物流要素集成化、物流组织网络化、物流接口无缝化、物流反应快速化、物流信息电子化、物流运作规范化、物流经营市场化和物流服务系列化[①]。这些基本原理是以系统论为依据，从物流系统的约束条件、物流系统的内部结构、物流系统的内部运作和物流系统的主要输出这四个方面进行构造的，如表3-1所示，这些基本原理也可以看做是物流系统区别于其他系统的基本特征。

表 3-1　物流工程与管理系统论的基本原理

类　别	基　本　原　理
第一类：物流系统的约束条件	物流目标系统化原理
第二类：物流系统的内部结构	物流要素集成化原理、物流组织网络化原理、物流接口无缝化原理
第三类：物流系统的内部运作	物流反应快速化原理、物流信息电子化原理、物流运作规范化原理、物流经营市场化原理
第四类：物流系统的主要输出	物流服务系列化原理

3.2.6　基本技术

物流技术是物流工程与管理研究的重要内容之一。物流的基本技术是实现物流系统目标的手段和装备。物流工程与管理将物流技术研究作为重要内容也符合人类的认识规律，对于促进物流业的进步与发展的作用显而易见。物流技术常常被认为是生产技术、流通技术的一个部分，但是随着物流的发展，物流自身的技术特征越来越明显，物流技术除了要符合生产和流通等环节的技术要求外，它本身也应该形成完整的技术体系。物流工程与管理研究的物流技术体系应该包括如下几个组成部分。

1. 物流技术标准

从现代供应链的角度来分析，物流是跨原材料供应、商品生产、流通和消费过程的复

---

① 张晓青. 现代物流概论[M]. 武汉：武汉理工大学出版社，2005.

杂系统,是被动地让物流系统来适应原材料供应、生产、流通和消费过程的技术要求,还是先制定出物流的技术标准,然后让其他各个环节来适应物流的技术要求,或者是两者兼有,是物流时间中遇到的很普遍的问题。今后的发展趋势可能是,由国际组织,比如国际标准化组织或有影响力的国家或大型跨国公司根据原材料供应、生产、流通、消费各环节现有的物流状况,制定出国家、行业或产品的物流标准,再通过物流业务合作促进或迫使其他与该国或该公司合作的相关国家、行业、公司去应用和执行这些标准,这样逐渐扩大标准的推广面,使该标准成为事实上的国际标准。在计算机行业、信息行业、电信行业、家电行业、汽车行业,标准都是按照这种模式建立起来的。技术标准推广以后可以大幅度地提高物流效率、降低物流成本,但是让复杂的现实去接受后来颁布的标准成本很高,并且会遇到巨大阻力。

物流技术标准应该包括以下几类:物流基础设施标准、物流设备标准、物流信息交换标准、物流作业标准和物流管理标准等。详见表3-2。

表 3-2　物流技术标准的类别

标 准 类 别	标准的主要方面
物流基础设施标准	公路、铁路、水路、航空、港口、站台、堆场标准
物流设备标准	卡车车厢、托盘、集装箱、包装箱、货架等尺寸
物流信息交换标准	条形码、单证、标识、数据库、计算机网络标准
物流作业规范	作业环节、流程、岗位、动作规范与评估指标
物流管理规范	服务方式、质量、价格、经营业绩与考核指标

2. 物流技术手段与装备

物流技术手段与装备的状况可以反映国家物流现代化水平,提高物流技术手段与装备的现代化水平是实现物流现代化的必由之路,但要提高物流技术与装备的现代化水平需要进行大量的投入。

典型的现代物流技术手段和装备包括:计算机、互联网、信息数据库技术、条形码技术、语音技术,还有电子数据交换(electronic data interchange,EDI)、无线射频识别(radio frequency identification,RFID)、全球卫星定位系统(global positioning system,GPS)、地理信息系统(geography information system,GIS)、自动数据采集(automated data collection,ADC)、电子订货系统(electronic ordering system,EOS)、增值网(value-added network,VAN)、电子货币转账(electronic fund transfer,EFT)、自动存取系统(automated storage and retrieval system,AS/RS)、手持终端(handy terminal,HT)、IC卡(integrated card,IC)等。

3. 物流技术应用方案

物流技术重在应用，物流技术应用于具体的物流活动时会产生具体的物流技术应用方案，这些方案也是物流技术的组成部分。典型的物流技术应用方案包括：运输或配送中的路线规划技术、库存控制技术、物流过程中的可视化技术，以及供应商管理库存技术（vendor-managed inventory，VMI）、连续补货计划（continuous replenishment program，CRP）、供应链管理（supply chain management，SCM）、顾客关系管理（customer relationship management，CRM）、仓库管理系统（warehouse management system，WMS）、快速反应（quick response）、准时制（just in time，JIT）、ABC库存分析法、作业成本法（activity-based costing，ABC）、直接产品赢利性分析（direct-product profitability，DPP）、配送资源计划（distribution resource planning，DRP）、物流流程重组（logistics process reengineering，LPR）等。

3.3 管理学与物流

管理一词有多种解释，但到目前为止，还没有一个统一的能够为大多数管理学者所接受的定义。原因在于，不同的人在研究管理时出发点不同，因此，对管理一词所辖的定义也就不同。例如，强调管理者个人领导作用的人认为"管理就是领导"，强调决策作用的人认为"管理就是决策"等等，不一而足。在众多管理定义的比较认识中，作者认为，一个较为全面的定义是："管理是通过计划、组织、控制、激励、领导及沟通等工作来协调人力、物力、财力和信息等资源，以更好地实现组织目标的过程。"

这个定义有三层含义：第一层含义说明管理职能有六个方面：计划、组织、控制、激励、领导及沟通。这是管理者在管理过程中要做的工作及发挥的职能作用。第二层含义说明管理对象有四方面：人力、物力、财力和信息。管理是要通过发挥上述六方面职能作用，来协调组织存在和发展的这四方面资源条件，这也是第一层含义的目的所在。第三层含义进一步说明了第二层含义的目的，即协调人力、财力和信息资源的目的是使整个组织活动更加富有成效。这也是管理活动的根本目的。

管理学内容也分为三类：第一类是以管理职能为主体内容的，主要讲解计划职能、组织职能、控制职能等管理职能；第二类是以管理对象为主体内容的，主要包括人力资源管理、财务管理、物质管理、信息管理等内容；第三类是前两类的混合体研究，既有计划、组织、控制等管理职能，也有人力资源、财务资源、信息资源等内容。

总体上讲，管理是人类共同劳动的客观要求，而管理学是管理领域的基本学科。物流活动作为一种共同劳动，自然需要管理，不论是宏观物流还是微观物流。管理学为物流工程与管理学科的产生与发展提供了基本的理论基础和解决问题的基本方法与基本技术。物流工程与管理学科的所有知识都是在管理学知识的大背景下,基于物流系统的本身需求,融合了其他学科的先进技术与方法而衍生和发展起来的。研究物流工程与管理,或从事相关工作,必须要了解和掌握管理的一般方法与技巧,这是最基本要求。

3.4 物流经济学

　　物流系统和物流活动作为经济领域的重要组成部分,必然受到基本经济规律的制约。物流经济学作为经济学的一个分支,是研究物流领域经济问题的一门综合性的、交叉的经济学科。其产生一方面是由于随着对物流诸子系统研究的进一步深入,物流领域的经济问题将显得越来越突出和重要,需进行专门、系统、细致的研究;另一方面则是由于物流系统运行的最终目的归根结底是要降低成本,创造新的利润源泉,本质上最终是经济问题。因此,理解和掌握物流经济学对提高物流系统分析和管理能力具有重要意义。

3.4.1 物流经济学概述

1. 物流经济学定义与研究对象

　　所谓物流经济学就是研究一定的物流系统内,与物流活动有关的经济关系,是综合运用宏观经济学、微观经济学、产业经济学、工程经济学、物流学、运筹学等相关学科理论,研究物流资源优化配置、物流市场的供给与需求、宏观物流产业的发展、物流产业组织形态演变规律、物流产业增长等问题的一门应用科学。它以宏观经济学、产业经济学和物流问题的关注为基础,以深度分析宏观物流发展趋势及物流产业发展政策为特色,致力于探索和建立经济发展中的物流理论体系,研究物流产业发展政策及其同国家宏观经济政策的关系,对物流业发展提出决策建议;同时又以微观经济学、技术经济学等为基础,关注微观物流活动的经济问题,为企业微观物流活动的科学化、合理化、最优化提供理论指导。

　　物流经济学的研究对象,可以定位为两个方面:一是对从事物流活动主体的研究,包括:国家与企业、物流业与国民经济其他行业的相互关系等;二是对物流活动客体的研究,包括:物流活动内在运行的规则、物流经济活动所反映的客观经济规律等。其研究重点是透过物流企业在市场经济条件下运行的各种复杂的经济关系和现象,揭示物流市场运行的规则和经济规律,从而指导企业按照物流市场规则及经济规律的要求,组织和实现物流的有效运营。

2. 物流经济学的研究内容

在物流市场中，活跃着各种经济现象，既有反映物流活动与市场经济运行本质特征的规律（如价值规律、供求规律、竞争规律、节约时间规律）；又有反映物流活动与社会经济本质特征的规律（如生产关系适应生产力发展的规律、企业运行规律）。这些规律在物流市场中不停地发挥着作用，并且不是孤立存在、孤立地发挥作用的；而是相互制约、相互作用、共同发生作用并形成合力，广泛地作用并活跃地反映物流经济活动的。

概括地说，物流经济学研究的内容就是特指发生在物流领域中各种经济现象所体现的经济的与社会的关系、物流经济活动的特征以及发展趋势和运动规律。这些内容具体包括以下几个方面。

第一，物流业与国民经济的发展。物流业的发展与国民经济发展的关系、物流业对国民经济的贡献、物流业在市场经济发展中的作用、物流业的可持续发展等。

第二，物流业的性质。物流业的产业性质及行业特点、物流劳动的性质及价值创造等。

第三，物流业与国民经济相关产业的关系。物流业与农业、物流业与工业、物流业与商业服务业的关系等。

第四，物流市场机制与供求关系。物流市场机制、物流市场供给、物流市场需求、物流市场供给与需求的关系等。

第五，物流市场与营销策略。物流市场功能与特点、物流市场竞争要素、物流市场预测与分析、物流市场营销策略等。

第六，物流服务与物流效率。物流服务的内涵、物流效率的内涵、物流服务与效率的关系、影响物流效率的因素分析、物流服务与技术创新等。

第七，物流行业与行业管理。物流行业及企业的概念、物流行业管理的内容和手段、我国物流行业管理的概况等。

第八，中外物流业比较。发达国家物流业发展对我们的启示、我国物流业发展的概况、我国物流业发展的趋势与对策等。

这些内容的列举不仅是物流经济学需要回答的问题，同时更是我国物流业发展的实践急需回答的问题。概括地说，以上内容主要是围绕四个方面展开的：其一，物流业在国民经济的地位以及与相关产业的关系；其二，物流企业运营与物流市场的关系；其三，物流服务与物流效率的关系；其四，中国物流现状与未来的发展趋势。

3. 物流经济学的研究方法

（1）实证研究方法

实证分析方法是经济学研究的基本方法，它回答"是什么，以及将会怎样"这一理论假设是否被证实或真伪的问题。它通过对物流经济现象的观察,感知各种现象之间的联系的变化,以及反复的归纳和求同存异得出经济变量。变量是可以观察的、可以测量的、可以变化的量。如库存成本、服务价格、物流利润等都是变量,在变量中找到它们之间偶然的、必然的关系,就可以从中得出是否存在因果关系或什么样的因果关系。比如 A 的变化,引起了 B 的变化,而且这种变化是固有的,实证可以得出 A 是 B 的原因,A 的变化必然导致 B 的变化。像 A 与 B 之间这种一因一果的关系只是因果关系的一种表现形式。在现实的经济活动中变量之间的因果关系除了一因一果,还有一因多果或多因多果的情况,实证研究方法就在于揭示多个变量之间存在的有规律性的关系,对具体因果关系中的变量要做出具体的分析。

(2) 历史研究方法

历史研究方法与演绎研究方法不同,着重研究物流的历史形态和历史发展,对制约物流发展的社会背景、体制和制度背景进行描述和分析;但是演绎研究方法是从几个既定的前提和假设出发推导出整个物流理论体系。历史的研究方法具有全面性和综合性的特点,可以对物流经济发展趋势作出判断。但是这种方法也容易出现泛泛而谈或研究不深入等现象。对物流经济的研究需要将历史研究方法与理论演绎结合起来,用理论方法观察、解释历史,以便于挖掘物流经济活动中的新要素、新问题、新理论。

(3) 比较研究方法

比较研究是物流经济研究中人们最常用的一种方法。如对国内外物流的比较,传统与现代物流的比较等等,非常普遍。但在运用这种方法时应注意以下几点:

① 一般与个别的关系。物流经济学一般理论的形成,需要对物流经济发达国家的实践进行描述、分析和解释,从中提炼出共同因素。同时还需要针对不同国家和地区,对物流经济共性因素是否适应做出具体的分析,并提出适应共性因素的条件和制约因素。

② 纵向与横向的关系。所谓横向比较是对物流经济活动中各要素的比较,诸如物流经济的主体,国家与企业、企业与企业之间的比较。所谓纵向比较是对物流经济发展的比较,物流发展在不同历史阶段上的结构、运营、机制有什么不同,通过比较总结经验,勾画出新的物流经济模式。

③ 理论与实践的关系。物流经济是内涵极其丰富的经济活动,涉及的理论范围很广,如政治经济学、流通经济学、管理学、西方经济学、系统科学等。不同的国家、不同的地区具有不同的学术传统和理论偏好,对物流经济的各种要素的关系以及各要素在物流经济中的地位、发挥的作用都不尽相同。有强调市场的自由主义传统,也有强调政府的干预的,两种物流经济模式对理论的解释是不一致的。理论的不一致必然导致物流经济运营的模式在实践中也不一致,通过对物流经济运营模式的比较,可以形成较为完整的、客观的对物流经济的认识。

说到底,比较研究方法是在对不同的物流经济理论、不同物流经济模式、不同国家的物流形态、不同历史时期物流发展的特征的比较中,来把握物流经济中一般与个别的关系,共性与特性的区别,从而推进物流理论的建设,并增进物流经济的实践能力。

(4) 案例研究方法

案例研究方法是指通过一个具体的物流经济活动或事例,对物流经济活动的行为、物流经济政策、物流经济制度等作出详细的描述或深入剖析。案例分析方法既可以是纯粹的描述,即从大量的来自实践的现象和事实中总结出物流经济活动的规律,也可以是以物流经济的理论为指导,检验理论在具体的物流经济活动中的应用性。总之,案例研究的方法是一种综合的研究方法,一个案例可以运用多种方法对其进行描述、解释和说明。与其他研究方法相比,案例研究方法更具有综合性、真实性和实践性。物流经济活动案例的研究可以深化对物流经济理论的认识,并通过案例发现物流理论与实践的差距,找出物流经济的问题所在,在解决问题的同时进一步推进理论的研究。

3.4.2 物流经济的性质及特征

根据我国对第三产业的划分,物流经济不仅是服务经济的重要组成部分,而且是第三产业中的重要行业之一,由此决定了物流经济的性质。即物流劳动创造的产品是物流服务;物流服务产品的使用价值是服务物流;物流服务产品的价值是为客户创造价值。

1. 物流经济的性质

(1) 物流劳动所创造的产品是以"物流服务"的形式存在的

物流经济作为服务经济的组成部分,其劳动所创造的产品是物流服务。换言之,物流劳动创造的产品是以提供物流服务的形式存在的。物流劳动同其他产品生产的劳动一样,都凝结了人类的劳动,是人的体力和脑力的支出。

物流服务产品的劳动,不需要像物质生产和精神生产那样,改变产品的形态和性能,也不需要先形成一定的产品形式,再以产品的形式转换成对消费者的某种需求的满足。物流劳动是劳动者在实现物品在时间上或空间上转移的过程中,通过对物品搬运、保管、包装、装卸、信息处理等活动进行组织、协调,对客户提供物流服务。以此用他们所支出的脑力或体力劳动,直接完成了客户对产品在时间上或空间上移位需求的服务。也就是说,物流服务产品的生产过程与物流服务产品的消费过程是同时完成的。

(2) "物流服务"的使用价值表现为"服务物流"

物流服务作为产品,在市场经济条件下,是可以用来交换的商品,因此物流服务产品具有商品的属性。与其他商品的相同之处是具有使用价值和价值两重属性。物流服务商品的使用价值表现为"服务物流"。

物流服务商品与其他商品一样,具有使用价值。但不同的是,物流服务商品的使用价值是无形的;它所具有的使用价值是没有自然属性的。众所周知,任何商品都是以其外在的自然形态和独具特色的自然属性(物理性能或化学性能)而存在的,而物流服务作为市场经济条件下的特殊商品,它的使用价值既无外在的自然形态,又无内在的自然属性,它只以提供某种服务体现使用价值。比如物流活动中最重要的服务项目之一(运输服务),就是物流企业借助各种运力,帮助客户完成商品在空间转移的任务。物流劳动所生产的产品,就是这样一种具有特殊使用价值的商品——物流服务。

(3)"物流服务"的价值表现为为客户创造价值

物流服务产品的价值,是物流劳动者凝结在物品从供给者到需求者的物理性运动和时间转换过程中的体力和脑力劳动的支出。

① 对物流服务产品价值的理解,可以从三个方面加以分析和说明

第一,物流服务产品的价值量是由三个部分的内容构成的。一是物流劳动过程中对劳动设施所消耗的各种费用。如对库房、货架、车辆、包装机械、加工技术等设备设施的使用所必需的费用。二是物流劳动者为维持自身及家庭生活消费所必需的基本费用。三是物流劳动者为社会和企业创造的、超出必要劳动之外的剩余价值。

第二,物流服务产品的价值实现是通过三个途径完成的。一是劳动设施消耗引发的物流费用,以生产性流通费用的形式,直接追加到商品(物流对象)的总价值中去。二是物流劳动者自身及家庭生活消费所必需的基本费用,形成纯粹性流通费用,这部分费用从商品的差价中扣除。三是为社会和企业创造的价值,以税金和利润的形式(按照一定的比率)从商品的差价中扣除。

第三,物流服务产品的价值一般有两种表现形式。一是物流服务产品价值实现的终极形式(即可以量化的利润);二是物流服务产品价值实现过程的其他指标(即以时间、准确性、服务质量等指标反映的质化的服务效率)。说到底两者是效益与效率的关系。在供应链运营的体制下,物流服务更具社会化、市场化、专业化、效率化。物流服务产品的价值实现是贯穿在对供应链运营有效管理的全过程的,其利润的最大化,是以提高对整个供应链运营管理与服务的效率化为前提和基础的。

② 从物流服务产品的价值构成、价值实现及价值表现的原理中得出两点结论

第一,凝结在物流服务产品中的价值量,是由不同产业、不同物品所消耗的社会必要的物流成本构成的。社会必要的物流成本是由社会必要的物流时间决定的。超过社会必要的物流时间所消耗的物流费用,不仅不能使物流成本降低,相反会影响物流利润的实现。只有低于社会必要物流时间消耗的物流费用,才有可能实现物流利润。为了使企业的个别物流时间低于社会必要的平均物流时间,物流企业必须根据不同产业、不同物品对社会必要物流时间的要求,在对客户业务情况充分了解的基础上,拟订合理的配送方案,尽可能为客户创造利润空间,将节约的配送次数或物流费用所带来的利润与客户共同分享。

第二,物流利润的来源在于为客户节约物品的流转时间、有效使用库存场地和保管好物品的使用价值、降低物品的损耗等。所以物流劳动创造的价值,是时间价值、场所价值或为保管物品自身的使用价值提供的加工价值。为了实现这一价值不仅需要物流企业对客户的供应链运营提供有效的管理;而且需要为客户提供有利于节约物流时间、降低物流成本的快捷而有效的服务。这正是物流服务产品的核心价值和实现物流的重要途径。

3.4.3 物流市场的需求与供给

研究物流需求与供给的根本目的,宏观上在于寻求在市场经济条件下,实现物流需求与供给总量上的基本平衡,以及结构上相互适应的条件,微观上在于指导物流企业进入市场并参与竞争。尤其随着我国市场经济体制的建立和物流社会化、专业化的形成,社会物流资源要按市场机制进行配置,同时物流需求也要在市场中得到满足。

1. 物流需求

(1) 物流需求的含义

物流需求是指一定时期内社会经济活动对生产、流通、消费领域的原材料、成品和半成品、商品以及废旧物品、废旧材料等的需求而产生的对物在空间、时间和费用方面配置的要求,涉及运输、库存、包装、装卸搬运、流通加工以及与之相关的信息需求等物流活动的诸方面。一般是指社会能够通过市场交换而消费的物流服务的数量,这里的物流需求不包含社会组织内部自我满足的物流服务需求量。

物流需求是物流发展的重要前提条件,作为消费者的个人、企业、行业部门、区域或是国家,都可能具有物流需求,物流需求已经涉及现代社会中的各个方面。

物流的成长取决于现有物流需求和未来需求的潜力,物流对企业产业所产生的效益实现于满足需求。从企业经营角度来看,建立物流运作系统的目的是在货物运送、储存和提供相关服务方面充分满足客户的期望和要求,推动企业走向成功。从供应链角度分析,市场对物流的需求和要求是从供应链内部和外部两个方面体现出来的。内部需求是由与供应链企业内部组织机构相关的因素构成,由产品的特性和消费者(或客户)的要求决定的。由此带动物流由过去的单纯的仓储和运输管理服务等基本形成发展成为多功能集成的增值物流服务,如参与订货、存货管理、内部物流网络的设计等。外部物流需求是来自于市场的。市场需求和要求的变化促使企业提高内部物流系统的效率与外部系统的协作。外部需求不再局限于物流系统。它要求企业改进物流管理控制系统,增加系统的协作关系。即在供应链网络里建立外部物流网络,整合供应链内的物流资源,提高物流服务的专业化程度,发展协作关系以提升物流的整体效益,提高供应链的核心竞争力[①]。

---

① 马士华. 基于供应链的企业物流管理——战略与方法[M]. 北京:科学出版社,2005.

图 3-2 表示一条供应链上存在诸多物流需求,从中可以看出,物流需求存在于供应链上的各个环节甚至整条供应链,它们分别构成最终物流需求和中间性物流需求。

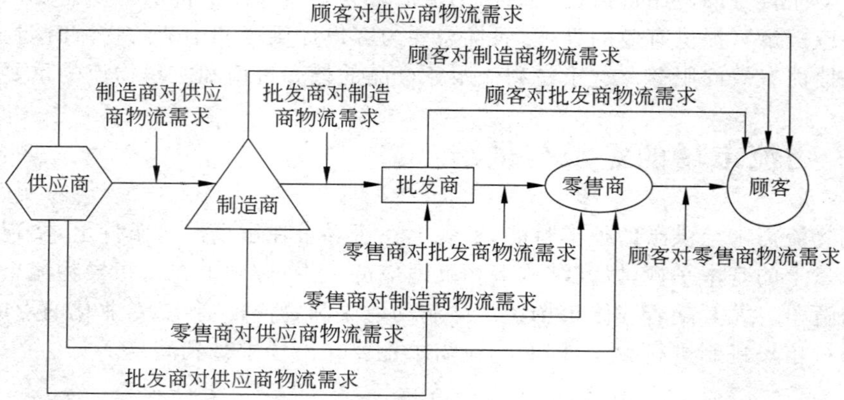

图 3-2 供应链上的物流需求主体

（2）物流需求的特征

① 派生性

在社会经济活动中,如果某种商品或劳务的需求是由另一种或几种商品或劳务需求派生出来的,则称该商品或劳务的需求为派生性需求。把引起派生需求的商品或劳务需求称为本源性需求,比如人们日常生活中的衣服、食物、住房等是一种本源性需求,而物流需求绝大多数情形下是一种派生性需求。

社会之所以有物流需求,并非是因物流本身的缘故,人们对物流的追求并不是纯粹为了让"物"在空间上运动或储存,相反,物流是为了满足人们生产、生活或其他目的的需要。也就是说,物流需要的主体提出空间或时间变化的目的往往不是位移和时间本身,而是为实现其生产、生活中的其他需求,派生出的一个必不可少的环节,这是物流需求的本质所在。

② 广泛性

人类克服时间和空间障碍的努力是一项无时无刻、无处不在的经常性活动,而这种努力是以人员、物资、资金、信息等的交流为标志的,由此形成了物流普遍存在的客观基础。例如从生产角度看,生产企业中物品从上一道工序向下一道工序转移、从上游车间向下游车间移动、从原材料仓库向原材料加工车间移动都可能会产生相应的物流需求。从流通角度看,物品从批发商到零售商、从零售商到消费者、从配送中心到连锁商店也都可能存在物流需求。

如果从区域角度分析,一个区域,无论是大区域还是小区域,其空间经济组织如何完备,都不可能是一个完全封闭独立的空间,必然要与其他领域有物资、信息等方面的交流,只不过在空间范围和联系程度大小上有所不同。就物资而言,任何一个区域既可以是输

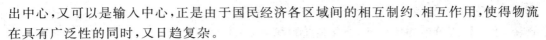

出中心,又可以是输入中心,正是由于国民经济各区域间的相互制约、相互作用,使得物流在具有广泛性的同时,又日趋复杂。

③ 多样性

物流需求的多样性主要基于主体的多样化和对象的多样化。不同类型的物流需求主体提出的物流需求在形式、内容方面均会有差异,而物流的对象"原材料、零部件和产成品"由于在重量、容积、形状、性质上等各有不同,因而对运输、仓储、包装、流通加工等条件的要求也各不相同,从而使得物流需求呈现多样性。如石油等液体货物需用罐车或管道运输,鲜活货物需用冷藏车运输,化学品、危险货物、长大货物等都需要特殊的运输条件,有些物品需要进行包装或流通加工等。

④ 不平衡性

物流需求在时间和空间上均有一定的不平衡性。物流需求的时间不平衡性,是指不同时期,经济发展对物流需求量的影响是不一样的。例如经济繁荣时期的物流活动与经济萧条时期的物流活动在强度上肯定是有差别的。物流需求的空间不平衡性,是指在同一时期内,不同区域物流需求的空间分布存在差异,这主要是由于自然资源、地理位置、生产力布局等因素的差异造成的。

⑤ 空间特定性和时间特定性

物流需求与特定时间和特定空间密切相关。在市场经济条件下,物流呈现一种灵活性和易变形,但在一定时期内,还具备空间特定性,具体表现为在某一空间范围内的特定流向,如煤炭企业的煤从产地向电力企业的所在地流动。而在企业内部,物流空间的特定性就更强了,具体表现为企业内物流发生于企业内部,发生于企业内部各部门各单位各岗位之间,物流活动相对狭小和固定。时间特定性则表现为在一定范围内的定时运输、配送等。

⑥ 层次性

物流需求是有层次的,可分为基本物流需求和增值物流需求等。基本物流需求,主要包括对运输、仓储、配送、装卸搬运和包装等物流基本环节的需求。增值物流需求主要包括库存规划和管理、流通加工、采购、订单处理和信息系统、系统设计、设施选址和规划等具有增值活动的需求。

⑦ 化解性

一是原来产生的需求,由于生产力结构的调整、工艺流程的改造、物流管理的科学化而被化解,消除了需求。二是由于物流价格、物流服务质量以及管理体制等原因,本应由市场提供的物流服务转换为自我服务,从而使一定数量的需求得以化解。

⑧ 弹性小

首先由物流的生产性决定,当合理的物流量产生之后,不会因为价格的高低而消失,只会在不同的形式间转换。其次由于物流设施投资大,回收周期长,在一般情况下,不可能因为价格的升高而马上就转换为自我服务,使需求量迅速下降。相反,一旦购置了物流资源,由于使用价值的单调性,当物流价格稍有下降,也不可能弃之不用,而是转为市场需求,使需求量迅速增长。

基本物流需求一般是标准化服务需求,而增值物流需求则是过程化、系统化、个性化服务需求。

(3) 影响物流需求的因素

同其他需求一样,物流的需求也受到多方面因素的影响,如价格因素、物流供给、市场环境、经济发展水平等,我们将物流需求描述成这些因素的函数,用公式表示为

$$Q_d = f(x_1, x_2, x_3, \cdots, x_n) \tag{3-1}$$

式中,Q_d——物流的需求量;

x_i——影响物流需求量的因素,$i=1,2,\cdots,n$。

具体讲,影响物流需求的主要因素有以下几方面。

① 社会经济发展水平

物流需求与社会经济发展水平有相当密切的联系。一般而言,物流需求受社会经济发展的影响,不同社会经济增长的时期与阶段决定了物流需求的不同特点。社会经济发展水平相对发达的地区,其物流需求相对也高一些,像一些进入后工业化时期的国家,对于多功能集成或一体化的物流需求就比较旺盛;社会经济发展水平相对落后的地区,其物流需求相对也低一些,分散、非系统化的物流需求相对比较流行。

表 3-3 为我国 1991—2005 年单位 GDP 物流需求系数。从表中可以看出,一方面说明我国物流发展正处在高增长期;另一方面也表明社会经济发展对物流的依赖程度明显增大。从发展的趋势看,社会经济发展对物流的需求是不断加速的。

表 3-3 我国 1991—2005 年单位 GDP 物流需求系数

年 份	物流需求系数	年 份	物流需求系数
1991	1.40	1999	1.55
1992	1.47	2000	1.72
1993	1.54	2001	1.77
1994	1.64	2002	1.93
1995	1.68	2003	2.18
1996	1.55	2004	2.40
1997	1.57	2005	2.64
1998	1.53		

② 市场环境

市场环境变化将影响物流需求,包括国际、国内贸易方式的改变和生产企业、流通企

业的经营理念的变化及经营方式的改变等。其中市场的统一和市场范围的扩大可以促进物流活动范围的扩大,像经济全球化、区域一体化等市场环境的变化,使得物流需求的空间范围日益扩大。贸易的自由化和产品的地理分工推动着物流、资金流、信息流的迅速增长。

③ 物流供给水平

物流服务水平对于物流需求有实质性的影响。物流服务水平较高的地区,其物流需求相应较物流服务水平较低地区为高,主要是因为物流供给能力强的地区可以使更多潜在的物流需求得到释放。例如,园区周边的道路交通基础设施、园区内的仓库管理能力、园区的物流管理能力等这些因素都会对是否能够吸引到足够多的物流需求产生深刻的影响。

④ 空间经济布局

由于空间经济的不平衡(如自然资源禀赋、产业布局、地区价格、生产力和消费群体分离等),因此物流园区的空间位置会对物流需求产生影响。

⑤ 技术因素

技术进步能够使物流需求量增加,使潜在的物流需求得到释放。诸如通信和网络技术的发展、电子商务的广泛应用,对物流需求的量、质和服务范围均产生了重大影响。而集装箱的使用大大地推动了集装箱多式联运的发展,其快速、安全、低成本很快诱导出客户的物流需求。

⑥ 消费理念和消费水平

客户对物流的认识程度会影响物流需求的数量和质量。像国内许多企业存在着"大而全"、"小而全"的经营理念,拒绝将物流业务外包,从而使物流需求业务受到抑制。

客户的消费水平也决定了物品的购买种类和数量,其消费结构决定着产品结构,从而决定了物流的数量和对质量的要求。

⑦ 物流价格

虽然物流需求的价格弹性较小,但当物流价格高于价值之上,用户的预期经济利益得不到保证时,用户物流需要的满足途径就会由市场转向自营,使市场需求量相应减少。反之,当物流价格保持在集约化生产才能达到社会平均利润水平时,自给性的小生产式物流服务就得不偿失,原来自我满足的物流需要就会转向市场,从而扩大了物流需求量。

(4) 物流市场需求分析

① 物流市场需求主体

随着人们对物流理念认识的不断深化,物流在社会经济中的作用进一步加强,企业、政府和一些社会组织都在扩展对物流的需求。总体来讲,工商企业仍然占据物流需求的主体地位,非企业物流需求进一步呈现出多元化的趋势,尤其是以家庭和个人为主体的物流需求迅速发展。

i. 企业物流需求主体

主要介绍生产企业物流需求和商贸企业物流需求。

生产企业物流需求来自于企业物流活动外包的结果,其物流的全过程主要是以购进生产所需要的原材料、设备为起始点,经过劳动加工,形成新的产品,然后供应给社会需要部门。它要经过原材料及设备采购供应、生产、销售和废物回收利用等环节,相应便产生了生产企业纵向上的供应物流、生产物流、销售物流和回收物流,其中供应物流和销售物流表现出的物流需求最为明显。图 3-3、图 3-4 和图 3-5 所示即为中国仓储协会在第六次中国物流市场供需状况调查报告中对 2005 年我国生产制造企业在原料供应物流量和成品销售物流量、商贸企业在物流费用上的变化情况所做的调查数据。

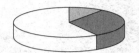

图 3-3　2005 年生产制造企业原料供应物流量分析

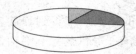

图 3-4　2005 年生产制造企业成品销售物流量分析

图 3-5　2005 年商贸企业物流费用增长情况分析

流通企业物流要求的物流活动主要发生于批发商到零售商、零售商到消费者、配送中心到连锁商店这样一些流程。图 3-5 即为 2005 年我国商贸企业的物流费用增长情况。

此外,据中国物流信息中心统计与测算,2005 年全国社会物流总额为 48.1 万亿元(具体包括工业品物流总值、农产品物流总值、进出口物流总值以及再生资源与邮政物流总值),工业品物流总值约为 41.3 万亿元,同比增长 27.2%,占社会物流总额的比例高达 84.6%,这说明工商企业仍是我国物流需求的主体。

同时中国工商企业物流需求保持着较快的增长势头,这与整个经济环境以及工商企业自身发展较好有关。工商企业自身的快速发展不仅带来了物流需求的快速增长,同时也使物流供给市场形成一种自发的规范机制,改变以往那种物流业进入门槛低、集中度低、服务质量差的缺点,从而进一步刺激潜在物流需求的释放。

ii. 政府物流需求主体

一般来讲,以政府为主体的物流需求主要表现为一些突发事件以及自然灾害等带来的应急物流,政府出资建设的大型项目物流等。

应急物流。一般各国政府及各级政府部门普遍建立突发事件以及自然灾害的预警机制,而应急物流系统是该机制的一个重要组成部分,在产生突发事件以及自然灾害后,通常情况下,救援地点相对集中,而救援物资需要紧急调运,物资来源则可能来自全国各地甚至海外,所以这种物流需求一般操作难度较大,并且对物流反应速度要求很高。例如2004年东南亚海啸发生后,中国政府首先向斯里兰卡提供了第一批救援物资,总价值达1 000万人民币,重100吨,包括帐篷、毛毯、药品、鸡肉、牛肉等多种生活必需品,而且这批物资在灾难发生后不到3天的时间就及时送到。这集中体现了应急物流需求快速和集中爆发的特点。

大型设施项目物流。由政府组织的基础设施的建设、基础教育、公共卫生体系、环境保护等方面的建设,都会产生相当大规模的物流需求。如我国在青藏铁路的建设中,仅格拉段就完成路基、桥梁、隧道工程等20多项,包括风火山隧道、昆仑山隧道、羊八井隧道群和三岔河大桥、清水河特大桥、长江源特大桥等重点工程、全长928.85米的拉萨河特大桥,这些浩大的工程都引发了巨大的物流需求。

重大体育赛事物流。重大体育赛事也会产生较大的物流需求,涉及大量比赛器材、新闻器材、生活物品的运输,物品包装、贴标签,利用仓库进行仓储、分拨以及对比赛场馆、新闻中心和相关酒店配送等物流需求。

iii. 家庭及个人物流需求主体

随着国民收入的增长和生活水平的进一步提高,以及消费观念的改变,以家庭和个人为主体的城市配送物流需求增长十分迅速。目前,牛奶、水果、蔬菜等食品以及书籍、报纸等生活用品已逐步以配送的方式走进了家庭。另外,目前个人电子商务正迅速成为中国人重要的生活消费方式之一,随着互联网的发展和网民的消费观念的改变,中国电子商务开始进入高速增长阶段,在国内电子商务领域中,以B2C为主的卓越网,2004年达到每天70万元的成交量。

② 反映物流市场需求的指标

i. 国内生产总值反映了总体物流需求规模的发展空间

例如,2005年我国的国内生产总值继续保持了高速增长的态势,达到182 321亿元,比上年增长9.9%,如图3-6所示。其中,第一产业增加值22 718亿元,增长5.2%;第二产业增加值86 208亿元,增长11.4%;第三产业增加值73 395亿元,增长9.6%。第一、第二和第三产业增加值占国内生产总值的比例分别为12.5%、47.3%和40.3%。国民经济的高速发展使得对物资周转的需求快速增加,这是中国国内物流需求最基本的增长动力。国内生产总值的增长,为中国物流需求规模的增长提供了广阔的发展空间。

ii. 货运总量和货物周转量反映的是现实物流需求总量增长

按需求的实现程度划分,物流需求可分现实物流需求和潜在物流需求。现实物流需

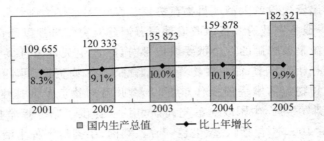

图 3-6 "十五"期间国内生产总值(亿元)与增长速度

求是在一定的物流服务设施所限制的物流供给量下,尚未满足的物流需求。另外,现实物流需求根据各物流功能又可以划分为运输需求、仓储需求、装卸搬运需求等;其中运输需求所占比例最高,一般占总需求的60%左右。因此可以通过现实运输需求的大小来间接反映现实物流需求总量的变化状况。

货物周转量。货物周转量指在一定时期内由各种运输工具运送的货物数量与其相应运输距离的乘积之总和。该指标可以反映现实运输物流需求。我国近10年来,货物周转量逐年上升,如表3-4所示。货物周转量的快速增加反映了中国运输物流需求增势明显,同时也在一定程度上反映了中国物流需求总量快速增加的趋势。

表 3-4 2005年各种运输方式完成货物运输量与周转量

指 标	单 位	绝 对 数	比上年增长/%
货物运输总量	亿吨	183.7	7.7
铁路	亿吨	27.0	8.2
公路	亿吨	132.9	6.7
水运	亿吨	21.1	12.8
民航	亿吨	306.7	10.8
管道	亿吨	2.7	10.6
货物运输周转量	亿吨千米	78 329.8	12.8
铁路	亿吨千米	20 730.5	7.5
公路	亿吨千米	8 573.8	9.3
水运	亿吨千米	48 057.6	16.0
民航	亿吨千米	78.9	9.9
管道	亿吨千米	889.0	12.4

货物运输量。货物运输量是指在一定时期内,各种运输工具实际运送的货物数量。该指标是反映物流运输业为国民经济和人民生活服务的数量指标,也是另一个常用的反映物流需求变化情况的指标。

2005年我国货物运输总量达183.7亿吨,比上年增长7.7%,货运总量的上涨也间接反映了中国物流需求总量的增加。

虽然近年来中国货运周转量和货物运输量增长率均增加较快,但货物周转量的增速更为明显,这一方面表明货物运输的平均运输距离在增加,物流需求的辐射范围在不断扩大;另一方面也体现了中国当前冶金、建材和化工高耗能产业的快速扩张刺激了基础原材料、能源消耗以及运输需求持续上升的情况。

iii. 进出口总额反映的国际物流需求增长

2005年我国进出口总额14 221亿美元,比上年增长23.2%。其中,出口7 620亿美元,增长28.4%;进口6 601亿美元,增长17.6%。出口大于进口1 019亿美元。表3-5是2005年进出口主要分类情况,表3-6是2005年对主要国家和地区进出口情况。我国"十五"期间进出口情况,如图3-7所示。

表3-5　2005年进出口主要分类情况　　　　　　　　　　　　亿美元

指　　标	绝　对　数	比上年增长/%
进出口总额	14 221	23.2
出口额	7 620	28.4
其中:一般贸易	3 151	29.3
加工贸易	4 165	27.0
其中:机电产品	4 267	32.0
进口额	6 601	17.6
其中:一般贸易	2 797	12.7
加工贸易	2 740	23.6
其中:机电产品	3 504	16.0
出口大于进口	1 019	—
其中:一般贸易	354	—
加工贸易	1 425	—

表3-6　2005年对主要国家和地区进出口情况　　　　　　　　亿美元

国家和地区	出口额	比上年增长/%	进口额	比上年增长/%
美国	1 629	30.4	487	9.1
欧盟	1 437	34.1	736	5.0
中国香港	1 245	23.4	122	3.6
日本	840	14.3	1 005	6.5
东盟	554	29.1	750	19.1
韩国	351	26.2	768	23.4
中国台湾	165	22.2	747	15.3
俄罗斯	132	45.2	159	31.0

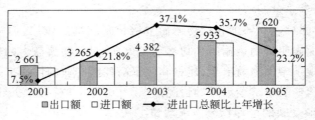

图 3-7 "十五"期间进出口额(亿元)

我国的贸易总额一直保持快速增长,大大超过了国内生产总值的增长速度,外贸依存度不断上升,这从另一侧面反映了中国国际物流需求规模的不断扩张。

综合以上分析可以看出,物流需求规模在国民经济迅速发展的有力支撑下拥有广阔的发展空间,货运总量和货物周转量的增长从一个侧面反映了物流需求的实际总量规模在不断增长,对外贸易进出口总额的增长预示着物流需求的范围将不断扩展。

2. 物流供给

(1) 物流供给的含义及特征

物流供给是与物流需求相对应的一个重要概念。经济学中的供给是指在一定价格下,企业愿意提供产品的数量。从微观经济主体看,物流供给是指在一定时期内社会能够向市场提供有效物流服务的能力或资源,也就是在一定价格水平下,企业愿意提供的各种物流服务的数量,物流供给的实质就是物流服务的提供。物流供给的特征如下。

① 个性化

物流供给的个性化并不排斥标准化,相反,它是标准化基础上的个性化,即物流供给是整合运输、仓储等活动基础上的个性化。具体表现为:物流服务供给主体能够根据不同的需求主体提供"量身定做"的服务,既可以提供从供应地到消费地的全程一体化服务,也可以提供环节性服务。

② 无形性

物流供给只能以资源或能力要素的形式存储,而不能以现实的产品储备待用,因为物流服务是一种无形产品,供给与需求的满足是在同一个运动过程中实现的。例如,运输就是运输能力的表现过程,运输能力的存储只能以燃料、车辆、道路、人员等要素形式存储。

③ 完整性

物流供给是通过有机协调一系列不同的功能活动,如运输、仓储、包装、流通加工等,有效的满足客户需求,是以众多要素有机结合而形成的综合能力,各要素不能单独输出,单一的道路质量再高、数量再多,也不能形成现实的运输能力。如果只是完成某一环节的功能,那么这种不完整性的服务,也不是完整意义的物流供给。

④ 供给弹性小

物流资源,特别是运输、装卸、搬运资源的获得成本高,且不易移做他用,所以对物流价格的反应速度慢,程度低。

⑤ 短缺性

物流资源除了投资大、周期长外,资源能否形成现实的能力以满足需求还受气象、地形、地貌等自然条件以及偶然性因素的制约,即便是社会的总供给并不短缺,甚至过剩,但在局部范围内仍然会呈现不能满足需求的短缺状况。

(2) 影响物流供给的因素

影响物流供给有许多因素,如经济发展水平、国家制度与政策、物流服务的价格等,物流供给量可以表示为影响它的诸多因素的函数:

$$Q_s = f(y_1, y_2, y_3, \cdots, y_m) \tag{3-2}$$

式中,Q_s——物流的供给量;y_i——影响物流供给量的因素,$i=1,2,\cdots,m$。

物流供给的主要影响因素有以下几方面。

① 社会经济发展水平

物流是经济社会发展到一定阶段的产物,物流供给受经济社会发展水平的制约。例如,原始社会的经济社会发展水平低,社会生产力低下,就不存在现代意义上的物流服务供给。随着经济社会发展,贸易范围不断扩大,分工进一步深化,特别是工业革命的发生,才使现代物流供给有可能大规模的发生和发展。

② 物流服务价格

在市场经济条件下,价格的变化直接关系到市场主体的经济利益,是供给与需求变化最有力的调节杠杆。虽然物流供给与需求的价格弹性比较小,但并非根本无弹性,当价格高到超出其他产业利润时,在市场机制和经济利益的驱动下,生产要素必然会向物流业流动,物流供给呈现量的扩张,反之亦然。

③ 物流技术和管理水平

物流技术和管理水平的高低,关系到物流的效率、成本的高低以及服务质量的好坏。技术和管理水平高,一是能通过实现物流合理化而使物流供给结构的质量提高;二是由于技术的现代化和管理的科学化可以降低物流成本,提高利润率,刺激对物流生产的投资,从而影响物流供给能力的扩张。

④ 物流需求

物流需求规模的大小和变化方向决定了物流供给的可能空间和发展方向。缺乏物流需求,则会使物流供给的动力缺乏;物流需求旺盛,物流供给相对就会充足。如果存在潜在巨大的物流需求,则会对未来的物流供给有很强的诱导作用。

⑤ 制度和政策

制度和政策是影响物流供给的重要因素。国家对物流活动的管理是采取集中还是分散,是用计划的方法还是市场的方法,是采取鼓励竞争还是采取垄断,是实行行业管理还是部门管理等不同的方法,都会极大地影响物流供给能力总量和结构的变化。例如市场准入的条件决定了物流企业进入市场的难易程度,严格的市场准入条件将会提高企业从事物流服务的门槛,从而影响市场物流供给的总量。同时国家是否采取扩大政府投资,或鼓励地方、民间投资以及减免税收等方针政策来支持和发展物流,是影响物流供给变化的很重要的因素之一。

⑥ 自然环境与工农业布局

物流活动的时空范围很大,在气象条件恶劣、地形地貌复杂的时期和地区,会使物流的供给能力受到极大的限制。此外工农业生产力布局对物流基础设施网络的形成和发展有决定性的影响,例如中国的煤炭、铁矿资源主要分布在西部和北部,加工工业集中在东部沿海地区,因而在中国西部、北部和东部沿海之间建设了铁路、沿海航线,它们和长江、大运河等成为能力强大的运输干线。

(3) 物流供给能力

① 物流供给主体

有效物流供给离不开物流企业的支持,物流企业的出现是经济社会发展和市场竞争日益激烈的直接结果,其提供的服务范围也是不断变化的。同时在现代市场激烈的竞争压力下,许多运输和仓储企业开始引入了物流理念,向提供物流服务转型。目前物流企业的内涵包含的是各种各样、数目众多的传统物流企业和现代物流企业的混合,它们共同构成了物流服务市场上的各种主体。如中国仓储协会在2005年对中国物流市场供需状况进行调研,显示出我国目前物流企业的供给能力和物流供给设施的状况。如表3-7所列。

表3-7 企业构成

企业性质	比例/%	行业性质	比例/%
国有独资	46	纯运输公司	9
集体	1	纯仓储公司	13
三资	5	储运公司	15
外商独资	1	快递配送公司	4
民营	19	综合物流公司	59
内资股份制	25		
上市公司	3		
小计	100	小计	100

② 物流供给设施情况

物流供给设施是指物流线路(公路、铁路、航道、管道等)、物流节点(车站、港口、码头、机场、物流园区）以及附属设施和支持系统（信息系统等）。物流供给设施对于一个国家的物流供给能力、物流生产效率和物流发展起着至关重要的作用，如果缺乏物流设施建设，将从根本上抑制一个国家和地区的物流供给能力，进而阻碍生产和流通产业的发展。

（4）物流服务水平分析

由于物流业与一般制造业和销售业不同，它有运输、仓储等公共职能，是为生产、销售提供物流服务的产业，所以物流服务就是物流业为他人的物流需要提供的一切物流活动。它是以顾客的委托为基础，按照货主的要求，为克服货物在空间和时间上的间隔而进行的物流业务活动。物流服务的内容就是满足货主要求，保障供给，即在适量性、多批性、广泛性、安全、准确、迅速、经济的条件下满足货主的要求。

物流服务的本质是达到顾客满意，服务作为物流的核心功能，直接使物流与营销相联系，为用户提供物流的时空效用，因而其衡量标准只能看顾客是否满意。

物流服务包含三个要素：拥有客户所期望的产品（备货保证）；符合客户所期望的质量（品质保证）；在客户所期望的时间内送达产品（输送保证）。备货保证包含在库服务率，品质保证包含物理损伤、保管中的坏损、运输中的坏损、错误输送、数量差错；输送保证包含订货截止日期、进货日期、订货单位、订货频率、紧急出货。

对物流服务水平的衡量可以从物流服务意识、服务质量、服务成本以及是否有高科技服务手段和高科技信息技术等方面来衡量。客户对物流服务的基本要求是商品适时、适地、按质、按量、低成本送到，而物流活动涉及面广、手续烦琐、货物能否安全准时送达目的地，同时有效降低物流服务成本，做到物流企业与客户双赢，是对物流服务提出的挑战，也是物流服务水平的最基本体现。

① 结合实际调整更新物流服务的内容及水平

物流企业应根据物流需求、市场形势、竞争对手情况、商品特性和季节等不断进行调整。

② 加快反应速度的服务

快速反应已经成为物流发展的动力之一。现代物流的观点认为可以通过两条途径使过程变快，一是提高运输基础设施和设备的效率，这是速度的保障，如修建高速公路、铁路提速等；二是推广执行物流服务方案，优化配送中心、重新设计流通渠道等，以此来减少物流环节、简化物流过程，提高物流系统的快速反应能力。

③ 定期对物流服务进行评估

定期检查物流部门或顾客有无索赔、有无误配、晚配、破损等，通过征求顾客意见了解服务水平是否达到标准、成本是否合理等。

④ 注重提供物流信息服务

现代通信技术和网络技术的发展与应用，使跨地区的即时信息交流和传递成为可能。物流活动依赖有效、快速的信息流和信息技术的进步促进物流效率的提高。

⑤ 物流服务绩效考核指标

物流服务质量是企业选择新的物流商的首要标准,物流需求企业对物流服务的绩效考核指标主要有物流供给企业的单据准确率、运输配送及时率、货损率等。

3. 物流供给与需求的平衡

(1) 物流市场运行机制

① 市场与物流市场

市场是交换的场所、渠道和纽带,是交换参与者进行交换活动的场所。市场是生产力和经济发展的必然产物,也是实现社会分工和商品生产的必要条件,市场是现代经济社会的基础,是社会的重要组成部分,一切经济活动都离不开市场。

物流市场是物流产品交换的全过程,以及对物流各要素所进行的协调和调节供求关系、配置物流资源的功能,物流各方竞争活动,物流产品价格的生成和物流企业收益的控制,政府对物流活动的管制和干预等一系列活动过程,是有关物流产品和资源交换关系的总和。

在物流市场中体现了物流供应者、物流需求者在对物流产品交换时的关系,以及在交换中发挥作用的一切机构、部门与交换主体之间的关系。

② 物流市场行为与秩序

市场行为是指物流的主体双方对物流产品交易的决策和行为过程,也可以说是物流企业在物流生产中追求利益最大化和物流需求者为实现效用最大化所进行的信息搜寻、决策、交易磋商、承担义务和享受权利的过程。

市场秩序就是市场行为的规律性,也就是物流市场按照市场规律进行自我调节的能力,物流市场的活动要遵循市场经济的基本规律,通过供求关系的互动使双方都实现参与市场活动的目的。如果在市场中各主体的信息不完备,市场不能灵敏的反映价格,没有共同遵循的游戏规则时就会出现市场失灵,造成市场秩序混乱。只有维持稳定的市场秩序才能保证市场功能的充分发挥,保证物流参与者的利益。

③ 物流市场的分类

按照供求关系可以把物流市场分为买方物流市场、卖方物流市场和均衡市场。

i. 买方物流市场

买方物流市场是指在物流市场中物流需求方占主导地位的状态。在买方市场中物流供大于求,物流竞争激烈,价格低廉。在这种市场中,供给方要精打细算,降低成本,提高物流效益为企业管理的核心,更愿意接受新技术和新的管理方法,服务质量高。

ii. 卖方物流市场

卖方物流市场是指物流供给方占主导地位的物流市场。在这种市场中,物流供给不能满足物流需求,物流价格高涨。在这种市场中,物流企业重视追求外延扩大再生产,强调运输数量,往往不重视质量管理、成本管理,忽视技术进步,处在物流卖方市场时物流往往成为限制社会经济发展的瓶颈。

iii. 均衡市场

均衡市场是指物流市场上买卖双方力量对比相当,处于均衡的状态。这是一种比较完善和理想的市场状态,供需大体平衡,价格相对稳定,市场能得到健康的发展。

(2) 物流价格

物流价格是物流劳务的价格,它是商品销售价格的重要组成部分,物流价格决定于多种因素。

① 物流价格的含义

物流价格是指物流企业对特定的业务所提供的物流服务的价格。它是物流产品价值的货币表现。物流价格是物流企业开展物流活动的目的,物流价格的高低直接关系到物流企业的收入水平,如果市场上物流服务价格上升,物流企业就会增加供给,反之则会减少物流服务,甚至退出物流市场。

物流价格在一定程度上是可以有效调节物流需求,但物流需求是派生需求,物流需求总量的大小一般决定社会经济活动的总水平。货物的物流价格是商品销售价格中的组成部分,它的高低变动也会影响其他物质生产部门的收入水平。

② 物流价格的特征

i. 物流价格是一种劳务价格

物流企业为社会提供的效用不是实物形态的产品,而是通过物流各个作业环节实现货物的空间和时间的位移,在物流活动的过程中,物流企业向货物提供了物流劳务,物流价格就是物流劳务的价格。这种劳务是无形的,既不能储存又不能调拨,只能满足一时一地发生的某种物流服务需求。

ii. 物流价格是商品销售价格的组成部分

社会的生产过程不仅表现为劳动对象形态的改变,也包括劳动对象的时空转移,这样才能使物质产品从生产领域最终进入到消费领域,于是物流完成了商品从生产地到消费地的流动,而此过程又必须通过价格作为媒介来实现商品的交换,这样物流价格就成为商品销售价格的组成部分,其价格的高低又会直接影响销售价乃至实际成交与否。

③ 物流价格的决定因素

物流成本、物流供求关系、物流市场、国家经济政策以及物流企业之间的竞争都影响到了物流成本与价格的变化。

i. 物流成本

物流成本是指在货物包装、装卸、运输、储存、流通加工等各种物流活动中所支出的人力、财力、物力的总和。在正常情况下,物流报价应不低于物流成本,物流成本是成为物流价格的重要因素和最低界限。

ii. 物流供求关系

物流价格调节物流供给与需求,并且供需变化会调节市场价格。

iii. 物流市场的竞争程度

因为物流活动涉及的范围广泛,物流市场的竞争程度表现的也有所不同,比如在物流运输市场中,我国铁路运输市场属于完全垄断市场,实行的是"垄断价格",而在公路运输市场中,其价格基本是自由竞争的结果。

iv. 国家经济政策

国家对物流业实行的税收政策、信贷政策、投资政策等均会直接或间接地影响物流价格水平,我国现在是鼓励、扶持物流业,在许多方面都给予了优惠政策,这有利于物流价格的稳定并促进发展。

(3) 物流需求价格弹性

在经济学上,把需求对价格的敏感程度称为需求价格弹性,试图从量的方面给出价格变动对于需求的影响程度,例如价格上升或下降了5%,对应的需求量的变动到底是多大？这种对需求价格弹性的变化程度的研究,作为价格理论的一个重要组成部分,具有重要的现实经济意义。

① 需求价格弹性

需求价格弹性是指一种商品的需求量对其价格变动的敏感程度,即反映价格变动的比率所引起的商品需求量变动的比率。如图 3-8 所示为需求曲线示意图。

总需求与价格水平的关系曲线是一条向下倾斜的曲线,价格水平越高,总需求越低,价格水平越低,总需求越高。

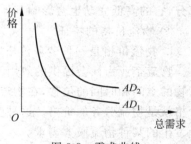

图 3-8 需求曲线

不同商品的需求价格弹性大小是不一样的,一般用弹性系数来描述,公式如下：

$$E_d = (\Delta Q/Q)/(\Delta P/P) \tag{3-3}$$

式中,E_d——需求价格弹性系数；

$\Delta Q/Q$——需求量变动的比率；

$\Delta P/P$——价格变动的比率。

当 $E=1$ 时,即需求是单一弹性,表示需求量变动的比率等于价格变动的比率。价格每升降1%,需求量也随之升降1%,这种情况在现实中比较少见。

当 $E>1$ 时,即需求富于弹性,表示需求量变动的比率大于价格变动的比率。

当 $E<1$ 时,即需求缺乏弹性,表示需求量变动的比率小于价格变动的比率。

② 物流需求价格弹性

介绍物流需求时已经提到,在一定限度范围内,大多数情况下物流需求受价格因素的影响并不显著,但不能因为整个物流业的市场需求变化不十分显著,就认为物流需求主体在选择物流服务时对于物流价格不予考虑。因为当市场上物流价格过高时,生产制造业和商贸企业就会自营物流的。

此外在物流运输工具的选择上,也可以看出不同运输工具报价的异同影响了货物运输的形式,比如近几年公路运输价格上涨幅度较大,货主企业就开始选择水路运输,这也说明物流需求对价格的敏感。

③ 影响物流需求价格弹性的因素

价格弹性表明了价格对需求的影响程度,为了发挥价格对供需的调节作用,我们一般希望市场需求是弹性需求,以便采取有效措施,在可能的情况下,改变市场的需求弹性。因此分析物流需求弹性的影响因素,将有助于制定合理的运输价格。一般说来,运输需求价格弹性主要受以下几个方面因素的影响。

ⅰ. 是否具有可替代性的物流服务

一个地区如果物流企业数量多,并可提供的物流服务全面,这就会给物流需求企业带来更多的选择机会,使得物流服务的替代性增强,从而形成较大的物流需求价格弹性。反之,如果没有可替代性的物流供给,需求者选择的机会就少,弹性就小。

ⅱ. 物流费用在产品总费用中所占的比例

物流需求的价格弹性往往取决于货物的价值,货物的价值越高,物流费用在产品总费用中所占的比例就越小,货物的所有者对于价格的敏感程度就越低,其所关心的可能是其他的问题,如安全性、快速性、服务质量等,因此价格弹性就会很小。相反,如果货物的价值低,则物流费用在产品总费用中的比例就大,物流费用的多少将直接影响产品的价格,从而影响其销售,在这种情况下,物流需求方对于物流报价就比较重视,如果定价过高,客户可能会去选择其他的物流企业,表现出价格弹性大。

ⅲ. 货物的自身属性

价格弹性的大小还同货物的自身属性相关,比如有些货物是具有季节性的或者时间性的,急于进入市场销售,其物流的需求者一般宁愿选择价格较高但速度快的物流方式,尽快把货物推向市场,而不会去选择价格低但速度慢的方式。因此,在这种情况下物流需求的价格弹性小,反之如果货物的所有者有充分的市场时间,那么它会选择价格较低的物流服务商,此时,物流需求的价格弹性就比较大了。

(4) 物流供给价格弹性

① 供给曲线与物流供给量

在影响供给量的诸多因素中,价格是最灵敏、最重要的因素,供给曲线就是假定其他因素不变,反映供给量同价格之间关系的曲线,如图 3-9 所示。

总供给曲线表明,作为生产要素的提供者对价格的变动总是符合:供给数量与价格水平呈正比关系。价格水平越高,劳动力愿意提供的数量、借贷资本愿意提供的数量就越多,企业生产和销售的产品也越多。反之,价格水平越低,企业生产和销售的产品也少,总供给就越少。

物流供给表示在不同价格水平下,物流供应者愿意且能够提供的物流服务,它表示的是供给量同价格之间的对应关系,一个特定的物流供应对应于一条供给曲线,而物流供应量则表示在一定价格水平上,物流供应者提供的物流服务数量,它对应于供给曲线上一点。物流供给量的变化就是当非价格因素不变时,供给量随价格变化而沿供应曲线移动。

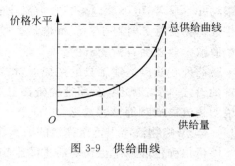

图 3-9 供给曲线

② 物流供给的价格弹性

物流供给的价格弹性是指在其他条件不变的情况下,价格变动所引起的供给量变动的灵敏程度,表示为:

$$E_s = (\Delta Q/Q)/(\Delta P/P) \tag{3-4}$$

式中,E_s——物流供给弹性系数;

$\Delta Q/Q$——供给量变动的比率;

$\Delta P/P$——价格变动的比率;

当 $E_s > 1$ 时,供给量富于弹性;

当 $E_s = 1$ 时,供给单一弹性;

当 $E_s < 1$ 时,供给缺乏弹性。

③ 影响物流供给价格弹性的因素

i. 物流供给要素适应物流需求的范围大小

物流供给服务就是使货物发生空间和时间的转移,但由于个别物流需求的差异性,能导致物流服务的差异性。一般来说,如果物流供给适应物流需求的范围大,则供给弹性就大;如果物流适应物流需求的范围小,则供给弹性就小。例如,同样是作为物流供给设施的杂货船和油轮,因为杂货船适运货物范围广,在物流市场上便于灵活调配,供给价格弹性大,而油轮专用性较强,较难转移到其他货类市场,因此供给弹性较小。

ii. 调整供给的难易程度

一般来说,能够根据价格的变动灵活调整供给力的企业,其供给价格弹性大,反之难于调整的,其价格弹性就小。例如,在物流供给设施中,专业性强的仓库调整难度大,因此价格弹性较小,而一般仓库使用灵活,调整容易,供给价格弹性就较大。

iii. 物流成本增加幅度大小

如果某企业物流服务增加即供给增加,但其引起的成本增加较大,那么供给弹性就小,反之如果增加的成本不大,供给弹性就大。例如,在处于运量饱和的货物运输再增加运量,就必须增加运输工具,因此带来成本增加幅度大,此时的供给弹性小。

④ 物流供给价格弹性的特点

i. 同时间有关

物流业是资金密集型产业,初始投资大、建设周期长、储备风险较大,所以短时间内调整供给能力不易做到,供给价格弹性较小。但从长期来看,物流市场在价格的作用下供给与需求会趋于相互适应,表明长期内供给具有弹性。

ii. 同物流市场上供需的相对状况有关

当需求量低时,通常物流市场供给过剩,因此具有较大的供给价格弹性,需求量高时,通常物流市场供给紧张,即使价格上升,也无大量供给投入,因此供给弹性小。

iii. 同价格的波动有关

价格朝不同方向变化时,物流供给价格弹性大小亦不相同。一般来说,价格上涨会刺激供给增加,供给弹性较大;价格下跌时,供给并不会轻易退出市场,因此供给弹性较小。

(5) 物流市场供求均衡与价格

① 供求均衡与价格

i. 供给与供给价格

按照西方经济学的观点,供给是指某一时间内生产者在一定价格条件下,愿意并可能出售的产品,对物流业来说,也就是愿意提供的物流服务。

物流企业为提供一定量的服务所接受的价格,称为供给价格。它取决于物流成本。在其他条件不变的情况下,价格越高,物流企业越愿意提供服务,因此供给还是会随价格上升而增加。

ii. 需求与需求价格

物流需求是社会在一定价格条件下对物流服务需求的表示,显然在物流价格低时,会有更多的需求;而在物流价格高时,有部分物流需求或者退出,或者转为自营物流,因而物流需求量与物流价格呈反方向变化,一定的物流需求所对应的价格就是需求价格。

iii. 均衡的含义

在现代西方经济学中,均衡是指经济学中变动着的各种力量处于一种暂时稳定的状态。均衡并不意味着不会变动,均衡价格就是一例,在均衡点的价格就是均衡价格,这时供给量与需求量一致,如果它再变动,供给与需求就不会一致了。

在西方经济学中,均衡也是一种分析方法,它是指在一定的前提条件下用来分析经济中各个变量之间关系的一种方法,通过这种方法可以了解各个变量之间的相互影响和相互作用。例如通过均衡价格的分析,可以说明供给、需求和价格三者之间的关系。

但现代西方经济学家也认为均衡总是有条件的,均衡是在一定的条件下达到的,条件变了,原来的均衡就打破了,所以经济总是处于一种均衡的破坏和另一种均衡的建立的过程之中。从动态的观点看,均衡是短暂的,是一个不间断的过程。

西方经济学中有局部均衡和一般均衡两种理论。局部均衡是用来分析单个市场、单个商品的价格与供求关系变化的一种方法,它假定在其他条件不变时,一种商品的价格只取决于它本身的供求状况,而不受其他商品的价格与供求的影响。一般均衡是用来分析市场上所有各个市场、所有各种商品的价格和供求关系变化的一种方法。它假定各种商品的价格与供求都是互相联系的,一种商品价格的变动,不仅受它本身供求关系的影响,而且还受到其他商品的供求与价格的影响。所以一种商品价格与供求的均衡只有在所有商品的价格与供求达到均衡时才能确定。

② 均衡价格的分析

ⅰ. 均衡价格的定义

需求价格是指消费者对一定量商品所愿意支付的价格。供给价格是指生产者为提供一定量的商品所愿意接受的价格。在同一市场中,产品完全出清时,供给量与需求量必然相等,西方经济学家以此为根据提出了均衡价格概念。均衡价格就是指一种商品的需求价格和供给价格相一致时的价格,也是这种商品的市场需求曲线与市场供给曲线相交时的价格,如图 3-10 所示。

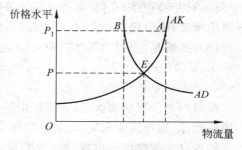

图 3-10 供需曲线

图中纵轴表示价格,横轴表示物流量,AK 是供给曲线,AD 是需求曲线,需求与供给均衡的位置在于需求曲线与供给曲线相交的点,即 E 点,其均衡价格为 P。

ⅱ. 均衡价格分析

在图 3-10 中,P 为均衡价格,当市场价格上升了,超过 P 点时,需求量就会下降,而供给量因价格上升会增加,这样就形成了供过于求。但这只是暂时的现象。需求少了,供给多了,又将导致价格下降,一直降到均衡点,使供给量与需求量又相等,达到市场均衡。

如果市场物流价格下降了,低于 P 点时,需求量就会上升,而物流企业因为利润的减少会降低供给量,这样就会形成供不应求。但这也将是暂时的现象。需求多,供给少,这将导致价格上升,一直升到均衡点,使供给量与需求量又相等,达到市场均衡。

在市场经济环境中,市场竞争是一种形成均衡的机制,通过市场的调节,使得供给量与需求量处于平衡状态,当市场价格偏离均衡价格时,市场的调节又会使价格趋向于均衡价格。完全竞争市场的均衡是由供给和需求共同作用而产生的,是市场自发的行为和后果。

③ 我国物流市场的供求与价格

ⅰ. 我国物流市场的供求问题

物流供给存在"硬缺口"。据中国物流信息中心统计,1991—2005 年间,我国实际完成的货运量年均只增长10%左右,与同期需求增幅15%之间至少存在5%的差距。近年来,我国物流基础设施发展很快,但同物流需求的增长仍然不相适应,存在物流供给明显不足的"硬缺口"现象。2004年,我国需要运输的实物量增长20%左右,而实际完成的货运总量只增长了10.6%,使货物在途时间延长,压港、压库严重。资料显示,我国铁路总营业里程居世界第三,完成工作量居世界第二,每千米铁路完成的货运量居世界第一,但仍然不能满足社会物流需求。全国各地每天向铁路部门申请车皮15万~16万辆,实际只能满足9万多辆的要求。我国现有路网建设与社会发展需求的矛盾日益显现。按国土面积平均的路网密度算,每万平方千米拥有铁路,德国为1 009.2千米,英国为699.1千米,法国为538.3千米,日本为533.63千米,我国只有74.89千米,排在世界第60位之后。按人口平均,我国每万人拥有铁路0.56千米,排在世界第100位之后。

需求不足与供给不够并存。社会化的物流需求不足与专业化的物流供给不够,是制约中国物流发展的主要矛盾,也是近几年中国物流发展的主要问题,并将成为今后物流发展必须跨越的一个"门槛"。一方面,物流需求聚集和释放的速度不快,"大而全"、"小而全"的企业物流运作比例还比较大;另一方面,物流服务供给能力还不能满足需求,特别是高端需求、即时需求、特色需求、"一体化"需求满足率不高,物流资源短缺与物流服务过剩同在。

供需矛盾存在差异性。我国东、中、西部区域物流发展不平衡,资源型地区流出量与流入量差距很大;城乡物流发展不平衡,农产品物流与农资物流发展滞后;行业物流发展不平衡,部分传统产业物流模式转型不快;各物流环节发展不平衡,供应物流和生产物流的分离外包慢于销售物流;基础性服务与增值性服务发展不平衡,增值性服务所占比例仍然不大;多种运输方式衔接不够,配套不好;公路运力相对过剩,铁路运能依然不足;普通设施、设备过剩,特种、专用设备不足;物流基础设施分属不同的地方、部门和行业,缺乏有效整合和充分利用。

ii. 我国物流市场价格

近几年,我国物流业蓬勃发展,物流市场成为经济的热点之一,众多企业参与社会物流服务,大量私营、民营、股份制、中外合资物流企业、外资物流企业与日俱增,与此同时,为了争夺客户、抢货源,企业之间互相压价,竞价经营,其中不乏不当竞争、价格陷阱、价格欺诈等违法行为。无序、混乱、失控的物流市场价格使服务价值与价格严重背离,起步晚、规模小、功能单一、实力弱的国有企业处于劣势,不断升级的价格大战使众多物流企业深受其害。

建立物流价格形成机制。物流价格形成机制是由经济体制和经济运行机制决定的,换言之,有什么样的经济体制和经济运行机制,就有与其相适应的物流价格形成机制。

在现代市场经济条件下,是以市场形成价格为主的物流价格形成机制和运行机制,有关资源配置和生产决策是以价格为基础的,价格在微观经济活动中,起着直接配置资源的作用。

④ 物流企业制定适宜的供求价格策略

第一,以客户需求为导向。积极地适应客户的需求,通过与客户建立长期、稳定的合作关系,把企业与客户联系在一起,形成竞争优势,与目前我国的物流供求现状相适应,达到物流企业、客户以及最终客户都能获利的三赢局面。

第二,了解客户愿意支付的成本。这就是要求物流企业首先要了解物流需求主体满足物流需要而愿意付出成本,而不是先给自己的物流服务定价。该策略指出物流的价格与客户的支付意愿要一致,因此只有在分析目标客户需求的基础上,为目标客户量体裁衣,设计一套个性化的物流方案才能为客户所接受。

第三,了解客户的潜在需求。潜在客户是现代物流企业发展的重要动力,是在激烈的市场竞争中寻求发展的主要目标。物流企业要挖掘潜在客户,就要善于发现物流购买者的潜在需求,全方位地满足他们的需求,引导和创造物流服务的新需求,把潜在需求转化为市场的实际需求。

第四,科学细分物流市场。市场细分可以准确地定义客户的物流服务需要和需求,帮助决策者更准确地制定营销目标,更好地分配物流资源。由于在当前和今后一段时间内,中国物流市场的需求在地区和行业上存在着差别,因此物流市场细分可以根据地区和行业来进行。

第五,价格策略。是指企业根据客户的需求与成本提供一种合适的价格来吸引客户。它包括了基本价格、价格的折扣与折让、付款方式等。价格策略的正确与否将影响物流活动的广度和深度及其顺畅性。价格策略中对顾客的数量折扣将影响顾客的订货规模。适宜的折扣优惠,将吸引顾客加大订货量,仓库的作业将趋向于处理大宗货物,搬运和运输作业都将变得简单而高效。

3.5 物流系统工程

3.5.1 物流系统工程的核心内容

物流系统的构成因素繁杂,在具体实施系统方法进行管理分析时,需要针对不同的系统对象,根据它们的系统目的、系统组成和系统外部环境的不同,采取不同的方法。但作为一种实施系统管理活动的步骤,还是有相同方面的。比照霍尔三维结构,可初步设计出物流系统工程三维结构,供实施物流系统工程时参考(图3-11)。

图3-11把每个物流系统工程活动按时间分为"规划、分析、运行、更新"四个阶段;逻辑维表示每个时间阶段按工作分为P、D、C、A四个步骤;知识维顺次反映作为物流系统

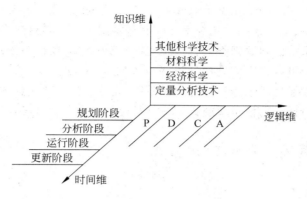

图 3-11 物流系统工程三维结构

工程师所必需的各种科学知识。由于目前各物流管理系统首先是一个经济系统,它的直接工作对象是各种物资,因此经济科学和材料科学知识有着很重要的地位。需要说明的是,由于一般的物流系统其功能往往不是单一的,而常常是多目的、多方案的,因此在规划阶段可运用"统一规划法"来描述所要解决的对象与有关各因素间的关系。

统一规划法一般常用目的树来表示,即用树形的图解方式来描述系统中各个目的之间的相互关系,如图 3-12 所示。

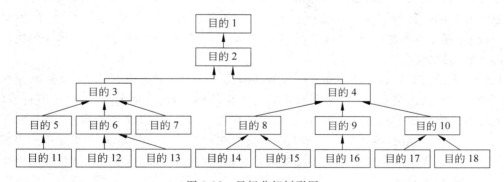

图 3-12 目标分解树形图

从图 3-12 中可以看出,要达到目的 1,必须完成目的 2,要达到目的 2,必须完成目的 3 和目的 4,以此类推。这样就可以比较清楚地看出在一个物流系统内各子系统所包含的目的之间相互影响和相互制约的关系。尤其在对较大的物流系统工程活动进行规划时,通过目的树的展示和分析,使各子系统层次鲜明,关系明确,有利于达到整体的综合平衡。

另外,这里逻辑维的四个步骤是采用了全面质量管理中的 PDCA 循环,即在每个时间阶段中,把所有的活动都分为计划(P)、实行(D)、检查(C)、处理(A)四个环节,并顺次不断循环。

我们知道,一个实际的物流系统通常是由许多子系统组成的。对于一个复杂的系统,从整体上直接构造模型和运用优化技术往往有很多困难。但是这些子系统具有分级分布的特点,即从整个系统的角度来看,它们是一级一级构成的;就同级来看,各子系统又是平行分布的,因此我们可以将它们进行分解,分别构造模型,进行定量分析和优化处理。但是,系统工程整体性原理要求的是达到整体最优,充分发挥系统的整体功能,为此,还必须在分解的基础上进行协调,使子系统在系统总目标的要求下协调工作,实现总体最优化。

3.5.2 物流系统工程的常用技术

1. 仿真技术

物流系统活动范围广泛,涉及面宽,经营业务复杂,品种规格繁多,且各子系统功能部分相互交叉、互为因果。因此,它的系统设计是一项十分复杂的任务,需要进行严密的分析。由于它的复杂性,一般很难做试验,即使可以做试验,也往往需耗费大量的人力、物力和时间。因此,要对其进行有效的研究,在系统设计和控制过程中得出有说服力的结论,最重要的是要抓住作为系统对象的系统的数量特性,建立系统模型。

所谓系统模型就是由实际系统经过变换而得到的一个映象,是对系统的描述、模仿或抽象。模型化就是用说明系统结构和行为的适当的数学方程、图像以至物理的形式来表达系统实体的一种科学方法。模型表现了实际系统的各组成因素及其相互间的因果关系,反映实际系统的特征,但它高于实际系统,而且具有同类系统的共性,有助于解决被抽象的实际系统问题。

物流系统仿真的目标在于建立一个既能满足用户要求的服务质量,又能使物流费用降至最小的物流网络系统。其中最重要的是如何能使"物流费用最小"。在进行仿真时,首先分析影响物流费用的各项因素,诸如与销售点、流通中心及工厂的数量、规模和布局有关的运输费用、发送费用等。由于大型管理系统中包含人的因素,用数学模型来表现他们的判断和行为是困难的。人们正在积极研究和探索包含人的因素在内的反映宏观模糊性的数学模型。目前,社会上大量开展数量经济研究,预计在社会经济研究中,数学模型和计算机将会得到愈来愈广泛的应用。这是对传统的凭主观经验进行管理的有力挑战。仿真技术在物流系统工程中应用较广,已初见成效,但由于物流系统的复杂性,其应用受到多方限制,特别是数据收集、检验、分析工作的难度较大,从而影响仿真质量,所完成的模型的精度与实际的接近程度也还存在一定问题,有待进一步研究。加之,仿真方法本身属于一种统计分析的方法,比起一般的解析方法要粗些,但这并不影响仿真方法在物流系统工程中的应用和推广。

2. 系统最优化技术

最优化技术是20世纪40年代发展起来的一门较新的数学分支,近几年发展迅速,应用范围越来越广泛,其方法也越来越成熟,所能解决的实际问题也愈来愈多。

系统优化问题是系统设计的重要内容之一。所谓最优化,就是在一定的约束条件下,如何求出使目标函数为最大(或最小)的解。求解最优化问题的方法称为最优化方法。一般来讲,最优化技术所研究的问题是对众多方案进行研究,并从中选择一个最优的方案。一个系统往往包含许多参数,受外部环境影响较大,有些因素属于不可控因素。因此,优化问题是在不可控参数发生变化的情况下,根据系统的目标,经常地、有效地确定可控参数的数值,使系统经常处于最优状态。系统最优化离不开系统模型化,先有模型化而后才有系统最优化。

物流系统所包含的参数绝大多数属于不可控因素,且它们相互制约,互为条件。在外界环境约束条件下,要正确处理好众多因素之间的关系,除非采用系统优化技术,否则难以得到满意结果。物流系统工程的基本思想是整体优化的思想,即对所研究的对象采用定性、定量(主要是定量)的模型优化技术,经过多次测算、比较,求好选优,统筹安排,使系统整体目标最优。

系统最优化的方法很多,它是系统工程学中最具实用性的部分。到目前为止,它们大部分是以数学模型来处理一般问题的。如物资调运的最短路径、最大流量、最小输送费用(或最小物流费用)以及物流网点合理选择、库存优化策略等模型。

系统优化的手段和方法,应根据系统的特性、目标函数及约束条件等进行合理选择。常用的物流系统优化方法有:

① 数学规划法。包括静态优化和动态优化规划法。主要运用线性规划解决物资调运、分配和人员分派的优化问题;运用整数规划法选择适当的厂(库)址和流通中心位置;采用扫描法对配送路线进行扫描求优。

② 动态规划法。

③ 探索法。

④ 分割法。

另外,运筹学中的博弈论和统计决策也是较好的优化方法。

物流系统的目标函数是在一定条件下,达到物流总费用最省、顾客服务水平最好、社会经济效益最高的综合目标。由于物流系统包含多个约束条件和多重变量的影响,难以求优。解决的办法是根据 Dentzin Wlofe 分解原理和分解方法,巧妙地把大问题分解成多个小问题,对各小问题使用现有的优化方法和计算机求解。也可通过拉格朗日(Lagrange)方法求得大系统的动态优化解。所以说,系统最优化方法是物流系统工程方法论中的重要组成部分。

3. 网络技术

网络技术是现代化管理方法中的一个重要组成部分。它最早用于工程任务完成方面，后来在企业（或公司）的经营管理中得到广泛应用和发展。它是1958年美国海军特种计划局在研制"北极星导弹潜艇"过程中提出的以数理统计为基础，以网络分析为主要内容，以电子计算机为先进手段的新型计划化的管理方法，称做 PERT（计划评审法）和后来发展的 CPM（关键路线法）。

在现代社会中，生产过程错综复杂，工种繁多，品种多样；流通分配过程涉及面广，影响因素随机、多变，参加的单位和人员成千上万。如何使生产中各个环节之间互相密切配合，协调一致，如何使生产-流通-消费之间衔接平衡，使任务完成得既好、又快、且省，这不是单凭经验或稍加定性分析就能解决的，而需要运用网络技术的方法来进行统筹安排，合理规划。另外，越是复杂的、多头绪的、时间紧迫的任务，运用网络技术就越能取得较大的经济效益。对于关系复杂的、多目标决策的物流系统研究，网络技术分析是不可忽视的基本方法。长期以来，在管理系统中一直沿用"横道图"（又称甘特条形图）的计划方法。这种图表的方法简单，直观性强，易于掌握。但是，它不能反映出各个项目之间错综复杂的相互制约关系，也不能清楚地反映出哪些项目是主要的、处于关键性的地位，不利于从全局出发，最合理地组织与指导整个系统活动。而网络技术，它以工作所需的时间为基础，用表达工作之间相互联系的"网络图"来反映整个系统的全貌，并能指出影响全局的关键所在，从而对整体系统做出比较切实可行的全面规划和安排。

利用网络模型来"模拟"物流系统的全过程以实现其时间效用和空间效用是最理想的。通过网络分析可以明了物流系统各子系统之间以及与周围环境的关联，便于加强横向经济联系。利用网络技术设计物流系统，可使物资由始发点通过多渠道送往顾客的运输网络优化，以及确定物资搬运的最短路径。

4. 分解协调技术

在物流系统中，由于组成系统的项目繁多，相互之间关系复杂，涉及面广，这给系统分析和量化研究带来一定的困难。在此可以采用"分解-协调"方法对系统的各方面进行协调与平衡，处理系统内外的各种矛盾和关系，使系统能在矛盾中不断调节，处于相对稳定的平衡状态，充分发挥系统的功能。

所谓分解，就是先将复杂的大系统，比如物流系统，分解为若干相对简单的子系统，以便运用通常的方法进行分析和综合。其基本思路是先实现各子系统的局部优化，再根据总系统的总任务、总目标，使各子系统相互"协调"配合，实现总系统的全局优化。物流总系统可分解为运输子系统、储存子系统、包装子系统、装卸子系统、流通加工子系统以及信息等若干子系统。因此,物流系统的优化可以采取分别对各子系统局部优化,并从系统的整体利益出发,不断协调各子系统的相互关系的方法,达到物流系统费用省、服务好、效益高的总目标。此外,还要考虑如何处理好物流系统与外部环境的协调、适应。所谓协调,就是根据大系统的总任务、总目标的要求,使各子系统相互协调配合,在各子系统局部优化的基础上,通过协调控制,实现大系统的全局最优化。

研究协调要考虑两个方面的问题。

① 协调的原则

这是设计协调机构或协调器的出发点,包括用什么观点来处理各子系统的相互关系,选取什么量作为协调变量,以及采取什么结构方案构成协调控制系统等问题。

② 协调的计算方法

为求得协调变量,加速协调过程,保证协调的收敛性,简化协调器的技术复杂性,都需要探求一定的方法,这是设计协调机构的依据。

除上述方法外,预测、决策论和排队论等技术方法也较广泛地应用于物流系统的研究中。

案例 某机械制造企业生产物流合理化改造

1. 概况

某通用机械厂是工业压缩机设计、制造的大型重点企业,技术力量雄厚,工艺装备精良,检测手段完善。产品广泛应用于冶金、建筑、石油、化工、煤炭、交通、电力、轻纺、科研、设计、核电、军事、环保及城市煤气等重点工程。其年销售额超过两亿,每台压缩机售价从几万元到几十万元不等。由于国内目前能生产同类产品的企业极少,应该说该厂的产品有着广泛的市场前景,而且就目前的销售情况看,尚且不能完全满足需求。

然而,就是这样一个大型国有传统机械制造企业,由于产品成本居高不下,经济效益一直不佳,企业难以取得长足的发展。究其原因,除体制和管理方面的问题外,一个突出的问题便是企业生产物流落后而不合理,效率低下。根据目前我国的制造企业生产物流的类似现状,该厂所处阶段可以定位为:已从传统的生产物流管理起步,向现代化、国际化的生产物流管理与运作方式过渡,是一个过渡阶段。要进行系统化改造,必须认清我国生产企业物流的现状和社会物流平均水平,改变两个极端的观念。

2. 典型问题分析

(1) 工作流程不合理

以活塞式压缩机事业部为例,其指导思想是一切活动以市场需求为导向,以计划科为核心协调部门,质保科和技术科指导生产,供应科根据生产计划协调并满足生产。这是一个传统的生产流程,供应科负责一切生产资料的配给,而实际生产过程中的物资流动却是由生产科协调,其中在制品、成品的装卸搬运、临时库存等物流过程却是由计划科处理。

这样，生产全过程物流活动各个部门都管，各个部门又都可以推卸责任，使生产环节产生重复劳动，效率低下。另外，生产过程中物流成本未纳入成品的会计成本，使得虚报了最后结算成本。

(2) 运输工作不合理

运输容器没有实行标准化，有各种各样的具有供应方明显特色的容器，不利于企业内部标准化管理，也不利于物料与容器的颜色管理、定置管理以及物流现场的整理、整顿；单元数量不统一，不严格按生产需求送货，为了保证用量，通常都有多送的余量；盘点不及时，增加了企业的管理与仓库成本；不能进行运输的直达化管理（即门对门管理）；人工清点与数据交换费时、费力，更容易造成积累误差。

(3) 供应物流不合理

进货的规划不够协调。调度中，可能出现同时超标到货的现象，造成现场拥挤。工厂在国内拥有50多家原材料、构件的供应商，光送钢材的车辆最多时达到8~10辆（也有时空场），而卸货现场面积和卸货能力决定每次最多可同时卸4~5辆大卡车。此外，由于与供应商没有稳定良好的关系，分供方质量不能保证，使总装线时有停产，甚至总装后试机时，发现品质不良，只好作为不合格品另作处理，增加了生产环节的负担。

(4) 装配线物料流动不合理

所带物料、构件不能从各个厂、区、库及时、准确配送到位，且配送的物料难以保证质量，不需要的物料（如报废的零配件、边角废料、不良品等）不能及时运走或处理，造成物料拥挤与亏缺，使生产不能连续稳定地进行，物流不均衡。

(5) 信息流动不合理

企业信息传递和数据维护的现代化程度很低，部门之间以订单方式交流信息，传递易产生失误，沟通、处理不及时，物料周转又未单元化，使物料运转中产生了巨大的数据量并导致低效率，人工操作容易出错（如成品包装线与成品库存之间的数据交换完全是由人工完成的，常出现数据不统一或盘点延迟的现象）。

(6) 储存工作不合理

① 库房设置与物资存放管理缺乏条理。作为一个大型制造企业，该厂拥有的各类仓库就有7个之多，分为金属材料库、外购原料库、机电配套库、燃油辅料库、成品库、工具库和劳保库。其中，金属材料库和成品库是露天仓库（成品已放入密封集装箱内），金属材料库与铸造车间有铁路相连，但未与外部铁路相连，使得金属原材料的采购运输成本增加。另外，由于采用露天存放，钢材的锈蚀损耗也很明显。外购原料库主要存放外购的标准件，如六角螺钉、垫圈、螺母、轴承等。机电配套库存放机电仪表、汽配零件、电机、电控柜等。由于所存物品数额不大，这两个库房均有很大的库存冗余可加以利用。燃油辅料库存放化工油漆、橡胶、氧气、乙炔气、润滑油等，从目前的存放状况来看，其出入库管理混乱，有的化工油漆已存放了三四年，远超过了其保质期。工具库和劳保库主要存放机加工

工具、检测调试工具以及劳保用品等一些低级易耗品,存放无序。另外,每个库区均分为卸货区和暂存区。

② 卸货区拥挤现象很严重,成了暂存区。外进材料在卸货区清点停留时间过长,客观上造成对卸货本身的干扰。

③ 暂存区是见缝插针式的无序存放,暂存容器的不统一、不规范(甚至许多物料根本没有必要的容器),导致存货不能顺利进出,造成实际生产中时空上的矛盾。如五金件存放区,甚至出现多种多日的不良部件,而且经常存放在加工区的运输要道上,阻碍了物料的顺利流动。各库房、暂存区重复设置现象严重,但又不能统一管理与调度,导致重复运输与回转运输,使厂内配送无序。

④ 各车间的区域分割,库房分散,加上配送与物流管理上的不均衡,使空间周转不过来,产生如产品的下线问题、半成品的存放问题、固定工艺的运转周期与下件的存放使用的时间差问题、运输过道与运输方式的问题等,造成各库房、车间物流的瓶颈。

3. 物流成本分析

通常,生产企业的物流成本是指为配合企业生产而完成的物流活动所占用、消耗的各种活劳动和物化劳动的货币表现。它应该包括从原材料供应开始直到商品送达消费者的全部物流费用。但是,在生产企业的不同部门、不同环节的物流成本被分摊到了该环节的特定费用中去了。如该企业生产部将物流成本计入产品制造成本;采购部将物流成本计入采购流通费用;销售部将物流成本计入商品销售的流通费用。无论在采购阶段、生产阶段还是销售阶段,不但很难按照物流成本的本义完整地计算出物流成本,即便是已经在各阶段中分割开的物流成本,也不能单独真实地计算并反映出来。另一方面,由于物流部门从属于生产部门,或生产物流没有专门的管理部门,物流成本就当然地与生产成本或商流成本混为一谈。如停线时间问题,统计表中反映,一天内仍分别有 83 个和 25 个停线时间找不到责任部门;而在该天中单纯地把物料配送不到位等物流不合理的责任(实际上是隐含成本)笼统地归结到生产中去,当然不能精确地分析与掌控真实的物流成本。这样一来,任何人都无法看到物流成本的真实面貌,了解其可观的支出,生产企业的物流成本得不到重视也就不足为奇了。

同时,在生产企业的财务会计(或管理会计)报表或盈亏计算表中所反映出的物流费用项目只是部分物流费用的情况,因为这些费用仅仅是向企业外部支付的物流费。如该企业向运输公司、外租仓库等支付的费用,并没有包括它内部生产物流的物流成本,如企业内部的叉车、电瓶车、吊车等搬运工具的成本,本企业职工的包装和装卸作业成本,物流信息处理业务的成本,场地的空间成本,企业内部运输物料、零部件、半成品的时间与空间成本,资金停滞成本等。尤其是物流不合理时的巨大的机会成本,由于没有精确化计算,导致它们潜藏在财务人员和管理人员看不见的地方,从而不能精确分析与有效控制。报表反映出来的可见成本,只不过是"冰山的一角",而大多数的物流成本都混入了其他科目之中。

（资料来源：田源，徐杰，杨文峰，汝宜红.北方交通大学经管学院物流研究所.面向制造业的自动化与信息化技术创新设计的基础技术[C]//2001年中国机械工程学会年会暨第九届全国特种加工学术年会论文集，2001.）

案例 讨论题

1. 根据该通用机械厂生产物流运作现状分析，提出其合理化改造建议。
2. 查找其他关于制造企业物流运作状况的案例，与该通用机械厂作比较，归纳不同类型的制造企业生产物流的异同。

思 考 题

1. 简述物流工程与管理的框架体系结构。
2. 管理学与物流学科的关系怎样？管理学在物流中是如何体现的？
3. 什么叫物流需求？有哪些特征？哪些因素影响需求？
4. 物流市场的需求主体是什么？
5. 反映物流市场需求的目标是什么？
6. 如何理解物流需求与物流外包？
7. 系统工程与物流学科的关系怎样？
8. 什么是物流系统工程？

第4章 物流系统及其功能

> **本章要点**
>
> 物流系统包括运输、仓储、装卸搬运、包装、流通加工、配送、物流信息七大功能要素。运输和仓储承担了改变物的空间状态和时间状态的重任,被称做物流的两大支柱;装卸搬运是物流各阶段之间相互转换的桥梁,是其他各要素活动的起讫点;包装在现代物流理论被认为是物流的起点,直接影响其他物流活动的效果;流通加工在物资进入流通领域后进行的简单加工活动,对于提高物流速度和物资的利用率有重要意义;配送已成为现代物流的一个重要构成要素,完善了运输及整个物流系统;物流信息产生于物流各项活动中,又是物流活动正常开展的决策基础。本章将对各要素进行细致的阐述,通过本章的学习,使学生能够对物流系统有一个系统全面的理解。

4.1 物流系统概述

4.1.1 物流系统定义与特点

物流系统是指在一定的时间和空间里,由所需位移的物资(包括安装设备、搬运装卸机械、运输工具、仓储设施、人员和通信联系等若干相互制约的动态要素)所构成的具有特定功能的有机整体。物流系统的目的是实现物资的空间和时间效益,在保证社会再生产顺利进行的前提条件下,实现各种物流环节的合理衔接,并取得最佳的经济效益。

物流系统具有一般系统所共有的特点,即集合性、相关性、目的性、环境适应性等,同时还具有规模庞大、结构复杂、目标众多等大系统所具有的特征[①]。

(1) 物流系统是一个"人—机系统"

物流系统是由物资、装卸搬运机械、运输工具、人员等要素所组成。它表现为物流劳动者运用运输设备、装卸搬运机械、仓库、港口、车站等设施,实现物资的流动,在这一系列

---

① 王之泰. 现代物流学[M]. 北京:中国物资出版社,1997.

的物流活动中,人是系统的主体。因此,研究物流系统各个方面问题时,把人和物有机地结合起来,作为不可分割的整体加以考察和分析,而且始终把如何发挥人的主观能动作用放在第一位。

(2) 物流系统是一个大跨度系统

这反映在两个方面,一是地域跨度大,二是时间跨度大。在现代经济社会中,企业的物流经常会跨越不同地域,国际物流的地域跨度更大,通常采取储存的方式解决产销之间的时间矛盾,这样时间跨度往往也很大。大跨度系统带来的主要是管理难度较大,对信息的依赖程度较高。

(3) 物流系统是一个可分系统

作为物流系统,无论其规模多么庞大,都可以分解成若干个相互联系的子系统。这些子系统的多少和层次的阶数,是随着人们对物流的认识和研究的深入而不断扩充的,系统与子系统之间,子系统与子系统之间,存在着时间和空间及资源利用方面的联系,也存在总的目标、总的费用以及总的运行结果等方面的相互联系。

(4) 物流系统是一个动态系统

一般的物流系统总是联结多个生产企业和用户,随供需、渠道、价格的变化,系统内的要素及系统的运行经常发生变化。这就是说,社会物资的生产状况,社会物资的需求变化,资源变化,企业间的合作关系,都随时随地影响着物流,物流受到社会生产和社会需求的广泛制约。物流系统是一个具有满足社会需要、适应环境能力的动态系统。为适应经常变化的社会环境,人们必须对物流系统的组成部分经常不断地修改、完善,这就要求物流系统具有足够的灵活性与可改变性。

(5) 物流系统的复杂性

物流系统运行对象——"物",遍及全部社会物质资源。资源的大量化和多样化带来物流的复杂化。从物资资源来看,品种成千上万,数量极大;从从事物流活动的人员上看,需要数以百万计的庞大队伍;从资金占用上看,占用着大量的流动资金;从物资供应经营网点上看,遍及全国城乡各地。这些人力、物力、财力资源的组织和合理利用,是一个非常复杂的问题。

(6) 物流系统是一个多目标函数系统

物流系统的总目标是实现宏观和微观的经济效益。但是,系统要素间有着非常强的"背反"现象,常称之为"交替损益"或"效益背反"现象,处理时稍有不慎就会出现系统总体恶化的结果。通常,对物流数量,人们希望最大;对物流时间,希望最短;对服务质量,希望最好;对物流成本,希望最低。显然,要满足上述所有要求是很难办到的。例如,在储存子系统中,站在保证供应、方便生产的角度,人们会提出储存物资的大数量、多品种问题;而站在加速资金周转、减少资金占用的角度,人们则提出减少库存。所有这些相互矛盾的问题,在物流系统中广泛存在,而物流系统又恰恰要求在这些矛盾中运行。要使物流系统在各方面满足人们的要求,显然要建立物流多目标函数,并在多目标中求得物流的最佳效果。

4.1.2 物流系统的目标

物流系统目标是物流系统存在的原因所在,通常包含多个方面的内容。一般来说,它主要包括以下几个方面:服务目标、快速及时目标、节约目标、规模化目标、库存调节目标。

(1) 服务目标:物流系统作为流通系统的一部分,它具体地联结着生产与再生产、生产与消费,因此它具有很强的服务性。送货、配送就是其服务性的具体体现,除此之外,近年来出现的"准时供货"、"柔性供货"等,也同样体现了物流系统的服务特性。

(2) 快速、及时目标:及时性可以说是服务性的延伸,由于社会化大生产的不断发展,物流系统的快速、及时性要求显得尤为显著,这点的直接体现就是在物流领域不断采用的诸如直达物流、联合一贯运输、高速公路、时间表系统等理念与技术手段。

(3) 节约目标:这里的节约有多种表现形式,但归结为一点都是为了节约成本,而成本节约是任何经济活动都要遵循的基本原则。物流领域中的节约主要表现在时间节约上,因为物资在流通过程中消耗较大而且基本上不增加价值,所以,应该尽可能地缩短物资流通时间,如此可以有效降低物流系统的运营成本,进而提高物流系统的相对产出率。

(4) 规模化目标:物流系统只有达到了一定的规模才可以有效降低运营成本,从而获得规模效益,这点与生产领域中的规模效益基本上一致,不过物流系统与生产系统相比,其稳定性较差,所以较难形成标准的规模化格式。为了实现物流系统的规模化目标,通常情况下我们会在物流领域以分散或集中等不同方式建立物流系统,进而研究物流系统集约化的程度。

(5) 库存调节目标:库存调节目标的实现与否直接关系到物流系统的经济效益高低,因为库存成本在物流系统运营成本中占有很大比例,因此可以说库存调节目标是服务性目标的延伸,它同样也是整个物流系统宏观控制的要求。库存调节目标主要体现在正确确定库存方式、库存数量、库存结构、库存分布等方面。

4.1.3 物流系统功能要素

物流系统和一般的管理系统一样,都是由人、财、物、设备和信息等所组成的有机整体。但是,从物流系统的功能角度来分析,一般认为有运输、仓储、装卸搬运、包装、流通加工、配送、物流信息等,换句话说,物流能实现以上七项功能。

(1) 运输

运输是为了尽量消减空间的差异,运输也是物流系统的重要环节之一。一般运输方式有陆运、空运和海运三种。这三种运输方式各有其特点。一般在陆路运输中,铁路运输具有运输批量大、价格相对经济的优点,同时,铁路运输也有一定的局限(如灵活性差);公路运输的灵活性比较大,短途价格经济,但较难做到大批量运输;还有一种特殊的运输方式是管道运输,管道运输一般仅限于液体与气体。空运的价格相对比较昂贵,但是空运的速度快,对一些时效性要求比较高的产品来说,空运是最佳的运输方式。海运的价格低廉,可以大批量运送产品,并且可以运送大型的或重量型的产品,但运输时间比较长。随着物流的发展,对各种运输的基础设施建设的要求越来越高,要想更高效地完成运输,就要形成一套成熟的运输网络体系,经济、合理、快速、及时、零缺陷地将物品送抵目的地。

(2) 仓储

仓储是物流中的一个重要环节,仓储起到缓冲和调节作用,一般仓储包括储存、管理、维护等活动。现代仓库除了具有上述传统功能以外,已经逐步转向流通中心型的仓库,即在上述活动的基础上还负责物品的包装、流通加工、配送、信息处理等活动。随着科学与管理技术的成熟和飞速发展,仓储的管理技术也在不断丰富,大量仓储业已经运用ABC分类管理、预测等技术科学地管理仓储,控制库存,达到整体效益的优化。

(3) 装卸搬运

装卸一般包括装上、卸下、搬运、分拣、堆垛、入库、出库等活动。要运用各种技术和工具消除无效装卸,提高装卸效率。搬运与运输既相似又不同,一般说来,搬运是指物料在系统工艺范围内的移动,或说在制造企业内部,在生产系统内的移动活动称为物料搬运。搬运涉及搬运路线、搬运设备与搬运器具及搬运信息管理等。

(4) 包装

包装可以减少物品在运输途中的损缺,一般说来,包装分为单个包装、内包装和外包装三种。单个包装是物品使用者拿到物品时的包装,一般属于商业包装。内包装是将物品或单个包装放在一起或放于中间容器中,以便对物品或单个包装起到保护作用。外包装是以方便运输、装卸、保护物品的一种包装形式。包装材料通常有纸质、塑料、木质、金属等几种。另外还有一些固定用的辅助材料,比如黏结剂、黏带捆扎材料等。随着物流技术的成熟与发展,包装逐渐趋向标准化、机械化、简便化等特点。

(5) 流通加工

顾名思义,流通加工就是在流通过程中进行的辅助性加工。例如,汽车部件运输到港口进行部分装配。流通加工是生产领域的延伸,或流通领域的扩张。一般流通加工可以实现整个供应网络成本的降低,同时能满足多样化的市场需求。

(6) 配送

配送是指按照客户的订货要求,在物流节点(如商店、货运站、物流中心站)进行分货、拣货,并将配好的货物以合理的方式交送收货人的过程,它是物流中特殊的、综合的活动形式,包含了商流活动和物流活动,也包含了物流的装卸、包装、保管、运输等若干功能要素,是现代物流的重要组成部分。

(7) 物流信息

上述各种物流运作活动都要在物流信息的引导下进行,否则各项活动就都是盲目的,无法达到预期效果。物流信息系统是物流系统的重要环节之一,也是物流系统的基础。一般物流信息系统从纵向可以分为管理层、控制层和作业层三种;从横向考虑,物流信息可以涵盖在供应、生产、营销、回收以及各项物流运作中。

上述功能要素中,运输及仓储分别解决供给者及需要者之间场所和时间的分离,分别是物流创造"空间效用"及"时间效用"的重要功能,因而在物流系统被称之为物流的两大支柱。

4.1.4 物流系统基本模式

物流系统和一般系统一样,具有输入、转换及输出三大功能,通过输入和输出使系统与社会环境进行交换,使系统和环境相依存,如图4-1所示。

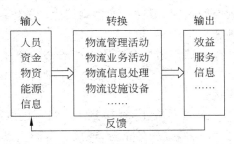

图 4-1 物流系统基本模式

在物流系统中,输入、输出以及转换活动往往是在不同的领域或不同的子系统中进行的。即使是在物流大系统中,系统的目的往往也不同,所以,具体的输入、输出及转换有不同的内容,不会是一成不变的。

4.2 运 输

4.2.1 运输概述

1. 运输的概念

运输是人和物的载运及输送,本书中专指"物"的载运及输送。它是在不同地域范围间(如两个城市、两个工厂之间,或一个大企业内相距较远的两车间之间),以改变"物"的空间位置为目的的活动,对"物"进行空间位移。按照我国物流标准术语中的定义(GB/T 4122.1-1996),运输(transportation)是用设备和工具,将物品从一地点向另一地点运送的物流活动,其中包括集货、分配、搬运、中转、装入、卸下、分散等一系列操作。

2. 运输的地位

（1）运输是物流的主要功能要素之一。按物流的概念，物流是"物"的物理性运动，这种运动不但改变了物的时间状态，也改变了物的空间状态。而运输承担了改变空间状态的主要任务，运输是改变空间状态的主要手段，运输再配以搬运、配送等活动，就能圆满完成改变空间状态的全部任务。

在现代物流观念未诞生之前，甚至就在今天，仍有不少人将运输等同于物流，其原因是运输担任的是物流的主要部分，因而出现上述认识。

（2）运输是社会物质生产的必要条件之一。马克思将运输称为"第四个物质生产部门"，是将运输看做生产过程的继续，这个继续虽然以生产过程为前提，但如果没有这个继续，生产过程则不能最后完成。所以，虽然运输的这种生产活动和一般生产活动不同，它不创造新的物质产品，不增加社会产品数量，不赋予产品新的使用价值，而只变动其所在的空间位置，但这一变动则使生产能继续下去，使社会再生产不断推进，所以将其看成一种物质生产部门。

运输作为社会物质生产的必要条件，表现在以下两方面：

① 在生产过程中运输是生产的直接组成部分，没有运输，生产内部的各环节就无法连接。

② 在社会上，运输是生产过程的继续，这一活动连接着生产与消费的环节，连接着国民经济各部门、各企业，连接着不同国家和地区。

（3）运输可以创造"场所效用"。场所效用的含义是：同种"物"由于空间场所不同，其使用价值的实现程度则不同，其效益的实现也不同。由于改变场所而最大限度发挥使用价值，最大限度提高产出投入比，这就称之为"场所效用"。通过运输，将"物"运到场所效用最高的地方，就能发挥"物"的潜力，实现资源的优化配置。从这个意义来讲，也相当于通过运输提高了物的使用价值。

（4）运输是"第三利润源"的主要源泉。主要体现在以下三方面：

① 运输是运动中的活动，它和静止的保管不同，要靠大量的动力消耗才能实现这一活动，而运输又承担大跨度空间转移的任务，所以活动的时间长、距离长、消耗也大。消耗的绝对数量大，其节约的潜力也就大。

② 从运费来看，运费在全部物流费中占最高的比例，一般综合分析计算社会物流费用，运输费在其中占接近50%的比例，有些产品运费高于产品的生产费用，所以通过运输的合理化，可以大大降低物流成本。

③ 由于运输总里程大，运输总量巨大，通过体制改革和运输合理化可大大缩短运输吨公里数，从而获得比较大的节约。

4.2.2 运输方式的分类

1. 按运输设备及运输工具不同分类

(1) 公路运输。这是主要使用汽车,也使用其他车辆(如人、畜力车)在公路上进行货客运输的一种方式。公路运输主要承担近距离、小批量的货运和水运、铁路运输难以到达地区的长途、大批量货运及铁路、水运优势难以发挥的短途运输。由于公路运输有很强的灵活性,近年来,在有铁路、水运的地区,较长途的大批量运输也开始使用公路运输。

公路运输的主要优点是灵活性强,公路建设期短,投资较低,易于因地制宜,对车站设施要求不高,可以采取"门到门"运输形式,即从发货者门口直到收货者门口,而不需转运或反复装卸搬运。公路运输也可作为其他运输方式的衔接手段。公路运输的经济半径,一般在 200 公里以内。

(2) 铁路运输。这是使用铁路列车运送客货的一种运输方式。铁路运输主要承担长距离、大数量的货运,在没有水运条件地区,几乎所有大批量货物都是依靠铁路,是在干线运输中起主力运输作用的运输形式。

铁路运输优点是速度快,运输不大受自然条件限制,载运量大,运输成本较低。主要缺点是灵活性差,只能在固定线路上实现运输,需要以其他运输手段配合和衔接。铁路运输经济里程一般在 200 公里以上。

(3) 水运。这是使用船舶运送客货的一种运输方式。水运主要承担大数量、长距离的运输,是在干线运输中起主力作用的运输形式。在内河及沿海,水运也常作为小型运输工具使用,担任大批量干线运输的任务。

水运的主要优点是成本低,能进行低成本、大批量、远距离的运输。但是水运也有显而易见的缺点,主要是运输速度慢,受港口、水位、季节、气候影响较大,因而一年中中断运输的时间较长。

(4) 航空运输。这是使用飞机或其他航空器进行运输的一种形式。航空运输的单位成本很高,因此主要适合运载的货物有两类,一类是价值高、运费承担能力很强的货物,如贵重设备的零部件、高档产品等;另一类是紧急需要的物资,如救灾抢险物资等。

航空运输的主要优点是速度快,不受地形的限制。在火车、汽车都达不到的地区也可依靠航空运输,但其成本也是最贵的。

(5) 管道运输。这是利用管道输送气体、液体和粉状固体的一种运输方式。其运输形式是靠物体在管道内顺着压力方向循序移动实现的。和其他运输方式重要区别在于管道设备是静止不动的。

管道运输的主要优点是,由于采用密封设备,在运输过程中可避免散失、丢失等损失,不受天气等因素影响，也不存在其他运输设备本身在运输过程中消耗动力所形成的无效运输问题。另外，运输量大，适合于大且连续不断运送的物资。

不同运输方式的技术和经济运作特性对比，如表4-1所示。

表4-1 不同运输方式的技术和经济运作特性对比

对比指标	铁 路	公 路	航 空	水 路	管 道
成本	较低	中	高	低	很低
速度	较快	快	很快	慢	很慢
频率	高	很高	高	有限	连续
可靠性	很好	好	好	有限	很好
可用性	广泛	有限	有限	很有限	专业化
距离	长	中,短	很长	很长	长
规模	大	小	小	大	大

2. 按运输的范畴分类

（1）干线运输。这是利用铁路、公路的干线，大型船舶的固定航线进行的长距离、大批量的运输，是进行远距离空间位置转移的重要运输形式。干线运输一般较同种工具的其他运输速度要快，成本也较低。干线运输是运输的主体。

（2）支线运输。这是与干线相接的分支线路上的运输。支线运输是干线运输与收货、发货地点之间的补充性运输形式，路程较短，运输量相对较小，支线的建设水平往往低于干线，运输工具水平也往往低于干线，因而速度较慢。

（3）二次运输。这是一种补充性的运输形式，路程较短。干线、支线运输到站后，站与用户仓库或指定接货地点之间的运输，由于是单个单位的需要，所以运量也较小。

（4）厂内运输。在工业企业范围内，直接为生产过程服务的运输。一般在车间与车间之间、车间与仓库之间进行。小企业中的这种运输以及大企业车间内部、仓库内部则不称"运输"，而称"搬运"。

3. 按运输的作用分类

（1）集货运输。将分散的货物汇集集中的运输形式，一般是短距离、小批量的运输，货物集中后才能利用干线运输形式进行远距离及大批量运输。因此，集货运输是干线运输的一种补充形式。

（2）配送运输。将据点中已按用户要求配好的货分送各个用户的运输。一般是短距离、小批量的运输，从运输的角度讲，是对干线运输的一种补充和完善的运输。

4. 按运输的协作程度分类

分为一般运输与联合运输两类。孤立地采用不同运输工具或同类运输工具而没有形成有机协作关系的为一般运输。联合运输,简称联运,是使用同一运送凭证,由不同运输方式或不同运输企业进行有机衔接接运货物,利用每种运输手段的优势以充分发挥不同运输工具效率的一种运输形式。采用联合运输,对用户来讲,可以简化托运手续,方便用户,同时可以加速运输速度,也有利于节省运费。

4.2.3 运输合理化

1. 运输合理化的影响因素

由于运输是物流中最重要的功能要素之一,物流合理化在很大程度上依赖于运输合理化。运输合理化的影响因素很多,起决定性作用的有以下五个方面,称做合理运输的"五要素"。

(1) 运输距离。在运输时,运输时间、运输货损、运费、车辆或船舶周转等运输的若干技术经济指标,都与运距有一定比例关系,运距长短是运输是否合理的一个最基本因素。缩短运输距离从宏观、微观角度都会带来好处。

(2) 运输环节。每增加一次运输,不但会增加起运的运费和总运费,而且必须要增加运输的附属活动,如装卸、包装等,各项技术济指标也会因此下降。所以,减少运输环节,尤其是同类运输工具的环节,对合理运输有促进作用。

(3) 运输工具。各种运输工具都有其使用的优势领域,对运输工具进行优化选择,按运输工具特点进行装卸运输作业,最大限度地发挥所用运输工具的作用,是运输合理化的重要一环。

(4) 运输时间。运输是物流过程中需要花费较多时间的环节,尤其是远程运输,在全部物流时间中,运输时间占绝大部分。所以,运输时间的缩短对整个流通时间的缩短有决定性的作用。此外,运输时间短,有利于运输工具的加速周转,充分发挥运力的作用有利于货主资金的周转,有利于运输线路通过能力的提高,对运输合理化有很大贡献。

(5) 运输费用。运费在全部物流费中占很大比例,运费高低在很大程度上决定整个物流系统的竞争能力。实际上,运输费用的降低,无论对货主企业来讲还是对物流经营企业来讲,都是运输合理化的一个重要目标。运费的判断,也是各种合理化实施是否行之有效的最终判断依据之一。

从上述五方面综合考虑运输合理化,就能取得预想的效果。

2. 不合理运输

不合理运输是在现有条件下可以达到的运输水平而未达到,从而造成了运力浪费、运输时间增加、运费超支等问题的运输形式[①]。目前我国存在主要不合理运输形式有:

(1) 返程或起程空驶。空车无货载行驶,可以说是不合理运输的最严重形式。在实际运输组织中,有时候必须调动空车,从管理上不能将其看成不合理运输。但是,因调运不当,货源计划不周,或不采用运输社会化而形成的空驶,是不合理运输的表现。

(2) 对流运输。亦称"相向运输"、"交错运输",指同一种货物,或彼此间可以互相代用而又不影响管理、技术及效益的货物,在同一线路上或平行线路上进行相对方向的运送,而与对方运程的全部或一部分发生重叠交错的运输称对流运输。已经制定了合理流向图的产品,一般必须按合理流向的方向运输,如果与合理流向图指定的方向相反,也属对流运输。

(3) 迂回运输。是舍近求远的一种运输。可以选取短距离进行运输而不办,却选择路程较长路线进行运输的一种不合理形式。迂回运输有一定复杂性,不能简单处之,只有当计划不周、地理不熟、组织不当而发生的迂回,才属于不合理运输。如果最短距离有交通阻塞、道路情况不好或有对噪音、排气等特殊限制时发生的迂回,不能称之为不合理运输。

(4) 重复运输。本来可以直接将货物运到目的地,但是在未达目的地之处,或目的地之外的其他场所将货卸下,再重复装运送达目的地,这是重复运输的一种形式。另一种形式是,同品种货物在同一地点一面运进,同时又向外运出。重复运输的最大毛病是增加了非必要的中间环节,这就延缓了流通速度,增加了费用,增大了货损。

(5) 倒流运输。是指货物从销地或中转地向产地或起运地回流的一种运输现象。其不合理程度要甚于对流运输,其原因在于往返两程的运输都是不必要的,形成了双程的浪费。倒流运输也可以看成是隐蔽对流的一种特殊形式。

(6) 过远运输。是指调运物资舍近求远,近处有资源不调而从远处调,这就造成可采取近程运输而未采取拉长了货物运距的浪费现象。过远运输占用运力时间长、运输工具周转慢、资金占压时间长,远距离自然条件相差大又易出现货损,增加了费用支出。

(7) 运力选择不当。在运输工具的选择上,没有充分利用各种不同工具的优势,而错误地选择了其他工具,往往就会造成运输的不合理现象,导致运输时间长、运费高,这就是运力选择不当。常见有:弃水走陆,同时可以利用水运及陆运时,不利用成本较低的水运,而选择成本较高的汽车运输;铁路、大型船舶的过近运输,火车等起运及到达目的地的准备、装卸时间长,且机动灵活性不足,不适合短途运输;运输工具承载能力选择不当,造成"超载"或是"大马拉小车"现象发生较多。

上述各种不合理运输形式都是在特定条件下表现出来的,在进行判断时必须注意其

---

① 王之泰. 现代物流学[M]. 北京:中国物资出版社,1997.

不合理的前提条件,否则就容易出现判断的失误。另外,必须将其放在物流系统中做综合判断,前面我们已提到,物流系统中存在很多"效益背反"现象,只有从系统的角度出发,以整个系统最优化为目标进行综合判断,有时为了实现系统的整体最优,存在个别"不合理"现象也属正常。

3. 运输合理化的有效措施

长期以来,我国企业在生产实践中探索和创立了不少运输合理化的途径,在一定时期内、一定条件下取得了效果,具体如下。

(1) 提高运输工具实载率。实载率有两个含义:一是单车实际载重与运距之乘积和标定载重与行驶里程之乘积的比率,它在安排单车、单船运输时,作为判断装载合理与否的重要指标;二是车船的统计指标,即一定时期内车船实际完成的货物周转量(以吨公里计)占车船载重吨位与行驶公里之乘积的百分比。在计算时车船行驶的公里数,不但包括载货行驶,也包括空驶。提高实载率的意义在于:充分利用运输工具的额定能力,减少车船空驶和不满载行驶的时间,减少浪费,从而求得运输的合理化。

我国曾在铁路运输上提倡"满载超轴"。其中"满载"的含义就是充分利用货车的容积和载重量多载货(但满载不等于超载),不空驶,从而达到合理化之目的。这个做法对推动当时运输事业发展起到了积极作用。当前,国内外开展的"配送"形式优势之一就是将多家需要的货物或者一家需要的多种货物实行配装,以达到容积和载重的充分合理运用,比起以往自家提货或一家送货车辆大部分空驶的状况,是运输合理化的一个进展。

(2) 采取减少动力投入,增加运输能力的有效措施求得合理化。这种合理化的要点是少投入、多产出,走高效益之路。运输的投入主要是在基础设施的建设已定型和完成的情况下,尽量减少能源投入。做到了这一点就能大大节约运费,降低单位货物的运输成本,达到合理化的目的。国内外在这方面采取的措施有:

① 前文已提到的"满载超轴"。其中"超轴"的含义就是在机车能力允许情况下,多加挂车皮。我国在客运紧张时,也采取加长列车、多挂车皮办法,在不增加机车的情况下增加运输量。

② 水运拖排和拖带法。竹、木等物资的运输,利用竹、木本身浮力,不用运输工具载运,采取拖带法运输,可省去运输工具本身的动力消耗从而求得合理;将无动力驳船编成一定队形,一般是"纵列",用拖轮拖带行驶,比船舶载乘运输运量大,成本低。

③ 顶推法。是我国内河货运采取的一种有效方法。将内河驳船编成一定队形,由机动船顶推前进的航行方法。其优点是航行阻力小,顶推量大,速度较快,运输成本很低。

④ 汽车挂车。汽车挂车的原理和船舶拖带、火车加挂基本相同,都是在充分利用动力能力的基础上,增加运输能力。

(3) 发展社会化的运输体系。运输社会化的含义是发展运输的大生产优势,实际专业分工,打破一家一户自成运输体系的状况。一家一户车辆自有,自我服务,不能形成规模,且一家一户运量需求有限,难于自我调剂,因而经常容易出现空驶、运力选择不当、不能满载等浪费现象,且配套的接、发货设施,装卸搬运设施也很难有效地运行,所以浪费颇大。实行运输社会化,可以统一安排运输工具,避免对流、倒流、空驶、运力不当等多种不合理形式,不但可以追求组织效益,而且可以追求规模效益,所以发展社会化的运输体系是运输合理化的非常重要措施。

当前火车运输的社会化运输体系已经较完善,各种联运体系是其中水平较高的方式,联运方式充分利用面向社会的各种运输系统,通过协议进行一票到底的运输,有效打破了一家一户的小生产,受到了欢迎。我国在利用联运这种社会化运输体系时,创造了"一条龙"货运方式。对产、销地及产、销量都较稳定的产品,事先通过与铁路、交通等社会运输部门签订协议,规定专门始发站和终到站,专门航线及运输路线,专门船舶和泊位等,有效保证了许多工业产品的稳定运输,取得了很大成绩。

(4)开展中短距离铁路公路分流,"以公代铁"的运输。这一措施的要点,是在公路运输经济里程范围内,尽量利用公路。这种运输合理化的表现主要有两点:一是对于比较紧张的铁路运输,用公路分流后,可以得到一定程度的缓解,从而加大这一区段的运输通过能力;二是充分利用公路从门到门和在中途运输中速度快且灵活机动的优势,实现铁路运输服务难以达到的水平。

我国"以公代铁"目前在杂货、日用百货运输及煤炭运输中较为普遍,一般在200公里以内,有时可达700~800公里。山西煤炭外运经认真的技术经济论证,用公路代替铁路运至河北、天津、北京等地是合理的。

(5)尽量发展直达运输。直达运输是追求运输合理化的重要形式,其主要是通过减少中转过载换载,从而提高运输速度省却装卸费用,降低中转货损。直达的优势尤其是在一次运输批量和用户一次需求量达到了一整车时表现最为突出。此外,在生产资料、生活资料运输中,通过直达,建立稳定的产销关系和运输系统,也有利于提高运输的计划水平,考虑用最有效的技术来实现这种稳定运输,从而大大提高运输效率。

特别值得一提的是,如同其他合理化措施一样,直达运输的合理性也是在一定条件下才会有所表现,不能绝对认为直达一定最优,这要根据用户的要求中转,从物流总体出发作综合判断。如果从用户需要量看,批量大到一定程度,直达是合理的,批量较小时中转是合理的,其分歧点如图4-2所示。

(6)配载运输。是充分利用运输工具载重量和容积,合理安排装载的货物及载运方法以求得合理化的一种运输方式。配载运输也是提

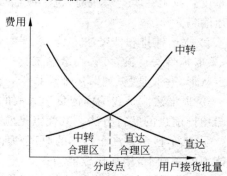

图4-2 直达运输和中转运输分歧示意图

高运输工具实载率的一种有效形式。配载运输往往是轻重商品的混合配载,在以重质货物运输为主的情况下,同时搭载一些轻泡货物,如海运矿石、黄沙等重质货物时捎运木材、毛竹等,铁路运矿石、钢材等重物上面搭运轻泡农、副产品等,在基本不增加运力投入,且基本不减少重质货物运输情况下,解决了轻泡货的搭运,因而效果显著。

(7)"四就"直拨运输。"四就"直拨是减少中转运输环节,力求以最少的中转次数完成运输任务的一种形式。如果到站或到港的货物先要进分配部门或批发部门的仓库,然后再按程序分拨或销售给用户,往往出现不合理运输。"四就"直拨,则是由管理机构预先筹划,然后就厂或就站(码头)、就库、就车(船)将货物分送给用户,而无须再入库了。

(8)发展特殊运输技术和运输工具。依靠科技进步是运输合理化的重要途径。例如,专用散装及罐车,解决了粉状、液状物运输损耗大,安全性差等问题;袋鼠式车皮、大型半挂车解决了大型设备整体运输问题;"滚装船"解决了车载货的运输问题;集装箱船比一般船能容纳更多的箱体,集装箱高速直达车船加快了运输速度等,都是通过采用先进的科学技术实现合理化。

(9)通过流通加工,使运输合理化。有不少产品,由于产品本身形态及特性问题,很难实现运输的合理化,如果进行适当加工就能够有效解决合理运输问题。例如,将造纸材在产地预先加工成干纸浆然后压缩体积运输,就能解决造纸材运输不满载的问题;轻泡产品预先捆紧包装成规定尺寸,装车就容易提高装载量;水产品及肉类预先冷冻,就可提高车辆装载率并降低运输损耗。

4.3 仓 储

4.3.1 仓储的有关概念

在物流科学体系中,经常涉及库存、储备、储存和仓储这几个概念,而且经常被混淆。其实,几个概念虽有共同之处,但仍有区别,认识这个区别有助于理解物流中"储存"的含义和以后要遇到的零库存概念。

1. 库存。库存指的是仓库中处于暂时停滞状态的物资。这里要明确两点:其一,物资所停滞的位置,不是在生产线上,不是在车间里,也不是在非仓库中的任何位置,如汽车站、火车站等类型的流通节点上,而是在仓库中;其二,物资的停滞状态可能由任何原因引起,而不一定是某种特殊的停滞。这些原因大体有:能动的各种形态的储备;被动的各种形态的超储;完全的积压。

2. 储备。物资储备是一种有目的的储存物资的行动,也是这种有目的的行动和其对象总体的称谓。物资储备的目的是保证社会再生产连续不断地、有效地进行。所以,物资储备是一种能动的储存形式,或者说,是有目的的、能动地生产领域和流通领域中物资的暂时停滞,尤其是指在生产与再生产,生产与消费之间的那种暂时停滞。马克思讲的"任何商品,只要它不是从生产领域直接进入消费或个人消费,因而在这个间歇期间处在市场上它就是商品储备的要素。"(《马克思、恩格斯全集》第24卷,第161页)指的就是这种情况。

3. 储存。储存是包含库存和储备在内的一种广泛的经济现象,是一切社会形态都存在的经济现象。马克思指出"产品储存是一切社会所共有的,即使它不具有商品储备形式这种属于流通过程的产品储备形式,情况也是如此。"(《资本论》第2卷,第140页)在任何社会形态中,对于不论什么原因形成停滞的物资,也不论是什么种类的物资在没有进入生产加工、消费、运输等活动之前或在这些活动结束之后总是要存放起来,这就是储存。这种储存不一定在仓库中也不一定是有储备的要素,而是在任何位置,也有可能永远进入不了再生产和消费领域。但在一般情况下储存、储备两个概念是不作区分的。

4. 仓储。仓储一词是包含了"仓库"和"储存"两个方面,既包括储备、库存在内的广义的储存概念,也包括储存各种物资的场所——仓库。

上述几方面的问题是抽象地对于库存、储备、储存的描述,我们所以予以辩证的目的,是为了使读者认识物流中的"仓储"是一个非常广泛的概念。

4.3.2 储存的地位与作用

储存是物流的主要功能要素之一。在物流中,运输承担了改变空间状态的重任,物流的另一个重任,即改变"物"的时间状态是由储存来承担的。所以,在物流系统中,运输和储存是并列的两大主要功能要素,被称做物流的两根支柱。

储存是社会物质生产的必要条件之一。储存作为社会再生产各环节之中,以及社会再生产各环节之间的"物"的停滞构成了储存的功能。自从人类社会生产有剩余产品以来,就有储存活动,从现代物流系统观点来看,储存具有以下功能。

(1) 物资保管的功能

任何仓库都必须具备一定的空间,用以容纳被储存的物资。现代仓库不仅仅是一个储存物资的场所;还要根据储存物资的特性,相应的设有各种设备,并采取适度的保管措施。物资的保管功能体现在"通过产品的保存,使用价值本身的保存,价值才能得到保存"。任何一种物资,当它处在储存时期,表面上物资处在静止状态,但从物理、化学的角度上看,物资仍在不断地发生变化,这种变化,因物资本身的性质及所处的环境不同而有差异,为保存和保管好这些储存物,使之不受有害因素的影响,就必须对其进行合理的保管保养,从而使物资使用价值的减少受到限制。除此之外,仓库作业时还要防止库存物资因在装卸、搬运时发生碰撞、震动、高压等而导致使用价值损坏和下降。因此,搬运机具、操作方法也在日趋完善,仓库保管物资的功能也得到了充分地发挥。

(2) 供需调节功能。生产和消费不可能完全同步,像电风扇等季节性商品,其生产是均衡的,而消费是不均衡的;相反,像粮食等产品,生产节奏有间隔而消费则是连续的。这两种情况都产生了供需不平衡,这就需要有储存作为平衡环节加以调控,把生产和消费协调起来。以人们日常消费的大米为例,人们每天都要消费大米,市场对大米的需求是连续的。而大米的产出往往集中在每年秋季,因此大米的供给是集中的。这样,为了使集中产出的大米能连续地向市场供应,满足人们日常需要,就需要把秋季集中产出的大米储存起来,在需要的时候投放市场。这种供需调节功能,实际也是对供给与需求之间时间差的调节。

(3) 价格调节功能。正是由于储存对供需的调节功能,物资才能取得自身的最高价值,取得理想的效益。这里仍以大米为例,如果不经过储存环节,直接把秋季集中产出的大米全部投放市场,大米的供给会大大超过需求,势必引发大米价格暴跌。同样,到了春夏季,如果大米的供给远远落后于需求的话,就会引发大米价格的暴涨。因此往往把秋季集中产出的大米储存起来,调节供需之间的平衡,最终起到稳定大米价格的功效。在这一过程中,储存起到了价格调节的功能。

(4) 调节货物运输能力的功能。各种运输工具的运量相差很大,船舶的运量大,海运船一般是万吨以上,内河船也以百吨或千吨计。火车的运量较小,每节车皮能装 30～60 吨,一列火车的运量多达数千吨。汽车的运量最小,一般每车只有 4～10 吨。它们之间进行转运时,运输能力是很不匹配的,这种运力的差异可以通过储存来进行调节和衔接。

(5) 配送和流通加工的功能。现代储存业务还向流通、销售、零部件供应等方向延伸,用来储存物品的仓库不仅具备储存保管货物的设施,而且增加了分拣、配送、捆包、流通加工、信息处理等设置,这样既扩大了仓库的经营范围,提高了物资综合利用率,又促进了物流合理化,方便了消费者,提高了服务质量。

4.3.3 储存作业流程

储存作业流程是指仓库从接收入库物资开始,到根据需要把物资完好地发放出库的全部过程。在仓库的储存作业流程中,按照业务活动的不同内容,可划分为三个相互联系的作业阶段,即入库阶段、储存阶段和出库阶段。如图 4-3 所示。

1. 接货

接货是根据储存计划和发运单位、承运单位的发货或到达通知,进行货物的接收及提取,并为入库保管做好一切准备的工作。接货工作又有以下几项内容:

(1) 与发货单位、承运单位的联络工作。这项工作,是根据业务部门的协议或合同,与发货及承运单位建立联系，以掌握接货有关的情报资料，从而制订接货的计划，安排接货的人力、物力。

（2）制订接货计划。在充分掌握到货的时间、数量、重量、体积等基本情况的基础上，根据接货力量及整个企业的经营要求，并与有关业务部门协商，安排本单位接货时间、接货人员、接货地点、接货装备的计划。

（3）办理接货手续。按接货计划，各个职能部门在确定的计划时间办理各种接货手续，如提货或接取手续、财务手续等。

（4）验收工作。按接货计划的要求，根据有关契约或其他凭证，对到货进行核证、检查、检验，以最后确认是否接货的工作。验收工作主要有三项内容：第一项是核证，即对货物的有关证件进行核实，如对品名、产地、认证材料、出厂日期、装箱单据、发、接货手续进行核对；第二项是数量验收，即清点及检查到货总量、单位包装量及按数量指标检查其他内容；第三项是质量验收，按技术业

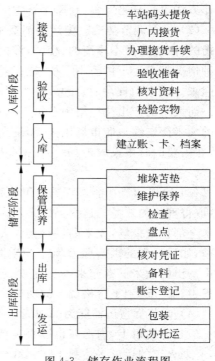

图 4-3 储存作业流程图

务部门提出的要求，由专门质量检查部门进行复杂的技术检验。通过验收的物资，则可办理入库手续。

（5）办理入库手续。物资验收完毕，若不马上发放，投入使用，就需办理登帐、立卡、建档等一系列入库手续。

2. 保管

保管是根据物资本身特性以及进出库的计划要求，对入库物资进行保护、维护管理的工作环节。保管工作有以下几项内容：

（1）与接货单位及用货单位的联系、联络工作。保管工作受接货与用货两端的制约，必须充分掌握和了解接货与用货两方面的情报，才能有计划安排好保管工作。

（2）制订保管计划。根据保管对象的特点，在掌握保管时间、数量等要求的基础上，制订保管计划。保管计划主要有几个方面：一是保管数量计划，保管条件、场所、人力等是决定保管数量的重大因素，也是计划依据；二是分类管理计划，根据库存物品的品种、规格、质量特点，合理规划保管场所和保管方式；三是维护保养计划，根据库存物特点及存储的时间，安排维护保养时间、方法及人力、物力。

(3)办理入库、出库手续。入库、出库手续及由此产生的凭证,是保管的重要基础工作,也是系统管理,进行财务、统计分析的基本信息点。入库手续主要包括各种凭证的签收处理、建立保管账目等。出库手续主要包括各种出库凭证的核对及处理、通知备货出库等。

3. 发货

发货是根据业务部门的计划,在办理出库手续基础上,进行备货、出库、付货或外运付货工作。按发货计划,与收货或接运部门办理各项财务、交接等手续。

4.3.4 储存合理化

1. **不合理储存**

不合理储存主要表现在两方面,一方面是由于储存技术不合理,造成了物品的损失;另一方面是储存管理、组织不合理,不能充分发挥储存作为一个利润源的作用。主要不合理储存有以下几种形式。

(1)储存时间过长。储存时间从两个方面影响储存这一功能要素的效果,一方面是经过一定的时间,被储物资可以获得"时间效用",但是时间继续增加,效用也会出现减缓甚至降低;另一方面是随着储存时间的增加,有形及无形损耗加大,从图4-4可看出,对于绝大多数物资,过长的储存时间都会影响总效益,储存的总效益是确定储存最优时间的依据。

(2)储存的数量过大。储存数量也主要从两方面影响储存这一功能要素的效果,这两方面利弊的消长,使储存数量有一个最佳的区域,超过这个数量区域的储存量,是不合理的储存。

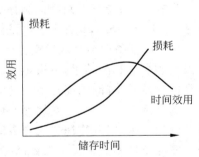

图4-4 储存时间与效果的关系

储存数量对储存效果的影响是:一方面储存以一定数量形成保证供应、保证生产、保证消费的能力。但是保证能力的提高遵从"边际效用",每增加一单位储存数量,总能力虽会随之增加,但所增加的保证供应能力却逐渐降低,以至最终再增加储存量对保证能力却基本不产生影响,如图4-5所示。

另一方面,储存的损失(各种有形及无形的损失)是随着储存数量的增加而基本上成比例地增加,储存量越大,损失量也越大;如果管理力量不能也按比例增加的话,甚至还可能出现储存量增加到一定程度时损失陡增的现象,如图4-6所示。

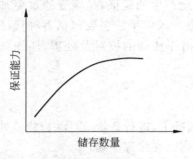 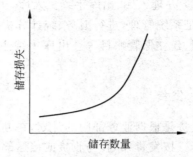

图 4-5　储存数量与保证能力关系示意图　　图 4-6　储存数量与储存损失关系示意图

由上面两图可以明显地看出：储存数量的增加会引起储存损失无限度增加，而保证能力增加却是有限度的，因而可以肯定地说，超出一定限度的储存数量是有害而无益的。

(3) 储存数量过低。从图 4-5 可以看出，储存数量过低会严重降低储存对供应、生产、消费的保证能力。从图 4-6 可以看出，储存数量越低，储存的各种损失也会越低。两者彼此消长的结果是：储存数量降低到一定程度，由于保证能力的大幅度削弱会引起巨大损失，其损失远远超过由于减少储存量来防止库损、减少利息支出损失等带来的收益。所以，储存量过低，也是会大大损害总效果的不合理现象。

当然，如果能够做到降低储存数量而不降低保证能力的话，数量的降低也是绝对好的现象，在丰田公司 JIT 管理中，所追求的零库存，就是出于此道理。

(4) 储存条件不足或过剩。储存条件也从两方面影响储存这一功能要素的效果，这两方面利弊消长的结果，也决定了储存条件只能在恰当范围内，条件不足或过分，都会使储存的总效益下降，因而是不合理的。

储存条件不足，指的是储存条件无法为所储存的物资提供良好的储存环境及必要的储存管理措施，因此往往造成物资的损失或整个储存工作的混乱使储存后的工作受到损失。储存条件不足主要反映在储存场所简陋，储存设施陈旧落后，维护保养手段及措施不力等等。

储存条件过剩，指的是储存条件大大超过需要，设施设备利用率较低，资源浪费，从而使储存成本过高，出现亏损。

(5) 储存结构失衡。储存结构是所储存物资的品种、规格、花色在储存期、储存量的比例关系。比如，鞋子有不同款式、不同颜色和不同尺码，经销商应根据消费者的喜好，确定各种款式、颜色、尺码的储存数量，如果仅仅储存一种款式、一种颜色、一个尺码的鞋子，其收益可想而知。

2. 储存合理化的措施

储存合理化是用最经济的办法实现储存的功能，其实质是保证储存功能实现的前提下,达到尽量少的投入。实现储存合理化的好处是:资金周转快、资本效益高、货损小、仓库吞吐能力增加、成本下降等,具体途径如下①。

(1) 储存物品的 ABC 分析

ABC 分析是实施储存合理化的基础分析,在此基础上可以进一步解决各类的结构关系、储存量、重点管理、技术措施等合理化问题。分析就是把物品分为三类,例如,把占总数量 20% 左右而价值达 80% 左右的高价值的商品定为 A 类;占总数数量 50% 左右价值仅占 5% 左右价格低的物品定为 C 类,两者之间则为 B 类。

在库存管理中应区别对待各类物品。A 类在不发生缺货的条件下尽可能减少库存,实行小批量订货,每月盘点;C 类则可制定安全库存水平,进行一般管理,订货批量大,年终盘点;对 B 类则在两者之间,半年盘点一次。

ABC 分析除按价值分类外,还可根据销售难易程度、缺货产生的后果(重要性)等因素进行分类,或者综合几种因素进行分类。

(2) 追求经济规模,适度集中储存

适度集中储存是储存合理化的重要内容。所谓适度集中储存就是利用储存规模优势,以适度集中储存代替分散的小规模储存来实现合理化。如果储存过于分散,每一处的储存保证的对象有限,互相难以调剂,则需分别按其保证对象要求确定库存量。而集中储存易于调度调剂,集中储存总量可大大低于分散储存的总量。但是过分集中储存,又使储存点与用户之间距离拉长,储存总量虽降低,但运输距离拉长,运费支出加大,在途时间长,又迫使周转储备增加。所以,这里我们强调适度集中,以达到最优集中程度。

适度集中储存是实现"零库存"的前提条件之一,能够在总储存费用及运输费用之间取得最优。此外还有其他一系列的好处:一是对单个用户的保证能力提高;二是有利于采用自动化、机械化方式;三是有利于形成一定批量的干线运输;四是有利于成为支线运输的始发站。

(3) 提高储存密度和仓容利用率

提高储存密度和仓容利用率的主要目的是减少储存设施的投资,提高单位存储面积的利用率,以降低成本、减少土地占用,也包括三类方法:一是采取高垛的方法,增加储存的高度,具体方法包括采用高层货架仓库、采用集装箱等,都可比一般堆存方法大大增加储存高度。二是缩小库内通道宽度以增加储存有效面积,具体方法有:采用窄巷道式通道,配以轨道式装卸车辆,以减少车辆运行宽度要求;采用侧叉车、三向叉车,以减少叉车转弯所需的宽度。三是减少库内通道数量以增加储存有效面积,具体方法有采用密集型货架、采用可进车的可卸式货架、采用各种贯通式货架、采用不依靠通道的桥式吊车装卸技术等。

---

① 夏春玉. 现代物流概论[M]. 北京:首都经贸大学出版社,2003.

（4）建立有效的储存定位系统

储存定位的含义是储存物资位置的确定。如果定位系统有效,能大大节约寻找、存放、取出货物的时间,节约不少物化劳动及活劳动,而且能防止差错,便于清点及进行订货点等的管理。储存定位系统可采取先进的计算机管理方式,也可采取一般人工管理方式。行之有效的方式主要有:"四号定位"方式和电子计算机定位系统。"四号定位"方式主要是通过序号、架号、层号、位号这四位数字来确定存取位置的固定货位方法。采用这种方式,每一个货位都有一个组号,在物资入库时,按规划要求,对物资编号,记录在账卡上,提货时按四位数字的指示,很容易将货物拣选出来,有利于提高速度,减少差错。电子计算机定位系统,是利用电子计算机储存容量大、检索迅速的优势,在入库时,将存放货位输入计算机,出库时向计算机发出指令,并按计算机的指示人工或自动寻址,找到存放货进行拣选取货的方式。这种方式有利于提高仓库的储存能力。

（5）采取有效的监测清点方式

对储存物资数量和质量的监测是科学库存控制的重要方面。在实际工作中稍有差错,就会使账物不符,所以,必须及时、准确地掌握实际储存情况,经常与账卡核对。此外,经常的监测还有助于及时掌握物资的质量状况,如果库存商品质量发生变化,而不能及时发现并采取有效措施予以补救,就会造成重大损失。因此,对储存商品的质量情况,应进行定期或不定期的检查。

（6）运用现代储存养护技术

利用现代储存养护技术是储存合理化的重要方面。储存养护技术主要包括以下几种。

① 气幕隔潮。一般仓库打开库门作业时,自然会形成空气交换的通道,由于作业的频繁,室外的潮湿空气会很快进入库内。在库门上方安装鼓风设施,使之在门口处形成一道气流,由于这道气流有较高压力和流速,在门口便形成了一道气墙,可有效阻止库内外空气交换,防止湿气侵入,而不能阻止人和设备出入。气幕还可起到保持室内温度的隔热作用。

② 气调储存。气调储存主要是在储存过程中,通过调节和改变环境空气成分,抑制物资的化学变化和生物变化,抑制害虫生存及微生物活动,从而达到保持其质量的目的。气调方法对于有新陈代谢作用的水果、蔬菜、粮食等物品的长期保质、保鲜储存十分有效。此外,对防止生产资料在储存期的有害化学反应也很有效。一般来说,气调储存可以有多种选择方法,如可以在密封环境中更换调配好的气体,或充入某种成分的气体,或除去或降低某种成分的气体等。

③ 塑料薄膜封闭。塑料薄膜能隔水隔潮,用塑料薄膜封垛、封袋、封箱,可有效地造就封闭小环境,阻隔内外空气交换,完全隔绝水分。用这个办法可以对水泥、化工产品、钢材等做防水封装,以防变质和锈蚀;热缩性塑料薄膜在对托盘货物封装后再经热缩处理,则可基本排除封闭体内部的空气,塑料膜缩贴到被封装物上,不但可以有效与外部环境隔绝,而且还可起到紧固作用,防止塌垛、散垛。

(7) 采用集装箱、集装袋、托盘等组合化储运方式

集装箱等集装设施的出现,也给储存带来了新观念,集装箱本身便是一个大仓库,不需要再有传统意义的库房,在物流过程中,自然也就省去了入库、验收、清点、堆垛、保管、出库等一系列储存作业,因而运用集装箱、集装袋、托盘等储运一体化的方式,对改变传统储存作业有很重要意义,是储存合理化的一种有效方式。

4.4 装卸搬运

4.4.1 装卸搬运的概念

国标(GB/T 4122.1-1996)对装卸(loading and unloading)的定义为:物品在指定地点以人力或机械装入运输设备或卸下;搬运(handing/carrying)在同一场所内,对物品进行水平移动为主的物流作业。换句话说就是:在同一地域范围内(如车站范围、工厂范围、仓库内部等)以改变"物"的存放、支承状态的活动称为装卸,以改变"物"的空间位置的活动称为搬运。

装卸与搬运虽是两个不同的活动,在实际操作中,两者是密不可分的,总是伴随在一起发生。装卸是以搬运为目的,搬运是以装卸为起始点。因此,在物流领域中并不过分强调两者的差别而是作为一种活动来对待。在习惯使用中,物流领域(如铁路运输)常将装卸搬运这一整体活动称做"货物装卸";在生产领域中常将这一整体活动称做"物料搬运"。实际上,活动内容都是一样的,只是领域不同而已。

搬运的"运"与运输的"运",区别之处在于,搬运是在同一地域的小范围内发生的,而运输则是在较大范围内发生的,两者是量变到质变的关系,中间并无一个绝对的界限。

4.4.2 装卸搬运的作用

在物流过程中,装卸搬运活动是不断出现和反复进行的,装卸搬运的基本活动包括装车(船)、卸车(船)、堆垛、入库、出库以及连接上述各项活动的短程输送,装卸搬运是随运输和储存等活动而产生的必要活动。

装卸搬运的作用表现在如下四个方面。

(1) 装卸搬运是物流各阶段之间相互转换的桥梁。物流的各功能要素的前后,都必须进行装卸搬运作业。如运输过程结束,货物要进入仓库之前,必须有装卸搬运作业。正是装卸搬运把物的运动的各个阶段连接成为连续的"流",使物流的概念名实相符。装卸搬运出现的频率高于其他各项物流活动,而且不被人所重视,花费的时间长,所以往往成

为决定物流速度的关键。

（2）装卸搬运连接各种不同的运输方式，使多式联运得以实现。以我国为例，铁路运输的始发和到达的装卸作业费大致占运费的 20% 左右，船运占 40% 左右。通常经联合运输的货物，要经过 4 次以上的装卸搬运与换装（多则经过十几次）。因此，为了降低物流费用，装卸搬运是个重要环节。

（3）在许多生产领域和流通领域中，装卸搬运已经成为生产过程的重要组成部分和保障系统。如采掘业的生产过程，实质上就是装卸搬运；在加工业和流通业，装卸搬运是生产工艺过程中不可缺少的组成部分。据调查资料，我国机械工厂生产用于装卸搬运的成本为加工成本的 15%。

（4）进行卸操作时往往需要接触货物，因此，这是在物流过程中造成货物破损、散失、损耗、混合等损失的主要环节。例如，袋装水泥纸袋破损和水泥散失主要发生在装卸过程中，玻璃、机械、器皿、煤炭等产品在装卸时最容易造成损失。

由此可见，装卸活动是影响物流效率、决定物流技术经济效果的重要环节。

做好装卸搬运工作的重要意义在于：①加速车船周转，提高港、站、库的利用效率；②加快货物流转，减少流动资金占用；③减少货物破损，减少各种事故的发生。总之，改善装卸搬运作业能显著提高物流经济效益和社会效益[①]。

4.4.3 装卸搬运的特点

1. 装卸搬运是附属性、伴生性的活动

装卸搬运是物流每一项活动开始及结束时必然发生的活动，常被看做其他活动不可缺少的组成部分，因而有时常被人忽视。例如，配送过程中，实际包含了相应的装卸搬运，配送前将货物装车，送达目的地后的卸车；仓储活动中也含有装卸搬运活动。

2. 装卸搬运是支持、保障性活动

装卸搬运会影响其他物流活动的质量和速度，所以装卸搬运活动为其他物流活动顺利进行起到有效的支持和保障作用。例如，装车不当，会引起运输过程中因车辆晃动而造成的物品的塌垛、碰撞、损坏，增加运输成本；卸放不当，会引起货物转换到下一步活动的困难。许多物流活动在有效的装卸搬运支持下，才能实现高水平、高效率。

3. 装卸搬运是衔接性的活动

在任何其他物流活动互相过渡时，都是以装卸搬运来衔接。前文已述，装卸搬运是物

---

① 叶怀珍. 现代物流学[M]. 北京：高等教育出版社，2003.

流各阶段之间相互转换的桥梁。因而，装卸搬运往往成为整个物流的"瓶颈"，是物流各功能之间能否形成有机联系和紧密衔接的关键，而这又是一个系统的关键。建立一个有效的物流系统，关键是看联合运输方式之间的衔接是否有效。

4.4.4 装卸搬运的分类

装卸搬运因分类依据的不同有多种分类方式，如：
（1）按装卸搬运发生的地点分类，可分为仓库装卸、场站装卸、港口装卸、厂内装卸等。
（2）按装卸搬运的机械及机械作业方式分类，可分成使用吊车的"吊上吊下"方式，使用半挂车或叉车的"滚上滚下"方式，也被称为"垂直装卸"和"水平装卸"。
（3）按装卸搬运对象分类，可分成散装货物装卸、单件货物装卸、集装货物装卸等。
（4）按装卸搬运的作业特点，可分成连续装卸与间歇装卸两类。

4.4.5 装卸搬运的合理化措施

在装卸搬运作业过程中，因为包装不当、储存方式及地点不合适、装卸搬运设备选择错误等原因所造成的搬运次数增加、搬运距离延长、工人劳动强度大、作业时间长等都属于不合理的装卸搬运，可以采取以下措施提高装卸搬运效率，降低装卸搬运成本。

1. 防止无效装卸

无效装卸的含义是消耗于有用货物必要装卸劳动之外的多余装卸劳动。一般装卸操作中，无效装卸具体反映在以下几方面。
（1）过多的装卸次数。物流过程中，货损发生的主要环节是装卸环节，而在整个物流过程中，装卸作业发生的频数超过任何其他活动，所以，过多的装卸次数必然导致损失的增加。从发生的费用来看，每次装卸搬运都要占用人力、物力、设施设备，因此，每增加一次装卸，费用就会有较大比例的增加。此外，装卸搬运又会消耗一定的时间，大大延缓整个物流的速度。
（2）包装过大的装卸。包装过大过重，在反复的装卸活动中必定消耗较大的劳动，增加工人的工作强度，这一消耗不是必须的，因而形成无效劳动。
（3）无效物质的装卸。进入物流过程的货物，有时混杂着对用户来讲没有使用价值的各种掺杂物，如煤炭中的矸石、矿石中的表面水分、石灰中的未烧熟石灰及过烧石灰等在反复装卸时，实际是对这些无效物质反复消耗劳动，因而形成无效装卸。
由此可见，装卸搬运如能防止上述无效装卸，则大大节约装卸劳动，使装卸合理化。

2. 充分利用重力和消除重力影响，进行少消耗的装卸

在装卸时考虑重力因素，可以利用货物本身的重量，进行有一定落差的装卸，以减少或根本不消耗装卸的动力，这是合理化装卸的重要方式。例如，从卡车、铁路货车卸物时，利用卡车与地面或小搬运车之间的高度差，使用溜槽、溜板、滚轮之类的简单工具，可以依靠货物本身重量，从高处自动滑到低处，这就无须消耗动力，不必增加大型装卸搬运设备，减少投资。利用重力进行无动力消耗的装卸显然是合理的。

3. 提高"物"的装卸搬运活性和装卸搬运速度

装卸搬运活性的含义是，从物的静止状态转变为装卸搬运运动状态的难易程度。如果很容易转变为下一步的装卸搬运而不需过多做装卸搬运前的准备工作，则活性就高；如果难以转变为下一步的装卸搬运，则活性低。

为了对活性有所区别，并能有计划地提出活性要求，使每一步装卸搬运都能按一定活性要求进行操作，对于不同放置状态的货物作了不同的活性规定，这就是"活性指数"。活性指数分为0～4共5个等级，如表4-2所示。

表4-2 装卸搬运活性指数

放置状态	需要进行的作业				活性指数
	整理	支架	提起	拖运	
散放在地上	√	√	√	√	0
至于容器中或已捆扎	0	√	√	√	1
集装化	0	0	√	√	2
无动力车	0	0	0	√	3
动力车或传送带	0	0	0	0	4

散乱堆放在地面上的货物，进行下一步装卸必须要进行包装或打捆，或者只能一件件操作处置，因而不能立即实现装卸或装卸速度很慢，这种全无预先处置的散堆状态，定为"0"级活性。

将货物包装好或捆扎好然后放置于地面，在下一步装卸时可直接对整体货件进行操作，因而活性有所提高，但操作时需支起、穿绳、挂索，或支垫入叉，因而装卸搬运前预操作要占用时间，不能取得很快的装卸搬运速度，活性仍然不高，定为"1"级活性。

将货物形成集装箱或托盘的集装状态，或对已组合成捆、堆或捆扎好的货物，进行预垫或预挂，装卸机具能立刻起吊或入叉，活性有所提高，定为"2"级活性。

将货物预置在搬运车、台车或其他可移动挂车上，能随时将车、货拖走，定为"3"级。

如果货物就预置在动力车辆或传送带上，即刻进入运动状态，而不需做任何预先准

备,活性最高,定为"4"级。

由于装卸搬运是在物流过程中反复进行的活动,每次装卸搬运的时间缩短,多次装卸搬运的累计效果则十分可观。因此,提高装卸搬运活性指数对合理化是很重要的因素。

4. 装卸作业的机械化

在整个物流过程中,装卸是实现机械化较为困难的环节,装卸与其他物流环节相比机械化水平较低,在我国依靠人工的装卸活动还占有很大的比例。

机械化程度一般可分为四个阶段。第一阶段是没有任何装卸搬运工具,完全依靠人力;第二阶段用简单的装卸搬运工具的阶段,如手推车、台车等;第三阶段是使用专用高效的装卸设备阶段,如叉车、起重机等;第四阶段是依靠电子计算机实现全自动化阶段,如巷道式堆垛机、自动导引搬运车。以哪个阶段为目标实现装卸作业的机械化,涉及经济条件、生产力发展、社会的需要等许多方面的问题,选择合适的装卸搬运机械,首先要考虑到经济上的合理性。

5. 推广组合化装卸

在装卸作业过程中,根据不同物资的种类、性质、形状、重量的不同来确定不同的装卸作业方式。在物资装卸中,处理物资装卸方法有三种形式:普通包装的物资逐个进行装卸,叫做"分块处理";将颗粒状物资不加包装而直接装卸,叫做"散装处理";将物资以托盘、集装箱、集装袋为单位进行组合后进行装卸,叫做"集装处理"。对于包装的物资,尽可能进行"集装处理",实现单元组合化装卸,既可以减少装卸次数,又可以充分利用机械进行操作。组合化装卸具有很多优点:①装卸单位大、作业效率高,可大量节约装卸作业时间。②能提高物资装卸搬运的灵活性。③操作单位大小一致,易于实现标准化。④不直接触及各种物资,可达到减少货损的效果。

4.5 包 装

4.5.1 包装的概念及其作用

在生产制造企业,包装是生产过程的最后一道工序,被天经地义地看成生产的终点。因而一直被认为是生产领域的活动。而现代物流理论认为,包装与物流的关系,比之与生产的关系要密切得多,可以说,包装是物流的起点。因此,在物流系统中,应重视包装所起的作用。

在我国国家标准《包装通用术语》(GB/T 4122.1-1996)中对包装明确定义为"所谓包

装(package/packaging)是指在流通过程中保护产品、方便储存、促进销售,按一定技术方法而采用的容器、材料及辅助物等的总体名称。"包括为了达到上述目的而进行的操作活动。所以对包装的理解,不仅包括包装物或包装容器,还包括对物品包装的过程。

对物品进行包装,可以起到以下作用。

1. 保护功能

包装的保护功能,即保护物品不受损伤的功能。它体现了包装的主要目的。具体表现为:

(1) 防止物资的破损变形。物资必须能承受在装卸、运输、保管等过程中的各种冲击、震动、颠簸、摩擦等外力的作用,包装物具有一定的强度,形成对物资的防护。

(2) 防止物资发生化学变化。为防止物资受潮、发霉、变质、生锈等化学变化,物资包装必须能在一定程度上起到阻隔水分、光线以及空气中各种有害气体的作用,避免外界不良因素的影响。

(3) 防止有害生物对物资的影响。鼠、虫及其他有害生物对物资有很大的破坏性,包装封闭不严,会给细菌、虫类造成侵入之机,导致变质、腐败,特别是对食品危害性更大。

(4) 防止异物混入,污物污染,丢失、散失。

2. 方便功能

物资包装具有方便流通、方便消费的功能。在物流的全过程中,合理的包装会提供巨大的方便,从而提高了物流的效果。物资包装的方便功能可体现在以下几个方面。

(1) 方便物资的储存。从搬运、装卸角度上看,物资出、入库时,在包装的规格尺寸、重量、形态上适合仓库内的作业,为仓库提供了搬运、装卸的方便;从物资保管角度上看,物资的包装为保管工作提供了方便条件,便于维护物资本身的原有使用价值。包装物的各种标志,使仓库的管理者易于识别,易于存取,易于盘点,有特殊要求的物资易于引起注意;从物资的验收角度上看,易于开包,便于重新打包的包装方式为验收提供了方便性。

(2) 方便物资的装卸。物资经适当的包装后对装卸作业提供了方便。物资的包装便于各种装卸、搬运机械的使用,有利于提高装卸、搬运机械的效率。包装的规格尺寸标准化后为集合包装提供了条件,从而能极大地提高装载效率。

(3) 方便运输。包装的规格、形状、重量等与货物运输关系密切。包装尺寸与运输车辆、船、飞机等运输工具箱、仓容积的吻合性,方便了运输,提高了运输效率,降低了运输过程中的货损。

3. 销售功能

销售功能是促进物资销售的包装功能。在商业交易中促进物资销售的手段很多,其中包装的装潢设计占有重要地位。优美的包装能唤起人们的购买欲望。包装的外部形态是商品很好的宣传,对顾客的购买起着刺激的作用。

4. 信息传递的功能

信息通常包括制造厂、商品名称、商品属性与功能、通用的商品代码等文字或图案,外在的包装物是信息的载体。顾客在购买过程中可以了解商品的属性,在物流过程中,操作人员应能从各个方面、在合适的距离看到包装标志,利用包装上的信息来识别商品,并采取合理有效的操作方法。

综上所述,包装各项功能均与物流和商流有着密切的关系,改进包装的不合理性,发挥包装的作用,是促进物流合理化的重要方面,是日益被人们重视的一个十分重要的领域。

4.5.2 包装的分类

按不同的分类方法,可以将包装分为以下几类。

(1) 按包装在流通中的作用划分,包装可分为商业包装和运输包装。商业包装是以促进销售为目的的包装,又称零售包装或消费者包装,其特点是外形美观,包装单位适于顾客的购买量,适于柜台陈列。运输包装是以保护储运过程中的商品为目的的包装,既要达到保护商品的目的,又要尽量降低包装费用。

(2) 按包装的通用性划分,包装可分为专用包装和通用包装。专用包装是根据被包装对象的特点专门设计、专门制造,只适于某种专门产品的包装,如水泥袋、蛋糕盒、可口可乐瓶等。通用包装是根据标准系列尺寸制造的包装容器,用以包装各种无特殊要求的产品。

(3) 按照包装在不同层次的保护作用,包装可以分为个包装、内包装和外包装三种。个包装是交到使用者手中的最小包装,是包装的最小单位,主要也是为了便于销售的目的。内包装是将一定数量的个包装物品归并为一个较大的单位而进行的包装,其目的一方面是促进销售;另一方面也对物品起到保护的作用。外包装是指从运输作业角度考虑,为起到保护物品和方便运输的目的,而将物品置于箱、袋等容器之中,并且根据需要对容器有缓冲防震、固定、防温、防水的技术措施要求。

(4) 按照包装的硬度划分,包装可分为硬包装、半硬包装和软包装。硬包装的包装材料质地坚硬,能承受较大强度的挤压,如木箱、铁箱;半硬包装的包装材料能承受一定程度的挤压,如纸箱等;软包装的包装材料是软质的,受压后会变形,如塑料袋、布袋等。

此外,按包装容器结构形式划分,可分为固定式包装和可拆卸折叠式包装;按包装容器的使用次数划分,可分为一次性包装和周转性包装;按包装形状分类,可分为包装袋、包装盒、包装箱、玻璃罐和包装瓶等。

4.5.3 各种包装材料的特点

包装材料是包装的物质基础,常用的材料有纸、金属、木材、玻璃和复合材料等,每种材料都有各自的优缺点,在包装过程中,应当综合考虑物资的重量、大小、形状、特性及物流需求等要素选择合适的包装材料。

(1) 纸和纸板。在所有包装材料中,纸的应用最广泛,品种最多,消耗量也最大。特别是在运输包装、销售包装方面,纸类包装占全部包装材料的比例极大。

纸和纸板作为包装材料具有独特的优点:价格低、重量轻,可降低包装成本及节省运输费用;纸的质地细腻、均匀、柔软,具有耐磨性,并有一定的强度,容易黏合和印刷,不受温度的影响;容易实现自动化、机械化的包装生产;无味、无毒,纸类包装材料用后极易处理和回收。

(2) 塑料。塑料已成为目前使用很广泛的一种包装材料,常用的塑料品种有聚乙烯、聚丙烯、聚偏二氯乙烯、聚苯乙烯等。

塑料具有许多优良特性,如气密性好、易于成形和封口、防潮、防渗漏、防挥发、透明度高、化学性能稳定、耐酸碱、耐腐蚀等,但是塑料包装也有其缺点,由于塑料由树脂或添加剂组成,在光热等外界条件下,容易分解出有害物质,会污染内装物品;另外由于塑料回收后难于处理,难于分解,有些焚烧后会产生有害气体,对环境造成污染。

(3) 木材。木材包装是指以木板、胶合板、纤维板为原料制成的包装材料。常用的木材包装材料有框架箱、栅栏箱或木条胶合板箱等。

由于木材成长期长,大量砍伐树木容易造成水土流失,破坏生态平衡,而环保组织也要求企业尽量减少木质包装材料,因此许多包装领域已用纸和塑料替代。但因木材具有良好的包装特性,可以就地取材,易于拆装,重量较轻,在重物包装以及出口物品等方面还有使用。但木材易吸水受潮,容易变形,属一次性包装材料,无法多次使用。

(4) 金属。常用的金属材料有铝及铝合金、铁和不锈钢等,金属材料容易压制成各种形状,用于物品包装的材料,通常有各种食品罐、饮料罐、集装箱等。金属材料抗压性强,密封性好,但易腐蚀生锈且自重大。

目前世界金属包装中用量最大的是马口铁和金属箔两大品种。马口铁是表面镀有锡层的薄钢板,具有坚固、抗腐蚀、易于进行机械加工、表面容易进行涂饰和印刷等优点,尤其用马口铁所制作的容器具有防水、防潮、防污染等优点。金属箔是把金属压延成很薄的薄片,多用于食品包装,如糖、肉类、奶油、乳制品的包装等。

(5) 玻璃。玻璃具有耐风化、不变形、耐热、耐酸、耐磨等优点,尤其适合各种液体物品的包装。玻璃制作的包装容器,容易洗刷、清毒、灭菌,能保持良好的清洁状态。同时,它们可以回收复用,有利于降低包装成本。然而,玻璃最大的弱点是在超过一定冲击力的作用下容易破碎,自重大,运输成本较高。

(6) 复合包装材料。将两种或两种以上具有不同特性的材料复合在一起的包装材料,其特点是可以改进单一包装材料的性能,发挥包装材料更多的优点。常见的复合材料有三四十种,使用最广泛的是塑料与玻璃纸复合,金属箔与塑料复合,金属箔、塑料与玻璃纸复合,纸张与塑料复合等。

生活中最常见的一种复合材料——利乐包,利乐包装是由纸、铝、塑料组成的六层复合包装,能够隔绝空气、光线和细菌等导致牛奶变质的因素,因此牛奶可以在常温下存放,而且保质期较长,利乐枕达到45天,利乐砖则达到6~9个月。

4.5.4 包装合理化

包装合理化是物流合理化的组成部分,从现代物流观点看,包装合理化一方面要考虑包装材料、包装技术、包装方式的合理组合及运用,降低包装成本;另一方面要在整个物流系统合理化的前提下,用整体物流效益与微观包装效益的统一来衡量,使包装与装卸搬运、运输、仓储等其他物流活动相协调,降低整个物流系统的成本。包装合理化的途径如下。

1. 包装轻薄化

由于包装只是起保护作用,对产品使用价值没有任何意义,因此在强度、寿命、成本相同的条件下,更轻、更薄、更短、更小的包装,可以提高装卸搬运的效率。而且,轻薄短小的包装一般价格比较便宜,如果是一次性包装,也可以减少废弃包装材料的数量。

2. 包装标准化

确定包装基础尺寸的标准,即包装标准化。包装以相应的标准的模数为基础,各种进入流通领域的产品都按照模数规定的尺寸包装。标准化包装利于各种包装的集合,利于集装箱及托盘装箱、装盘。包装标准化还应与仓库设施、运输设施尺寸模数统一化,以利于运输保管,提高作业效率。

3. 包装机械化

过去包装主要依靠人力作业,进入大量生产、大量消费时代以后,包装机械化也就应运而生。包装机械化是指对装箱、封口、捆扎等外包装作业的机械化操作。包装机械化对于提高作业效率和包装现代化水平起着重要的作用,因此不断开发新型的包装机械是包装合理化的重要途径之一。

4. 防止包装不足或包装过剩

由于包装强度不足、包装材料不足等因素所造成的商品在流通过程中的损耗不可低估。而包装强度设计过高,保护材料选择不当造成的包装过剩也会造成严重损失。据日本调查显示,发达国家包装过剩约在20%以上。我国企业在传统节日中秋节,对月饼的包装,也存在过度包装的现象,2006年国家有关部门已制定了相应的法律法规对此进行约束。

5. 包装绿色化

绿色包装是指无害、少污染的符合环保要求的各类包装物品,应符合"3R1D"标准,即减量化(reduce)、重复使用(reuse)、再循环(recycle)、可降解(degradable)。也就是说,绿色包装应符合节省材料、资源和能源,废弃物可降解,不致污染环境,对人体健康无害等方面要求,绿色包装是包装合理化的发展主流。

6. 包装组合化

包装组合化和集装化十分有利于物流系统在装卸、搬运、保管等过程的机械化,有利于加快这些环节的作业速度,从而加快全物流过程的速度,有利于减少单位包装,节约包装材料费用,还有利于保护货物。可以认为,为实现物流过程的机械化、自动化,提高物流效率,包装的组合化和集装化是不可少的。

4.6 流通加工

4.6.1 流通加工的概念

流通加工是物流中具有一定特殊意义的物流形式。一般来说,生产是通过改变物的形式和性质而创造产品的价值和使用价值,而流通则是保持物资的原有形式和性质,以完成其所有权的转移和空间形式的位移。但是为了提高物流速度和物资的利用率,在物资进入流通领域后,还需按用户的要求进行一定的加工活动,即流通加工。

我国GB定义:流通加工(distribution processing)是物品在从生产地到使用地的过程中,根据需要施加包装、分割、计量、分拣、组装、价格贴付、商品检验等简单作业的总称。流通加工是在物品从生产领域向消费领域流动的过程中为了促进销售、维护产品质量和提高物流效率,对物品进行加工,使物品发生物理、化学或形状的变化。

流通加工和一般的生产加工不同,虽然二者在加工方法、加工组织、生产管理方面并无显著区别,但在加工对象、加工程度方面差别较大,其差别如表 4-3 所示。

表 4-3 流通加工和生产加工的区别

项 目	生 产 加 工	流 通 加 工
加工对象	零部件、原材料、半成品等	进入流通过程的产品
加工程度	复杂的生产加工过程	简单加工,是生产加工的一种辅助及补充
加工目的	创造产品的价值及使用价值	完善产品的使用价值,并不在于提高其价值
加工的组织者	生产制造企业	商业或物资流通企业

4.6.2 流通加工的作用

流通加工的作用有以下几方面。

1. 提高原材料的利用率

利用流通加工环节进行集中下料,可将生产厂直接运来的较大规格的产品,按使用部门的要求下料。如钢板、玻璃、木材等均可进行集中下料,这样可以优材优用、小材大用、合理套裁,减少边角余料,节约材料,降低使用部门的成本,取得很好的技术经济效果。北京、济南、丹东等城市对平板玻璃进行流通加工(集中裁制、开片供应),玻璃利用率从 60% 左右提高到 85%～95%。

2. 进行初级加工,方便用户

对某种物料需求量小或临时需要的使用单位,缺乏进行高效率初级加工的能力,依靠流通加工可使使用单位不必进行初级加工的设备的投资,减少了工序,缩短了生产周期,降低生产成本。

3. 提高加工效率及设备利用率

建立集中加工点,可以采用效率高、技术先进、加工量大的专门机具和设备,这样做可提高加工质量,提高加工效率,从而降低加工费用及原材料成本。例如,一般的使用部门在对钢板下料时,采用气割的方法,留出较大的加工余量,出材率低,加工质量也不好。集中加工后,利用高效率的剪切设备,在一定程度上克服了上述缺点。同时,流通加工面向全社会,加工的数量,加工对象的范围都得到大幅度的提高,所以设备的利用率将大大提高。

4. 充分发挥各种输送方式的优势

流通加工环节将实物的流通分成两个阶段。一般说来,从生产厂到流通加工点这段输送距离长,而从流通加工点到消费环节这段距离短。第一阶段是在数量有限的生产厂与流通加工点之间进行定点、直达、大批量的远距离输送,因此,可以采用船舶、火车等大量输送的手段;第二阶段则是利用汽车和其他小型车辆来输送经过流通加工后的多规格、小批量、多用户的产品。这样可以充分发挥各种运输方式的优势,加快运输速度,节省运力运费。

5. 提高产品的附加值,创造收益

在流通过程中可以进行一些简单加工,增加产品的附加值,提高经济效益。例如,内地的许多制成品(如洋娃娃、玩具、时装、轻工纺织产品、工艺美术品等)在深圳进行简单的装潢加工,改变了产品外观,仅此一项,就可使产品售价提高 20% 以上。所以,在物流领域中,这种高附加值的形成,主要着眼于满足用户的需要,提高服务功能而取得的,是一种低投入、高产出的加工形式。

4.6.3 流通加工的分类

流通加工由于具有不同的目的和作用,因而流通加工可分为以下类型。

1. 为提高产品利用率的流通加工

利用在流通领域的集中加工代替分散在各使用部门的分别加工,可以大大地提高物资的利用率,有明显的经济效益。集中加工形式可以减少原材料的消耗,提高加工质量。同时,对于加工后的副产品尚可使其得到充分的利用。例如,钢板、木材的集中下料,可充分进行合理的搭配套裁,减少边角余料,从而达到加工效率高,加工成本低的目的。

2. 适应多样化需求的流通加工

生产部门的高效率、大批量生产往往不能完全满足客户多样化的需求。例如,钢铁厂只能按照标准规格进行大规模生产,以保证产品有较强的通用性,为了满足客户对产品多样化的需求,同时又保证社会高效率的大生产,将生产出来的单调产品进行多样化的改制加工,是流通加工中一种重要的加工形式。例如,对钢材卷板的舒展、剪切加工,平板玻璃按需要规格的开片加工,木材改制成枕木、方材、板材等加工。

3. 以保存产品为主要目的的流通加工

这种流通加工形式的目的是使产品的使用价值得到妥善的保存,使产品使用价值能顺利实现。如水产品、蛋产品、肉产品等要求的保鲜、保质的冷冻加工、防腐加工、保鲜加工等,丝、麻、棉织品的防虫、防霉加工,防止材料的生锈而进行的喷漆、涂防锈油等措施。

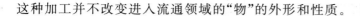

这种加工并不改变进入流通领域的"物"的外形和性质。

4. 提高物流效率的流通加工

很多产品由于本身固有的形态使其难以进行物流操作,这就需要进行适当的流通加工来弥补。如鲜鱼装卸、储存操作的困难,自行车的销售,过大设备搬运、装卸的困难,气体物运输、装卸的困难等等,通过适当的流通加工,如鲜鱼冷冻、过大设备解体、气体液化等可以使物流各环节易于操作,提高物流效率。这类加工往往改变"物"的物理状态,但并不改变其化学性质,并最终仍能恢复其原物理状态。

5. 促进销售的流通加工

这种加工是不改变"物"的本体,只进行简单改装的加工,起到促进销售的作用。比如,超市里的货柜摆放的各类洗净的蔬菜、水果、肉卷、鸡翅、香肠、咸菜等无一不是流通加工的产物。这些商品在摆进货柜之前,已经由许多人进行了加工作业,包括分类、清洗、贴商标和条形码、包装、装袋等多种作业工序。这种加工形式保护了商品质量,增加了商品的附加价值,以起到吸引消费者、引导消费的作用。

6. 衔接不同运输的流通加工

在干线运输或支线运输的结点处,设置流通加工环节,可以有效解决干线运输与末端运输之间的衔接等问题,既可以在流通加工点与大生产企业之间形成大配送,也可在流通加工点将运输包装转换为销售包装,从而有效衔接不同目的的运输方式。

4.6.4 流通加工合理化

流通加工合理化的含义是实现流通加工的最优配置,不仅要避免各种不合理现象,而且应该使流通加工确有存在的价值并达到最优选择。为避免流通加工过程中的各种不合理现象,对是否设置流通加工环节,在什么地点设置,选择什么类型的流通加工,采用什么样的技术装备设施等,都需要作出正确抉择。目前,国内在进行流通加工合理化的考虑中已积累了一些经验,取得了一定成果。具体来看,流通加工合理化的途径包括以下几个方面。

1. 流通加工与配送相结合

这是将流通加工设置在配送点中,一方面在配送之前,按顾客需要进行必要加工,可使配送服务水平大大提高;另一方面流通加工本身又是配送业务流程中分货、拣货、配货的一环,这就不需要单独设置一个流通加工的车间,而使流通加工与中转流通巧妙结合在一起。这是流通加工合理化的重要途径之一,在煤炭、水泥等产品的流通中已表现出较大的优势。

2. 流通加工与配套相结合

在对配套要求较高的流通中,配套的主体为各个生产单位,流通企业(如配送中心)对各种零部件预先进行适当的组装,再送至总装厂,可以有效促成配套,大大提高流通效率。

3. 流通加工与合理运输结合

流通加工能有效衔接干线运输与支线运输,促进两种运输形式的合理化。一般来说,在支线运输和干线运输的转接过程中,按干线或支线运输合理的要求进行适当的流通加工,从而大大提高运输效率及运输转载水平。如前面所说的在销售地区按零售的要求进行新的包装,即大包装改小,散装改小包装,运输包装改销售包装,这种方式称为分装加工。

4. 流通加工与合理商流相结合

通过流通加工有效促进销售,使商流合理化,也是流通加工合理化的方向之一。简单地改变包装,方便购买,或者通过组装加工解除用户使用前进行组装、调试的麻烦,都可以有效地促进商流。

5. 流通加工与节约相结合

节约能源、节约设备、节约人力、节约消耗是流通加工合理化过程中需要考虑的四个重要因素。目前应用比较广泛的流通加工大多也是以此为目的。

对于流通加工合理化的最终判断,要看其是否最终实现了社会效益与企业效益的最优化。对流通加工企业而言,如果片面追求企业微观效益,不适当地进行加工,不但不会起到提高物流效率,降低物流成本的作用,反而会影响生产企业和消费者的利益,造成更大的浪费,带来更多的损失。

4.7 配　　送

4.7.1 配送的概念及其特点

配送这一概念最早曾在日本广泛使用,含义是运送和交货,1985年日本发布的工业标准(JIS)对配送的权威性定义为:将货物从物流结点送交给收货人的交货行为。可以看出,当时对配送的理解着重于"送"的过程,因而过去往往将配送归于运输的范畴下。随着现代物流的发展,配送已成为现代物流的一个重要构成要素,并且在企业的物流系统中占有重要地位。现代物流中的配送也不仅仅局限于运送和交货,更不能将其等同于运输,而通过对定义的比较,我们可以将配送和送货、运输加以区别。

我国 GB 定义为:配送(distribution)指在经济合理区域范围内,根据用户要求,对物品进行拣选、加工、包装、分割、组配等作业,并按时送达指定地点的物流活动。

由上述定义描述可见,配送的实质是送货,但它不是简单地送货。从配送的实施过程上来看,配送包括两个方面的活动:"配"是对货物进行集中、拣选、包装、加工、分割、组配等作业;"送"是按时将货物送达指定地点或用户手中。可见,现代意义上的配送不同于一般性的送货,配送更强调的是满足客户需要的"配"的过程,而送货只是配送的最后一个环节,通过"配"和"送"的有机结合来低成本、高效率地满足用户的需求。

对于配送与运输的区别,我们可以根据下面两个定义来辨别。

1991 年版的日本《物流手册》对配送的表述为:从生产厂商到配送中心之间的物品空间移动叫"运输",从配送中心到顾客之间的物品空间移动叫"配送"。

美国物流学者将配送描述成为:是将制成品交给顾客的运输,是物的组配过程,可以使顾客服务的时间和空间需求成为营销的一个整体组成部分……

所以我们可以说,运输包括供应、销售以及生产物流中各种方式的运输。配送是物流进入最终阶段,以配货、送货形式完成社会物流并最终实现资源配置的活动。配送是运输的一种特殊形式,专指短距离、小批量的末端运输。二者对比如表 4-4 所示。

表 4-4 运输与配送的区别

项 目	运 输	配 送
运输性质	干线运输	支线运输、末端运输
货物性质	包括原材料、产成品等少品种、大批量	主要是最终产品多品种、小批量
运输工具	大型货车或铁路/水路运输	小型货车
运输范围	据点之间货物运送	物流据点送交用户的货物运送
附属功能	装卸、捆包	装卸、保管、包装、分拣、流通加工、订单处理等

通过上面的论述,可以看出配送有以下几个特点:

(1) 配送是从物流据点至用户的一种特殊送货形式。在整个输送过程中是处于"二次输送"、"支线输送"、"末端输送"的位置,配送是"中转"型送货,其起止点是物流据点至用户,通常是短距离的货物移动。

(2) 配送是由物流据点完成的。物流据点可以是配送中心、仓库,也可以是商店,用户需要什么配送什么,而不是生产企业生产什么送什么。

(3) 配送不是单纯的运输或送货,而是运输与其他活动共同构成的组合体。配送是流通加工、整理、拣选、分类、配货、配装、末端运输等一系列活动的集合。

(4) 配送是以供给者送货到用户的服务性供应。从服务方式来讲,是一种"门到门"的服务,可以将货物从物流据点直接送到用户的仓库、营业所、车间乃至生产线的起点或个体消费者手中。

(5) 配送是在全面配货基础上,完全按用户对物资配送的要求包括数量、品种、规格、供货周期、供货时间等进行的运送。因此,除了"送"的活动,还要从事大量分货、配货、配装等工作,是"配"和"送"的有机结合。

4.7.2 配送的分类

按照不同的分类标准,配送有多种不同的类型。

1. 按照配送主体不同分类

(1) 配送中心配送。配送中心配送是指由配送中心作为组织者发起的配送。一般来讲,配送中心的设施、设备比较齐全,经营规模也比较大,组织的专业化、现代化程度比较高。目前在发达国家,配送中心配送已经成为货物配送的主要形式,其发展代表了未来配送发展的方向,在现代物流中发挥了关键作用。

(2) 仓库配送。仓库配送是一种以传统的仓库为据点而实施的配送形式,正如前面所述,这种形式的配送是仓库业者拓展其物流功能的结果。这种配送往往是针对原有设施进行技术改造来实现的,因此,同配送中心配送相比,其配送能力、经营规模和服务范围等相对要差一些。不过,很多配送中心是由传统的仓库转型发展而来的,所以,在物流体系发展起步阶段可以选择这种配送形式。

(3) 商店配送。商店配送是以商店为起点组织的配送活动,往往指一些从事销售活动的商店为自己或外部的零售网点进行商品配送,用以满足客户的零星需要。或者这种商店专门面向中小零售企业从事配送活动,即进行社会化的共同配送,在形式上代替了过去的批发市场的功能。

(4) 生产企业配送。这种配送是以生产企业成品库为起点开展的配送活动,其实施条件是生产企业产品的需求量较大,品种、规格和质量等要求相对稳定,同下游企业之间形成了协作配套关系。在此基础上,生产企业才有条件自行组织配送,并把其当作一种"利润源泉"开发方式。

2. 按照配送商品的种类和数量不同

(1) 单品种大批量配送。单品种大批量配送是指由于用户的需求是持续而大量的,单独一个品种或几个品种的货物就可以达到批量标准进行专业化配送,而不用同其他产品混装,如煤炭的配送。

(2) 多品种小批量配送。多品种小批量配送是一种高水平、高标准的配送活动,在这种配送方式下,要按照用户的要求,将所需要的各种物品或商品选好、配齐,少量而多次地运达客户指定的地点,如对连锁门店的商品配送。

(3) 配套配送。配套配送是按照生产企业或建设单位的要求,将其所需要的多种物资配备齐全后直接运送到生产厂或建设工地的一种配送形式,这种配送有利于生产企业集中精力促进生产和工程的进度,如外部协作企业向某企业进行的零部配送。

3. 按配送时间及数量分类

(1) 定时配送。定时配送是指按规定时间间隔进行配送,如数天或数小时一次等,每次配送的品种及数量可按计划执行,也可在配送之前以商定的联络方式(如电话、计算机等)通知配送品种及数量。这种方式由于时间固定,易于安排工作计划、易于计划使用车辆,对用户来讲,也易于安排接货力量(如人员、设备等)。但是,在要求配送数量变化较大时,也会使配送运力安排出现困难。

(2) 定量配送。定量配送指按规定的批量在一个指定的时间范围内进行配送。这种方式数量固定,备货工作较为简单,可以按托盘、集装箱及车辆的装载能力规定配送的定量,能有效利用托盘、集装箱等集装方式,也可做到整车配送,配送效率较高。由于时间不严格限定,可以将不同用户所需物品凑整后配送,运力利用也较好。对用户来讲,每次接货都处理同等数量的货物,有利于人力、物力的准备。

(3) 定时定量配送。定时定量配送是指按照规定配送时间和配送数量进行配送。它具有定时、定量两种方式的优点,但要求高,特殊性强,计划难度大,不利于用户的库存调节。

(4) 定时、定路线配送。定时、定路线配送指在规定的运行路线上制定到达时间表,按运行时间表进行配送。采用这种方式对配送中心来讲,有利于优化配送路线,安排车辆及驾驶人员,节省资源。对用户来讲,既可在一定路线、一定时间进行选择,又可合理计划安排接货力量。

(5) 即时配送。即时配送是指完全按用户要求的时间和数量及时地进行配送的方式。这种方式是以当天的任务为目标,在充分掌握了这一天需要配送的地点、需要量及种类的前提下,及时安排最优的配送路线并安排相应的配送车辆,实行配送。即时配送是配送企业快速反应能力的具体化,是配送企业能力的体现。

4. 按配送的组织形式(模式)不同分类

(1) 集中配送。集中配送是由专门从事配送业务的配送中心对多家用户开展的配送。配送中心规模大、专业性强,与用户可确定固定的配送关系,实行计划配送。集中配送的品种多、数量大，一次可同时对同一线路中几家用户进行配送，配送效益明显，这是配送的主要形式。

(2) 共同配送。这种配送有两种情况：一是中小生产企业之间分工合作实行共同配送，在同一行业或同一地区的中小型生产企业单独进行配送的运输量少、效率低的情况下，进行联合，实行共同配送。这种配送不仅可减少企业的配送费用，弥补配送能力薄弱的企业和地区，而且有利于缓和城市交通拥挤，提高配送车辆的利用率。另一种是几个中小型配送中心之间实行共同配送，这种情况是针对某一地区的用户，由于所需物资数量少，配送车辆利用率低等原因，几个配送企业将用户所需的物资集中起来，共同制订配送计划，实行共同配送。

(3) 分散配送。对小量、零星货物或临时需要的配送业务一般由商业销售网点进行。商业销售网点具有分布广，数量多，服务面宽等特点，比较适合开展对距离近，品种繁多而用量小的货物配送。

4.7.3 配送中心的定义及功能

配送中心(distribution center)是现代物流发展过程中的新鲜产物。目前，对配送中心的定义有各种不同的提法。

日本《市场用语词典》对配送中心的解释为："配送中心是一种物流结点，它不以贮藏仓库这种单一的形式出现，而是发挥配送职能的流通仓库，也称做基地、据点或流通中心。配送中心的目的是降低运输成本，减少销售机会的损失，为此建立设施、设备并开展经营、管理工作。"

《物流手册》对配送中心的定义是："配送中心是从供应者手中接收多种大量的货物，进行倒装、分类、保管、流通加工和情报处理等作业，然后按照众多需要者的订货要求备齐货物，以令人满意的服务水平进行配送的设施。"

在我国《物流术语》国标中配送中心的定义为："从事配送业务的物流场所或组织，应基本符合下列要求：主要为特定的用户服务；配送功能健全；完善的信息网络；辐射范围小；多品种、小批量；以配送为主，储存为辅。"

以上定义虽然不完全一致，但我们可以从上述定义中了解配送中心的基本概念和功能。

现代配送中心与普通的仓库和传统的批发、储运企业相比，已有实质的不同。它起到集配的作用，具有多种功能；它在服务内容上由商流、物流、信息流有机结合；在流通环节上是由一个中心完成流通全过程；在经销方式上实行代理制；在工商关系上形成长期、固定化的关系。

配送中心一般具有以下功能：

（1）集货功能。集货是配送的准备工作或基础工作，集货工作包括筹集货源、订货或购货、集货、进货及有关的质量检查、结算、交接等。配送的优势之一，就是可以集中用户的需求进行一定规模的集货，降低成本。

（2）储存功能。配送中心通过集货来实现对用户的配送要求，储存必不可少，但配送中心储存的主要目的是保证配送的要求，不同于一般仓库的储备，因此在满足配送周转的前提下力求储存的数量最少，存放时间越短越好，以提高设施的利用率。

（3）分拣功能。分拣及配货也就是按照客户的要求和货物流向，对货物进行分类、汇集的过程。分拣是配送不同于其他物流形式的有特点的功能要素，也是配送成败的一项重要支持性工作。分拣及配货是完善送货、支持送货准备性工作，是不同配送企业在送货时进行竞争和提高自身经济效益的必然延伸，是决定整个配送系统水平的关键要素。

（4）配装功能。在单个用户配送数量不能达到车辆的有效载运负荷时，就存在如何集中不同用户的配送货物，进行搭配装载以充分利用运能、运力的问题，这就需要配装。和一般送货不同之处在于，通过配装送货可以大大提高送货水平及降低送货成本。

（5）送货功能。送货是配送的最后一个环节，按照事先规划好的路线，将配好的货物按用户的要求送达指定地点，并有效地、方便地处理相关手续并完成结算。

（6）加工功能。在配送中心进行流通加工这一功能要素不具有普遍性，但确是有重要作用的功能要素。通过流通加工，可以大大提高用户的满意程度。

（7）信息职能。配送中心在干线物流与末端物流间起衔接作用，这种衔接不但靠实物的配送，也靠情报信息的衔接。配送中心的信息活动也是全物流系统中重要的一环。

4.7.4 配送中心的工作流程

配送中心的工作流程依据各自运营特点的不同、经营的产品种类不同、产品物流特性不同，有着各自不同的作业过程。但一般来说，配送中心都包括下述的几种物流作业过程：向供应商订货、到货接收、验货、储存、分拣、加工、包装、组配、装车和送货。此外与之相对应的还有信息流（如票据、单证及其他相关信息）和资金流（如货款、运费和杂费的结算等）。详见图 4-7。

在配送中心的工作流程中，分拣作业是按照用户的需要，将其所需要的所有商品及数量集中在一起。分拣是配送活动中特有的业务过程，也是一件很复杂、工作量很大的活动，尤其是在用户多、所需品种规格多、而需求量又小时，假如需求频度又很高，这就必须在很短时间完成分拣配货工作。所以如何选择分拣配货工艺、如何高效率完成分拣配货，在某种程度上决定着配送中心的服务质量和经济效益。分拣配货作业反映了配送中心的本质特点，可将其拣货方式分为拣选式工艺和分货式工艺。

(1) 拣选式工艺

拣选式工艺是拣选人员或拣选工具巡回于各个储存点将所需的物品取出,完成货物配备的方式。拣选工艺的特点是:储物货位相对固定,而拣选人员或工具相对运动。形象地说,又类似人们进入果园,在一棵树上摘下熟了的果子后,再转到另一棵树上去摘果子,所以又形象地称之为摘果式。

(2) 分货式工艺

分货式工艺是分货人员或分货工具从储存点集中取出各个用户共同需要的货物,然后巡回于各用户的货位之间,将这一种货物按用户需要量分放下,再集中取出共同需要的第二种,如此反复进行直至用户需要的所有货物都分放完毕,同时完成各个用户的配货工作。这种工艺的特点是:用户的分货位固定,而分货人员或工具携带货物相对运动。形象地说,又类似于一个播种者,一次取出几亩地所需的种子,在地中边巡回边播撒,所以又形象地称之为播种式。

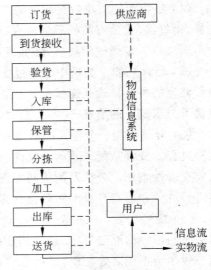

图 4-7 配送中心一般工作流程

4.7.5 物流合理化

配送必须有利于物流合理。这可以从以下几方面判断:是否降低了物流费用;是否减少了物流损失;是否加快了物流速度;是否发挥了各种物流方式的最优效果;是否有效衔接了干线运输和末端运输;是否不增加实际的物流中转次数;是否采用了先进的技术手段。

物流合理化的问题是配送要解决的大问题,也是衡量配送本身的重要标志。根据国内外推行配送的经验,有一些可供借鉴的办法如下[1]。

1. 推行一定综合程度的专业化配送。通过采用专业设备、设施及操作程序,取得较好的配送效果并降低配送过分综合化的复杂程度及难度,从而追求配送合理化。

2. 推行加工配送。通过加工和配送结合,充分利用本来应有的这次中转,而不增加新的中转求得配送合理化。同时,加工借助于配送,加工目的更明确和用户联系更紧密,更避免了盲目性。这两者有机结合,投入不增加太多却可追求为双方增加效益,是配送合理化的重要经验。

3. 推行共同配送。共同配送可以综合各家用户的要求,对各个用户统筹安排,在配送时间、数量、次数、路线等诸方面做出系统最优的安排,从而追求合理化。

---

[1] 王之泰. 现代物流学[M]. 北京:中国物资出版社,1997.

4. 实行送取结合。配送企业与用户建立稳定、密切的协作关系,配送企业不仅成了用户的供应代理人,而且承担用户储存据点,甚至成为产品代销人,在配送时,将用户所需的物资送到,再将该用户生产的产品用同一辆车运回,免去了生产企业库存包袱,也减少了空驶的现象,运力充分利用,配送企业功能有更大的发挥,从而追求合理化。

5. 推行准时配送系统。准时配送是配送合理化的重要内容。配送做到了准时,用户才有资源把握,可以放心地实施低库存或零库存,可以有效地安排接货的人力、物力,可以追求最高效率的工作。另外,保证供应能力,也取决于准时供应。从国外的经验看,准时供应配送系统是现在许多配送企业追求配送合理化的重要手段。

4.8 物流信息

4.8.1 物流信息的定义及特点

21世纪是高度信息化的时代,现代信息技术的迅猛发展及互联网的广泛应用成为传统物流向现代物流转变的重要推动力量。要发展现代物流业,必须实现物流业的信息化。运用信息系统整合物流资源,已成为企业在激烈的市场竞争中取胜的战略手段。

在信息社会中,信息是一种资源,并且是一种关键的资源。信息是能反映事物内在本质的外在表现,如图像、声音、文件、语言等,是事物内容、形式和发展变化的反映。物流信息是指所有与物流活动(如运输、仓储、装卸搬运、包装、流通加工和配送等)有关的信息,是物流活动的内容、形式、过程及发展变化的反映。

物流信息一般由两部分组成:

(1)物流系统内部信息。是伴随着物流活动而发生的信息,包括物料流转信息、物流作业层信息、物流控制层信息和物流管理层信息。

(2)物流系统外部信息。是在物流活动以外发生的,但提供给物流活动使用的信息,包括供货人信息、顾客信息、订货合同信息、交通运输信息、市场信息、政策信息,以及来自有关企业内部生产、财务等部门与物流有关的信息。

由于物流系统是涉及社会经济生活各个方面的错综复杂的大系统,关系到原材料供应商、生产制造商、批发商、零售商及最终消费者及市场流通的全过程。与其他领域信息比较,物流信息的特点主要表现在以下几方面:

(1)物流信息量大,信息种类多。不仅物流系统内部各个环节有不同种类的信息,而且由于物流系统与其他系统,如生产系统、销售系统、消费系统等密切相关,因而还必须收集这些类别的信息。这就使物流从采购到运输、储存、生产直至成品销售的供应链全过程,各个环节都涉及大量信息的处理活动,从而使物流信息的分类、研究、筛选等难度增加。

（2）物流信息分布广。物流所及之处就是信息所及之处，而信息所及之处有时甚至超过物流的范围，其发生地点、处理地点、传达对象，分散在广大地区。

（3）物流信息动态性强。物流信息随着物流活动的变化而变化，信息价值的衰减速度快，这就对信息管理的及时性提出了更高的要求。

（4）物流信息的一致性要求很强。尽管物流信息的产生、加工和应用在形式、时间、地点上不一致，但在信息交流中要保证信息的一致性，以便满足多方使用。

4.8.2 物流信息的作用

物流信息产生于物流活动和与物流活动相关的其他活动中，反映了商流和物流的运动过程，对商流和物流活动进行记录和控制，并为物流活动的正常开展提供决策基础。所以，物流信息是物流的核心，现代物流中的信息系统是物流企业的神经中枢。

1. 物流信息是物流活动的基础

物流是连接供给和消费、克服空间和时间差异，从而实现物的时空效益的综合活动。现代物流中一般包括运输、仓储、装卸、搬运、包装、加工等环节，而这些环节对于货物的流动来说，是在不同时间和场所进行的。尤其是物流活动的主要作用在于缩短货物的在途时间和仓储加工时间，及时供货和保证供应链的连续性和稳定性，从而实现货物的使用价值。这一系列的活动随时需要大量信息支持作为保证，堵塞的信息渠道和滞后的信息服务对于现代物流企业来说是不可想象的。物流信息是物流活动的基础，也是物流企业发展业务的基本平台。

2. 物流信息是物流作业的关键因素

物流的订货管理、配送作业、运输仓储等活动产生大量的物流信息，这些信息的传送速度直接关系到工作程序的衔接和平衡，关系到作业过程中的时间控制，直接影响到物流活动的运作效率。因此，物流信息要真实、全面、及时传递和反馈，物流信息渠道要时刻保持畅通无阻。

3. 物流信息是制订物流计划的保障

物流是一项系统性很强的活动，物流计划在物流系统中具有重要的作用。由于物流活动本身的特点，物流的需求计划，例如存储计划、补货量的预测等都需要提前制订，这就决定了在计划的制订过程中，必须要大量的及时的物流信息进行支持。充分的、准确的物流信息是制订物流计划的有效保障。

总之,随着现代通信技术和网络技术的发展和应用,跨地域的实时信息传输和交换成为物流企业信息系统的重要功能。物流信息的及时传输扩大了物流企业的活动范围,促进了物流管理手段的不断改进和发展。

4.8.3 物流信息系统的概念及特征

1. 物流信息系统的概念

物流信息系统(logistics information system,LIS)是指用系统的观点、思想和方法建立起来的,以电子计算机为基本信息处理手段,以现代通信设备为基本传输工具,并且能够为管理决策提供信息服务的人机系统。也可以说,物流信息系统是一个由人和计算机共同组成的,能进行物流信息的收集、传递、存储、加工、维护使用的系统,它具有预测、控制和辅助决策等多项功能。

本质上讲,物流信息系统是利用信息技术,通过信息流,将各种物流活动连接在一起的通道。物流信息系统是整个物流系统的心脏,是现代物流企业的灵魂。对于物流企业来说,拥有物流信息系统在某种意义上比拥有车队、仓库更为重要。物流信息系统在物流运作过程中非常关键,并且自始至终地发挥着不可替代的中枢作用。随着信息经济的发展,物流信息系统在现代物流中占有极其重要的地位。

2. 物流信息系统的特征

作为辅助企业物流活动进行日常事务处理,为管理决策提供信息支持的管理信息系统,物流信息系统具有以下一些基本特征:

(1) 管理性和服务性。物流信息系统的目的是辅助物流企业的管理者进行物流运作的管理和决策,提供与此相关的信息支持。因此,物流信息系统必须同物流企业的管理体制、管理方法、管理风格相结合,遵循管理与决策行为理论的一般规律。为了适应管理物流活动的需要,物流信息系统必须具备处理大量物流数据和信息的能力。

(2) 适应性和易用性。根据系统的一般理论,一个系统必须适应环境的变化,因此,物流信息系统也要具有对环境的适应性。在一天内的不同时间段,一周内的不同日期,物流作业和物流环境都可能有较大差别,这种波动给物流系统信息的收集带来一定的困难。为此,物流信息系统要便于人们根据外界环境的变化对系统进行相应的修改。当然,适应性强就意味着系统变动小,对系统用户来说自然方便可靠。

(3) 集成化和模块化。集成化是指物流信息系统将相互连接的各个物流环节联结在一起,为物流企业进行集成化的信息处理工作提供平台。物流信息系统各个子系统的设计应遵循统一的标准和规范,便于系统内部实行信息共享。模块化系统设计的一个基本方法就是将一个大系统根据功能的不同,分成相互独立的若干子系统,各个子系统分别遵循统一的标准进行功能模块的开发,最后再按照一定的规范进行集成。

(4) 网络化和智能化。随着互联网技术的迅速发展,在物流信息系统的设计过程中也广泛地应用了网络化技术。通过互联网将分散在不同地理位置的物流分支机构、供应商、客户等联结起来,形成了一个信息传递与共享的信息网络,便于各方实时了解各地业务的运作情况,提高了物流活动的运作效率。智能化是物流信息系统的发展方向,目前信息系统的发展正在向这个方向努力。例如,在物流决策支持系统、知识管理系统通过智能化处理在决策过程中所需要的物流知识、专家决策知识和经验知识等,为管理者提供决策支持服务。

(5) 准确性和及时性。物流信息必须准确地反映当前的状况和定期活动状态。准确性可以解释为物流信息系统的数据和报告与实际状况相比的差异程度。及时性就是指一种活动的发生与该活动在信息系统内的反应之间所存在的时间差尽量缩小。及时的信息提高了准确性,减少了不确定性,并帮助识别各种问题,增加了决策的精确性[1]。

4.8.4 物流信息系统的基本功能

物流信息系统和一般的管理信息系统一样,都具备以下五个基本功能。

1. 收集物流信息

物流信息的收集是信息系统运行的起点,也是重要的一步。收集信息的质量(即真实性、可靠性、准确性、及时性)决定着信息时效价值的大小,是信息系统运行的基础。信息收集过程要求遵循一定的原则:首先,要有针对性,重点围绕物流活动进行,针对不同信息需求及不同经营管理层次、不同目的的要求;其次,要有系统性和连续性,系统的、连续的信息是对一定时期经济活动变化概况的客观描述,它对预测未来经济发展具有很高的使用和研究价值;最后,要求信息收集过程的管理工作具有计划性,使信息收集过程成为有组织、有目的的活动。

2. 处理物流信息

收集到的物流信息大都是零散的、相互孤立的、形式各异的信息,对于这些不规范信息,要存储和检索,必须经过一定的整理加工程序。采用科学方法对收集到的信息进行筛选、分类、比较、计算、存储,使之条理化、有序化、系统化、规范化,才能成为能综合反映某一现象特征的真实、可靠而有较高使用价值的信息。

---

[1] 张树山. 物流信息系统[M]. 北京:人民交通出版社,2005.

3. 储存物流信息

信息储存是信息管理和应用的前提,是信息处理、传递、分析、预测和输出的基础。全面地物流信息储存才能保证物流信息系统的有效运作,也有利于物流信息的进一步收集、处理和应用。

4. 传递物流信息

物流信息传递是指从信息源出发,经过一定的媒介和信息通道输送给接收者的过程。物流过程中的票据、凭证、报表、文件等需要在不同部门和不同人员之间共享,必然要求物流信息系统具有信息传递功能。信息传递最基本的要求是迅速、准确和经济。

5. 应用和输出物流信息

物流信息的应用是指对经过收集、加工处理后的信息的使用,以实现信息价值的过程。信息在收集、处理、传递、存储等过程中,需要一定的知识、特殊的工具和方式,要耗费一定的社会劳动,是一种创造性的劳动。物流信息系统要具有多种检索、分析和挖掘功能,使信息得到更广泛、更深层次的应用,并且能够以报表、文字、图形等形式输出,以提供给管理者和决策者。

4.8.5 常用的物流信息系统

随着互联网的迅速普及和企业现代物流的普遍开展,以计算机为基础的物流信息系统在企业的应用也进入了一个快速发展时期。生产制作企业在原有的管理信息系统中进行扩展,增加物流管理模块;传统的运输与仓储企业在向现代物流企业的转型过程中,纷纷采用物流管理系统提升公司的管理水平和加快转型速度;现代物流企业中的管理系统更是其有效运作的基础。有资料显示,2004年我国物流软件市场规模在3.88亿元,而在最近3年中以20%左右的速度增长,预计到2009年将达到10亿元左右。物流管理信息系统已成为企业应用最广、最重要的信息化管理系统。物流管理信息不仅面向制造业、零售业、第三方物流企业,各个行业和领域的企业都可以通过构建高效率的物流信息系统提升企业管理水平,提高物流系统的效率,为企业增加收益。

由于从事物流活动的主体不同,如生产制造企业、零售商、第三方物流企业等等,即使同属于运输企业,其管理模式、组织结构、运作流程、业务处理的方式与方法等各个方面也有很大的差异。所以,没有也不可能存在统一的物流信息系统的模式。较多的是针对不同主体(如配送中心管理系统)和主要物流功能的各种专业化系统(如运输管理系统)。常见的物流信息系统有以下几种类型。

1. 运输管理信息系统

运输管理信息系统是指为提高运输企业的运输能力、降低物流成本、提高服务质量而采取现代信息技术手段建立的管理信息系统，系统主要完成对运输工具和运送过程的信息管理，从而实现运输方式的选择、路径的设计、货物的整合与优化，以及运输车辆、线路与时间的选择。运输管理信息系统的核心模块有货物的追踪管理和车辆的运行管理等。

现代运输管理是对运输网络的管理，在这个网络中传递着不同区域的运输任务、资源控制、状态跟踪、信息反馈等信息，运输管理系统是为企业的运输单元和运输网络而建立的高效、可靠、安全、分布式的现代物流运输管理信息系统，其目的是对运输过程中的人（驾驶员）、车、货、客户以及费用核算进行有效的协调和管理，实现各种资源的实时控制、协调管理，满足客户服务的信息需求，并与物流环节中的其他系统（仓储、配送、货代等）进行衔接，提高运输服务水平。运输管理信息系统的基本结构见图4-8。

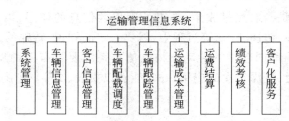

图 4-8 运输管理信息系统基本结构图

各子系统的功能如下。

（1）系统管理：系统管理主要是对本系统的具体使用者进行的管理和帮助，对不同级别的工作人员设置不同的系统操作权限。并且对系统的设置、各大功能模块的维护和管理，起到保证系统运行的作用。

（2）车辆信息管理：该子系统主要有车辆信息管理和车辆状态管理两大内容。车辆信息管理设置有车辆的牌照、车辆型号、载重量、容积、司机姓名等信息。可以看到每辆车每天的出车记录，并生成派车单；在车辆状态管理中，可以显示出车车辆、待命车辆、维修车辆的信息。

（3）客户信息管理：包括客户信息的录入和更新，系统会给客户设定一个专有的编码。客户信息输入系统后，企业相关人员可以在系统中查询到客户的名称、法人代表、经营范围、编码、地址、电话、E-mail 和与本公司交易的历史记录等。可以实现对客户信息进行修改、查询等操作。

（4）车辆配载调度：这是运输管理系统中的重要模块之一。主要包括运输单的生成或接收、确认、安排配车计划和配货计划、车辆调度、路线安排、中途换车、回单确认等。本系统可以根据运力资源的实际情况，具体根据货物的重量、体积、到达地、车辆情况、驾驶员情况及线路情况得出最优的车辆、货物和路径组合,实现完美的配车与凑货等功能。

(5) 车辆跟踪管理:车辆跟踪记录信息,包括单据信息、时间、方向、状态、所处地区、物流中心、位置、是否故障、故障级别、故障起始时间、故障排除时间等。若有 GPS 系统支持,可将 GPS 信息导入状态跟踪模块,实现对在途车辆的实时跟踪查询。

(6) 运输成本管理:包括成本类型、成本模式、成本设定账期、车辆和人员设定、车辆动态和静态成本、成本指标的定义、输入和调整等。

(7) 运费结算:对运输过程中发生的相关业务进行物流费用的结算,系统能完成应收费用/应付费用的统计输出,并以电子文档的格式与财务系统实现连接。

(8) 绩效考核:该模块用于对运输人员和组织(包括自有车辆和外部车辆)进行指标考核以提高客户满意度,包括车辆出车信息、客户投诉反馈信息、商品损坏赔偿率、人员出勤、配送准点率、客户满意度等。

(9) 客户化服务:系统提供了一个数据中心,客户可以进行网上下单、运单查询、货物追踪。为了向客户提供友好的服务,系统采用手机短消息方式,将起运和到货时间发给收货人,便于客户随时掌握货物的在途情况。

2. 配送中心管理信息系统

配送系统是国外开发较多,成效较大的物流信息系统。配送中心主要是为满足各店铺的需求而产生的,基本上以集合多家店铺的作业量来达到大量采购、节省运输成本的目的。因此配送中心管理信息系统所体现出的作用及结构管理应以销售出库及采购入库管理为系统管理重点。另外由于这种配送中心注重服务质量与配送时效,对配送时间安排、派车计划及路线选择均较为重视。一般的,配送中心大都包括向供应商订货、到货接收、验货、储存、分拣、组配、装车和送货等基本的作业。配送中心管理信息系统可以由 9 个基本的子系统组成:系统管理子系统、资料管理子系统、采购管理子系统、库存管理子系统、配送管理子系统、销售管理子系统、财务管理子系统、人事和绩效管理子系统、决策支持子系统,如图 4-9 所示[①]。每个子系统又由若干作业处理模块组成,它们协同运转,实现配送

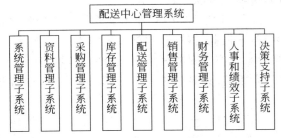

图 4-9 配送中心管理系统基本结构图

---

① 林自葵. 物流信息系统[M]. 北京:北方交通大学出版社,2004.

系统的各项机能，完成配送中心系统目标。

各子系统的功能如下。

（1）系统管理子系统：包括三个模块，即系统配置、数据传输、系统维护。对每个用户和用户的客户组权限进行设置，支持授权用户依照其权限对系统进行访问，保证整个系统的安全有序运行。

（2）资料管理子系统：对物料信息、部门信息、客户信息及员工信息等进行管理。如物料类别录入与查询、物料明细查询、安全存量设置、部门信息修改、部门信息录入与查询、客户信息修改、客户信息录入与查询、员工信息修改、员工信息录入与查询等。

（3）采购管理子系统：包括供应商管理、合同管理、订货管理、退货管理、价格管理和入库管理等；其中入库管理是根据采购单上的信息，在厂商交货之时，输入数据包括采购单号、厂商名称、商品名称、商品数量等，可按输入采购单号来查询商品名称、内容及数量是否符合采购订单。

（4）库存管理子系统：主要完成库存数量控制和库存量规划，以避免因库存积压过多造成的利润损失。包括商品分类分级，订购批量及订购时点确定，库存跟踪管理和库存盘点作业。前两者只需读取现有的数据文件，如库存数据库、货位数据库、厂商报价数据库、采购批量计算公式数据库等，来进行内部运算。

（5）配送管理子系统：主要包括配送单的生成或接收、确认、安排配车计划和配货计划、车辆调度、路线安排、中途换车、回单确认等一系列管理功能，满足配送业务的需要，保障配送业务有序、高效地进行。其中还包括配送优化管理、货运商管理、运费结算、车辆信息维护等。

（6）销售管理子系统：本系统所涉及的对外作业主要是从客户处取得订单、进行订单处理、仓库管理、出货准备到实际将商品运送至客户手中为止，均以对客户服务为对象。对内的作业内容则是进行订单需求统计，传送到采购入库管理系统作为库存管理的参考，并从采购入库管理系统处取得入库数据；在商品发货后将应收账款账单送至财务会计系统；并由经营绩效管理系统取得各项经营批示。

（7）财务管理子系统：财务会计部门对外主要以采购部门传来的商品入库数据核查供货厂商送来的催款数据，并据此付款，于厂商或由销售部门取得出货单来制作应收账款催款单并收取账款。会计系统实现对各种费用项目的设置，与出入库管理、配送管理等无缝衔接，并根据制定的计费策略，计算各种往来费用，绘制各种财务报表提供给经营绩效管理系统。

（8）人事和绩效管理子系统：包括两个模块，即人事管理模块和绩效管理模块。人事管理模块主要实现对企业人员工资与考评的管理；绩效管理模块从各系统及流通行业取得信息，制定各种经营政策，然后将政策内容及执行方针告知各个经营部门，并将有关配送中心的数据提供给流通行业。

（9）决策支持子系统：编制各种分析报告和建议报告，供配送中心的高层管理人员作为决策的依据。

3. 其他主要物流管理信息系统

除了运输管理和配送中心管理信息系统外，还有仓储管理信息系统（功能型）、生产商物流信息系统（主体型）、零售商物流信息系统（主体型）以及物流决策支持系统（功能型）等。

（1）仓储管理信息系统（warehouse management system，WMS）。仓储管理信息系统是应用最为广泛的系统，也可以说是各类型物资及物流管理系统的基础。WMS通过先进的通信技术和计算机技术实时反映库存物资状况，使管理人员可以随时了解仓库管理情况。该系统对仓库的到货检验、入库、出库、调拨、移库移位、库存盘点等各个作业环节进行管理，保证仓库管理各个作业环节数据输入的效率和准确性，确保企业及时准确地掌握库存的真实数据，合理保持和控制企业库存，实现对仓库作业的全面控制和管理。一般来说，一个仓储管理系统应具备以下基本功能：入库作业，出库作业，库存查询，盘点作业，统计作业。

（2）生产商物流信息系统。生产商物流信息系统围绕生产商经营的物流活动运作，包括原材料、零部件等采购活动的供应物流、生产过程中的制造物流或生产物流，以及将生产出的产品向批发商或零售商传递的销售物流3种类型，因此，生产厂商具有自己独特的物流信息系统。另外，生产商物流信息系统也可以与企业资源计划系统（ERP）的集成来实现对物流的控制。

（3）零售商物流信息系统。零售商物流信息系统是指零售商内部的物资流通活动，即从商品采购到销售的物资流通过程，包括商品的采购、入库、分类、储存、销售、配送，以及这些活动产生的信息的收集、处理和利用过程。零售商物流信息系统是以采购补货的及时与低成本、销售的准确统计与预测、库存的低水平与高周转率等为目的，包括如下几个主要的业务子系统：①采购订货子系统；②前台POS系统；③销售分析与预测子系统；④库存管理子系统；⑤财务处理子系统。

（4）物流决策支持系统。决策支持系统（decision support system，DSS）是管理信息系统的高级形式和向纵深的延伸。其任务是利用信息系统所提供的信息和系统的各种模型进行分析和结果判断，甚至模拟思维过程进行智能化的模拟决策，以便管理人员结合自己经验判断作出最终决策。决策支持系统对物流领域有异常重要的作用。例如，一个配送决策，依靠决策支持系统，可在建立配送方案过程中对每一项决策带来的后果有所认识，并在最终掌握每一方案的运费、劳动消耗、成本的情况下，再依靠决策支持系统的优选方案的情况下作出决策。库存决策支持模块充分利用了数据挖掘技术，根据需求预测、安全库存、商品周转率分析结果，制订出每种商品各时间段的进货方案，并对每种方案的结果进行预测。显然,这种决策会准确得多,失误会小得多。

案例1 美国先进的电子商务物流配送模式

美国的物流配送业发展起步早,经验成熟,尤其是信息化管理的程度很高,对我国物流发展有很大的借鉴意义。美国物流配送形式如图4-10所示。

图4-10 美国物流配送形式

1. 美国配送中心的类型

从20世纪60年代起,商品配送合理化在发达国家普遍得到重视。为了向流通领域要效益,美国企业采取了以下措施:一是将老式的仓库改为配送中心;二是引进电脑管理网络,对装卸、搬运、保管实行标准化操作,提高作业效率;三是连锁店共同组建配送中心,促进连锁店效益的增长。美国连锁店的配送中心有多种,主要有批发型、零售型和仓储型3种类型。

(1) 批发型配送中心。美国加州食品配送中心是全美第二大批发配送中心,建于1982年,建筑面积10万平方米,工作人员2 000名左右,共有全封闭型温控运输车600多辆,1995年销售额达20亿美元。经营的商品均为食品,有43 000多个品种,其中有98%的商品由该公司组织进货,另有2%的商品是该中心开发加工的商品,主要是牛奶、面包、冰激凌等新鲜食品。该中心实行会员制,各会员超市因店铺的规模大小不同、所需商品配送量的不同,而向中心交纳不同的会员费。会员店在日常交易中与其他店一样,不享受任何特殊的待遇,但可以参加配送中心定期的利润处理。该配送中心本身不是营利单位,可以不交营业税。所以,当配送中心获得利润时,采取分红的形式,将部分利润分给会员店。会员店分得红利的多少,将视在配送中心的送货量和交易额的多少而定。

该配送中心主要依靠计算机管理。业务部通过计算机获取会员店的订货信息,及时向生产厂家和储运部发出要货指示单;厂家和储运部再根据要货指示单的先后缓急安排配送的先后顺序,将配送好的货物放在待配送口等待发运。配送中心24小时运转,配送半径一般为50km。

该配送中心与制造商、超市协商制定商品的价格,主要依据:一是商品数量与质量;二是付款时间,如在10天内付款可享受2%的价格优惠;三是配送中心对各大超市配送商品的加价率,它根据商品的品种、档次不同以及进货量的多少而定,一般为2.9%~8.5%。

(2) 零售型配送中心。美国沃尔玛商品公司的配送中心是典型的零售型配送中心。该配送中心是沃尔玛公司独自建立的,专为公司的连锁店按时提供商品,确保各店稳定经营。该中心的建筑面积为12万平方米,总投资7 000万美元,有职工1 200多人;配送设备包括200辆车头、400节车厢、13条配送传送带,配送场内设170个接货口。中心全天运转,每天为分布在纽约州、宾夕法尼亚州等6个州的沃尔玛公司的100家连锁店配送商品。

该中心设在100家连锁店的中央位置,商圈为320km,服务对象店的平均规模为1.2万平方米。中心经营商品达4万种,主要是食品和日用品,通常库存为4 000万美元,旺季为7 000万美元,年周转库存24次。在库存商品中,畅销商品和滞销商品各占50%,库存商品期限超过180天为滞销商品。各连锁店的库存量为销售量的10%左右。1995年,该中心的销售额为20亿美元。

在沃尔玛各连锁店销售的商品,根据各地区收入和消费水平的不同,其价格也有所不同。公司对价格差价规定了上下限,原则上不能高于所在地区同行业同类商品的价格。

(3) 仓储型配送中心。美国福明来公司的食品配送中心是典型的仓储式配送中心。它的主要任务是接受美国独立杂货店商联盟加州总部的委托业务,为该联盟在该地区的350家加盟店负责商品配送。该中心建筑面积为7万平方米,经营商品8.9万个品种,其中有1200个品种是美国独立杂货店商联盟开发的,必须集中配送。在服务对象店经营的商品中,有70%左右的商品由该中心集中配送,一般鲜活商品和怕碰撞的商品,如牛奶、面包、炸土豆片、瓶装饮料和啤酒等,从当地厂家直接进货到店,蔬菜等商品从当地的批发市场直接进货。

2. 美国配送中心的运作流程

美国配送中心的库内布局及管理井井有条,使繁忙的业务互不影响,其主要经验是:

(1) 库内货架间设有27条通道,19个进货口;

(2) 以托盘为主,4组集装箱为一个货架;

(3) 商品的堆放分为储存的商品和配送的商品,一般根据商品的生产日期、进货日期和保质期,采取先进库的商品先出库的原则,在货架的上层是后进库的储存商品,在货架下层的储存商品是待出库的配送商品。

(4) 品种配货是数量多的整箱货,所以用叉车配货;店配货是细分货,小到几双一包的袜子,所以采用传送带配送;

(5) 轻量、体积大的商品(如卫生纸),用叉车配货,重量大、体积小的商品用传送带配送;

(6) 特殊商品存放区,如少量高价值的药品、滋补品等,为防止丢失,用铁丝网圈起,标明"无关人员不得入内"等字样。

(资料来源:改编自 http://www.stcsm.gov.cn/learning/lesson/.)

案例2　沃尔玛的物流体系与信息技术

1. 沃尔玛的信息技术

20世纪50年代末,当第一颗人造卫星上天的时候,全世界商业对现代通信技术还无人问津。而70年代沃尔玛就率先使用了卫星通信系统。21世纪开始,沃尔玛又投资90亿美元开始实施"互联网统一标准平台"的建设。凭借先发优势、科技实力,沃尔玛的店铺冲出阿肯色州,遍及美国,走向世界。由此可见,与其说它是零售企业,不如它说是科技企业。

沃尔玛领先于竞争对手,先行对零售信息系统进行了非常积极的投资:最早使用计算机跟踪存货(1969年),全面实现SKU单品级库存控制(1974年),最早使用条形码(1980年),最早使用CM品类管理软件(1984年),最早采用EDI(1985年),最早使用无线扫描枪(1988年),最早与宝洁公司(Procter & Gamble)等大供应商实现VMIECR产销合作(1989年)。在信息技术的支持下,沃尔玛能够以最低的成本、最优质的服务、最快速的管理反应进行全球运作。尽管信息技术并不是沃尔玛取得成功的充分条件,但它却是沃尔玛成功的必要条件。这些投资都使得沃尔玛可以显著降低成本,大幅提高资本生产率和劳动生产率。

沃尔玛的全球采购战略、配送系统、商品管理、人力资源管理、天天平价战略在业界都是可圈可点的经典案例。可以说,所有的成功都是建立在沃尔玛利用信息技术整合优势资源,信息技术战略与传统物流整合的基础之上。可以说,强大的信息技术和后勤保障体系使它不仅在经营商品,更在生产商店,经营物流。

20世纪90年代沃尔玛提出了新的零售业配送理论,开创了零售业的工业化运作新阶段:集中管理的配送中心向各商店提供货源,而不是直接将货品运送到商店。其独特的配送体系,大大降低了成本,加速了存货周转,形成了沃尔玛的核心竞争力。20世纪90年代初,沃尔玛就在公司总部建立了庞大的数据中心,全集团的所有店铺、配送中心和经营的所有商品,每天发生的一切与经营有关的购销调存等详细信息,都通过主干网和通信卫星传送到数据中心。任何一家沃尔玛商店都具有自己的终端,并通过卫星与总部相连,在商场设有专门负责排货的部门。沃尔玛每销售一件商品,都会即时通过与收款机相连的电脑记录下来,每天都能清楚地知道实际销售情况,管理人员根据数据中心的信息对日常运营与企业战略作出分析和决策。

沃尔玛的数据中心已与6000多家供应商建立了联系,从而实现了快速反应的供应链管理库存VMI。厂商通过这套系统可以进入沃尔玛的电脑配销系统和数据中心,直接从POS得到其供应的商品流通动态状况,如不同店铺及不同商品的销售统计数据、沃尔玛各仓库的存货和调配状况、销售预测、电子邮件与付款通知等等,以此作为安排生产、供货和送货的依据。生产厂商和供应商都可通过这个系统查阅沃尔玛产销计划。这套信息

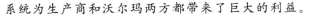

系统为生产商和沃尔玛两方都带来了巨大的利益。

沃尔玛总部的通信网络系统使各分店、供应商、配送中心之间的每一进销调存节点都能形成在线作业,使沃尔玛的配送系统高效运转。这套系统的应用,在短短数小时内便可完成"填妥订单—各分店订单汇总—送出订单"的整个流程,大大提高了营业的高效性和准确性。

2. 沃尔玛的整合物流体系

沃尔玛在美国本土已建立62个配送中心,整个公司销售商品的85%由这些配送中心供应,而其竞争对手只有约50%~65%的商品集中配送。沃尔玛完整的物流系统号称"第二方物流",相对独立运作。不仅包括配送中心,还有更为复杂的资料输入采购系统、自动补货系统等。其配送中心的平均面积约10万平方米,相当于23个足球场,全部自动化作业,现场作业场面就像大型工厂一样蔚为壮观。

沃尔玛公司共有六种形式的配送中心:第一种是"干货"配送中心;第二种是食品中心(相当于我们的"生鲜");第三种是山姆会员店配送中心;第四种是服装配送中心;第五种是进口商品配送中心;第六种是退货配送中心(其收益主要来自出售包装箱的收入和供应商支付的手续费)。其配送中心的基本流程是:供应商将商品送到配送中心后,经过核对采购计划、进行商品检验等程序,分别送到货架的不同位置存放。提出要货计划后,电脑系统将所需商品的存放位置查出,并打印有商店代号的标签。整包装的商品直接由货架送往传送带,零散的商品由工作台人员取出后也送到传送带上。一般情况下,商店要货的当天就可以将商品送出。

沃尔玛要求所购买的商品必须带有UPC条形码,从工厂运货回来,卡车将停在配送中心收货处的数十个门口,把货箱放在高速运转的传送带上,在传送过程中经过一系列的激光扫描,读取货箱上的条形码信息。而门店需求的商品被传送到配送中心的另一端,那里有几十辆货车在等着送货。十多公里长的传送带作业就这样完成了复杂的商品组合。其高效的电脑控制系统,使整个配送中心用人极少。数据的收集、存储和处理系统成为沃尔玛控制商品及其物流的强大武器。

为了满足美国国内3 500多个连锁店的配送需要,沃尔玛公司在国内共有近3万个大型集装箱挂车,5 500辆大型货运卡车,24小时昼夜不停地工作。每年的运输总量达到77.5亿箱,总行程6.5亿公里。合理调度如此规模的商品采购、库存、物流和销售管理,离不开高科技的手段。为此,沃尔玛公司建立了专门的电脑管理系统、卫星定位系统和电视高端系统,拥有世界第一流的先进技术。

全球4 500多个店铺的销售、订货、库存情况可以随时调出查问。公司5 500辆运输卡车,全部装备了卫星定位系统,每辆车在什么位置,装载什么货物,目的地是什么地方,总部一目了然。可以合理安排运量和路程,最大限度地发挥运输潜力,避免浪费,降低成本,提高效率。

沃尔玛正是通过信息流对物流、资金流的整合、优化和及时处理,实现了有效的物流成本控制。从采购原材料开始到制成最终产品,最后由销售网络把产品送到消费者手中的过程都变得高效有序,实现了商业活动的标准化、专业化、统一化、单纯化,从而达到实现规模效益的目的。

3. CPFR——以信息流整合物流的产业化基石

英国著名物流专家 Martin Christopher 认为:现代物流是指经信息技术整合的,实现物质实体从最初供应者向最终需求者运动的最优化的物理过程。利用信息技术整合物流是真正意义上的供应链管理。而沃尔玛是成功的实践者。传统的 ERP 在强化企业的财务控制、规范管理和生产计划之余,只能在企业局部解决企业商品销售及其物流管理控制的难题;后 ERP 时代的信息系统面向电子商务环境和多数据源的信息收集、交换和处理,必将走向建立集中式数据管理的中央处理平台(中央情报局)。

沃尔玛利用信息技术有效地整合物流及其资金流资源,是基于 CPFR(合作、计划、预测与补给,collaborative planning forecasting and replenishment)供应链计划管理模式的理论和实践。1995 年,Wal Mart 及其供应商 Warner Lambert,以及它的管理软件开发商联合成立了零售供应和需求链工作组,进行 CPFR 研究和应用获得很大成功。在供应链运作的整个过程中,CPFR 应用一系列技术模型,对供应链不同客户、不同节点的执行效率进行信息交互式管理和监控,对商品资源、物流资源进行集中的管理和控制。通过共同管理业务过程和共享信息来改善零售商和供应商的伙伴关系,提高采购订单的计划性、提高市场预测的准确度,提高全供应链运作的效率,控制存货周转率,并最终控制物流成本。

优秀的商业管理思想和高技术结合使商业从分散、弱小的传统形象转换为庞大的零售产业、物流产业,甚至信息技术产业的自身形象。沃尔玛创造了零售业工业化经营的新时代。

(资料来源:从沃尔玛的信息技术实践看中国零售业的产业化运营.摘自商品流通概论远程补课教学资料. http://resource.dufe-sba.edu.cn.)

讨论题

1. 你认为沃尔玛的真正竞争优势在哪里?
2. 沃尔玛的物流体系和信息技术的应用为中国的零售企业提供了哪些启示?
3. 沃尔玛如何更好地适应中国市场的物流现状?

思 考 题

1. 什么是物流系统？物流系统的构成要素有哪些？
2. 常见的运输方式有哪些？各种运输方式的优缺点是什么？
3. 不合理的运输形式有哪些？试述运输合理化的措施。
4. 简述储存合理化的措施。
5. 什么是物料的装卸搬运活性？可分为几个等级？
6. 包装有什么作用？包装有哪些分类方式？
7. 流通加工可分为哪些类型？
8. 请你谈谈对配送的认识，简述配送的作业环节。
9. 简述物流信息的特点，介绍你了解的物流信息系统。
10. 通过本章学习，请谈谈你对物流的理解，如何提高一个企业物流系统的效率？

第 5 章 物流应用系统

物流学科是近年发展起来的新型综合性学科,它以"物"的动态流转过程为主要研究对象,揭示了运输、储存、包装、装卸搬运、流通加工和流通信息等物流活动的内在联系,使物流系统在经济活动中从潜隐状态显现出来,成为独立的研究领域和学科范围。物流的应用存在于社会经济活动中的各个领域。综观国内外有关物流应用体系的研究,依据不同的研究目的和分类方式,物流应用体系形成了不同的类型。本章将在简要介绍物流基本体系构成的基础上,就几个典型物流应用系统——企业物流、区域物流、国际物流以及第三方物流,对物流应用系统进行详细的讨论。

5.1 基本体系构成

社会经济活动中,不同领域的物流活动均有着自身的特点,但其基本要素大致相同。由于物流研究的对象不同,物流发生的目的不同,物流实施的范围、范畴不同,从而形成了不同的物流应用类型。按照物流研究的范围大小,物流应用活动可分为宏观物流、中观物流和微观物流;按照物流活动涉及的领域物流应用活动可分为军事领域物流、生产领域物流、流通领域物流和生活领域物流;按照物流系统的性质,物流应用活动可划分为社会物流、行业物流和企业物流;按照物流作业的执行者,物流应用活动又可分为企业自营物流、专业子公司物流和第三方物流;按照物流活动在供应链中的作用,物流应用活动分为供应物流、生产物流、销售物流、回收物流和废弃物物流;按照物流活动的地域范围,物流应用活动划分为国际物流和区域物流两种;等等,如图 5-1 所示。需要说明的是,虽然不同的分类标准派生出不同的物流应用类型,但其基本活动是相同的。

事实上,在图 5-1 物流应用系统基本构成中,各物流应用活动之间存在着交叉和重叠。比如,宏观物流中和中观物流中都包含社会物流,而按照活动范围划分的国际物流和区域物流又属于社会物流。同时,企业物流是由供应物流、生产物流、销售物流、回收物流

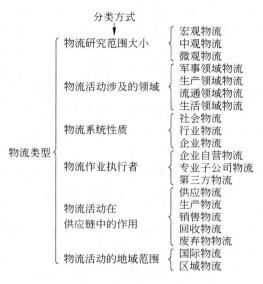

图 5-1 物流应用系统的基本构成

和废弃物物流组成,并且既可以企业自营,也可以由专业子公司经营,还可以由第三方物流公司承担。本文按照物流应用系统的特点,介绍当前研究较多的几个相互独立的典型物流系统,即:企业物流、区域物流和国际物流,以及作为主要物流活动提供商的第三方物流系统。

5.2 企业物流

5.2.1 企业物流系统概述

根据国标定义,企业物流(internal logistics)是企业内部的物品实体流动。即企业在生产经营过程中,物品从原材料供应,经过生产加工,到产成品和销售,以及伴随生产消费过程所产生的废弃物的回收和再利用的完整循环活动。企业的物流过程由三个阶段构成,即原料由社会"流"入企业;企业生产过程中物料在时间和空间上的流转;产品从企业"流"向客户。

企业物流管理是对企业物流进行计划、组织、指挥、控制和监督的活动,通过使物流功能达到最佳,在保证物流服务水平的前提下,实现物流成本最低化。物流管理的范畴贯穿于原材料管理到提供最终产品的整个过程。它是一个系统的管理过程,通过协调物资和信息在市场、企业、供应商之间的流动,从而使客户的需求得到满足。它构成了企业价值链的基础环节,是企业取得竞争优势的关键。一个生产企业,从原材料的采购进厂开始,经过一道道工序加工成半成品,然后装配成产品,运至成品库存放或运至客户,自始至终都离不开物料的流动。这种在企业内部的物料(包括半成品或在制品)按照一定的工艺流程要求,借助一定的搬运手段和工具,从一个单位(如供货单位或车间、工位)流入另一个单位,形成了企业物流。因此企业物流实质上是从原材料的输入,经过生产过程的物理和化学的转换,使其成为所需的产品,并从系统输出的全部流动过程,实现对物料的加工、检验、搬运、贮存、包装、装卸和配送等功能。这里有三点需要说明:

(1) 企业物流研究与生产的工艺和设备密切相关,着重点并不在工艺上、设备上的改造,而是在于用最科学、最经济的手段把各个工艺环节和设计与人有机地结合起来,形成一个高效率的生产系统。

(2) 物料的贮存和搬运是企业物流研究中两个很重要的问题,但不是全部,物流研究的内容还涉及对物料的加工、检验、包装、装卸和配送等多个功能。

(3) 物料的含义取决于系统中流动的实体,对于生产系统一般指原材料、在制品和产成品等。对于非生产系统,如商店,物料是指商品、人流等。对于客运系统,物料是指人、旅客;而对于信息系统,则指文件等信息流。

从系统论角度分析,企业物流系统是一个承受外界环境干扰作用的具有输入—转换—输出功能的自适应体系。该系统以供应物流为输入,经过生产物流的转换成为产成品,并经销售物流到达顾客手中。在这一转换过程中,废弃物的回收与处理正越来越成为企业物流系统的重要调整要素。供应物流、生产物流、销售物流以及回收与废弃物流,构成了企业物流系统的水平结构,如图 5-2 所示。

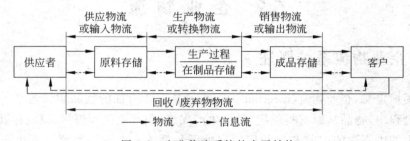

图 5-2 企业物流系统的水平结构

(1) 企业供应物流(supply logistics)。是为生产企业提供原材料、零部件或其他物品时,物品在提供者与需求者之间的实体流动。即企业生产活动所需要的原材料、备品备件等物资的采购、供应活动所产生的物流。

(2) 企业生产物流(production logistics)。是生产过程中,原材料、在制品、半成品、产成品等在企业内部的实体流动。即企业在生产工艺中的物流活动。这种物流活动是与整个生产工艺过程伴生的,实际上已构成了生产工艺过程的一部分。生产物流包括:各专业工厂或车间的半成品或成品流转的微观物流;各专业厂或车间之间以及它们与总厂之间的半成品、成品流转;生产物流系统与厂外运输部分(包括原材料、部件、半成品的流转和存放,产成品的包装、存放、发运和回收)的衔接。转换的起始边界为原材料、配件、设备的投入,终止边界为产成品从库中配送。所以生产物流是一个与周围环境密切相关的开放式系统。

(3) 企业销售物流(distribution logistics)。是生产企业、流通企业出售商品时,物品在供方与需方之间的实体流动。它是企业为保证本身的经营效益,不断伴随销售活动,将产品所有权转给用户的物流活动。对于企业物流来说,销售物流是终点,但对于社会宏观物流而言,它又是起点。组织好企业的销售物流,通过宏观物流在社会经济范围内的运作,将一个个相对独立的企业系统联系起来,形成社会再生产系统。

(4) 企业回收物流(returned logistics)。是指不合格物品的返修、退货以及周转使用的包装容器从需方返回到供方所形成的物品实体流动。

(5) 废弃物物流(waste material logistics)。是指将经济活动中失去原有使用价值的物品,根据实际需要进行收集、分类、加工、包装、搬运、贮存,并分送到专门处理场所时所形成的物品实体流动。通过企业回收/废弃物物流实现对企业生产、供应、销售过程中产生的各种边角余料和废料的回收,以及对企业排放的无用物的运输、装卸、处理。

而从纵向角度看,在企业物流系统中,只有通过企业内部管理层、控制层和作业层三个层次的协调配合,该系统才能合理地、有效地实现其总体功能。图 5-3 为企业物流系统的三层次协调配合的垂直结构。

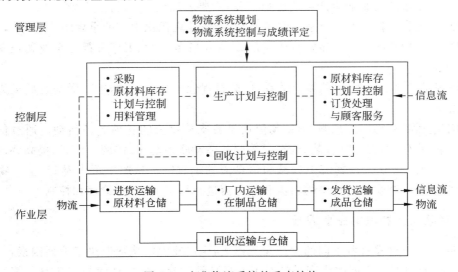

图 5-3　企业物流系统的垂直结构

(1) 管理层——对整个物流系统进行计划、实施和控制。主要内容有物流系统战略规划、系统控制和成绩评定，目的是形成有效的反馈约束和激励机制。

(2) 控制层——其任务是控制物料流动过程，主要包括订货处理与客户服务、库存计划与控制、生产计划与控制、用料管理、采购等。

(3) 作业层——完成物料的时间转移和空间转移。主要包括发货与进货运输、厂内装卸搬运、包装、保管、流通加工等。

企业不是社会经济环境中的孤立个体，它需要不断与外界进行物质与能量的交换。因此，从宏观角度看，若干企业物流的产成品的输出，相互交织成社会物流，而社会物流也正是企业物流活动的条件和环境。这种企业物流和社会物流之间的不断循环，就形成了完整的物流过程。本节主要研究企业生产过程中的物流情况。

5.2.2 企业生产物流系统

生产物流一般指：原材料、燃料、外购件投入生产后，经过下料、发料、运送到各个加工点和存储点，以在制品的形态，从一个生产单位（仓库）流入另一个生产单位，按照规定的工艺过程进行加工、贮存、借助一定的运输装置，在某个点内流转，又从某个点内流出，始终体现着物流实物形态的流转过程。这样就构成了企业内部物流活动的全过程。所以生产物流的边界起源于原材料、外购件的投入，止于成品仓库，贯穿生产全过程。物料随着时间进程不断改变自己的事物形态和场所位置，物料不是处于加工、装配状态，就是处于贮存、搬运和等待状态。由此可见，工业企业物流不畅将会导致生产停顿。

企业物流系统与企业生产系统密切相关，主要表现在：

(1) 从整个企业作为一个系统的角度看，物流是现代化生产的重要组成部分。

(2) 从企业的各个组成部分的角度看，企业中的各车间、工序等都是企业物流系统网络中的节点。

(3) 从企业生产系统的具体活动看，生产过程包含物流活动，生产活动自始至终伴随着物流活动。

物流过程要有物流信息服务，即物流信息要支持物流的各项业务活动。通过信息传递，把运输、贮存、加工、装配、装卸、搬运等业务活动联系起来，协调一致，以提高物流整体作业效率。图5-4是生产物流中物流和信息流的示意图。从图中可以看到，生产物流研究的核心是如何对生产过程中物料流和信息流进行科学的规划、管理和控制。

1. 影响生产物流的主要因素

不同的生产过程有着不同的生产物流构成，生产物流的构成取决于下列因素：

(1) 生产类型。不同的生产类型对于产品品种、产品结构、精度与工艺要求等均有不

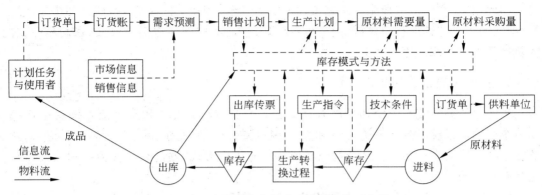

图 5-4　生产物流中的物流和信息流的示意图

同。这些特性影响着生产物流的构成及相互之间的比例关系。

（2）生产规模。生产规模指单位时间的产品产量，一般以年产量计。生产规模与生产物流的物流量成正比。

（3）企业的专业化与协作水平。社会专业化和协作水平的提高，使得企业生产过程趋于简化，生产物流的流程缩短，有利于物流成本控制。

2. 企业物流与生产工艺流程的关系

在任何一个企业，物料自始至终都在不停地流动着，包括原材料、备品配件的输入，把输入转换为产出的中间在制品流转作业以及产品的输出。如图 5-5 所示。

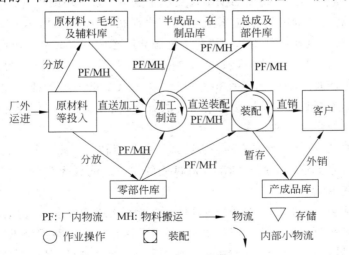

图 5-5　生产过程中的物流示意图

因此,企业物流应按照生产工艺流程来组织。它与生产同步,但其范围又超出生产过程,即它向上延伸到原材料供应,向下延至产成品外销,中间还包括半成品、在制品库、总成及部件库和产成品库等环节。

3．企业物流系统的特点

生产系统和物流系统密切地融合在一起,相辅相成,相互支撑地完成不同的生产操作。企业物流系统既具有系统的四个基本特征(集合性、相关性、适应性、整体目标性),还兼有生产系统的类似性质。结合物流系统本身的操作方式,物流系统作为新的系统体系它具有自己的特点。

(1) 从系统的角度来看,企业物流具有如下特征。

① 集合性:企业物流系统是由原材料供应、生产制造、产成品分销以及后勤服务等活动组成的一个供、产、销三位一体的集合体。

② 相关性:企业物流系统内各子系统(即物流系统内的各环节)之间及总系统之间存在着普遍的联系,它们相互交叉、相互依存、相互渗透、关系十分密切。

③ 适应性:企业物流系统处在一个复杂的外部环境包围之中,深受环境制约。为使企业物流系统正常运行,必须有很强的适应能力。

④ 整体目标性:企业物流系统的整体利益大于各子系统利益的简单相加,各子系统的活动以企业整体物流效益最优为出发点和目标。

(2) 从企业内部的微观物流看,企业物流具有如下特征。

① 连续性。企业的生产物流活动不仅支持企业生产过程中的作业活动,而且把整个生产企业的所有相对孤立的作业点、作业区域有机地联系在一起,构成了一个连续不断的企业内部生产物流。企业内部生产物流是由静态和动态相结合的节点连接在一起的网络结构。所谓静态点,指物料处于空间位置不变的状态,如厂区用于装配、搬运、运输等所设置的区域,这与生产布局和运输条件相关;所谓动态点是指为了保证企业生产处于有节奏、有次序地连续不断地运作,企业生产物流的方向、流量、流速应相应地进行动态的调整,以适应生产过程中多变的状态。

② 物料流转,是企业生产物流的关键特征。物料流转的手段是物料搬运。在企业生产中,物料流转贯穿于整个生产与加工制造过程的始终。畅通无阻的物料流转是企业生产顺利、高效的基本保证。

③ "背反"现象。在企业物流的成本管理中,物流在保管、运输、包装等方面存在着"降低企业物流成本"和"提高物流服务水平"两大矛盾。当一方费用降低时(如包装费用的节省),常会使另一方成本加大(如在运输或保管上需额外提供保护或便利的工具或措施)。为了使企业物流整体上的合理化,需要用总的成本来进行综合评价。

(3) 从合理组织生产物流看,企业物流具有如下特征。

① 物流过程的连续性。为了支持生产过程的连续性,要求物料能顺畅地并以最快、最省的运作方式进入各个工序,完成最终产品的加工制造。每一个作业点物料供应不能发生不正常的阻塞,否则将影响整个生产进程,这就是物流过程的连续性。

② 物流过程的平行性。在企业生产的产品品种中,根据每个产品的物料清单(bill of material,BOM)组织生产,当每种零部件分配给不同车间、工序进行支流生产时,只有保证各个支流生产过程的顺畅,才能使生产最终产品的整个物流过程顺利进行。

③ 物流过程的节奏性。指产品在生产过程的各个阶段,从原材料的投入到产成品的入库,原料、零部件、外协外购件、在制品、成品等物料的流动都应按计划有节奏或均衡地进行。在形成最终成品时,都要求零部件成套地同时到达,因此在安排生产时,应考虑其节奏性。同时,要求所有车间、工位都能均衡生产,避免忙闲不一。

④ 物流过程的比例性。组成产品的各个零部件的物流量是不同的,有一定的比例性,因此物流过程需按不同物流量的比例进行流动。

⑤ 物流过程的适应性。为了支持生产过程的快速适应能力,物流过程同样应具备相应的应变能力,与生产过程相适应。

5.2.3 企业物流系统的类型

企业物流与企业生产类型、方式密切相关,因此企业物流系统的类型也与企业生产系统类型密切相关。企业物流系统类型的划分,主要依据是其生产物流的形态。如果简单地从空间结构形式上分类,有以下四种类型(图5-6至图5-9)。

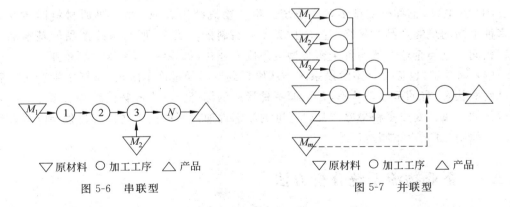

▽原材料　○加工工序　△产品

图 5-6　串联型

▽原材料　○加工工序　△产品

图 5-7　并联型

(1) 串联型,也称为直列型多阶段系统。指物料移动按生产工艺流程顺序排列,如流水生产线使用的物流系统。单一物流系统是其特例。单一物流系统指只有一个物流点,

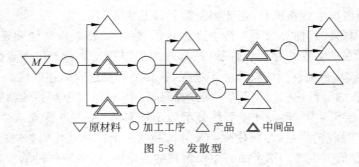

图 5-8 发散型

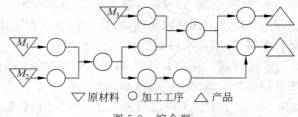

图 5-9 综合型

如机器设备、仓库、商店,作为独立体只有一个物流输入和一个物流输出。多个物流输入和输出串联在一起就构成直列型多阶段系统。

(2) 并联型,也称收敛型或合流型多阶段系统。生产物流结构表现:由许多种原材料加工或转变成一种最终产品。物料根据物料清单(BOM)和加工工艺流程分别被安排在单一或多道连续的生产工序中进行流动而制成最终产品。合流型多阶段系统适合用于装配工厂,如飞机、轮船等装配。

(3) 发散型,也称分支型多阶段系统。生产物流结构表现:由一种原材料回转变成许多种不同的最终产品。最终产品的种类比原材料的种类多,所有最终产品的基本加工过程相同。这类企业一般为资金密集型且高度专业化,如炼油厂,钢铁厂等企业。

(4) 综合型,也称复合型阶段系统。从原料到成品经过许多阶段,系统中生产阶段有的呈发散状态,有的呈收敛状态,是上面两种形式的综合。其生产物流结构表现:有许多原材料加工或转变成多种最终产品。标准的零部件通过不同的工艺加工过程装配成多种成品。如制锁厂、汽车制造厂等。

5.2.4 企业物流系统分析方法

1. 当量物流量

物流量是指一定时间内通过两物流点间的物料数量。在一个给定的物流系统中,物料从几何形状到物化状态都有很大的差别,其可运性或搬运的难易程度相差很大,简单地用重量作为物流量计算单位是不合理的。因此,在系统分析、规划、设计过程中,必须找出一个标准来,把系统中所有的物料通过修正、折算为一个统一的量,也就是当量物流量,才能进行比较、分析和运算。

所谓当量物流量是指物流运动过程中一定时间内按规定标准修正、折算的搬运和运输量。这种修正与折算是充分考虑了物料在搬运或运输过程中实际消耗的搬运和运输能量等因素来计算的。例如,一台载重量为 10 吨的汽车,当它运输 10 吨锻件时,则 10 吨锻件的当量重量为 10 吨;而当它运输 2 吨组合件时,则 2 吨组合件的当量重量为 10 吨。实际系统中,所提及的物流量均指当量物流量。当量物流量的计算公式为:

$$f = nq \tag{5-1}$$

式中,f——当量物流量,当量吨/年、当量吨/月、当量公斤/小时……

q——一个搬运单元的当量重量,当量吨、当量公斤……

n——单位时间内流经某一区域或路径的单元数,单元数/年(月……)

物流量也可以用 n 计量,单元数/年、件/月、件/天等。目前,当量物流量的计算尚无统一标准,分析者一般根据现场情况和实际经验自行确定。当量物流量的确定仍有待于今后的进一步研究。

2. 玛格数(Magnitude)

玛格数起源于美国,是一种不十分成熟的当量物流量计算方法。它是为度量各种不同物料可运性而设计出来的一种度量单位,可以衡量物料搬运难易的特征。将两点之间流动物料的玛格数乘以单位时间内运输的件数,即可得到该两地点之间的物流量或物流强度。

需要注意的是,玛格数概念有其局限性。因为每一种物料的运输能力会部分地与搬运方法(装载容器及搬运设备)有关,而实际中,玛格数对各种不同的物理、化学状态的物料和搬运方法不能十分准确地来描述和度量,因而它是一种近似描述物流量的标准值。在一些特性相差不大的物料搬运中,玛格数是比较适用的。但若想将现实中的所有物料都用玛格数来度量,其误差较大。也就是说,物流系统越大、越复杂,玛格数的使用精度越低。

玛格数的理论意义是十分重要的,是一种值得借鉴,并需进一步研究和开发的技术方法。

(1) 一玛格的定义

一个玛格的物料具有如下特征:

① 可以方便地拿在一只手中;② 相当密实;③ 结构紧凑,具有可堆垛性;④ 不易受损坏;⑤ 相当清洁、坚固和稳定。

通俗地说，就是一块粗加工到略大于150立方厘米长方体（或稍大于2英寸×2英寸×2英寸）的干燥木块，约有两包香烟大小，叫做一个玛格。应用玛格数时，需将系统中所有物料换算成为相应的玛格数。

(2) 玛格数的计算方法

首先按照物料的几何尺寸大小计算出基本值，然后用基本值再乘以各种修正系数，最终确定其玛格数。计算步骤如图 5-10 所示。

图 5-10 玛格数的计算步骤

① 计算物料的体积。度量体积时，采用外部轮廓尺寸，并且不要减去内部空穴或不规则的轮廓。

② 查阅图 5-11 玛格曲线或表 5-1 的"体积与玛格数的对应表"，得到玛格数基本值 A。

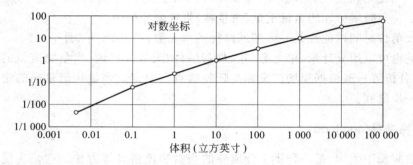

图 5-11 玛格曲线（1 英寸＝25.4 毫米）

图中曲线反映了体积大小与基本值的关系。物料体积越大，运输一单位体积就越容易，玛格曲线变化越缓。

表 5-1 部分体积与玛格数基本值对应关系

体积（立方英寸）	玛格数基本值（玛格）	体积（立方英寸）	玛格数基本值（玛格）
0.005	1/200	100	3.5
0.1	1/20	1 000	10
1.0	1/4	10 000	25
10	1	100 000	50

注：1 立方英寸＝16.4 立方厘米

③ 根据表 5-2，确定修正参数
④ 根据式(5-2)计算玛格数

$$M = A + \left[\frac{1}{4}A(B+C+D+E+F)\right] \qquad (5-2)$$

式中，A——基本值；

B——密度；
C——形状；
D——损伤危险程度；
E——状态（化学状态、物理状态）；
F——价值因素，如不考虑则 $F=0$。

表 5-2 修正因素及参数值

参数值	修正因素			
	情况（E）	松密程度或密度（B）	形状*（C）	损伤的危险性（D）
−3	……	十分扁平并且可以叠置或可以套叠*（平纸张或金属板材）	……	……
−2	非常轻或空的（体积庞大的钣金制品）	易于叠置或套叠的（纸簿、汤碗）	不易受任何损坏（废铁屑）	……
−1	轻和庞大的（拆散的瓦楞纸板箱）	较易叠置*或略可套叠（书、茶杯）	实际上不易受损坏，或受损极小（坚实的铸件）	……
0	比较密实的（干燥的木块）	基本上是方形，并具有一些可叠置性质（木块）	略易受损坏（加工成一定尺寸的木材料）	清洁、牢固、稳定的（木块）
+1	相当重和密实的（空心铸件）	长的圆的或有些不规则形状的（袋装谷类、短棒）	易受挤压、破裂、擦伤等损坏（油漆过的物品）	有油的,脆弱的不稳定的或难于搬运的（带油切屑）
+2	重及密实的（实心铸件、锻件）	很长、球状或形状不规则的（桌上电话机）	很容易受一些损坏，或容易受许多损坏（电视显像管）	表面上有油脂、热的、很脆弱或滑溜的、很难于搬运的
+3	非常重和密实的（模块、实心铅）	特别长的、弯曲的或形状为高度不规则的（长钢梁）	极易受到一些损坏，或易受非常多的损坏（水晶玻璃高脚器皿）	（发黏的胶面）
+4	……	特别长及弯曲的或形状格外不规则的（弯管、木椅）	极易受到非常多的损坏（瓶装酸类、炸药）	（熔化的钢）

注：① 每一物品的价格等级此处未予列出，因为在一个工厂内它通常不会导致运输能力的变动，而且搬运的小心程度已体现在"损伤的危险性"这一因素内了。但是，如果某些情况下仍须考虑一个"价值"修正值，可以自行设立其零点和尺度，用 F 表示。

② *"扁平"或"可套叠"的物品通常以叠置的形式搬运。当衡量上述因素时，须以一叠或一套，而不是每一单件作为单位。

③ 修正因素是一种定性转化为定量的方法，参数值可以考虑使用半级来修正，以提高修正精度。

④ 确定玛格数。

3. 物料活性系数（详见6.5.4）

物料活性系数是选择工位器具和合理的物料搬运方法以建立适合的物料搬运系统的重要参数。

4. 物流综合强度分析

物流强度和非物流强度分析的目的是为做新方案提供依据，也可对原方案进行强度等级标定。

（1）物流强度。指两点间的物流量。

把所有路线上的物流强度按大小排列，在图纸上画成直方图便得到物流强度图。再对强度图进行分级标定，从而为物流系统的重点分析和新方案的平面布置指明了重点分析对象。

强度等级从高到低可分为 A（apparently important）、E（especially important）、I（important）、O（ordinary important）、U（unimportant）五级，如表5-3所示。

表5-3 物流强度等级

等级	含义	标准
A	特大物流量	一般占最高强度坐标值的40%
E	很大物流量	一般占最高强度坐标值的30%
I	大物流量	一般占最高强度坐标值的20%
O	一般物流量	一般占最高强度坐标值的10%
U	不重要物流量	可以忽略

（2）非物流强度。指两点间密切关系的强度，简称密切度。

这种非物流强度用来标定非物流部门之间的关系。也可定量表示，像物流强度一样，画出适当的长度的直方图，按大小次序排队就绘出了非物流强度的直方图。

对该直方图也可以划分A、E、I、O、U五级，必要时还可增设X级，表示疏远级，为X级的两点为疏远关系，布置上必须远离。

（3）综合强度

将物流强度和非物流强度统一在一起，就得到了物流强度。统一的方法是，首先要确定系统中物流部门和非物流部门各自的重要程度的比例关系。用这种比例关系来确定非物流强度的具体量值，就得到按比例关系度量的非物流强度直方图，把它与物流强度直方图相加就得到综合物流强度直方图。

5.2.5 物流系统合理化的原则和途径

所谓物流系统合理化,就是根据物流系统中各职能因素之间相互联系、相互制约、相互影响的关系,把物料的运输、包装、存储、装卸、加工、配送等流通活动和与之相关联的物流信息作为一个系统来构造、组织和管理,以使整个物流过程最优化。从而以较低的物流成本,实现既定的客户服务水平(包括质量、数量、时间、地点、价格等)。实现上述物流的合理化,必须以物流组织结构合理化为基础,制定科学有效的物流组织体系。由此可见,物流合理化,就是实现物流组织结构合理化以及建立在此基础上的物流管理合理化和物流技术合理化的统一。

1. 企业物流系统合理化原则

物流系统合理化原则是指物流系统分析、设计、控制与管理所应遵循的原则,是评价一个物流系统方案或物流系统过程优劣的基准。物流系统合理化原则是建立在使物流系统低成本、高效率、高效益运行的基础上的,现将主要原则分述如下。

(1) 近距离原则

在条件允许的情况下,为求使物料流动距离最短,以减少运输与搬运量。因为运输与搬运只增加系统成本,而不增加产品价值。日、美企业的工厂常设计成几万平方米或几十万平方米的联合厂房,就是这个道理。

(2) 优先原则

在物流系统规划设计时,应尽量使彼此之间物流量大的设施布置得近一些,而物流量小的设施与设备可布置得稍远些。

(3) 避免迂回和倒流原则

迂回和倒流严重影响生产系统的效率和效益,必须使其减少到最低程度,尤其是系统中的关键物流。

(4) 在制品库存最少原则

在制品既是生产过程的必需物,同时又是一种"浪费"。以拉动式"看板管理"为基础的准时化(JIT)生产管理,可以将库存降低到最低限度,实现零库存生产。

(5) 集装单元和标准化搬运原则

物流搬运过程中使用的各种托盘、料箱、料架等工位器具,要符合集装单元和标准化原则,以提高搬运效率、提高物料活性系数、提高搬运质量、提高系统机械化和自动化水平。因此,一个企业中工位器具、物料装载容器和物流设备的状况反映了物流系统的效益水平,也反映了该企业的基础管理水平。

(6) 简化搬运作业、减少搬运环节原则

物料的搬运不仅要有科学的设备、容器,还要有科学的操作方法,使搬运作业尽量简化,环节尽量减少,提高系统的物流可靠性。

(7) 重力利用原则

在物流系统中,使用重力方式进行物料搬运是最经济的手段,且方便有效。利用高度差,采用滑板、滑道等方法可节约能源。但对于重力搬运必须有很好的控制措施,以防止造成产品、零件、物料的磕碰和对人员的伤害以及设备的损坏。

(8) 合理提高物料活性系数

物料的活性系数是度量物料流动难易程度的指标,在允许情况下,应尽量提高,但不可强求,否则会增加资金耗费。

(9) 合理提高搬运机械化水平

机械化水平的提高,可提高搬运质量和搬运效率,但要根据物流量、搬运距离和资金条件等因素,合理选择机械搬运设备。图 5-12 给出了搬运设备的选择方法。

图 5-12 搬运设备选择示意图

(10) 人机工程原则

物料搬运的目的应事先确定好,使物料搬运时一步到位,避免二次搬运、装卸。同时,搬运设备、装卸设备及工位器具的安全设计和布置应满足人机工程要求,在各个操作环节上应使操作者最省力、安全、高效、减轻疲劳。

(11) 自动化原则

计算机管理是物流信息控制的重要手段,也是物流现代化的基本标志。在条件可能的情况下,应尽早、尽量采用计算机辅助管理,实现自动化,并注意与其他信息系统的集成开发。

(12) 系统化原则

物流系统是生产与管理系统的子系统,因而它的结构、功能、目标要与管理目标一致。所以,既要重视单一物流环节的合理化,也要重视物流系统的合理化;既要解决个别物流环节的机械化、省力化、标准化,又要解决物流的整体化和系统化;既要降低物流成本,又要使用户满意。物流系统的改善,需要加强自接受订货开始,直至产品送达客户的整个生产消费全过程的物流管理。

(13) 柔性化原则

产品结构、生产规模、工艺条件的变化或管理结构的变更,都会引起物流系统结构包括平面布置的变化。因此发达国家工业企业的厂房多是组合式,设备安装也有利于变动和调整。

第5章 物流应用系统

（14）环境要求原则

物流系统的设计要符合可持续发展战略的思想和绿色制造的要求，不应只为追求物流系统的功能而损失或破坏环境。使其能与自然、社会等环境很好地协调，并且不对我们居住的环境造成危害。

2. 实现物流系统合理化的途径

通过企业选址、设施设计、生产管理和销售等各个环节的改善，实现物流系统合理化。

（1）选址阶段

选址包括厂房定位、仓库布点、企业内部布局等，选址的决策结果对物流系统合理化起至关重要的作用。

对于厂房定位，德国经济学家韦伯（Alfred Weber）指出，当工业在制造过程中是"增重"的，应在消费点建立设施；而当制造过程中是"失重"的，必须在接近原材料产地建立设施；如果制造过程中既不是"增重"的，也不是"失重"的，则可以在中间的地方选择工厂位置。

仓库的数量和地理位置由客户、制造点与产品等因素确定。

（2）设施设计阶段

① 合理配置各种生产设施

工厂的整体布局、各种生产设施的合理配置，是物流系统合理化的前提，其目的是减少物流迂回、交叉以及无效的往复，避免往复运输，避免物料运输中的混乱、线路过长等。

② 合理配置和使用物流设施

物流机械的自动化水平直接反映了物流系统的能力水平，物流机械化的配置主要考虑以下条件：

- 根据物料形态和特性、搬运工艺要求、环境条件等，选择合适的类别与规格的物流机械，而且要注意系统配套；
- 机械化与自动化水平要根据企业综合效益需要来确定；
- 物料的单元化、集装化和机械配置有密切关系；
- 谨慎吊起重物，注重采用水平运输方式；
- 采用集装单元和合适运输设备，使运输手段合理化。

③ 系统设施应具有柔性

物流系统的各项设施，在产品的品种、数量发生变化后，应能在最小投入费用下，适应新的生产要求。

（3）生产管理阶段

首先，要争取企业各部门的理解和支持，在管理上达到协调一致。其次按物流结构实现供应物流、生产物流、销售物流的合理化，从而使整个物流系统达到最优。具体措施有：

① 均衡生产。企业生产合理化的关键在于生产的均衡化和物流的准时化。生产企业各工序间应努力在规定的时间,将规定数量的零件,送到规定的地点,保证均时化生产和物流合理化。

② 适当库存。尽可能降低库存,适时供应加工装配所需零件,尽可能减少零件库存量,以加快企业资金周转,降低物流成本,缩短物流周期。

③ 合理运输。设计合理的搬运次数和运输量,尽量缩小搬运距离,避免无效运输,使运输合理化。装卸方面,使用集装箱和托盘,使装卸机械化。

④ 计算机化。广泛应用计算机进行物流系统的设计、规划、模拟和管理,以及物流过程的全计算机控制、建立完善的物流信息系统。

⑤ 职工主人化。加强职工小组活动,建立企业与职工之间的信任关系。因为无论工厂的平面布置多么出色,设备多么现代化,但最终使其运转的都是人,所以只有加强职工的责任心,并落实在日常操作上,物流合理化才能真正实现。

⑥ 连续改善。连续改善的范围涉及企业的方方面面,其核心思想是不求一次"大跃进"式的提高,而是通过小步骤地持续不断地改造和革新,来取得连续的效益积累。

(4) 销售阶段

① 商物分离。建立物流基地(如物流中心、批发中心、配送中心等),从而改善企业功能,优化物流系统,提高物流效率。如图5-13所示。

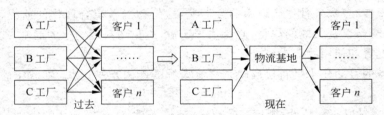

图 5-13 销售物流模式

② 增加从工厂直接发货数量;
③ 减少输送次数;
④ 提高车辆满载率;
⑤ 实现计划输送;
⑥ 开展联合运输;
⑦ 选择适当的输送手段。

物流系统合理化是企业生产实现高质量、低成本、优质服务的重要前提,同时也是缩短产品交货周期的基础。日本企业因为成功地使用物流系统合理化技术来优化生产系统,使企业的管理水平和竞争力得到很大的提高。我国制造企业也应很好地借鉴采用这一技术,努力改进和提高物流系统水平,力争在激烈的市场竞争中取得胜利。

5.3 区 域 物 流

5.3.1 区域物流及其特点

1. 区域物流的定义

国际学术界对区域物流的定义尚未统一,而我国对区域物流的解释则更不成熟。随着实业界和政府部门对物流产业的广泛关注,区域物流的内涵也在不断丰富和发展。如董千里等是这样定义区域物流的:与企业物流相对应,区域物流概念一般用于更广的范围,它侧重于城乡之间、城市之间和城市内部、各类开发区以及各个企业之间的从供应者(所在地点)到需求者(所在地点)的物品(原材料、半成品、制成品等)的运输与集散一体化过程。刘文茹、赵启兰、王耀球等在《论区域物流中心建设》一文中,定义区域物流为:在区域范围内的一切物流活动,包括运输、保管、包装、装卸、流通加工和信息传递等功能实体性的流动以及物流过程中各环节的物品运动。海峰、张丽立等提出区域物流是在一定的区域地理环境中,以大中型城市为中心,以区域经济规模和范围为基础,结合物流辐射的有效范围,将区域内外的各类物品从供应地向接收地进行有效的实体流动;根据区域物流基础设施条件,将公路、铁路、航空、水运等多种运输方式及物流节点有机衔接,并将运输、储存、装卸搬运、包装、流通加工、配送及信息处理等物流基本活动有机集成,以服务本区域的经济发展,提高本区域物流活动的水平和效率,扩大物流活动的规模和范围,辐射其他区域,提高本区域的经济实力。

综上所述,虽然大家对区域物流有不同的定义,但都强调区域物流是一定区域内的物流活动系统,实现最佳的经济效益和社会效益。这里特别要指出的是区域是指有一定空间的地方,是具有特定的政治、自然和经济意义的地区范围。区域物流系统中的区域为经济区,是基于地理的、自然的、资源的以及基础设施等多种客观条件为依据而形成的。但区域经济的调控治理,一般是以行政区域为基础,各级政府参与物流设施规划设计的重点仍然是行政区,而且更多地体现为行政区主体利益。因而,对于区域物流系统的实际运行,存在着经济区和行政区重叠交错的关系,也成为区域物流经济协同发展需要关注的方面。

区域物流以区域地理位置为前提,地理位置的差异性和客观性是形成区域物流的地理条件;以大中型城市为中心,突出了大中型城市在区域经济中的中心位置,是实现聚集经济性的主要空间表现形式;以区域经济规模和范围为基础,强调的是区域物流的规模和范围及主要服务的对象和领域,但又不仅仅局限于区域经济的规模和范围,这是因为各中心城市的地理位置不同,它在区域经济中的重要度也有所差别;结合物流辐射的有效范围,因为这是确定区域物流的范围、划分区域物流的依据。

一般而言,区域物流的范围与其所属的区域经济的范围相一致,但又不完全重合,这是物流运输的距离经济性原理的作用,因为区域物流组织主体是该区域内从事物流服务的各类物流企业,区域物流的实现是通过这些物流企业的物流运作实现的。可以说,物流运输的距离经济性原理,往往决定了物流企业最有效的运输距离,从而确定了区域物流的辐射范围。根据区域物流基础设施的条件,将多种运输方式及物流节点有机衔接,将物流的基本活动有机集成,是强调从区域物流发展规划的角度,通过各级政府的行政干预,科学合理地规划、布局各种物流基础设施,尤其是将区域物流中的点、线、网等有机衔接,使各项物流活动有机集成。区域物流的目标是服务本区域的经济发展,提高本区域的经济实力,扩大物流服务的规模和范围,辐射周边区域,增强本区域的物流功能和经济实力。这往往是许多地区将现代物流业作为支柱产业发展的主要动力。

2. 区域物流的特点

(1) 区域性

区域物流不同于城市物流,区域物流是以区域为范围,尽管强调了中心城市在物流方面的作用,但它仍然与城市物流有所区别。城市物流的主要功能是满足城市的经济活动和居民生活,因此,商贸物流才是城市物流的主要类型,而商贸物流与其他物流相比,在运输的批量、时间的准时化及随季节的变化等方面,有其特殊的规律。城市物流是区域物流的一个重要组成部分。

(2) 适应性

区域物流与区域经济的发展水平和规模密切相关。区域经济的发展是区域物流的基础,没有区域经济,也就没有所谓的区域物流。不同的经济水平、发展规模和产业形态,要求与之相适应的区域物流作为服务保障,只有这样,区域经济才能持续健康地发展。

(3) 层次性

区域内各城市的地理位置不同,在区域经济发展中的重要度不同,这直接决定了区域物流的层次划分。区域经济的产生,往往是区域地理位置差异的结果。因此,地理位置是区域经济的基础,同时也成为区域物流的基础。中心城市大都是区域的交通运输枢纽,具有良好的基础设施,长期以来一直承担着货物集散地的物流功能,区域的物流中心地位突显。同时,政府政策的积极支持和引导,又进一步促进了中心城市物流业的发展,层次划分愈加明显。

5.3.2　区域物流与区域经济

区域物流是在某一经济区域内,物资从供方向需方的物质实体流动过程,是运输、储存、装卸、包装、流通加工、配送、信息处理等功能的有机结合体。区域经济是按照自然状况、经济联系、民族、文化传统及社会发展需要而形成的经济联合体,是社会经济活动专业化分工与协作在空间上的反映。区域物流与区域经济是相互依存的统一体。

区域物流是区域经济的重要组成部分,区域物流的存在和发展是以区域经济的存在和发展为前提的,没有区域经济也就没有区域物流。区域物流与区域经济发展的水平、规模密切相关,不同区域经济的水平、规模和产业形态,决定了区域物流的水平、规模和结构形态。物流总是伴随着商流而生,区域经济越发达,制造及商贸越活跃,作为服务行业的物流业就会有良好的客户群和市场基础,大规模发展的可能性越大。

1. 区域经济发展对物流产业的要求

区域物流是区域经济的一部分,区域经济的发展将最终决定区域物流产业的发展程度,也是区域物流产生并发展的原动力。概括起来,区域经济发展对区域物流产业的促进作用主要表现在以下几个方面。

(1) 经济全球化趋势促进了物流产业的发展。随着经济全球化进程的加快,不同国家和地区的经济联系日益密切,基于竞争优势和互补性的经济结构调整步伐也越来越快。从而对提供商品物资时空位移转换的物流产业产生了巨大的需求。此外,经济的全球化不可避免地造成各种资源在全球范围内重新组合与配置,也为现代物流的发展提供了广阔的市场。综上所述,经济全球化导致了区域间经济的协作和贸易不断增长,从而直接推动了物流产业的跨区域发展。

(2) 区域经济一体化促进了物流产业的发展。世界经济全球化的同时,区域经济的一体化步伐也在逐步加快。区域中心城市在推动区域物流产业方面发挥着主导作用,而区域内各经济主体之间的经济联系必须通过大量的物资流通加以实现,从而为区域内物流产业的发展提供了巨大的发展潜力和需求市场。

(3) 外向型经济的发展和先进制造模式的诞生也极大地促进了物流产业的发展。外向型经济的快速发展直接导致了区域之间对物流供给的巨大需求,因为大规模的空运、海运以及跨境陆运是实现区域经济联系的必要手段。在激烈的竞争条件下,企业对利润和核心竞争能力的追求,使得物流外包成为必然趋势,逐渐发展成为现代物流企业,以专门提供供应链集成管理的第三方物流企业也日益成长起来。

2. 物流产业对区域经济的影响

首先，区域物流是区域经济发展的强大后勤保障系统。区域经济是一种聚集经济，是人流、商流、资金流等各种生产要素聚集在一起的规模化生产，但各种要素的聚集是为了商品的扩散，如果没有发达商业流通体系作为保障，生产出来的大量产品就会堆积在狭小的空间里而难以实现其价值，导致区域经济的基本运转中断。因此，在区域经济发展进程中，高效、完善而合理的区域物流系统对促进区域经济的快速循环起着基础性的后勤保障作用。

其次，物流通过降低动作成本改变区域经济增长方式。世界银行在世界2000年研究报告《中国：服务业发展和中国经济竞争力》中指出，在中国有4个服务性行业，即物流服务、商业服务、电子商务和电信，对提高中国生产力和推动中国经济增长具有重要意义。其中，物流服务占整个服务业中的比例逐渐加大，成为区域经济发展的新的增长点，从而在一定程度上改变了区域经济增长方式。

从区域经济发展整体上来看，物流降低经济运行成本主要表现在社会交易成本的普遍降低。这些途径和方式有：

（1）简化区域物流网络体系。从运筹学角度来看，区域物流主体实际上是由诸多节点和线路组成的网络体系。现代物流就是通过对这些点、线所组成的网络进行优化重新组合，以提供稳定、高效的物流动作功能同时减少物流网络资源的使用和降低各种物流成本。

（2）降低物流信息费用。专业化物流服务商的出现为物流的供需方提供了交易平台，方便了物流合作伙伴之间的沟通和合作，从而降低了信息搜索和信息处理方面的物流费用。

（3）提高物流产业效率。专业化的人才，专业化的物流操作，统一的物流标准对提高整个产业的效率来说，作用和意义非常之大。

最后，物流产业从社会整体来说，降低了部分交易成本从而改变了经济增长的方式。再者，物流新兴产业的出现改变了区域产业结构。物流产业的发展对经济结构的调整具有巨大的作用。合理化的区域物流业作为第三产业的重要组成部分，一方面区域物流加强了区域内外商业、资金、信息、技术的集聚，带动了交通运输业、商贸业、金融业、信息业和旅游等多种产业的发展，促进了第三产业的快速发展；另一方面，物流业本身作为一个新兴产业，其内部的社会分工和专业化水平也逐渐提高，尤其是现代物流概念的出现，物流业已经由分散经营、功能单一、技术原始的储运业务转变成技术密集型和高附加值的高科技产业，具有资产结构高度化、技术结构高度化、劳动力高度化等特征。从这个角度来说，现代物流在很大程度上促进了区域产业结构向高度化方向发展，使社会分工更加合理化。

5.3.3 区域物流规划

20世纪80年代初,随着现代物流理念的引入,我国物流迅速发展,各地纷纷组建物流企业、集团,加紧物流中心、物流园区的规划和筹建工作。不同部门,如外贸、交通、物资、邮政等,纷纷进行本部门、本区域的物流规划及建设,有些地区取得了明显的经济效益、社会效益,有些地区则出现了物流基础设施重复建设、过度建设、盲目建设,造成大量投资浪费,并导致地区物流发展环境恶化。如何合理进行物流发展规划,建设完善合理的物流基础设施,已成为目前亟待解决的问题。

1. 区域物流规划的主要内容

区域物流规划主要是在区域物流需求的种类构成、流量、流向等方面预测的基础上,对不同层次的物流设施(区域物流中心、城域物流中心、城市配送中心)的总体布局和建设数量、规模、功能定位和服务水平等方面进行研究,主要有以下三个方面:

(1) 区域内物流设施网络规划,即物流中心、配送中心建设规模、数量、位置;
(2) 区域内物流设施的功能定位:服务范围、对象及所要求的服务水平;
(3) 区域内各层次物流设施间的相互协作关系。

区域物流规划可分为宏观和微观两方面,宏观上的物流规划是通过大量调查和分析论证,确定区域物流设施宏观总体布局,即规划区域内哪些城市适合作为物流设施的选址城市。合理的宏观物流规划可以更好地发挥物流的联网动作能力,从而最大限度的满足社会经济发展和人民生活对物流服务的需求。微观的区域物流规划是确定某一物流设施选址城市空间相对位置,确定新(改)建的地点和规模,以及配置相应的软硬件设施。

2. 区域物流规划的现状

区域物流规划是指在一个特定区域范围内,结合国民经济、社会发展长远计划和区域的自然条件、交通运输条件,对区域物流基础设施建设规模、速度和物流企业发展方向、功能定位等进行全面的发展规划,并对物流基础设施进行合理空间布局,使一定地区内物流软件、硬件设施能满足社会经济发展及人民生活需要,并且有效降低物流在仓储、运输、装卸和搬运、包装、流通加工及信息服务等各个环节的经济成本和社会成本,缓解不合理物流所带来的区域环境污染、交通恶化等问题。

从总体规划状况分析,现代物流发展规划工作进展较为快速的主要为长江三角洲、珠江三角洲和环渤海等经济相对发达地区,这些地区的相当部分省及经济中心城市均已制订了现代物流发展规划。为加快经济发展,使物流成为改善投资环境、提升地区经济竞争力的重要手段,中西部地区也在积极对现代物流的发展进行规划。以下是几个主要城市的物流规划现状。

(1) 上海市

2001年，上海市出台了《上海市"十五"现代物流产业发展重点专项规划》，提出要在"十五"期间，以航空航运、商贸流通为依托，充分发挥海、陆、空运输和口岸等综合优势，大力构筑以现代综合交通体系为主的物流运输平台、以邮电通信及网络技术为主的物流信息平台和以引导、协调、规范、扶持为主的物流政策平台，培育上海现代物流业市场主体，加快现代物流基地规划与建设步伐，充分利用现代信息技术，加快发展电子商务，推进物流和商流的网络化，基本形成包括交通运输、配送服务、加工代理、仓储管理、信息网络、营销策略等所组成的物流大循环系统，基本形成与国际接轨的我国现代化物流中心。

发展上海现代物流业的主要任务是构筑"七位一体"的发展模式：一是以市场信息为先导，广泛收集国内外物流信息动态，研究客户群体对物流企业不同层次的需求，调整服务方式与手段；二是以电子商务网络为依托，建立与物流、商流相配套的电子商务网络，实现即时供应、网上交易；三是以产品加工配送为主业，实现商品包装、运输、储运、流通、加工、配送和物流信息功能动作，建立物流系统；四是以多式联运为手段，建立陆运、海运、空运相互衔接配套的运输网络，为客户提供快捷配送服务；五是以现代仓储为基础，通盘规划建设综合性、专业性的物流基地，初步区域物流规划方法与实证研究考虑，可结合工业园区、港口码头建设，规划"东、西、南、北"物流配送中心，并建立物流配送总部；六是以金融保险为配套，对物流配送的产品，吸纳银行、保险机构加盟，实施产品金融质押或保险索赔业务，增强物流企业资信度；七是以标准服务为品牌，建立标准化服务体系，培育发展现代物流业主体，塑造物流企业形象。

(2) 深圳市

深圳市较早在国内制订了物流发展规划，2001年，深圳市发布了《深圳市"十五"及2015年现代物流发展规划》，并成为深圳市经济社会发展专项规划之一。该规划提出了深圳市分三步走的发展现代物流业的战略方针。

① "十五"期间打好基础。建立行业发展政策环境，构建运输基础设施平台，初步建立完善的现代物流企业协作群体，跨国企业集团在深圳市设立的仓储中心、组装中心和物流基地显著增加。

② 2006—2010年快速发展。以支持电子商务、高技术产业的第三方物流为代表的现代物流企业快速发展，2010年第三方物流的市场份额超过了30%，物流成本占GDP的比例下降到13%以下。

③ 2011—2015年成熟完善。形成依托香港、面向国际、重点辐射珠江三角洲，延伸三条辐射轴线(沿海至长江三角洲，沿京九铁路至中部地区，沿新的西南出海通道至广西、贵州和云南等省)的物流经营网络，形成中国大陆最为完善的物流服务体系。

按照上述发展方针,深圳市将建立现代物流业发展的政策环境,将构建物流基础设施与信息服务两大平台,将实现服务于现代商业发展需求和高技术产业结构要求的三个领域目标,适应跨国企业全球经营战略需要的国际物流体系、高时效性的区域运输服务体系和准时快速多样化的城市配送体系,最终通过港口及仓储区物流园区的建设,形成内外衔接、相互依托的现代物流产业圈。

(3) 北京市

2002年,北京市完成了《北京城市物流系统规划》,该规划提出的北京城市物流发展战略为:以城市交通三大体系及其枢纽为依托,以物流信息平台为支撑,以相关的法规政策为保障,建立高效、快捷、经济、环保的城市物流系统,服务于北京、辐射华北、与国际物流相衔接,为北京率先基本实现社会主义现代化提供基础保证。

根据北京的实际情况,争取北京城市物流在2010年基本实现以下目标:一是初步建成10个左右的综合货运枢纽,成为大型物流基地的基础设施和物流配送区的配套设施;二是城市物流社会化程度(实际适站量与理想适站量的比值)达到20%;三是全市物流成本降低10个百分点;四是物流园区之间初步实现物流信息共享。

依据城市物流系统的发展战略和目标,北京市对物流系统发展相关的以下几个方面进行了规划:一是物流基础设施规划,包括城市货运枢纽的系统设计,基础设施投资政策与建设、运营体制,基础设施的社会经济效益评价等;二是城市配送体系规划,包括城市配送系统的结构、功能与需求,配送系统规划方案,配送系统效益评价;三是信息平台规划,对信息平台系统功能、实施平台、运营机制等进行研究。

(4) 天津市

物流中心城市在区域物流合作中发挥着主导作用。珠三角物流合作得力于香港的带动;长三角物流合作与上海的龙头作用密不可分。环渤海地区也迫切需要物流中心城市发挥龙头作用。

此外,建设区域物流中心,是天津加快发展、扩大影响、建设北方经济中心城市的需要。

① 有利于提升城市经济运行效率。整合交通基础设施、物流信息及物流企业等资源,消除"瓶颈"、实现海陆空各种运输方式间的无缝连接,搭建完善的公共物流信息平台,避免恶性竞争,形成高效便捷的物流服务网络,可以显著改善天津物流业运行状态,提升城市整体经济运行效率。

② 有利于拉动城市经济增长。区域物流中心的建设,将集聚一批国内外知名的物流企业,吸引大量域外需求。在提供综合物流服务过程中,不仅可以提升运输、仓储、加工、包装、分拨配送等传统物流业务,还将带动商贸、金融、保险等物流相关业务的增长,从而提高物流业对天津城市经济的贡献率。

③ 有利于改善投资环境。除了生产资源、市场等直接因素外,具备完善高效的物流

体系越来越成为影响投资者的重要因素。建设区域物流中心,为企业提供良好的物流环境,可以极大地增强天津对投资者的吸引力。

④ 显著增强城市辐射能力。天津建设区域物流中心,推进环渤海地区物流合作,能够促进环渤海地区物流资源的优化组合,实现城市间的优势互补、错位发展,实现区域内物流规划、通关、物流信息和政策法规等方面的对接,将为天津市发展现代物流业营造更加良好的发展环境,进一步增强天津市为腹地服务的能力。

天津具有明显的区位、基础设施、物流业发展较成熟等方面的优势,滨海新区列入国家"十一五"规划又是中央着眼全局、统筹区域发展的一项战略决策。因此,天津建设物流中心城市具有良好的条件和发展机遇,应当加快建设区域物流中心的步伐,承担起物流中心城市的职责,积极推进环渤海地区的物流合作。

多年来,环渤海各地区经济合作方面的实质性进展不大。从国内外发展经验看,整合区域内物流资源,建设高关联度的一体化区域物流平台,可以作为推动环渤海区域合作的重要切入点。

为此,天津市在 2007 年上半年分别完成了《北方国际航运中心和国际物流中心发展规划》、《天津港总体规划》、《天津公路主枢纽总体布局规划》以及《天津市交通仓储邮电业今后五年发展规划》的编制工作,重点在物流环境营造、物流基础设施建设等方面为天津市物流业的快速发展提供支持。

5.4 国际物流

5.4.1 国际物流的概念

国际物流(international logistics)是相对国内物流而言的,它是国内物流的延伸和进一步扩展。当生产和消费行为在两个或两个以上的国家(地区)独立进行时,为克服生产国和消费国之间的空间和时间距离,对物资(货物)所进行的物理性移动,即为国际物流,这一项国际经济贸易活动,是国际贸易的一个组成部分,各国之间的相互贸易最终通过国际物流来实现。具体地说,是指当生产和消费分别在两个或两个以上的国家(或地区)独立进行时,为了克服生产与消费间的空间距离和时间距离,而进行的物理性移动的一项国际贸易或国际交流活动,从而完成国际商品交易的目的,即卖方交付单证、货物和收取货款,买方接受单证、支付货款和收取货物。

根据大卫·李嘉图(David Ricardo)比较利益原理及国际分工理论,各国企业利用各自国家在资源、技术、人力和资本等方面的优势,专业生产某些特定产品,出口销售的同时,交换和进口一些本国短缺的原材料和其他工农业产品。国际物流不仅使这一国际商务活动得以顺利实现,而且为国际企业带来了价值增值,成为全球化背景下的"第三利润源泉"。20世纪90年代以来,国际物流活动渗透到了世界的每一个角落,成为连接世界上不同国家消费者和生产者的桥梁,是经济发展上不可缺少的环节。

因此,国际物流的实质是按国际分工协作的原则,依照国际惯例,利用国际化的物流网络、物流设施和物流技术,实现货物在国家间的流动与交换,以促进区域经济的发展和世界资源优化配置。

国际物流的总目标是为国际贸易和跨国经营服务,即选择最佳的方式和路径,以最低的费用和最小的风险,保质、保量、适时地将货物从某国的供方运到另一国的需求方。

5.4.2 国际物流的发展过程、成因及特点

1. 国际物流的发展过程

伴随着国际贸易和跨国经营的发展,从物流到国际物流的发展经历了如图5-14所示的几个阶段。

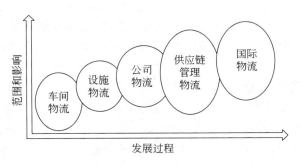

图5-14 从物流到国际物流的发展过程

第一阶段,20世纪50年代至80年代初。这一阶段物流设施和技术得到了极大的发展,建立了配送中心,广泛应用电子计算机进行管理,出现了立体无人仓库,一些国家建立了本国的物流标准化体系等等。物流系统的改善促进了国际贸易的发展,国际物流初露头角,但国际化趋势还没有得到人们的重视。

第二阶段,20世纪80年代初至90年代初。这一阶段国际物流的突出特点是在物流量不断扩大的情况下出现了"精细物流",物流的机械化、自动化水平有所提高。随着经济技术的发展和国际经济往来的扩大,物流国际化趋势开始成为世界性的共同问题,同时伴随着新时代人们需求观念的变化,国际物流着力于解决"小批量、高频度、多品种"的物流,基本覆盖了大量货物、集装杂货等所有物流对象。

第三阶段,20世纪90年代初至今。这一阶段国际物流得到各国政府和外贸部门的

普遍接受。一国的贸易伙伴遍布全球,必然要求物流国际化,即物流设施、物流技术、物流服务、货物运输、包装和流通加工等的国际化。

世界各国广泛开展国际物流方面的理论和实践方面的研究与探索,人们已经形成共识:只有广泛开展国际物流合作,才能促进世界经济繁荣,物流无国界。

2. 国际物流形成因素

企业国际化是国际物流作业受到重视的主要因素。Bowersox 和 Closs(1996)指出以下是推动企业国际化的五大重要因素:①发展中国家经济的成长;②战略联盟观念的普及;③全球各区域的经贸交流增加;④信息与通信科技的进步;⑤全球运输与金融解除管制。然而实质上,除此五大因素外,全球性自然资源与人力资源的不均匀分布,也是造成企业国际化的重要因素。

上述六项因素又可就其本质划分为推力因素与助力因素两大类,以下分类说明。

(1) 经济与产业的推力因素

① 发展中国家经济成长,发达国家生产过剩

生产科技的进步让厂商得以大量生产,但发达国家人口增长率下降的趋势,使市场萎缩,造成供给大于需求。为了营业收入与利润的增加,发达国家的企业必须将产品外销至其他更大的市场,而经济成长中的发展中国家拥有强大购买力,更增强了企业国际化的动力。

② 战略联盟观念的普及

过去制造商最重要的经营战略是内部成本控制。然而自20世纪80年代起,营运范围扩大到国际的范围,也使仓储与运输等物流活动增加的成本更为沉重,直接压缩了制造商的获利空间。后来,制造商将这些非核心的业务外包出去,有效降低营运成本,外包便成了企业获利的重要战略,与这些跨国外包组织的合作逐渐扩大,使战略联盟观念被制造商与流通企业普遍接受。

③ 全球各区域的经贸交流增加

为了提升区域内经贸交流及保护区域内经贸伙伴,全球各主要贸易区域纷纷组成区域内经贸协议,包括欧洲共同市场(EC)、北美自由贸易协议(NAFTA)以及正拟订推动的东盟自由贸易协议(AFTA)等。这些区域内经贸协议使国与国之间的货物流通更便利,区域内的国家贸易成本更低,企业国际化后获利的机会也更大。

④ 全球资源的不均匀分布

全球资源分布不平均。资源丰富的原料区域、生产成本最低的制造来源与获利最大的市场,多分布在不同区域,企业为充分利用资源,达到最具经济效益的生产与最大的获利,必须将全球运作的范围扩大,逐步扩大全球化资源的采购,并为产品寻找最适当的生产地与市场。因亚洲拥有低廉的劳动力与丰富的自然资源,自然成为企业最适当的原料

采购与生产地点，欧美各国企业于是积极在亚洲成立全球采购中心，使亚洲成为全球低劳力零件或成品的提供国家，并运输至高消费的欧美市场销售，这些跨国运作的企业趋势，使得企业国际化的推力增加。

(2) 外部环境的助力因素

① 信息与通信科技的进步

信息与通信科技的进步，使全球性的文件往来更为畅通与快速，缩短厂商间订货的时间，增加厂商间商业往来的机会。另一方面，信息与通信科技的进步，使消费者对流行事物的接受度增加，对国际性产品的接受度也跟着提高，这种趋势使全球的消费形态趋于一致，也更进一步刺激厂商提供全球性的产品，以满足全球消费者的需求。

② 全球运输与金融解除管制

美国于20世纪70年代至80年代初解除对交通事业的管制，国外企业得以进行战略联盟，以经营他国国境内与不同国家间的运输业务，也放宽了国内运输必须使用本国运输企业的限制，并允许运输企业同时拥有并经营复合运输。美国解除运输管制带动了全球交通业解除管制的风潮，也增进了全球交通往来的便捷。由此，提高了运输公司的效率，降低了国际间运输成本，也提升了国际间的运输往来。

另一方面，全球金融解除管制，使国际货币市场的电子自动交易系统与各国间的货币不再以黄金为交易，而采用浮动汇率，简化了国家间的货币流通。

总之，运输与金融管制的解除，创造了企业国际营运的有利环境。

3. 国际物流的特点

国际物流虽是国内物流的延伸，理论基础也源于国内物流，但却与国内物流有许多不同之处。美国著名物流学家亨利格彻恰如其分地指出"国际物流就像一条章鱼，它涉及很多方面，也受很多方面的影响和制约"。总地来讲，国际物流使各国物流系统相互"接轨"，因而与国内物流系统相比有着国际性、市场广阔、运输方式选择和组合的多样性、复杂性、高风险性等特点。

① 国际性。国际物流涉及多个国家，地理范围大。国际物流跨越不同的国家和地区，跨越海洋和大陆，运输距离长，运输方式多样，这就需要合理地选择运输路线和运输方式，尽量缩短运输距离，缩短货物在途时间，加速货物的周转，降低物流成本。

② 复杂性。主要是指国际物流通信设备的复杂性、法规环境和商业现状的差异性等。在国际经济活动中，生产、流通、消费三个环节之间存在着密切的联系，但由于各国社会制度、自然环境、经营管理方法和生产习惯等的不同，一些因素变动较大，因此在国际间组织好货物从生产地到消费地的流动，是一项复杂的工作。

③ 风险性。是指政治风险、经济风险和自然风险。政治风险主要是指所经过国家的政局动荡，如罢工、战争等原因造成货物可能受到损坏或丢失；经济风险是指汇率和利率

的波动造成一国进出口规模和国际物流量的可能涨落;自然风险主要指物流过程中可能因自然因素,如海风、暴雨等,导致货物损坏或丢失。

④ 政府管制多。由于国际物流属于对外提供服务,要体现在一国国际收支平衡表经常项目下,对国际收支平衡有着重要的作用,因此政府对国际物流的干预、管制比国内物流多得多。

⑤ 技术含量高。由于国际物流的物流环境存在差异,要使国际物流畅通,没有国际化信息系统的支持,没有统一标准,国际物流难以顺利进行。目前电子数据交换(EDI)、集装箱统一规格、条码技术(bar code)、视频结合数据系统(DAVIDS)等的应用使物流信息处理加快,费用降低。

4. 国内物流和国际物流的差异

物流作业的运作若从原料、制造、运输,到消费均在一国境内完成,便是国内物流;若物流的运作牵涉到跨国境的作业流程,便跨入国际物流的范围了。因国际物流牵涉到跨国境的活动,因此国际物流相对于国内物流来说,要处理的问题阶层与复杂度都更高。国内物流与国际物流的差异,主要在于运输工具、信息传递、风险、组织、政府法令、语言文化上,如表5-4所示。

表5-4 国内物流与国际物流的差异

项 目		国 内 物 流	国 际 物 流
运输工具		公路、铁路为主	海运、航空为主
信息传递		语音、文件与EDI信息	语音与文件效率低,EDI信息标准化高
文件		较少	高度的文件需求
风险	货物运输风险	较低	较长的运输时间与货物换手处理
	财务风险	较小	高风险,涉及不同的货币、交换率与通货膨胀
组织	委外组织	较少	依赖承揽业、流通商与报关业
	政府组织	危险物品、重量、安全与货物税等的管制	海关、商务、农产品与交通运输
文化		相同	文化的差异导致产品与市场需求的不同

在实体物流方面,因国际物流牵涉到跨国境的活动,因此较国内物流来说需要更长的交通运输时间,运输工具较多样化,前置时间也较长。前置时间的延长,造成企业必须有较高的存货以维持相同的服务品质,财务风险也较高,而较长的运输时间和多种运输工具也增加了货物遗失或损坏的风险。在信息传递方面,国际物流较国内物流,对信息的标准化要求更高,另外,因为跨国运作牵涉到通关与法令的问题,文件的种类与复杂性也高。

在组织方面,因国际物流牵涉的物流活动跨越国界且较为复杂,一般企业较难全部自行运作,因此物流作业需依赖跨国物流组织共同完成,例如,报关业及承揽业。而政府组织部分也从一国境内的管理单位增加为多国政府的管理单位,牵涉层面更广。在文化方面,国际物流因为各国文化与市场需求的不同,因此需要解决产品设计与战略联盟、组织结构变动等问题。

5.4.3 国际物流业务流程及国际物流系统分析

1. 国际物流业务流程

国际物流具有克服时间、空间阻隔以及克服国界阻隔的功能,是国际贸易顺利进行的保障。如图 5-15 所示,除了与国内物流相同的运输、仓储、装卸、包装、流通加工等作业外,由于跨越国界的需要,国际贸易物流业务,还包括进出口报关、商品检验等特殊作业,以及与运输、保险、报关、结算等相关的合同和单据制作,这些都是国际物流业务所特有的。

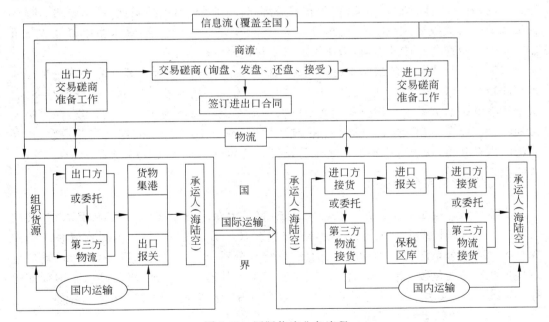

图 5-15 国际物流业务流程

国际贸易作为各国经济往来的总和,包括国际商流、国际物流和国际信息流这几个过程。国际物流是在国际商流这一商品交易磋商活动过程实现后进行的,信息流则贯穿于商流与物流的全过程中,如图 5-15 所示。进出口方为了提高交易的成功率,获得较大的经济效益,在交易磋商前,均做好准备工作,包括市场的调查研究、交易对象的选择、生产可行性研究、进(出)口方案的制订等,然后再进行交易磋商,经过询盘、发盘、还盘、接受几个过程,就双方的各项交易条件达成一致意见,签订进出口合同。按着合同约定,卖方组织货源,办理出口报关、商品检验等手续,通过国际物流系统网络的节点与连线组织出口,买方做好进口准备,接收货物进行货款结算,完成国际物流的全过程。

国际物流业务活动作为货物在国际间进行物理性移动的国际商务活动,是一个复杂的过程,它能否实现物流功能要素之间、物流系统与外界之间快速的沟通,对于国际贸易的影响是巨大的。因此,必须建立完善的国际物流业务系统网络,才能促进国际贸易的发展。

2. 国际物流系统分析

物流系统分析是从对象系统整体最优出发,在优先系统目标、确定系统准则的基础上,根据物流的目标要求,分析构成系统各级子系统的功能和相互关系,以及系统同环境的相互影响,寻求实现系统目标的最佳途径。分析时要运用科学的分析工具和计算方法,对系统的目的、功能、结构、环境、费用和效益等,进行充分、细致的调查研究,收集、比较、分析和处理有关数据,建立若干个拟订方案,比较和评价物流结果,寻求系统整体效益最佳和有限资源配备最佳的方案,为决策者最后抉择提供科学依据。

系统性是物流科学的最基本特征。物流科学产生的标志就是发现了各物流环节之间存在的相互关联、相互制约的关系,证明它们是作为统一的有机整体的一部分而存在的,这个体系就是物流系统。物流科学就是以物的动态流转过程为主要研究对象,揭示物流活动(运输、储存、包装、装卸搬运、配送、流通加工、物流信息等)之间存在相互关联、相互制约的内在联系,认定这些物流活动都是物流系统的组成部分,是物流系统的子系统。

3. 国际物流系统的构成

国际物流系统是一个极其复杂的大系统,它是由众多分系统、子系统相互联结、共同组成的一个运作协调的开放型经济系统,如图5-16所示。第一层次,国际物流系统的构成有出口物流分系统、进口物流分系统、转口物流分系统;第二层次,进(出、转)口物流分系统包括商品的包装、储存、运输、检验、流通加工和其前后的整理、再包装以及国际配送等子系统;第三层次,每一个子系统包括由自身系统特性决定的要素。具体解释如下。

(1) 国际货物运输子系统

国际货物运输是指在国家与国家、国家与地区之间的货物运输,主要包括运输方式的选择、运输单据的处理以及投保等方面。运输的作用是将商品使用价值进行空间移动,物流系统依靠运输作业,克服商品生产地和消费地的空间距离,创造了商品的空间效益。国际货物运输是国际物流系统的核心,人们有时就用国际货物运输来代表国际物流全体,商

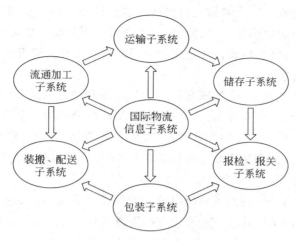

图 5-16 国际物流系统整体框图

品通过国际货物运输作业由卖方转移给买方,运输费用在国际贸易商品价格中占很大比例。国际货物运输具有路线长、环节多、涉及面广、手续繁杂、风险性大、时间性强等特点,同时运输设施的现代化发展对国际物流和国际贸易的发展也起着重大的推动作用,是二者取得进一步发展的前提。

(2) 商品储存子系统

商品流通是一个由分散到集中,再由集中到分散的源源不断的流通过程。因而储存、保管使商品在其流通过程中处于一种或长或短的相对停滞状态,这种停滞是完全必要的。国际贸易和跨国经营中的商品从生产厂商或供应部门被集中运送到装运港口,有时需临时存放一段时间,再装运出口,是一个集和散的过程,它主要是在各国的保税地点进行的。从一定意义来说,对应于国际货物运输克服了外贸商品使用价值在空间上的距离,创造物流空间效益,储存保管则克服外贸商品使用价值在时间上的差异,从物流角度来说,要尽量减少储存时间、储存数量,加速物资和资金周转,实现国际贸易系统的良性循环。

(3) 商品报检、报关子系统

由于国际贸易和跨国经营具有投资大、风险高、周期长等特点,使得商品检验成为国际物流系统中重要的子系统之一。通过商品检验,确定交货品质、数量和包装条件是否符合合同规定。如发现问题,可分清责任,向有关责任方索赔。同时,由于进出口商品的流通要在不同国家进行,商品的出入境还须申请通关,接受海关的监督与检查,并履行海关规定的手续,经海关同意后方可放行货物。

(4) 商品包装子系统

杜邦定律认为:63%的消费者是根据商品的包装进行购买决策的,国际市场和消费者是通过商品和品牌来认识企业的,而商品的商标和包装就是企业的面孔,它反映了一个国家的综合科技文化水平。在考虑出口商品包装设计和具体作业过程时,要考虑储存的方便、运输的快速,以加速物流,方便储运,减少物流费用等现代物流系统设计的要求。由于国际货物往往跨国运输,包装还要适应对方国家的有关特殊规定和具体要求。

(5) 国际物流信息子系统

该子系统主要功能是采集、处理和传递国际物流和商流的信息情报。国际物流信息系统的特点是信息量大,交换频繁;传递量大,时间性强;环节多,点多,线长。国际物流信息的主要内容包括进出口单证的作业过程、支付方式信息、客户资料信息、市场行情信息和供求信息等。总之,没有功能完善的信息系统,国际贸易和跨国经营将寸步难行。

(6) 其他子系统

主要包括配送子系统、装搬子系统以及流通加工子系统等。这些系统和以上各主要子系统有机联系,共同组成并进一步完善国际物流系统。

5.4.4 国际物流发展的建议与对策

国际贸易的发展离不开国际物流的发展,建立高效的国际物流体制,不仅可以节省成本,而且可以扩大贸易量。要迎接世界经济发展和加入 WTO 后的新形势,必须加快发展国际物流:

(1) 从事和涉及国际物流的有关企业、单位,特别是国际货运代理企业和国际物流骨干企业要有现代物流的意识,加快自身的发展。

(2) 合理设置国际物流网点,积极建设物流基础设施,完善国际物流网络体系。同时扩大集装箱、大陆桥运输的规模,适应国际贸易的发展。

(3) 中国物流标准化落后问题严重制约国际贸易的发展,应尽快使我国的物流标准与国际物流标准化体系一致。特别是使各种运输方式之间装备标准统一,推动多式联运的发展。减少国际交往的技术难度,降低外贸、物流成本。

(4) 建立"大通关"信息技术平台。通过运用信息化和高科技手段,对单证流、货物流、资金流和信息流进行整合,缓和通关检查等非关税壁垒。提高口岸工作效率,从系统的角度对口岸的进出口环节重新进行整合,从而提高通关效率。

(5) 抓好保税区、保税仓库、口岸物流中心、港口后方腹地的建设,确保国外进来的货物能及时疏送,向国外出口的货物及时集配、快速输出。

(6) 重视国际物流人才的培养。国际物流人才除了应掌握信息技术、仓储保管、货物配送等方面的专业知识外,还应通晓报关、报检(商检、卫检、动植检)、保险、运输、国际贸易结算及电子商务等多方面的知识。

5.5 第三方物流

第三方物流(third party logistics, 3PL)又叫合同制物流(contract logistics)。从事第三方物流的企业在委托方物流需求的推动下,从简单的存储、运输等单项活动转为提供全面的物流服务,其中包括物流活动的组织、协调和管理,设计建议最优物流方案,物流全程的信息收集、管理等。目前第三方物流的概念已广泛地被西方流通行业所接受。

5.5.1 第三方物流的定义

随着市场竞争的加剧,组织之间的社会劳动分工日趋细化。企业为了提高自己的核心竞争力,降低成本,增强企业发展的柔性,越来越愿意将自己不熟悉的业务分包给其他社会组织承担。正因为如此,一些条件较好的、原来从事与物流相关的运输、仓储、货代等企业开始拓展自己的传统业务,进入物流系统,逐步成长为能够提供部分或全部物流服务的企业。我们把这种服务称之为"第三方物流"。

第三方物流是指由物资流动的提供方和需求方之外的第三方去完成物流服务的运作过程。和社会经济领域的许多概念一样,第三方物流有广义和狭义的理解,因而在不同的领域涵盖的范围也就不同。

广义的第三方物流是相对于自营物流而言的。凡是由社会化的专业物流企业,按照货主的要求所从事的物流活动,都可以包含在第三方物流范围之内。

狭义的第三方物流主要是指能够提供现代化的、系统的物流服务的第三方的物流活动。其具体标志是:

(1) 有提供现代化的、系统物流服务的企业素质;

(2) 可以向货主提供包括供应链物流在内的,全程物流服务和特定的、定制化服务的物流活动;

(3) 不是货主与物流服务提供商偶然的、一次性的物流服务活动,而是采取委托-承包形式的长期业务外包形式的物流活动;

(4) 不是向货主提供一般性物流服务,而是提供增值物流服务的现代化物流活动。

5.5.2 第三方物流企业的分类

第三方物流企业形式多样、功能各异,对其分类可以从不同角度进行。

1. 按所承担的物流功能分类

可分为功能性物流企业和综合性物流企业。

功能性物流企业,又称为单一物流企业,是仅承担和完成某一项或几项物流功能的企业。这类企业可按照其主要的物流功能进一步划分为运输企业、仓储企业、流通加工企业等等。综合性物流企业则是能够完成和承担多项甚至所有的物流功能的企业。这类企业一般规模较大、资金雄厚、并且有着良好的物流服务信誉。

2. 按是否以自有物流资产为基础提供服务分类

可分为资产型物流企业和代理服务型物流企业。

资产型物流企业主要通过运用自己的资产(如车队、仓库等)自行完成和承担物流业务,因此也被称为物流自理企业,并可进一步按照业务范围进行分类。代理服务型物流企业本身没有资产,它提供相关的信息服务和货运协调服务,并委托其他企业进行仓储、运输等功能性操作。物流代理企业同样可以按照其业务代理的范围进一步划分成综合性物流代理企业和功能性物流代理企业。其中功能性物流代理企业包括运输代理企业(即货代公司)、仓储代理企业(仓代公司)和流通加工代理企业等。

3. 按服务对象和内容分类

可分为操作型物流企业、行业型物流企业、多元化物流企业和顾客导向型物流企业。

操作型物流企业通常利用其专业化优势为需要简单功能性服务的顾客提供单项物流服务,其优势主要体现在成本方面的竞争力。行业性物流企业立足于为特定行业的顾客提供专业化物流服务,它们根据顾客的需要规划自己的设施和作业能力,通常与顾客具有较稳定的长期合作关系。多元化物流企业面向广泛的非定向市场提供一系列相关且不具有相互竞争性的服务,如水陆一体化的集装箱、码头、仓储、汽运、水运等系列服务。顾客导向型物流企业则为需要高水平复杂物流服务的顾客提供量身定做的全方位物流服务,包括从物流方案的制订到实体运作的全面服务,其竞争优势来源于优质的服务。

4. 按主体性质分类

可分为国有物流企业、民营物流企业、股份制(上市)物流企业和外商独资及合资物流企业等。

5.5.3 第三方物流的价值体现

第三方物流之所以在许多国家得以迅速发展,其根本原因就在于它可以利用自身所

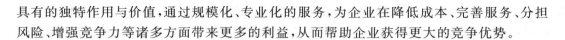

具有的独特作用与价值,通过规模化、专业化的服务,为企业在降低成本、完善服务、分担风险、增强竞争力等诸多方面带来更多的利益,从而帮助企业获得更大的竞争优势。

1. 第三方物流的成本价值

降低成本是大多数企业将物流业务外包给第三方物流服务商的主要原因。由于对很多企业而言,削减物流成本较削减制造成本具有更大的潜力,所以降低物流成本因成为企业的"第三利润源"而受到普遍重视。第三方物流的成本价值来源于以下几个方面。

(1) 减少委托方企业的物流设施设备等固定资产投资。使用第三方物流的企业以支付服务费用的形式获得服务,可充分利用第三方企业的专业化物流设备、设施和先进的信息系统,而不必保有自己的仓库、车辆等物流设施,因此可以使自身的相关固定成本转化为可变成本,削减固定资产费用,并减少对物流信息系统的投资。企业可将节省的资金用于其核心业务,获得更高的资金回报率。

(2) 降低委托方企业的仓储、运输、配送等费用。在多数情况下,第三方物流公司在规模经济方面比单个企业有优势,它们可通过大宗交易获得低费率,并可将在仓库、设备、软件等方面的投资在大量货主身上分摊,以降低单个客户的费用;第三方物流公司运用其专业化物流运作的管理经验,精心策划物流计划和适时配送手段,帮助客户实现准时生产,最大限度地减少库存,改善企业的现金流量结构,实现成本优势;第三方物流企业通过自身广泛的节点网络实施共同配送,可大大提高运输效率,为客户企业减少运输费用。

(3) 减少委托方企业的物流管理相关费用。第三方物流公司由专业物流管理人员和技术人员进行物流运作,可提高单证处理效率,减少单证处理费用。企业使用第三方物流服务可减少直接从事物流的人员数量,减削工资支出,并降低自营物流活动所需的管理费和伴随而来的信息传递、处理等所发生的信息费等广义的物流费用,获得整体最优的运作效果。

2. 第三方物流的服务价值

降低成本是企业物流外包的主要原因,但不是唯一原因。因为在激烈的市场竞争中,高水平的顾客服务已成为企业竞争的关键因素。在某些情况下,服务甚至比成本更重要。企业的物流管理与控制,应该在成本与服务水平之间寻求一种均衡,而不是一味地追求低成本,更不能以降低服务质量为代价去换取成本的降低。因此,企业物流管理的目标是以最小的总成本提供预期的顾客服务。专业化的第三方物流能够帮助委托方企业提高顾客服务水平和质量,从而保证企业目标的实现。第三方物流的服务价值体现在以下几个方面:

(1) 提高委托方企业的顾客响应能力。第三方物流企业所具有的专业技术能力,特别是其中的大型企业所具有的覆盖范围广泛的信息网络和物流节点网络,使其能够迅速对顾客需求作出反应。通过训练有素的专业人员对订单的及时处理,以及专业化的门到门运输等服务,第三方物流缩短了顾客从订货到交货的时间,实现了货物的快速交付,从而使委托企业的顾客获得了更高的满意度。

(2)提高委托方企业的服务水平。第三方物流企业在为委托方企业提供产品售后服务、送货上门、退货处理等服务的过程中,能够利用其先进的信息技术和通信技术加强对在途货物的监控,及时发现、处理配送过程中的意外事故,保证货物及时、安全送达,从而更好地实现企业对顾客的承诺,提高委托方的企业信誉,促进企业产品的销售。

3. 第三方物流的风险分散价值

降低经营风险也是企业外包的原因之一。企业自营物流通常会面临两大风险:一是投资风险。企业购置物流设施、设备和信息系统的投资是相当大的,如果缺乏相应的物流管理能力,造成企业物流资源的闲置浪费,这部分在物流固定资产上的投资将面临无法收回的风险。二是存货风险。企业由于自身配送、管理能力有限,为了能对顾客订货及时作出反应,防止缺货,快速交货,往往采取高水平库存的策略,而存货要挤占大量资金,随着时间的推移,其变现能力会减弱,从而造成巨大的资金风险。使用第三方物流服务则能降低上述两方面的风险:

(1)降低委托方企业的固定资产投资风险。第三方物流企业拥有自身完善的物流设施、设备等资源。企业将物流运作外包给第三方物流企业,可利用其资源,不需要再投资于物流领域的固定资产,而是代之以物流服务费用的支出,因而规避了投资风险。

(2)降低委托方企业的存货损失风险。第三方物流企业拥有完善的运输、配送网络和对物流运作的管理控制能力,能够提高顾客响应速度,加快存货的流动周转,从而减少委托方企业内部的安全库存量,降低企业的资金风险。

4. 第三方物流的竞争力提升价值

企业对提高自身核心竞争力和供应链层面竞争的关注同样是第三方物流产生和发展的推动力。在专业化分工越来越细的时代,实力再强的企业也不可能面面俱到,在每一个领域都具有竞争优势。将有限的资源用于自身最具竞争力的领域,打造自己的核心竞争力已成为很多企业的共识。第三方物流不仅有助于增强企业的竞争力,而且能够提升整个供应链的竞争力:

(1)增强委托方企业的竞争力。对于那些并非以物流为核心业务的企业而言,将物流运作外包给在物流活动中具有优势的专业第三方物流企业来承担,可以使企业专注于自身的核心能力,开发新产品,拓展新市场,建立优质品牌,有助于增强企业的竞争力。

(2)提升整个供应链的竞争力。第三方物流企业在其自身领域所具有的竞争优势,使其能够通过其掌握的物流系统开发设计能力、信息技术能力将原材料供货商、制造商、批发商、零售商等处于供应链上下游的各相关企业的物流活动有机衔接起来。委托方企业与包括第三方物流企业在内的这些具有不同核心竞争力的企业所构成的供应链,能够形成个别企业所无法实现的更为强大的供应链竞争优势。

5. 第三方物流的社会效益

第三方物流不仅能为委托方企业创造更多的价值,而且能够为社会带来良好的效益。第三方物流的社会价值体现在:

(1) 整合和利用社会存量资源。第三方物流企业可运用其专业的管理控制能力和强大的信息系统,对分散在不同企业的原有仓库、车队等物流资源进行统一管理、运营、组织共同存储、共同配送,将企业物流系统社会化,实现信息、资源的共享,从而促进社会物流资源的整合和综合利用,提高整体物流效率。

(2) 缓解城市交通压力。第三方物流可利用其专业技能加强运输控制。通过制定合理的运输路线,采用合理的运输方式,组织共同配送、货物配载等,减少城市车辆运行数量,减少车辆空驶、迂回运输等现象,解决由于货车运输的无序化造成的城市交通混乱、堵塞问题,缓解城市交通压力。

(3) 减少环境污染。第三方物流通过提高城市车辆运输效率,减少能源消耗,减少废气排放量和噪声污染等,有利于环境保护与改善,促进经济的可持续发展。

5.5.4 企业选择第三方物流服务的一般决策过程

第三方物流的价值是相对的,并不是所有企业在任何情况下使用第三方物流服务都可以获得更大的利益。企业通常需要将自营物流与使用第三方物流的利弊加以比较,从而作出有利的选择。企业选择第三方物流服务的一般决策过程包括以下几个阶段:

1. 分析自营物流的可行性

企业首先要明确自身当前和未来的物流服务需求,确定需求的数量与顾客服务水平;然后,评估自身运作物流系统的能力,包括设施基础、资金实力、技术水平和管理经验等;最后,在此基础上分析企业对自身物流服务需求的可满足程度,并据此做出初步的选择。

如果企业自身的物流运作能力不能满足其对物流服务的需求,则企业只能选择使用第三方物流服务;反之,如果企业能够通过建立自己的物流系统满足自身的物流需求,则可以考虑采用自营物流,但还需进一步就自营的必要性等其他方面加以分析。

2. 分析自营物流的必要性

具有自营物流能力的企业是否采用自营模式,首先应取决于物流水平对企业市场地位影响的重要性和企业的竞争与发展战略。此时,企业通常需考虑三个方面的问题:一是物流对企业业务流程的影响程度;二是它是否需要相对先进的技术,采用此种技术能否使公司在行业中领先;第三,这种优势在短期内是否不能为其他企业所模仿。

如果对上述问题的回答都是肯定的,那么物流水平对企业总体市场地位是至关重要的,企业应该在其竞争与发展战略中将物流服务作为核心竞争力予以开发,也就是说,企业非常有必要建立自己的物流系统,即选择自营物流模式。反之,企业则可以考虑利用第三方物流服务。此时,企业通常需要进一步将自营物流使用和第三方物流的利益加以比较,以作出选择。

3. 比较自营物流和使用第三方物流的利益

(1) 经济性

一方面,使用第三方物流,企业可削减固定资产费用,将资金用于其核心业务,以提高资金回报率,降低投资风险。另一方面,在多数情况下,第三方物流公司在规模经济方面比单个企业有优势,它们可通过大宗交易获得低费率,并可将在仓库、设备、软件等方面的投资在大量货主身上分摊。因此,使用第三方物流较自营物流具有一定的成本优势。但值得说明的是,因为第三方物流实际方案通常是针对不同的客户量身订制的,不具有广泛性适用性,所以这种基于规模经济效益的成本优势并非一定能够真正得以实现。企业应按照物流系统成本构成的具体情况进行相应的核算,以比较在满足一定的顾客服务水平下,自营与使用第三方物流服务的成本。

(2) 风险性

企业若选择自营物流,物流系统属自己所有,整个物流系统的运作完全在自己掌控之下,企业对物流成本和服务水平有较强的控制能力,运作风险较小。使用第三方物流,物流业务交由物流公司打理,企业对物流公司的约束力仅限于双方合同中规定的权利义务,对物流运作的控制力大大降低。一旦双方沟通协调出现问题,就可能产生不能按企业要求完成业务活动的风险。更有甚者,如果物流公司利用其有利的地位提高价格,或产生种种机会主义行为,如不按合同规定的时间配送,装卸搬运过程中故意要挟等,就会给企业带来较大的损失。

(3) 适应性

企业如果选择自营物流,则必然需要投入大量的资本用于购建所需的设施、设备,如仓库、汽车、叉车等设备及管理软件等,并需招聘一定数量的员工以建立相应的部门,从而构建起自己的物流系统。这样的体系一经建立,就会在一定程度上固化企业的资金和人员。当企业的物流需求出现较大变化、需要对系统进行调整时,企业通常会面临一系列棘手的问题而导致决策困难且难以迅速对系统进行调整。如果企业选择使用第三方物流,企业与物流服务商之间依据双方签订的合同进行合作。针对自身物流需求的变化,企业只需通过对供货商的选择予以调整,即可快速实现系统的重新构建。因此使用第三方物流通常较自营物流具有更强的适应性。

综合上述因素可以看出,自营物流与使用第三方物流在风险性和适应性上各有利弊。因此,对于有自营物流能力,而又并非由于战略需要必须自营物流的企业而言,经济性往往是起决定作用的。在选择和设计物流系统时,企业通常对系统的总成本加以检验,最后选择成本最小的物流系统。

4. 选择第三方物流服务商

如果企业在经过上述比较后决定使用第三方物流,接下来就要选择第三方物流服务商。假如企业只是与第三方物流服务商进行短期合作,则下列因素构成了企业选择服务商的主要依据:

(1) 服务商的服务水平,如每吨公里成本和准时送货率;
(2) 服务商的品牌与信誉;
(3) 服务商的网络覆盖率。

假如企业打算与第三方物流服务商建立长期的合作伙伴关系,则在考察上述因素的同时,还要考虑以下几个因素:

(1) 服务商的战略定位与本企业战略是否匹配;
(2) 服务商在技术上是否具备创新能力以满足企业未来发展的需要;
(3) 服务商的服务范围是否能够满足企业未来业务扩展的需要;
(4) 服务商的资本实力能否维持其未来的持续增长;
(5) 服务商的结构是否具备适应物流整合时代发展所需要的可变性。

企业在就上述诸因素对服务商进行充分考察的基础上,可选出符合企业要求的第三方物流服务商。

5. 与第三方物流服务商签订外包合同

一般的企业通常会选出两至三家物流公司,签订临时物流合作意向书,进行试运作。为保障双方合作的顺利进行,签约双方必须本着"双赢"的原则,就意向书中服务标的、所需服务及水平、事故责任、赔偿等双方的权利义务作出明确具体的规定,以避免由于条款不明确而造成的相互推诿、扯皮等现象。所有的规定和要求都应严格执行,任何环节的遗漏或忽略,都有可能为未来的运作埋下隐患。

因为试运行大多只有两三次机会,物流公司会认真对待,大多情况运行都会比较顺畅。但若据此订下正式合作意向,则未免过于草率。因为有些问题不可能短期内出现,所以最好有一个加深彼此了解、互相适应的磨合阶段。磨合期的长短,企业可根据本身商品的具体特点及所需服务的实际情况作适当调整,一般应在一两个月左右。这个时期通常会暴露出一些可预见或始料不及的问题,但只要能想办法及时纠正解决,就可避免未来重蹈覆辙。企业可在磨合期检验物流公司对其承诺的服务是否能始终如一的贯彻执行。

如果磨合期运营结果符合企业要求便可正式签订合同。签订合同时,最好同时选择两家物流公司,以形成竞争机制,这样既有利于提高对方的服务质量,又可以避免形成企业对单独一家的依赖性。合同签订后,则要注重其履行情况,应对物流公司建立有效的监督机制,包括阶段性测评,收集客户的反馈意见,不断地有针对性地改进服务等。这些都有助于提高企业的管理,提高物流公司服务的核心价值,并获取客户的信任,从而使物流成为生产企业运作的一个有力保障。

案例 第三方物流(宝供与宝洁——基于双赢的合作)

在中国第三方物流的发展史上,宝供与宝洁的合作是具有代表意义的第三方物流典型案例。20世纪90年代初,宝洁公司为了迅速拓展中国市场,需要一家第三方物流企业配合以实现其扩张战略。而当时中国的市场上根本就没有真正的第三方物流企业,大批具有国有背景的类似物流企业,由于机制和管理落后等原因,没有办法配合宝洁的市场战略,而中国物流市场对外资的限制状态,决定了在短期内外资物流企业不可能进驻中国。为了尽快解决自己面临的物流难题,宝洁选择了培养一家现代意义上的第三方物流企业的做法。当时,还在从事铁路打包托运业务的刘武凭着其诚信、务实的作风,走进了宝洁的视线。

"宝供已成为宝洁密不可分的战略伙伴。"多年受惠于宝供物流服务的宝洁广州公司负责人发出由衷的赞叹。现任宝供物流企业集团总裁的刘武,17年前到汕头供销储运公司工作。这位不善言谈却好琢磨的刘武,在近10年的工作中发现,囿于计划经济的体制,传统的储运条块分割、地方保护、观念陈旧、信息不畅、效率低下,难以适应客户需求,也造成人力、物力、财力的大量浪费。落后意味着巨大的发展空间,浪费潜藏着巨大的商机。耐不住"寂寞"的刘武下决心要在物流业干出点模样来。1992年他承包了广州的一个铁路货物转运站。很快地,一个在业内敢为人先的服务承诺送到了认识或不认识的众多客户手里,提供"门到门"的服务,独立承担风险和责任,避免或减少许多中间环节,并响亮地提出"质量第一、顾客至上、24小时服务"的诚信准则。

宝供物流企业集团有限公司(以下简称宝供)成立于1994年,是我国首家以物流注册的物流公司(民营企业)。1999年被国务院确定为国家重点流通企业之一,2002年被中国物流与采购联合会命名为"物流示范基地"。

宝供的物流系统由两张重叠的网络——覆盖全国的所有大城市和部分经济发达地区及处于交通枢纽地位的中等城市的物流运作网络和信息网络组成。它以提升客户服务价值为出发点,服务对象为著名的外资企业和国内著名的大型企业,服务范围为供应链一体化综合物流及相关增值服务。客户的生产及销售模式不同,因而对物流服务的需求各异。为此,宝供全面创新物流服务模式,优化业务流程,整合物流供应链,以"量身定做、一体化运作、个性化服务"模式满足客户的个性化要求。宝供身为民营企业,受资金和市场两大因素的影响,一直采用轻资产型经营模式,近年来规划向"资产型"经营模式方向发展(规划在5年内建立15个大型物流基地,每个基地占地规模为300亩至1000亩,现已建成广州、上海、合肥、苏州4个现代化物流基地)。

在双方的合作过程中,充分体现了"双赢"的合作原则。为了促进宝供的发展,宝洁给出了相当高的服务价格,这从宝供最初的飞速扩张不难推测出来,而作为第三方物流的宝供,也充分体现了其作为战略合作伙伴的精神,刘武为了做好宝洁的第一单业务,亲自乘飞机到上海跟踪货物的运输过程就是这种合作精神的生动写照。

正是这种双赢合作,才有了今天强大的宝洁和著名的宝供。

(资料来源:钱廷仙.现代物流管理.南京:东南大学出版社,2003:147.唐丽敏,谷峰.物流企业运营管理.大连:大连海事大学出版社,2005:129-131.)

思 考 题

1. 企业物流的概念是什么?包括哪几个部分?
2. 阐述区域物流的定义和特点。
3. 阐述国际物流的定义。它包括哪几种类型?
4. 何谓第三方物流?第三方物流的主要特点有哪些?

第6章 物流工程技术与方法

物流工程是物流工程与管理的重要组成部分,主要是解决物流系统中的三大类问题:一是设施规划与设计;二是物流运行系统的设计与管理;三是物流器具与设备的设计与管理。物流工程综合运用系统工程、管理学和信息科学的理论与方法,定性和定量分析相结合,对其进行规划、设计、管理和控制,实现低成本、高效率、高质量的物流目标。本章将分别对物流工程总体体系架构、设施规划与设计、库存与仓储、运输与搬运、器具与设备等的研究内容、系统分析与设计的方法、常用的管理技术等作详细阐述,并介绍有关物流标准化的内容。

6.1 总体体系架构

6.1.1 物流工程的产生

物流工程是关于物流系统分析、设计、改善、控制和管理的学科,起源于两种独立的工业生产活动。一是工业设计部门和起重运输行业对生产领域的物料流和物料搬运,面向生产企业将原材料变成产品的制造过程的研究与设计;二是物资流通部门及其所属研究机构对物资流通领域的物资流通和分配的规划、运作以及研究工作[①]。

随着信息科学的发展和产业的专门化、集成化,使长期以来处于割裂的两个方面走到了一起,表现在以下几个方面:

① 物流管理的体制的变化,从过去专门的物资流通部门的"统购统销"向多元化的市场经济发展;

② 物流的系统化、专业化、集成化,以及新型物流企业的应运而生;

③ 物流管理的信息比,决策的科学化;

④ 传统的物料搬运设备和仓储设备向自动化、智能化发展;

⑤ 物流系统的集中监控,集散控制系统在物流设备中的应用;

---

① 齐二石等. 物流工程[M]. 北京:高等教育出版社,2005.

⑥ 物流装备的监控与物流管理的集成；

⑦ 计算机科学和电子商务的飞速发展,促进了物流业从传统的运作模式向现代物流的发展。

目前,对"物流工程"有两种理解:一种认为"物流工程"是"物流系统工程"的简写,从这个意义上理解的"物流工程"是从系统科学的角度对物流进行研究;另一种认为"物流工程"与"物料搬运"的含义是相同的。产生这两种想法的原因在于物流工程起源的两个方面,因而其理解都是不全面的。必须明确的是,物流工程是物流管理、工程技术和信息技术的有机结合。在物流工程中,如果把信息技术比喻成大脑和神经系统,工程技术构成了它的骨架,而物流管理科学就是它的肉体,单纯强调某一方面的作用都会偏离发展方向。因而,物流工程应全称为物流工程与管理。因此我们认为:

物流工程(logistics engineering)是物流学与管理学、系统工程、信息工程相结合的产物。它是将物流看做一个系统,运用系统工程、管理学和信息科学的理论与方法,进行规划、设计、管理和控制,选择最优方案,以低成本、高效率、高质量为社会经济系统和企业提供最有力的支持和服务的活动过程。

物流工程体现了自然科学和社会科学相互交叉的边缘学科的许多特征。

① 物流工程作为一门交叉学科,它同其他学科有着密切的联系,如机械工程、机械电子学、生产加工工艺学、计算机科学等。

② 物流工程是以多学科综合为其理论基础的,物流工作人员和研究人员需要有多方面的知识,除了要掌握生产、运输等技术知识外,还要掌握经济学、统计学等经济管理知识。

③ 物流工程的研究对象一般是多目标决策的、复杂的动态系统,系统分析时,既要考虑其经济性指标,又要考虑技术的先进性、科学性。因此,其研究方法不仅要运用自然科学中常用的科学逻辑原理与逻辑计算,同时,也常采用对系统进行模型化、仿真与分析的方法。研究过程中,常采用定量计算与定性分析相结合的综合性研究方法。

6.1.2 物流工程的研究意义

统计资料表明,就单个企业而言,根据业务的类型、企业的地理区域以及产品和材料的重量/价值比率不同,物流成本一般占销售额的 5%～35%,由此可见,开展物流工程研究,对优化企业管理和提高经济效益具有重要作用,以至于国外许多企业称物流工程为创造效益的"第三源泉"。

物流工程对企业管理的重要意义主要表现在如下几个方面:

1. 可大幅度减少工作量，减少劳动力占用，减轻工人的劳动强度

在机械制造企业中，一般地，从事搬运储存的工作人员占全部工人的15%～20%，加工1吨产品平均搬运量为60吨次以上。所以合理规划与设计物流系统，对企业降低制造成本关系重大。

2. 可大幅度缩短生产周期

过去，设计人员在生产系统设计时，往往只注意到先进的制造工艺对提高生产率、降低成本所起到的良好作用，而对物流合理规划所起的作用重视不够，缺乏对整个物流系统的分析。统计分析表明，在工厂的生产活动中，从原材料进厂到成品出厂，物料真正处于加工等纯工艺时间只占生产周期的5%～10%，而另外90%～95%的时间都处于仓储和搬运状态。所以减少物流时间，可缩短生产周期和交货期，提高资金周转能力，增强企业竞争能力。

3. 可以加速企业资金周转

在我国企业中，流动资金所占比例很大，而一般工业企业的在制品和库存物料占流动资金的75%左右，所以合理设计平面布置、优化物流系统，可以最大限度地减少物流量，降低流动资金占用，降低成本，缩短生产周期，提高企业的效益。

4. 可降低搬运运输费用

统计资料说明，在制造业中，总经营费用的20%～50%是物料搬运、运输费用，而优良的物流系统设计，可使这一费用减少10%～30%。在工业发达国家，除了营销、减少原材料和能源消耗外，已把改善物料搬运看做是节省开支以获取利润的"第三源泉"。

5. 提高产品质量

产品在搬运、储存过程中，若搬运手段不当，造成磕、碰、伤，从而影响产品质量的现象非常严重，而企业的管理者往往忽视这个问题。湖北某制造厂统计表明，该厂机床加工能力可保证质量合格率为98%，而运到装配线上后合格零件只剩下60%，搬运中损坏35%以上。此后，他们加强工位器具研制和运输过程管理，现在零件到达装配线合格率达95%以上，质量大幅度提高。

6. 可有效地提高企业整体素质，提高现代化的管理水平

当今人类已进入电子与信息时代，计算机的广泛应用以及自动化、柔性化的管理是提高企业竞争力的技术关键，高水平的生产系统都拥有高水平的设施设计和物流系统的自

动化、机械化、信息化条件作保障。物流贯穿于生产全过程,遍布企业各个角落,而各个部门都有不可分割的联系。所以,新工艺、新设备、信息技术的采用,都会改善物流系统,提高企业整体竞争力。

7. 保证文明生产,安全生产

上海某拖拉机制造厂统计结果表明,直接与搬运有关的工伤事故占总工伤事故的30%以上。所以,物流系统合理化,有利于改善作业环境和生产组织管理,提高安全生产水平。

6.1.3 物流工程的目标

物流工程的目标就是在分析、设计、控制过程中所要实现的总体目标。概括说来,就是使物流系统的各组成部分合理、有机地配合,做到物畅其流,有效地满足供应、生产、销售全过程的管理、工艺环境等方向的要求,以最低的费用消耗和最高的质量和效率,实现系统整体的综合效益。简单说来就是物流系统整体最优化。

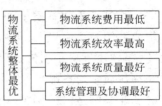

图 6-1 物流工程的目标

根据总目标的描述,可将总目标分解为经济、效率、质量及管理和协调的 4 个分目标,如图 6-1 所示。

1. 物流系统费用

(1) 物流系统成本

① 系统运输费用。这里包括运输费、燃料费、装卸费、保修维修费、折旧费、养路费及其他费用。

② 物料储备费用。包括管理费、转运和搬运费、库存损耗费、检验拣选货及库存管理费等。

③ 各种费用利息支出。包括流动资金占用利息,其中原材料、半成品、在制品、成品占用资金的利息支出。

(2) 物流系统流动资金占用

系统设计、科技管理水平决定了流动资金占用水平和数量。占用越多,系统效益越差;占用数越少,系统效益越好。流动资金占用项目如上所述。

(3) 系统投资费用

系统投资费用包括所需物流系统设施投资和运输道路投资两大项目。设施投资是企业为生产过程所需投资建设的仓库(在制品库、成品库、原材料库)和设备,包括运输设备(汽车、火车、悬链、运输管道、转运车,甚至船只、飞机等)和搬运用周转容器(托盘、料箱、料架等）。道路投资包括运输所需的铁路、公路、码头、货场等。

上述费用构成物流系统总费用，这些费用的多少是由物流系统规划、设计和管理所决定的。所以系统分析与设计就是以实现系统费用最低为其最主要目标之一。

2. 物流系统效率

物流系统的效率是与许多因素有关的，主要是物流流动路径和储存时间等。另外与投料批量、设备可靠性、运输设备的效率、人的责任心和技术水平等因素有关。一般说来，可用物料通过系统周期来描述，即物料在每个流动场地中所占用的时间之和。毫无疑问，周期越小，物流系统效率越高，因而物流的迂回和倒流对总体系统效率是很不利的。

3. 物流系统质量

质量管理学中将质量分为产品质量和工作质量。产品质量是由工作质量来保证的。从物流系统角度来说，又可划分为加工质量和物流质量，加工质量往往是由工序能力来保证的，而物流质量是物流过程管理来完成的，也可以说物流质量也是工作质量的一种。

物流质量对产品质量影响很大，仅有加工质量难以保证产品的最终质量。如上文提到的湖北某制造厂的例子，很好地说明了物流质量对产品质量的影响程度。

物流质量的度量指标可以采用完好率、完整率、标准化率和及时率等度量。完好率是指物流流动到顾客手中完好或未被损坏的程度。完整率是指物流的流动过程中按规定指标、数量流动的百分比。标准化率是物料、半成品、在制品和产成品在包装运输过程中按标准单元和规范进行的比率。及时率是一种效率度量指标，指物料达到指定地点按时、及时的比率。

物流系统质量管理不仅是物流系统效率问题，也是整个企业质量管理问题，对企业整体效益影响甚大，应引起足够重视，并建立一套行之有效的管理技术和方法。

4. 管理协调性

物流系统是企业经营管理大系统的子系统，对它的规划、设计要满足环境、工艺以及管理的条件和要求，并要与加工系统、行政管理系统、信息系统等有良好的协调性，这是物流系统目标的重要内容之一。

物流系统目标是物流系统设计、评价和管理所要达到的目标。对于不同的物流系统，各分目标在总目标中所占的比例不同，要视具体情况而定。不同物流系统总是一个多目标系统，设计与管理过程就是要解决多目标的优化问题。

6.1.4 物流工程的研究内容

任何一个系统(生产、服务、管理等)都可以视为一个物流系统,而物流工程所要做的,主要是物流系统中的三类问题:一是设施规划与设计;二是物流运行系统的设计与管理;三是物流器具与设备的设计与管理。如图 6-2 所示。

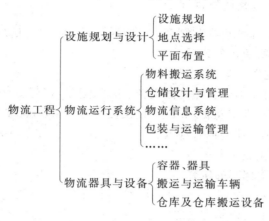

图 6-2 物流工程的研究内容

1. 设施规划与设计

设施规划与设计(facility planning and design),包括物流系统的平面布置、地点选择以及设施规划等。即根据物流系统(如工厂、学校、医院、办公楼、商店等)应完成的功能(提供产品或服务),对系统各项设施(如设备、土地、建筑物、公用工程)、人员、投资等进行系统的规划和设计,用以优化人员流、物流和信息流,从而有效、经济、安全地实现系统的预期目标和系统管理的蓝图。如资源利用、设施布置、设备选用等各种设想都要体现在设施规划设计中,设施规划与设计对系统能否取得预想的经济效益和社会效益起着决定性作用。

一般的,设施规划与设计所需要的费用只占总投资的 2%~10%,但对系统会带来重大影响。在设计、建造、安装、投产的各个阶段,如果系统要加以改变,所需要的费用会逐步上升(见图 6-3),到了运行后再改进,则事倍功半,有时甚至不可能。所以在设计规划阶段投入足够的时间、精力和费用是十分必要的。

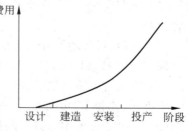

图 6-3 不同阶段系统改变所需费用

对于企业物流系统，设施设计的核心内容是工厂、车间内部的设计与平面布置、设备的布局，以求物流路线系统的合理化，通过改变和调整平面布置调整物流，达到提高整个生产系统经济效益的目的。而对于社会物流系统，设施设计是指在一定区域范围内（国际或国内）物资流通设施的布点网络问题，如石油输送的中间油库、炼油厂、管线布点等的最优方案，以及远距离大规模生产协作网的各厂址选择等。

2. 物流运行系统的设计与管理

主要包括物流搬运系统设计与管理、仓储设计与管理、物流信息系统设计与管理以及包装与运输管理、第三方物流管理等。

（1）物料搬运系统设计与管理

物料搬运系统设计是对物料搬运的设备、路线、运量、搬运方法以及储存场地等做出的合理安排，使生产系统能以最低的成本、最快捷的速度、完好无缺的流动过程，达到规划设计中提出的效益目标。研究内容涉及：

① 生产批量最佳化的研究；

② 工位储备与仓库储存的研究；

③ 在制品的管理；

④ 搬运车辆的计划与组织方法等。

（2）仓储设计与管理

仓储设计与管理是对物流系统中的仓库设计、仓储结构、储存数量、储存时间、储存网络和控制方法进行规划、设计与管理，充分发挥仓储在物流系统中缓冲和平衡供需矛盾的作用。

（3）物流信息系统的设计与管理

包括信息采集、分析和处理等，以求物流系统运行中的信息系统最佳运行与控制。

3. 物流器具与设备的设计与管理

通过改进搬运设备，改进流动器具来提高物流效益、产品质量等，如社会物流中的集装箱、罐、散料包装，工厂企业中的工位器具、料箱、料架以及搬运设备的选择与管理等。内容包括：

（1）容器、器具的设计与管理

加工位器具、料架、料箱、滑道、滚道、集装容器、简易小车等。

（2）搬运与运输车辆的设计与管理

手推车、小拉车、电瓶车、吊车、叉车、汽车、火车、轮船、飞机等。

（3）仓库及仓库搬运设备的研究

货架、站台、立体仓库、叉车、传送带、分拣线、堆垛机等。

在这三方面内容中,人们常称前两个内容为"软件系统",后一个内容为"硬件系统",而"软件系统"是工业工程研究的重点内容之一。

6.1.5 物流工程的常用技术

物流工程是一门管理与技术的交叉学科,相应的,物流工程的研究也涉及多个领域的技术支持。物流工程的常用技术包括以下几方面[①]。

1. 基础工业工程技术

基础工业工程主要是指工作研究,其中时间研究、动作研究、方法研究等,特别是工作研究中的流程分析技术,图、表技术,作业改善技术,方法研究技术等,是物流系统分析、设计与管理的最基本的技术与方法。

2. 建模与仿真技术

物流系统活动范围广泛,涉及面宽,经营业务复杂,品种规格繁多,且存在系统功能部分相互交叉,正因为此,它的系统设计是一项十分复杂的任务,需要严密的分析。由于它的复杂性,一般很难做试验,即使可以做试验,往往需耗费大量的人力、物力和时间。因此,要对其进行有效的研究,在系统设计和控制过程中,得出有说服力的结论,最重要的是要抓住作为系统对象的系统的数量特性,构建系统模型。

物流系统仿真的目标在于建立一个既能满足用户要求的服务质量,又能使物流费用最小的物流网络系统。其中最重要的是如何能使"物流费用最小"。在进行仿真时,首先分析影响物流费用的各项参数,诸如各销售点、流通中心及工厂的数量、规模和布局有关的运输费用、发送费用等。由于大型管理系统中包含人的因素,用数学模型来表现他们的判断和行为是很难的。但是,人们积极研究和探索包含人的因素在内的反映出模糊性的数学模型。

仿真技术在物流系统工程中应用较多,而且已初见成效。但毕竟由于物流系统的复杂性,其应用受到多方限制,特别是资料收集、检验、分析工作的难度较大,从而影响仿真质量,所完成的模型的精度与实际的接近程度也还存在一定问题,有待进一步研究。

3. 系统最优化技术

系统优化问题是系统设计的重要内容之一。所谓最优化,就是在一定的约束条件下,如何求出使目标函数为最大(或最小)的解。求解最优化问题的方法称为最优化方法。一般来说,最优化技术所研究的问题是对众多方案进行研究,并从中选择一个最优的方案。

---

① 齐二石,方庆琯. 物流工程[M]. 北京:机械工业出版社,2006.

一个系统往往包含许多参数,其中很多参数属于不可控参数。因此,优化问题是在不可控参数变化的情况下才提出的。根据系统的目标,经常地、有效地确定可控参数的数值,使系统经常处于最优状态。系统最优化离不开系统模型化,先有模型化而后才有系统最优化。

物流系统所包含的参数绝大多数属于不可控参数,它们之间相互制约,互为条件。在外界环境约束条件下,要正确处理众多因素之间的关系,除非采用系统优化技术,否则难以得到满意结果。物流系统评价的基本思想是整体优化的思想,对所研究的对象采用定性、定量(主要是定量)的模型优化技术,经过多次测算、比较、求好选优、统筹安排,使系统整体目标最优。

系统最优化的方法很多,它是系统工程学中最具应用性的部分。到目前为止,它们大部分是以数学模型来处理一般问题的,如物资调运的最短路径问题、最大流量、最小输送费用(或最小物流费用)以及物流网点合理选择、库存优化策略等模型。

数学规划法是最常用的系统优化方法,如运用线性规划解决物资调运、分配和人员分派的优化问题;运用整数规划法选择适当的厂(库)址和流通中心位置;采用扫描法对配送路线进行扫描求优等。

另外,运筹学中的博弈论和决策论也是优化方法。

物流系统的目标函数是在一定条件下,达到物流总费用最省、顾客服务水平最好、全社会经济效果最高的综合目标。由于物流系统包含多个约束条件和多重变量的影响,难以求优。解决的办法是根据工作分解原理和分解方法,巧妙地把大问题分解成多个小问题,对各子问题采用现代的优化方法和计算机求解。所以说,系统最优化方法是物流系统方法论中的重要组成部分。

4. 网络技术

网络技术是现代管理方法中的一个重要组成部分。它最早用于工程项目管理中,历来在企业(或公司)的经营管理中得到广泛应用和发展。它是以电子计算机作为先进技术手段的新型计划技术。典型的网络技术包括项目计划评审技术(PERT)和关键路线法(CPM)。

网络技术对于关系复杂的、多目标决策的物流系统研究非常有效。利用网络模型来模拟物流系统的全过程以发现其时间效用和空间效用是最理想的。通过网络分析可以明了物流系统各子系统之间以及与周围环境的关联,便于加强横向经济联系。网络技术用于物流系统,可研究物资从始发点通过多渠道送往顾客的运输网络优化以及物料搬运最短路径的确定。

5. 分解协调技术

在物流系统中,由于组成系统的项目繁多,相互之间关系复杂,涉及面广,这给系统分析和量化研究带来一定的困难。因此可以采用"分解-协调"方法对系统的各方面进行协调与平衡,处理系统内外的各种矛盾和关系,使系统能不断调节,处于相对稳定的平衡状态,充分发挥系统的功能。

所谓分解,就是先将复杂的大系统,比如物流系统,分解为若干相对简单的子系统,以便运用通常的方法进行分析和综合。其基本思路是先实现各子系统的局部优化,再根据总系统的总任务、总目标,使各子系统相互"协调"配合,实现总系统的全局优化,并从系统的整体利益出发,不断协调子系统的相互关系,达到物流系统的费用省、服务好、效益高的总目标。此外,还要考虑如何处理好物流系统与外部环境的协调、适应。

所谓协调,就是根据大系统的总任务、从目标的要求,使各分系统在相互协调配合子系统局部优化的基础上,通过协调控制,实现大系统的全局最优化。

研究协调要考虑两个方面的问题:

(1) 协调的原则

这是设计协调机构或协调的出发点。包括用什么观点来处理各子系统的相互关系,选取什么量作为协调变量,以及采取什么结构方案构成协调控制系统等问题。

(2) 协调的计算方法

求得协调变量,加速协调过程,保证协调的收敛性,简化协调的技术复杂性,都需要探求一定的方法,这是设计协调机构的依据。

除上述方法外,预测、决策论和排队论等效术方法也较广泛地应用于物流系统的研究中。

6.2 设施规划与设计

6.2.1 设施规划与设计概述

1. 设施规划与设计的定义

设施规划与设计从"工厂设计"发展而来,重点探讨各类工业设施、服务设施的规划与设计概念、理论及方法,是工业工程学科的重要研究领域。它以物流系统的空间静态结构(布局)为研究对象,从系统的动态结构——物流状况分析出发,探讨企业平面布置设计目标、设计原则,着重研究设计和设计程序(步骤),使企业物流、人流、信息流得到最合理、最经济、最有效的配置和安排,从根本上提高企业的生产效率,达到以最少的投入获得最大效益的目的。

对设施规划与设计的定义,有各种不同的表述[①]:美国的詹姆士·A. 汤普金斯和约

---

① 王家善,吴清一,周家平. 设施规划与设计[M]. 北京:机械工业出版社,2000.

翰·A. 怀特合著的《设施规划》将其定义为："设施规划是就如何使一个有形的固定资产，为实现其运营的目标提供最好的支持，作出决定。"

理查德·缪瑟和李·海尔斯合著的《系统化工业设施规划》给出的定义为："工业设施规划就是设计或确定怎样具体地把一个工厂建造出来，使之运行或生产。工业设施规划人员的工作，是为一个工业公司有效实现其产品的设计、制造、分发，提出所必需的工厂面积、构筑物、机器和设备。"

詹姆士·M. 爱伯尔在《工厂布置与物料搬运》中将设施设计定义为："设施设计工程师为商品生产系统或服务系统进行分析、构思、设计并付诸实施，设计通常表现为物质设施(设备、土地、建筑物、公用事业)的一个平面布置或一种安排，用以优化人流、物流、信息流以及有效、经济、安全地实现企事业目标的措施之间的相互关系。"

我国学者在《中国大百科全书》机械工程篇中，对"机械工厂设计"的释义是："为新建、扩建或改建机械工厂进行规划、论证和编制成套设计文件。工厂设计是一项技术与经济相结合的综合性设计工作。"

综上所述，尽管各国学者对设施规划与设计所下的定义不同，但在两个方面却是一致的：

① 设施规划与设计的对象是新建、扩建或改建的生产系统或服务系统；

② 设施规划与设计的内容是通过综合分析、设计、规划、论证、修改和评价，使资源得到合理配置，使系统能够有效、经济、安全地运行，实现各个组织制定的预期目标。

因此，我们可以将设施规划与设计(facility planning and design)定义为：设施规划与设计是对新建、扩建或改建的生产系统或服务系统进行综合分析、设计、规划、论证、修改和评价，使资源得到合理配置，使系统能够有效、经济、安全地运行，实现各个组织制订的预期目标的一门工程学科。

设施规划与设计是物流工程的一个重要组成部分。设施规划与设计的第一步是设施选址，也就是对新建、扩建或改建的物流结点(如仓库、货场、配送中心、物流中心等)选择合适的地点；在地点选定之后进行设施的平面布置设计，包括工厂布置、物料搬运系统设计、建筑设计、公用工程设计、信息通信系统设计等等，按照物流、人员流、信息流的合理需要，作出有机组合和合理配置。

2. 设施规划与设计的原则

为了达到优化物流系统人流、物流和信息流，有效、经济、安全地实现系统预期目标的目的，现代物流系统设施规划与设计应遵循如下原则：

① 减少或消除不必要的作业，这是提高物流系统效率和降低消耗的最有效方法之一。只有在时间上缩短物流运输周期，空间上减少占地，物料上减少停留、搬运和库存，才能保证投入的资金最少，物流成本最低。

② 以流动的观点作为物流设施规划的出发点，并贯穿规划设计的始终。

③ 运用系统的概念、系统分析的方法求得系统的整体优化。

④ 重视人的因素，运用人机工程理论，进行综合设计，并考虑环境条件等因素对人的工作效率和身心健康的影响，包括空间大小、通道配置、色彩、照明、温度、湿度、噪声。

⑤ 设施规划与设计是从宏观到微观，又从微观到宏观的反复迭代、并行设计的过程。要先进行总体方案布置设计，再进行详细布置；而详细布置设计方案又要反映到总体布置方案中，对总体方案进行修正。

总之，物流设施规划与设计就是要综合考虑各种相关因素，对物流系统进行分析、规划、设计，使系统资源得到合理的配置。

6.2.2 场址选择的任务和意义

1. 场址选择的任务

（1）新建设施

新建设施，必须选择适当的场址。场址选择就是要对可供选择的地区和地点的因素进行分析评价，力争达到场址的最优化。它不仅存在于工业领域，而且在服务性行业也同样存在，尤其是在当前服务业蓬勃发展的时期。

（2）重建设施

当企业寻求降低成本和改善服务的新方法时，将物流和制造设施放置何处就变得非常重要了，重新设计企业的物流网络，除了改善物流作业的效率和效果外，还可以在市场上对企业进行划分。如某企业物流网络中的配送中心的削减，大大改善了物流服务水平。

另外，场址选择根据设施之间的相关性也可以分为两种情况：

（1）单一设施的场址选择

根据确定的产品（或服务）、规模等目标为一个独立的设施确定一个合理的位置。

（2）复合设施的场址选择

即要为某个企业（或服务业）的若干个下属工厂、仓库、销售点、配送中心等选择各自的位置，并使设施的数目，规模和位置达到最佳化。特别是在物流网络设计中，考虑一些关键的选址决定因素，重点确定物流区域的划分和具体位置。

场址选择包括地区选择和地点选择两项内容。这两项内容的实施有时是先选择建设的地区，后进一步确定适宜的地点；有时这两项选择相互结合起来进行。

需要注意的是，场址选择常常需要其他有关人员（如地区城市规划人员、勘测人员），甚至还需要环保部门的人员参与，而不能由设计人员单独完成。

2. 场址选择的意义

场址选择的好坏，对于生产力布局、城镇建设、企业投资、建设速度及建成后的物流系统经营好坏都具有重大意义。如果先天不足，会造成很大损失。因为场址一旦确定，设施建设完工，一般就无法轻易改动。

需要注意的是，场址选择是一个非常复杂的问题，它的好坏常常随时间和空间的变化而发生改变。有时很难判断。目前好，十几年后是否还好就不确定。所以，随着规模经济的发展，城镇建设的进一步整体规划，重点工程的实施等多方面外部因素和系统自身内部的变化，使得有些场址也不得不改变。例如：天津市的海河改造工程、城市地铁的发展、个人住房选址问题、某些企业造成的环境污染问题等。

当今，网络设计和场址选择决策对未来有着深远的意义。今天的经济、竞争和技术都处于动态变化的环境，目前定位的设施和即将制定的场址选择决策将来在物流、营销、制造和财务等领域对未来的成本产生巨大的影响。所以场址选择应注意要进行充分的调查研究与勘察，要科学分析，不能凭主观意愿决定，不能过于仓促；要考虑自身设施、产品的特点，注意自然条件，市场条件，运输条件；要有长远考虑的观点，慎重考虑预计的商业环境，同时也要重视灵活性和不断满足顾客需求的适应性。

6.2.3 场址选择考虑的因素

场址选择需要考虑众多的、复杂的因素，涉及企业及物流系统的方方面面。从大的方面来说，企业的市场条件、资源条件、运输条件、社会环境等对场址选择的效果影响巨大，是首先需要考虑的因素[①]。

① 市场条件。要充分考虑该地区的市场条件对企业的产品和服务的需求情况、消费水平及与同类企业的竞争能力。要分析在相当长的时期内，企业是否有稳定的市场需求及未来市场的变化情况。

② 资源条件。要充分考虑该地区是否可使企业得到足够的资源。如原材料、水、电、燃料等。例如：发电厂、化工厂等需要大量的水；制药厂、电子厂需要高纯净的水；电解铝厂需要大量的电。因此在选址时尽量选择靠近资源的地区。

③ 运输条件。大型企业往往具有运量大、原材料基地多、进出厂货物品种复杂的特点。选择场址时，应考虑该地区的交通运输条件、能够提供的运输途径以及运力、运费等条件。铁路的运输效率高，但建设费用高；水路的运输费用低，但速度较慢。在选择地区时还要考虑是否可以利用现有的运输线路。

④ 社会环境。要考虑当地的法律规定、税收政策等情况是否有利于投资。当前国内很多地区大力开展招商引资活动，对投资的企业有若干年的免税政策。

另外，对于影响设施选址的因素，可根据它们与成本的关系进行分类。与成本有直接

---

① 齐二石等. 物流工程[M]. 北京：高等教育出版社，2005.

关系的因素,称为成本因素,可以用货币单位来表示各可行位置的实际成本值。与成本无直接关系,但能间接影响产品成本和未来企业发展的因素,称为非成本因素。如表6-1所示。

表6-1 场址选择考虑因素

成 本 因 素	非成本因素
1. 运输成本	1. 社区情况
2. 原料供应	2. 气候和地理环境
3. 动力和能源的供应量和成本	3. 环境保护
4. 水供应	4. 政治稳定性
5. 劳动力素质	5. 文化习俗
6. 建筑和土地成本	6. 当地政府政策
7. 税费,保险和利率	7. 扩展机会
8. 财务供应:资本及贷款的机会	8. 当地竞争者
9. 各类服务和保养费用	9. 公众对工商业的态度
……	……

6.2.4 场址选择的步骤和内容

按照工作内容,场址选择可分为四个阶段,每个阶段的任务具体如下。

1. 准备阶段

准备阶段是场址选择的第一步,也是起着决定作用的一步,需要对企业的产品、市场、规划等各方面进行全面的了解和调查,才能明确对于场址的需求。调查的信息包括:①企业生产的产品品种及数量;②要进行的生产、储存、管理等方面的作业;③设施的组成、主要作业单位的概略面积及总平面草图;④计划供应的市场及流通渠道;⑤需要资源(原料、材料、动力、燃料、水等)的估算数量;⑥产生的废物及其估算数量;⑦运输量及运输方式的要求;⑧需要的职工的概略人数及等级要求;⑨外部协作条件;⑩信息获取方便与否。

2. 地区选择阶段

在地区选择阶段首先要走访行业主管部门,了解有关政策和规定等;然后选择若干地区作为目标区域,针对每个区域有目的的收集各方面资料,包括城市规划、政策优惠、运输条件、市场条件等等,并针对每个地区作出调研报告;邀请行业专家和企业各方面人员参加,对各个地区的优劣势进行比较,最终选定合适的地区。

3. 地点选择阶段

组成场址选择小组,到初次确定地区内的若干地点进行调查研究和勘测。其主要工作内容包括:①从当地城市建设部门取得备选地点的地形图和城市规划图,征询关于地点选择的意见;②从当地气象、地质、地震等部门取得有关气温、气压、湿度量、日照、风向、风力、地质、地形、洪水、地震等历史统计资料;③收集当地有关交通运输、供水、供电、通信、供热、排水设施的资料,并交涉有关交通运输线路、公用管线的连接问题;④收集当地有关运输费用、施工费用、建筑造价、税费等经济资料;⑤对各种资料和实际情况进行核对、分析和各种资料的测算,经过比较定一个合适的场址方案。

4. 编制报告阶段

①对调查研究和收集的资料进行整理;②根据技术经济比较和分析统计的成果编制综合材料,绘制所选地点的设施位置图和初步总平面布置。③编写场址选择报告,对所选场址进行评价,供决策部门审批。

6.2.5 场址选择的方法

影响场址选择的因素很多。有些因素可以定量,转为经济因素;有些则只能是定性的非经济因素分析。在进行场址选择的综合分析中,一般根据条件采用定量与定性相结合的方法来解决场址选择问题。常用的场址选择方法有优缺点比较法、重心法、线性规划——运输法、德尔菲分析模型、网络布点模型等。

1. 优缺点比较法

优缺点比较是一种最简单的场址选择方法,尤其适用于非经济因素的比较。当几个场址方案在费用和效益方面比较近似时,非经济因素就可能成为考虑的关键因素,此时可采用优缺点比较法对若干方案进行分析比较。常见的场址方案非经济因素有区域位置、面积及地形、地势与坡度、风向、日照、地质条件(如土壤、地下水、耐压力)、土石方工程量、场址现在所有者、拆迁、赔偿情况、铁路、公路交通情况、与城市的距离、供电、供水、排水、地震、防洪措施、经营条件、协作条件、建设速度等。在实际操作时,先确定选址决策要考虑的因素,然后根据这些因素的相对重要性程度确定其各自的权重,再对各备选场址的各决策因素比较打分,最后给出综合比较结果。

2. 重心法

场址选择时,如果物流费用中运费是很重要的因素,而且多种原材料内多个现有设施供应,则可根据重心法确定场址位置。这种方法适用于运输费率相同的产品,使求得的场址位置离各个原材料供应地的距离乘以各点供应量之积的总和为最小。归结起来,重心法的思想是:在确定的坐标系中,各个原材料供应点坐标位置与其相应供应量、运输费率之积的总和等于场所位置坐标与各供应点供应量、运输费率之积的总和。

假设 $P_0(x_0,y_0)$ 表示所求设施的位置,$P_i(x_i,y_i)$ 表示现有设施(或各供应点)的位置($i=1,2,\cdots,n$),则重心法中的坐标图如图 6-4 所示。图中 w_i 表示第 i 个供应点的运量。若用 c_i 表示各供应点的运输费率,则根据重心法有

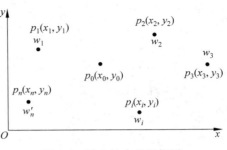

图 6-4 重心法中的坐标图

$$\begin{cases} \sum_{i=1}^{n} x_i w_i c_i = x_0 \sum_{i=1}^{n} w_i c_i \\ \sum_{i=1}^{n} y_i w_i c_i = y_0 \sum_{i=1}^{n} w_i c_i \end{cases} \tag{6-1}$$

重心坐标为

$$\begin{cases} x_0 = \dfrac{\sum_{i=1}^{n} x_i w_i c_i}{\sum_{i=1}^{n} w_i c_i} \\ y_0 = \dfrac{\sum_{i=1}^{n} y_i w_i c_i}{\sum_{i=1}^{n} w_i c_i} \end{cases} \tag{6-2}$$

3. 线性规划——运输法

线性规划法,是一种最优化技术,在考虑特定约束条件下,从众多备选方案挑选出最佳行动方案。对于物流问题最为广泛使用的线性规划形式是网络最优化,运输法作为网络最优化方法,其目标是在给定的供给、需求和生产能力的约束条件下,使生产、输入、输出运输的可变成本最小化。而对于复合设施的选址问题,如对于一个公司设有多个工厂、多个分销中心(或仓库)的选址问题,就可以用线性规划——运输法求解,使得所有设施的总运费最小。

运输法的数学模型如下:

目标函数 $$\min \sum_{i=1}^{m} \sum_{j=1}^{n} c_{ij} x_{ij} \tag{6-3}$$

约束条件
$$\begin{cases} \sum_{i=1}^{m} x_{ij} = b_j \\ \sum_{j=1}^{n} x_{ij} = a_i \\ x_{ij} \geqslant 0 \end{cases} \quad (6-4)$$

式中，m——工厂数；

n——销售点数；

a_i——工厂 i 的生产能力，$i=1,\cdots,m$；

b_j——销售点 j 的需求，$j=1,\cdots,n$；

c_{ij}——在工厂 i 生产的单位产品运到销售点 j 的生产运输费用；

x_{ij}——从工厂 i 运到销售点 j 的产品数量。

4．德尔菲分析模型

有些选址分析涉及多个设施和多个目标，决策目标相对模糊，甚至带有感情色彩。解决这类选址问题的一个方法是使用德尔菲分析模型，该模型在决策过程中考虑了各种影响因素。德尔菲分析模型涉及三个小组，即协调小组、预测小组和战略小组，每个小组在决策过程中发挥不同作用。

使用该模型的步骤如下：①成立三个小组。协调小组充当协调者，负责设计问卷和指导德尔菲调查；预测小组负责预测社会的发展趋势和影响企业的外部环境；战略小组确定企业的战略目标及优先次序；②识别存在的威胁和机遇；③确定企业的战略方向和战略目标；④提供备选方案；⑤优化备选方案。

这种模型在设施选址中作为一种典型的综合性群体决策方法被广泛使用。

5．其他方法

除了以上方法外，下面的方法也在场址选择中使用

（1）费用-效果分析法

这是对技术方案的经济效果进行分析评价的一种方法。它的实质是要求系统给社会提供财富或服务价值——效益，必须超出支出费用。该方法以经济评价为主，是所有评价方法的基础。

（2）关联矩阵法

该方法是对多目标系统方案从多个因素出发进行综合评定优劣程度的方法，基本原理如表 6-2 所示。

表 6-2 关联矩阵表

评价指标		x_1	x_2	...	x_n	评价结果
指标权重		w_1	w_2	...	w_n	
备选方案	A_1	v_{11}	v_{12}		v_{1n}	$v_1 = \sum_{j=1}^{n} v_{1j} \cdot w_j$
	A_2	v_{21}	v_{22}		v_{2n}	...
	...					$v_m = \sum_{j=1}^{n} v_{mj} \cdot w_j$
	A_m	v_{m1}	v_{m2}		v_{mn}	

(3) 层次分析法（AHP 法）

该方法是一种定性与定量相结合的评价与决策方法。它将评价主体或决策主体对评价对象进行的思维过程数量化。应用 AHP 方法，首先将评价对象的各种评价要素分解成若干层次，并按同一层次的各个要素以上一层次要素为准则，进行两两的比较、判断和计算，来求得这些要素的权重，从而为选择最优替代方案提供依据。

(4) 基于遗传算法的选址模型

该模型利用遗传算法采用全局寻优和优胜劣汰的随机搜索策略，使得模型具有较好的动力学特性，可有效、快速求得选址问题的全局（或近似）最优解。

(5) 仿真技术

仿真是建立数学逻辑模型并在计算机上运行该模型进行试验的过程，仿真建模要模仿真实系统（设施或过程）的行为。系统仿真为解决复杂物流系统的问题提供了有效的手段，仿真是决策者用于物流系统设计和操作的最有力的工具之一，它不仅可提供用于决策的定量信息而且可以提高决策者对物流系统工作原理的理解水平，仿真技术为复杂物流系统设计提供了技术性和经济性的最佳结合点和直观有效地分析方法。

在物流系统仿真过程中常用的综合仿真环境有：美国 AutoSimulation 公司的 AUTOMOD 仿真软件，美国 System Modeling 公司开发的 Arena，英国推出的面向对象的仿真环境 WITNESS，以色列 Tecnomatix Technologies 公司开发的关于生产、物流和工程的仿真软件 eM-plant 和 IBM 公司开发的通用仿真系统 SIMPROCESS 等[①]。美国 Flexsim 公司开发的 Flexsim 是一个基于 Windows 的，面向对象的仿真环境，用于建立离散事件流程过程，可以直接在个人电脑上运行，只需要用鼠标把模块从对象库里拖出来放在三维建模空间即可，建模结束后通过 Flexsim 极具艺术效果的三维动画可以观察过程中的每个动作，把任何制造业、物料处理和业务流程快速、轻易、高效地描述出来。

物流系统中应用仿真技术主要包括以下几方面：

(1) 物流系统设施规划与设计。在没有实际系统的情况下，经常将系统规划转换成

---

① 李永先，胡祥培，熊英. 物流系统仿真研究综述[J]. 系统仿真学报，2007(4).

仿真模型,通过运行模型,评价并修改规划方案。这样可以在系统建成之前,对不合理的设计和投资进行修正,避免资金、人力和时间的浪费。

(2) 物料控制。生产加工的各个工序,其加工节奏一般不协调,物料供应部门与生产加工部门的供求关系存在矛盾。为确保物料及时准确地供应,最有效的办法是在工厂、车间设置物料仓库,在生产工序间设置缓冲物料库,协调生产节奏。通过对物料库存状态的仿真,可以动态模拟入库、库存的实际状况。根据加工需要,正确掌握入库、出库的时机和数量。

(3) 物料运输调度。复杂的物流系统经常包含运输车辆、多种运输路线等。合理的调度工具、规划运输路线、保障运输线路的通畅和高效都不是一件轻而易举的事。

(4) 物流成本估算。物流过程是非常复杂的动态过程。物流成本包括运输成本、库存成本、装卸成本,成本的核算与花费的时间直接有关。物流系统仿真是对物流整个过程的模拟,过程中每一个操作的时间,通过仿真被记录下来。因此,可以通过仿真,统计物流时间的花费,进而计算物流成本。这种计算物流成本的方法,比用其他数学方法计算更简便、直观。

系统仿真在物流系统的应用,除以上四个主要方面外,还可用于对物流系统进行可靠性分析和评价等。

6.2.6 设施布置设计

设施布置设计(facility layout)是设施规划与设计的又一个重要研究领域,最初的应用也是仅限于生产制造业。主要研究企业在各种不同情况下的生产设施布置问题,并提出某些有助于布置设计的技术方法和指导方针。在企业的物流系统中以及物流结点中的各作业单元、各种设施设备的空间布局等对于物流系统的通畅也极为重要。如今,不仅各种有形产品的生产和服务设施会碰到布置和重新布置的问题,即使是非有形产品生产的服务性系统,如百货公司、宾馆、饭店等也同样面临这个问题。

1. 设施布置设计的含义和内容

设施布置设计是指根据企业的经营目标和生产纲领,在已确认的空间场所内,按照从原材料的接收、零部件和产成品的制造、成品的包装和发运的全过程,力争将人员、设备和物料所需要的空间进行最适当的分配和最有效的组合,以获得最大的经济效益。

设施布置包括工厂总体布置和车间布置。工厂总体布置设计要解决工厂各个组成部分,包括生产车间、辅助生产车间、仓库、动力站、办公室、露天作业场地等各种作业单位和运输线路、管线、绿化及美化设施的相互位置,同时要解决物料的流向和流程、厂内外运输的连接及运输方式。车间布置设计要解决各生产工段、辅助服务部门、储存设施等作业单位及工作地、设备、通道、管线之间的相互位置,同时也要解决物料搬运的流程及运输方式。

当企业出现如下情况之一时,通常需要进行生产系统或物流系统的设计与平面布置:

(1) 新建与扩建企业。一旦选定了场址,就需要进行全面的设施布置。

(2) 产品需求的变化。当产品需求量远远超过了现有生产系统生产能力时,就需要新建或扩建厂房。而产品需求量发生较小变化时,会使得原有生产系统出现不平衡现象,因此需要对生产系统进行调整。

(3) 产品的更新与新产品开发。新产品投入生产后,原有生产系统的平衡被打破,而新产品往往要求新的设备或新的生产线,因此需要对原有布置重新作出调整。

(4) 新技术新工艺的引入。新技术新工艺的引入往往改变原有的生产工艺过程,进而影响物流系统工作状态,此时需要对生产系统进行改进乃至重新布置。

(5) 生产系统发现薄弱环节,或物流系统显著不合理,也有必要进行局部的重新布置。

此外,还有许多诸如安全因素、环境因素等都可能要求对生产系统进行重新布置。

合理的平面布置,能够充分发挥生产系统的生产能力。若一个不合理的平面布局投入使用,就需要经常改建或调整,会给生产和物流造成混乱,阻碍效率的提高并增加物流成本。

2. 设施布置的目标

设施布置的主要目标是:

(1) 符合工艺过程的要求。尽量使生产对象流动顺畅,避免工序和设备间的多次往返,使设备利用率提高,生产周期缩短。

(2) 最有效地利用空间。要使场地利用达到适当的建筑占地系数(建筑物、构筑物占地面积与场地总面积的比率),使建筑物内部设备的占有空间和单份制品的占有空间较小。

(3) 物料搬运费用最少。要便于物料的输入和产品、废料等物料运输路线短接,尽量避免运输的往返和交叉。

(4) 保持生产和安排的柔性。使之适应产品需求的变化、工艺和设备的更新及扩大生产能力的需要。

(5) 适应组织结构的合理化和管理的方便。使有密切关系或性质相近的作业单位布置在一个区域并就近布置,甚至合并在同一个建筑物内。

(6) 为职工提供方便、安全、舒适的作业环境。使之合乎生理、心理的要求,为提高生产效率和保证职工身心健康创造条件。

有时,这些目标相互矛盾。例如,对性质相近的作业单位布置在一个区域可能满足第(5)条目标,但却可能导致物流量的增大。同样,满足了尽量减少往返这一目标,作出的布置就可能违反柔性目标。因此,上述任何一项目标,都不能无视其他目标的存在而片面地应用。虽然布置的方法越来越科学化,但如同不存在包治百病的灵丹妙药一样,尚不存在能解决一切问题的方法。所以说,和家庭布置一样,工厂布置在一定程度上仍然是一种艺术,或者说具有科学加艺术的性质。

3. 设施布置的基本形式

设施布置形式受工作流的形式限制,有三种基本类型(工艺原则布置、产品原则布置、定位布置)和一种混合类型(成组技术布置)。

(1) 工艺原则布置(process layout)。又称机群布置或功能布置,是一种将相似设备或功能集中布置在一个地方的布置形式,比如按车床组、磨床组等分区。被加工的零件,根据预先设定好的流程顺序,从一个地方转移到另一个地方,每项操作均由适宜的机器完成。它适用于多品种小批量生产方式。医院是采用工艺原则布置的典型。

(2) 产品原则布置(product layout)。也称装配线布置,是一种根据产品制造的步骤安排设备或工作过程的方式。产品流程是一条从原料投入到成品完工为止的连续线。固定制造某种部件或某种产品的封闭车间,其设备、人员按加工或装配的工艺过程顺序布置,形成一定的生产线,适用于少品种、大批量生产方式。

(3) 定位布置(fixed layout)。产品(由于体积或重量庞大)停留在一个固定位置,设备、人员、材料都围绕产品而转。飞机制造、造船厂、建筑工地等都是这种布置方式的实例。

(4) 成组技术布置(group layout)。将不同的机器组成加工中心(工作单元),对形状和工艺相似的零件进行加工。成组技术布置和工艺原则布置的相似点是加工中心完成特定的工艺过程。加工中心完成的品种有限,适应于中小批量生产。

6.2.7 系统布置分析的基本要素

做好设施布置设计,要考虑众多因素。按照理查德·缪瑟的观点,影响布置设计最基本的要素是:P(products),系统中物料的种类,包括在制品、原材料和产成品;Q(quantity),数量,指物料在单位时间流动的量,也指物料的总量;R(routing),路线,包括工艺路线、生产流程、各工件的加工路线以及形成的物流路线;S(service),公用设施、辅助部门及与周围环境有关的非物流部门,如维修部门、搬运设备、信息传递的设备部门等;T(time),时间安排和时间性因素。这5个要素是建立有效的布置方案的关键,因此被形象地称为解决布置问题的钥匙,如图6-5所示[1]。

---

[1] 齐二石等. 物流工程[M]. 北京: 高等教育出版社, 2005.

第 6 章 物流工程技术与方法

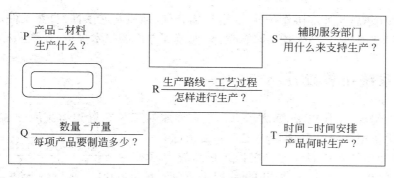

图 6-5 解决布置问题的钥匙

1．P（产品、材料或服务）

指系统所生产的商品、原材料、加工的零件、成品或提供服务的项目。这些资料由生产纲领（工厂的和车间的）和产品设计提供，包括项目、种类、型号、零件号、材料等。产品这一要素影响着设施的组成及其相互关系、设备的类型、物料搬运的方式等。

2．Q（数量或产量）

指所生产、供应或使用的产品量或服务的工作量。其资料由生产统计和产品设计提供，用件数、重量、体积或销售的价值表示，数量这一要素影响着设施规模、设备数量、运输量、建筑物面积等。

3．R（生产路线或工艺过程）

这一要素是工艺过程设计的成果，可用设备表、工艺路线卡、工艺过程图等表示。它影响着各作业单位之间的关系、物料搬运路线、仓库及堆放地的位置等。

4．S（辅助服务部门）

指公用、辅助、服务部门，包括工具、维修、动力、收货、发运、铁路专用线、卫生站、更衣室、食堂、厕所等，由有关专业设计人员提供。这些部门是生产的支持系统，在某种意义上加强了生产能力。有时，辅助服务部门的总面积大于生产部门所占的面积，必须给予足够重视。

5．T（时间或时间安排）

指在什么时候、用多长时间生产出产品。包括各工序的操作时间、更换批量的次数。在工艺过程设计中，根据时间因素可以求出设备的数量、需要的面积和人员，平衡各工序的生产能力。这些都是影响着仓储、收货、发运以及辅助部门配合的因素。

当然，要完成布置设计，还必须在掌握 5 项基本要素的基础上，收集和分析其他有关因素,包括城市规划、外部协作条件、交通运输条件、地质水文条件、自然条件,以及关于职业安全和卫生、消防、环境保护、建筑、道路、通道等方面的技术规范、规程和标准等。

6.2.8 系统布置设计

自 20 世纪 50 年代以来,西方国家的很多专家对工厂布置和物流展开了系统的分析与研究,提出了很多定性和定量的工厂布置方法,其中最著名的和最具有代表性的是美国工厂布置专家理查德·缪瑟于 1961 年提出的系统布置设计(systematic layout planning,SLP),这是一种条理性强、物流分析与作业单位关系密切程度分析相结合、求得合理布置的技术[①]。图 6-6 所示为该方法的基本程序,系统布置一般经过如下步骤。

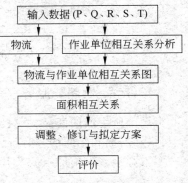

图 6-6 系统布置设计流程图

1. 准备原始资料

在系统布置设计开始时,首先必须明确给出基本要素的原始资料。这些要素主要是指 P、Q、R、S、T 五要素。同时也需要对作业单位的划分情况进行分析,通过分解与合并,得到最佳的作业单位划分情况。对这些资料的收集整理,是系统布置设计效果的关键。

2. 物流分析与作业单位相互关系分析

针对某些以生产流程为主的工厂,物料移动是工艺过程的主要部分时,如一般的机械制造厂,物流分析是布置设计中最重要的方面;对某些辅助服务部门或某些物流量小的工厂来说,各作业单位之间的相互关系(非物流联系)对布置设计就显得更重要了;介于上述两者之间的情况,则需要综合考虑作业单位之间物流与非物流相互关系。

物流分析的结果可以用物流强度等级及物流相关表来表示,作业单位间的相互关系可以用相互关系表来表示。在综合考虑作业单位间物流与非物流的相互关系时,可以采用简单加权的方法将物流相关表及作业单位间相互关系表综合成综合相互关系表。

3. 绘制作业单位位置相关图

根据物流相关表与作业单位相互关系表,考虑逐对作业单位间相互关系等级的高或低,决定两作业单位相对位置的远或近,得出各作业单位之间的相对位关系,有些资料上

---

① 王家善,吴清一,周家平. 设施规划与设计[M]. 北京:机械工业出版社,2000.

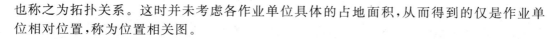

也称之为拓扑关系。这时并未考虑各作业单位具体的占地面积,从而得到的仅是作业单位相对位置,称为位置相关图。

4. 各作业单位占地面积计算

各作业单位所需占地面积与设备、人员、通道及辅助装置等有关,计算出的面积应与可用面积相适应。

5. 绘制作业单位面积相关图

把各作业单位占地面积附加到作业单位位置相关图上,形成面积相关图。

6. 修正

作业单位面积相关图只是一个原始布置图,还应根据其他因素进行调整与修正。此时需要考虑的修正因素包括物料搬运方式、操作方式、储存周期等,同时还需要考虑实际限制条件如成本、安全和职工倾向等方面是否允许。考虑了各种修正因素与实际限制条件以后,对面积图进行调整,得出数个有价值的可行工厂布置方案。

7. 方案评价与择优

针对得到的数个方案,需要进行技术、费用及其他因素评价,通过对各方案比较评价,选出或修正设计方案,得到布置方案图。

依照上述说明可以看出,系统布置设计(SLP)是一种采用严密的系统分析手段及规范的系统设计步骤的布置设计方法,具有很强的实践性。

6.3 库存与仓储

库存(inventory)是一项巨大的、昂贵的投资。库存占用了大量资金,增加了企业的经营成本,也增大了企业的经营风险,同时还会掩盖企业运营过程中的各种问题,影响企业经营效率与绩效,因此日本丰田公司将库存称为"万恶之源"。然而有效的库存管理可以改善现金流,增加投资回报。因此对正确理解库存和掌握库存管理与控制技术,有利于提高库存管理水平、降低库存成本。

6.3.1 库存的定义、种类及作用

1. 库存的定义

库存是指一个组织所储备的所有物品和资源。制造企业的库存一般分为原材料、产

成品、备件、低值易耗品、在制品等；而服务行业的库存指用于销售的有形商品及用于管理的低值易耗品。从物流系统观点看，流速为零的物料就是库存。库存是为满足未来需要而暂时闲置的资源，资源的闲置就是库存，与这种资源是否存放在仓库中没有关系，与资源是否处于运动状态也没有关系。例如汽车运输的货物处于运动状态，这些货物是为了未来需要而暂时闲置的，这是一种在途库存，也是库存。

2. 库存的种类

库存的分类有多种方法，如按照企业性质、按照库存在生产中的作用等，但是按照库存物资存在状态以及库存用途进行分类是最常见也是最有意义的分类方法。

(1) 按库存物资存在状态分类

① 原材料库存。指企业购入的尚未开始加工的原材料。

② 成品库存。指企业已经生产完毕但尚未卖出的产成品。

③ 部件库存。指企业已经加工完毕但尚未组装的部件。

④ 备件库存。指企业在设备修理中需经常更换的易损零件。

⑤ 在制品库存。指企业正处于被加工状态的工件。

(2) 按库存用途分类

① 经常性库存。指企业前后两次订货时间间隔期内，为保证企业正常生产所必须备用的物资储备量。

② 保险性库存。指企业为防止由于原材料供货商生产或运输过程可能出现延误而设置的物资储备量。

③ 季节性库存。指企业为防止季节性变化影响进货而设立的物资储备量。

(3) 按库存的需求特性分类

① 独立需求库存。是指企业的最终产品库存，其需求是随机的、由市场决定的；企业对该库存物品的需求与其他种类的库存无关。

② 非独立需求库存。是指将被用于生产的零部件库存，其需求取决于企业最终产品的需求；一旦企业最终产品的需求确定，就可以精确计算非独立需求库存的需求量和需求时间。

不同的库存分类方法，适用于不同的库存管理用途。如按库存物资存在状态分类，主要着眼于库存控制与生产系统的设计方面；按照库存用途分类，主要用于库存决策的分析。

3. 库存的作用

由于库存是一种资金的占用与资源的闲置，库存占用越少越好。但大多数公司（包括JIT模式下的公司）都要保持一定的库存，原因在于：

(1) 保持生产运作的独立性

在作业中心保持一定量的原材料才能使该中心具有生产运作的柔性。因为每一次新的生产准备都要消耗一定的成本,而库存减少生产准备次数。此外,装配线上各个工作站都是相互独立的,并且所花的作业时间不同,所以有必要在工作站持有一些零件作为缓冲,可使平均生产产量处于平稳化,达到均衡生产。

(2) 满足需求的变化

在当代激烈竞争的社会中,外部需求的不稳定性是正常现象。而生产的均衡性又是企业内部组织生产的客观要求,外部需求的不稳定性与内部生产的均衡性是矛盾的。要保证满足需方的要求,又使供方的生产均衡,就需要维持一定量的成品库存。成品库存将外部需求和内部生产分隔开,像水库一样起着稳定作用。

(3) 增强生产计划的柔性

库存能减轻生产系统要尽早生产出产品的压力,也就是说,生产提前期宽松了,在制订生产计划时,就可以通过加大生产批量使生产流程更加有条不紊,并降低生产成本。生产准备完成后,若生产批量比较大的话,将能使昂贵的生产准备成本得以分摊。

(4) 保持生产连续性

在生产过程中维持一定量的在制品库存,可以防止生产中断。显然,当某道工序的加工设备发生故障时,如果工序间有制品库存,其后续工序就不会中断。同样,在运输途中维持一定量的库存,可以保证供应,使生产正常进行。

(5) 利用经济订货批量的好处

订货需要一笔费用,这笔费用若摊在一件物品上,将是很高的。如果一次采购一批,分摊在每件物品上的订货费就少了。因此,每次订货的订货量越大,所要签订的订单数就越少,订货费用就越少,而且还能享受折扣价格,同时大订单对降低运输费用也有好处——运送的数量越多,单位运输成本越少。

尽管库存有如此重要的作用,但生产管理的努力方向不是增加库存,而是不断减少库存。这是因为库存也会带来一些逆作用,如:占用大量资金、发生库存成本,还会掩盖生产中的各种问题等等。所以我们研究库存,是要在尽可能低的库存水平下满足需求。

6.3.2 库存成本

库存成本一般包括以下几项。

1. 储存成本

储存成本也叫持有成本,是指为保持库存而发生的成本,它可以分为固定成本和变动成本。固定成本与库存数量的多少无关,如仓库折旧、仓库职工的固定月工资;变动成本与库存数量的多少有关,主要包括:资本占用成本、储存空间成本、库存服务成本和库存风险成本等等。很明显,储存成本高则应保持低库存量并经常补充库存。

2. 生产准备成本

生产一种新产品包括以下工作:取得所需原材料、安排特定设备的调试工作、填写单子、确定材料及装卸时间、转移库中原来的材料等。这些工作产生的费用和时间损失构成生产准备成本。

3. 订购成本

订购成本是指向外部供货商发出采购订单的成本,包括提出请购单、拜访供货商、填写采购订货单、来料验收、跟踪订货以及完成交易所必需的业务等各项费用。假定每次订货的成本是固定的,则每年的总订货成本受到一年中订货次数的影响,也就是受到每次订货规模的影响。随着订货次数的减少(即订货规模的扩大),年总订货成本会下降。

4. 短缺成本

短缺成本也叫缺货成本或亏空成本,是指由于库存供应中断所产生的损失。缺货成本取决于对缺货状况的反应。短缺成本包括延期交货成本、当前利润损失(潜在销售量的损失)和未来利润损失(商誉受损)等。

在确定向供货商订货的数量或者要求生产部门生产的批量时,应尽量使库存引起的总成本达到最小。

6.3.3 独立需求库存系统

由于独立需求是不确定的,所以库存中必须备有额外的产品做缓冲。在制造业和仓储保管业中,库存分析的目的是为了规范以下问题:应该什么时候进行订购;订购量为多少。许多公司都努力与供货商建立长期供需关系,以便该供货商能为企业全年的需求提供服务,这样一来,问题就从"何时"与"订多少"转化为"何时"与"运送多少"。下面介绍几种最常用的库存控制模型。

1. 经济订货批量模型(economic order quantity,EOQ)

EOQ 模型是 Harris 于 1915 年提出的,其目的是确定一个最佳的订货数量,使订货的总成本最小。该模型的使用有以下几个前提假定:
(1)需求率已知而且恒定;
(2)发出订货和接受订货之间时间已知,而且不变;

(3) 一次订购的货物在一个时间一批到达；
(4) 数量不打折扣；
(5) 订货成本是固定不变的，与订货量无关；保管成本与库存数量成正比；
(6) 没有脱货现象，及时补充。
EOQ 模型的示意图如图 6-7。

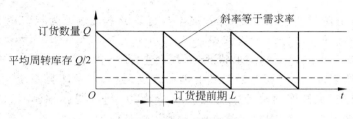

图 6-7　EOQ 模型的示意图

在这个模型中，库存成本仅考虑保管成本和订货成本，因为不会发生缺货现象，所以不必考虑缺货成本，成本函数曲线图如图 6-8 所示。

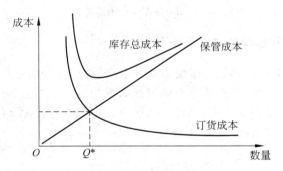

图 6-8　成本函数曲线图

保管成本。装卸搬运费用、库存设施折旧、保险费、存货的损坏和丢失费用等等。
订货成本。处理一笔订货业务的平均成本。
所以，年库存总成本＝年订货成本＋年保管成本，即

$$TC = \frac{D}{Q}S + \frac{Q}{2}H \tag{6-5}$$

式中，TC——年总成本；
　　　D——年需求量；
　　　H——单位产品的年库存成本；
　　　Q——订货批量；
　　　S——一次订货的成本。

要确定最佳订货数量,可采用求导的方法,令

$$\frac{\mathrm{d}TC}{\mathrm{d}Q} = -S\frac{D}{Q^2} + \frac{H}{2} = 0$$

最终求得

$$Q^* = \sqrt{\frac{2DS}{H}} \tag{6-6}$$

由图 6-7 成本函数曲线图可见,保管成本与订货成本交点处为年费用 TC 的最低点,其所对应的横坐标即为最佳订货数量 Q^*。

EOQ 模型是一种最理想的需求状况,而现实生活中,需求率却往往是未知的,而且还是不断变化的,所以在 EOQ 模型的基础上稍加改进,独立需求库存系统两种基本库存模型是定量订货模型(也称连续检查控制系统或 Q 模型)和定期订货模型(也有不同称谓,如定期系统、定期盘点系统、固定订货间隔系统以及 P 模型)。

定量订货模型是"事件驱动",而定期订货模型是"时间驱动"。也就是说,定量订货模型是当达到规定的再订货水平的事件发生后,即库存水平降到订货点,就进行订货,这种事件有可能随时发生,主要取决于对该物资的需求情况。相比而言,定期订货模型只限于在预定时期期末进行订货,即每隔一个固定的时间间隔就发生订货。

2. 定量订货模型(连续检查控制系统)

定量控制系统的工作原理是:连续不断地监测库存水平的变化,当库存水平降到再订货点 R(rcorder point)时,就按照领先确定好的量 Q 进行订货,经过一段时间 L(订购提前期),新订货到达,库存得到补充(如图 6-9 所示)。定量控制系统有时又被称为再订货点系统,或连续检查控制系统,或 Q 系统[①]。

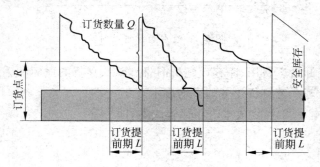

图 6-9 定量订货模型的示意图

定量控制模型中的两个重要控制参数是:每次订货量 Q 和再订货点 R。首先来看每

---

① 刘丽文. 生产与运作管理[M]. 北京:清华大学出版社,2004.

次订货量 Q。Q 通常可以采用 EOQ 模型中确定的 Q^*，但也可能是价格分割点，即能够得到价格折扣的最小量，也可能是容器的容量（如集装箱的大小、卡车装载量的大小），或管理者选择的其他量。

现实世界中，需求情况并不是完全可预测的，且是一个随机变量。最好的情况下，企业能根据以往的记录或预测未来的"平均需求量"，所以订货点即可确定。一般来说，订货点为

$$R = \bar{d} \cdot LT + B \tag{6-7}$$

式中，R——订货点；

$\bar{d}$——订购周期内平均需求量；

LT——订货提前期；

B——安全库存。

这里，又引出另一个概念——安全库存。安全库存指企业为防止由于原材料或产品缺货而设置的物资储备量。在 EOQ 模型中，因为需求已知且恒定，不会出现缺货现象，但在现实情况中，如果需求突然增加，而库存不足的话就会造成缺货，所以企业都会对各种物资设置一定的安全库存。安全库存的大小取决于对顾客服务水平和库存持有成本二者之间的折中。可以使用成本最小化模型来寻找最优的 B，但这需要估计缺货或延迟交货的成本，而这实际上不是一件容易的事。因此管理者通常的做法是，基于判断，选择一个合理的顾客服务水平，然后决定能够满足这一顾客服务水平的安全库存量，在此不作具体计算。

3. 定期订货模型

另一种常用的库存控制系统是定期控制模型。这种系统的工作原理是：按照预先规定的间隔 P 定期检查库存，并随即提出订货，将库存补充到目标库存量 T。在这种系统中，库存水平被周期性地，而不是连续性地观测，每两次观测之间的时间间隔是固定的。但是，由于需求是一个随机变量，所以两次观测之间的需求量是变化的，从而每次的订货量也是变化的（如图 6-10 所示）。这是定量控制系统与定期控制系统的最主要区别，在定量控制系统中，每次订货量 Q 是固定的，而两次订货之间的间隔是变化的。所以，定期订货模型又被称为定期检查控制系统，或 P 系统。

从图 6-10 可以看出，定期控制系统的两个主要控制参数是观测间隔期 P 和目标库存量 T。首先来看 P，它可以是任何方便的间隔，例如，每周五或每隔周五。另一种确定 P 的方法是利用上节给出的经济订货批量 EOQ 来计算成本最小的订货间隔。

如何选择目标库存水平 T，仔细看图 6-10 就可以发现，在定期控制系统中，每隔时间 P，库存水平才有可能得到改变，如果再考虑到订购周期 L 的话，这就意味着，目标库存量的设定必须使 $P+L$ 间隔内的库存量非负。从这里又可以看出 Q 系统与 P 系统之间的一个根本性的区别：一个 Q 系统只需在订购周期 L 之内保证不缺货即可，而一个 P 系统需要在整个 $P+L$ 间隔内保证不缺货。

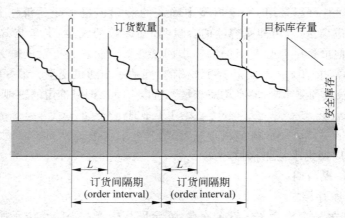

图 6-10 定期订货模型的示意图

因此，T 必须至少等于 $P+L$ 间隔内的期望需求，这还没有考虑任何安全库存。为此，如果再把安全库存 B 加上，则 T 的大小应该能够应付 $P+L$ 间隔内的需求的不确定性，这样，T 可以用下式来表示：

$$T = \overline{d}(P+L) + B \qquad (6-8)$$

式中，T——目标库存量；

P——两次盘点的间隔期；

L——提前期（订购与收到货物之间）；

$\overline{d}$——预测的平均需求量；

B——安全库存。

注意：需求量、提前期、盘点期等可以使用任意时间单位，单位保持一致即可。

因为 P 系统所需的安全库存变量的时间段比 Q 系统要长，因此 P 系统需要更多的安全库存，这样 P 系统的整体库存水平要高于 Q 系统。

无论是 Q 系统还是 P 系统，都不可能是全部情况下的最好解决方案。表 6-3 列举了 P 系统与 Q 系统的区别，两种系统中一个系统的优势正好是另一个系统的劣势。

表 6-3 定量订货模型和定期订货模型的区别

特　征	定量订货模型（Q 系统）	定期订货模型（P 系统）
订货量/订货时间	定量不定期	定期不定量
驱动方式	事件驱动	时间驱动
库存记录	连续监控库存量	定期盘点
维持所需时间	维持需要的时间长	维持方便
库存规模	平均库存量较低（SS 较低）	平均库存较大
物资类型	适用于 A 类关键、贵重的物资	

4. 三种简单库存系统与库存模型选择

独立需求库存管理中,除以上介绍的两种基本控制系统以外,还有各种各样的混合系统可以利用,这些混合系统包括 P 系统和 Q 系统的一部分特征。以下讨论几种混合系统:

(1) 任意补充系统

任意补充系统强制系统以某一固定频率(例如每周一次)对库存进行盘点。当库存水平下降到某一数量以下时订购一个补充量。

应用该系统时,根据需求、订购成本和缺货损失计算出最高库存水平 M,再根据每一个订单需要花费的时间和资金,求出最小订购批量 Q;每当盘点时,就用 M 减去现有库存 I,令 $(M-I)$ 等于 q;如果 q 大于或等于 Q,则订购 Q,否则在下一次库存盘点之前不订购。

(2) 双箱系统(two-bin system)

在双箱系统中,物资从一箱获得,另一箱的库存数量刚好等于再订购点的库存数量。该系统采用的是定量订货模型。在该系统中,一旦开始使用第二箱中的物资时,则意味着要发放订单。实际上,两箱也能搁在一块儿,二者之间只要有东西隔开就行。双箱系统操作的关键是库存分为两部分,在一部分没有用完之前另一部分保持不动。

(3) 单箱系统(one-bin system)

单箱系统对库存进行周期性的补充,以固定的时间间隔(例如一周)将库存补充到预定的最高水平。单箱系统与任意补充系统不同,任意补充系统的库存使用只要超过某一最小数时才进行下一次订购,而单箱系统则是周期订货、周期补充。单箱系统采用的是定期订货模型。

6.3.4 相关需求的库存系统——MRP

物料需求计划,(material requirements planning,MRP),是利用主生产计划(MPS)、物料清单(BOM)、库存报表、已订购未交货订购单等各种相关资料,经正确计算而得出各种物料零件的变量需求,从而提出各种新订购计划或修改各种已开出订购计划的物料管理技术。显然,物料需求计划是采购管理和库存管理的基本依据和目标。库存管理人员必须要熟练掌握物料需求计划的处理方法,灵活使用物料需求计划这一工具来应对物料需求的千变万化。

1. MRP 基本原理及特点

MRP 的基本原理是:根据需求和预测来测定未来物料供应和生产计划与控制的方法,它提供了物料需求的准确时间和数量。这个系统的基本指导思想是,只在需要的时候,向需要的部门,按需要的数量,提供所需要的物料。就是说,它既要防止物料供应滞后于对它们的需求,也要防止物料过早地出产和进货,以免增加库存,造成物资和资金的积压。

并非所有的不使用订货点方法的物料管理都是属于 MRP 系统。因为 MRP 系统并不是仅仅代替订货点方法开订单的库存管理系统,而是一种能提供物料计划及控制库存;决定订货优先度;根据产品的需求自动地推导出构成这些产品的零件与材料的需求量;由产品的交货期展开成零部件的生产进度日程和原材料与外购件的需求日期的系统。它是将主生产计划转换为物料需求表,并能为需求计划提供信息的系统。应用 MRP 系统必须要决定物料的毛需求量和净需求量。可先将物料的毛需求量转化为净需求量,从而进行毛需求量的净化过程,然后根据需求量和需求时间预先排定订单,以便事先了解缺料情况。

企业从原材料采购到产品销售,从自制零件的加工到外协零件的供应,从工具和工艺的准备到设备的维修,从人员的安排到资金的筹措与运用等,都要围绕 MRP 进行,从而形成一整套新的生产管理体系[①]。

MRP 与传统的存货管理比较,具有如下特点:

(1) 传统的存货管理用单项确定的办法解决生产中的物料联动需求,难免相互脱节,同时采取人工处理,工作量大。而 MRP 系统用规划联动需求,使各项物料相互依存,相互衔接,使需求计划更加客观可靠,也大大减少计划的工作量。

(2) 实施 MRP 要求企业制订详细、可靠的主生产计划,提供可靠的存货记录,迫使企业分析生产能力和对各项工作的检查,把计划工作做得更细。MRP 系统提供的物料需求计划又是企业编制现金需求计划的依据。

(3) 当企业的主生产计划发生变化,MRP 系统将根据主生产计划的最新数据进行调整,及时提供物料联动需求和存货计划,企业可以据此安排相关工作,采取必要措施。

(4) 在 MRP 环境下,一方面可以做到在降低库存成本、减少库存资金占用使整个问题形成"闭环";另一方面,从控制论的观点,计划制订与实施之后,需要不断根据企业的内外环境变化提供的信息反馈,适时做出调整,从而使整个系统处于动态的优化之中。所以,它实质上是一个面向企业内部信息集成及计算机化的信息系统,即将企业的经营计划、销售计划、生产计划、主生产计划、物料需求计划和生产能力计划、现金流动计划,以及物料需求和生产能力需求计划的实施执行等通过计算机有机地结合起来,形成一个由企业各功能子系统有机结合的一体化信息系统,使各子系统在统一的数据环境下运行。这样通过计算机模拟功能,系统输出按实物量表述的业务活动计划和以货币表述的财务报表集成,从而实现物流与现金流的统一。

---

① 王炬香,温艳,王磊. 采购管理实务[M]. 北京:电子工业出版社,2007.

2. 编制物料需求计划的过程

（1）编制物料需求所需的数据

将准备好的数据输入物料需求计划系统，就可以开始编制物料需求计划。这些数据来源于以下四个方面。

① 主生产计划

主生产计划说明一个企业在一个时期内（即计划展望期内）计划生产产品名称、数量和日期，提供项目清单中每一项目的数量、计划的时间段数据。主生产计划作为 MRP 的输入数据，主要解决"生产（含采购或制造）什么"以及"何时生产"的问题。这里的主生产计划的计划对象是指企业的最终产品。主生产计划是 MRP 最重要和最基本的数据，开始编制物料需求计划时，必须首先得到一个有效的主生产计划。

② 独立需求的预测

严格地说，该输入数据项也是解决"生产（含采购或制造）什么"以及"何时生产"的问题，而且该数据项也是由主生产计划生成的，只是计划的对象不是最终产品，而是有关"独立需求"的零部件。

③ 物料清单文件

物料清单是为装配或生产一种产品所需要的零部件、配料和原材料的清单。物料清单说明产品或独立需求零部件是由什么组成的，各需要多少。物料清单作为 MRP 的输入数据项，主要解决"生产过程中要用到什么"的问题，MRP 从物料清单中得到有关主生产计划项目的零部件、原材料的数据。

④ 库存文件

物料清单作为 MRP 的输入数据项，主要解决"已经有了什么"的问题，MRP 从库存信息中得到物料清单中列出的每个项目的物料可用数据和编制订单数据。

对这些数据进行有效的处理即可得出制造订单和采购订单。我们用图 6-11 来简略表示这个过程。

图 6-11　MRP 工作原理图

（2）物料需求计划的计算过程

物料需求计划的简化计算过程如下：

① 决定采购提前时间与制造提前时间

② 拟定主生产计划(MPS)
③ 编制物料清单(BOM)
④ 确定现有库存数量
⑤ 毛需求的计算：毛需求量＝项目要求的物料数量
⑥ 净需求的计算：净需求量＝毛需求量－现有库存量－计划入库量
⑦ 确定下达订单日期和订单数量计划

下单日期＝要求到货日期－认证周期－订单周期－缓冲时间
下单数量＝净需求量

其中，订单周期为订单执行时间，包括从订单制作到物料入库时间。对一些稳定供应的物料，可把库存设置到供应商库房里，要货时供应商直接送货，如此可以大大缩短订单周期。

3. 闭环 MRP、MRP Ⅱ 和 ERP

(1) 闭环 MRP

由于 MRP 存在以下缺陷：

① MRP 的前提条件是资源是无限的。MRP 作出的物料需求计划不一定与企业的生产能力相匹配。

② MRP 作出的物料需求计划是零件级的计划，不是车间作业计划，只有经过车间检验的计划，才可认为是正确的或合理的。

因此，20 世纪 70 年代以后，MRP 发展成闭环 MRP，闭环 MRP 逻辑流程图如图 6-12。

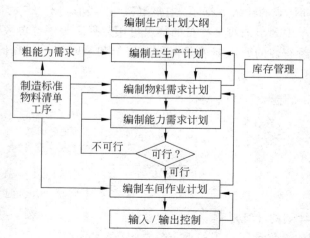

图 6-12 闭环 MRP 逻辑流程图

(2) MRP Ⅱ

企业的经济效益最终要用货币形式表达,因此,企业都希望 MRP 系统能够反映财务信息。在此需求的推动下,闭环 MRP 在 20 世纪 70 年代末期发展为 MRP Ⅱ(Manufacturing Resources Planning,制造资源计划)。在闭环 MRP 的基础上,又增加了销售、供应、财务、成本等模块,并与它们集成为一体,便形成了对企业整体制造资源的计划与控制,称之为 MRPⅡ,MRP 仍是 MRP Ⅱ 的核心部分。MRPⅡ逻辑流程图见图 6-13。

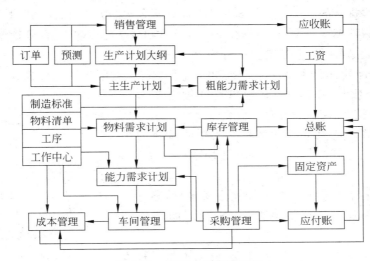

图 6-13 MRP Ⅱ 逻辑流程图

(3) ERP

20 世纪 90 年代,企业的管理系统更为成熟,系统又增加了包括财务预测、人力资源、全面质量管理、项目管理和生产资源调度及辅助决策等方面的功能,甚至是供应链管理。发展成为企业资源计划(enterprise resource planning,ERP)系统,成为企业进行供应链管理及决策的工具。

6.3.5 ABC 分类法

任何一个库存系统都必须指明对某些物品何时发出订单,订购数量为多少。然而大多数库存系统要订购的物资种类繁多,以至于对每种物资都进行模型分析并仔细控制有些不切实际,因此当这些资源有限时,企业很自然地会试着采用更好的方式,充分利用有限的资源来对库存进行控制,即将控制重点集中于重要物资的库存。

19 世纪意大利早期经济学家帕累托(V. Pareto)在研究社会财富分布状况时发现 20% 的人拥有超过 80% 的社会财富,即著名的 80/20 原则。这一原则在很多方面都是适用的,在库存管理中也同样适用,这就是 ABC 原则。

用 ABC 法进行库存分析时,主要按如下程序进行。假定我们打算对库存商品进行年销售额分析,那么:

首先,收集各个品种商品的年库存量、商品单价等资料。

其次,对原始资料进行整理并按要求进行计算,如计算每种商品的库存数量和库存资金额(库存数量×单价)。

第三,以大排队的方法将全部商品按照库存资金额的大小,由高到低对所有商品顺序排列,并计算累计库存资金、累计库存资金百分数和累计库存数量、百分数等。

第四,给商品分类。将所有商品分为 ABC 三类。

A 类:累计数目百分数为 5%~15%,而平均资金占用额累计百分数为 60%~80% 左右的前几个物品;B 类:累计数目百分数为 20%~30%,而平均资金占用额累计百分数也为 20%~30% 的物品;其余为 C 类,C 类情况正好和 A 类相反,其累计数目百分数为 60%~80%,而平均资金占用额百分数仅为 5%~15%。

最后,以累计商品数量的百分比为横坐标,累计库存资金额为纵坐标,绘制 ABC 分析图。如图 6-14 所示。

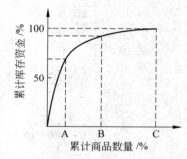

图 6-14　ABC 分析图

采用 ABC 分类法进行物料管理,分类不是最根本的目的,最重要的是对不同类别的物料采取不同的管理措施,具体如表 6-4 所示。

表 6-4　ABC 管理策略表

分类结果	管理重点	订货方式
A 类	投入较大力量精心管理,将库存压到最低水平	计算每种物品的订货量,采用定期订货方式
B 类	按经营方针来调节库存水平,例如要降低水平时就减少订货量和库存	采用定量订货方式
C 类	不费太多力量,增加库存储备	集中大量地订货,采用订货点法进行订货

6.3.6　仓库的规划与设计

国家标准《物流术语》(GB/T 18354—2001)中对仓库的定义是:仓库(warehouse)是保管、存储物品的建筑物和场所的总称。仓库是以库房、货场及其他设施、装置为劳动手段,对商品、货物、物资进行收进、整理、储存、保管和分发的场所,在工业中则是指储存各种生产需用的原材料、零部件、设备、器具和半成品、产品的场所。仓库有多种分类方式。

(1) 按仓库功能分类

① 储备仓库:是指专门长期存放各种储备物资,以保证完成各项储备任务的仓库。如战略物资储备、季节物资储备、备荒物资储备、流通调节储备等。

② 周转仓库:周转仓库的主要功能是物资周转,主要用于暂时存放待加工、待销售、待运输的物资。包括生产仓库、流通仓库、中转仓库、加工仓库等。它的储存时间短,主要追求周转效益,为生产、流通或运输服务。

(2) 按仓库用途分类

① 自用仓库:是指生产、商业、外贸等企业为本企业业务需要建立的仓库。有关仓库的建设、库存物资管理以及出入库等,都由公司自身管理。

② 专业经营仓库:是指按照相关管理条例取得营业许可,专门为经营储运业务而修建的仓库,是一种社会化的仓库。它面向社会,以经营为手段,以赢利为目的。

(3) 按结构和构造分类:可分为平房仓库、多层仓库(楼房仓库)、高层货架仓库(立体仓库)、散装仓库、罐式仓库等。

仓库是物流服务的重要设施,所以合理的仓库规划与设计对于提高整个物流系统的效率、降低物流成本有重要的意义。仓库的规划与设计包括以下五个阶段。

(1) 仓库类型的决策

在仓库类型决策时,考虑的主要因素包括:①市场状况;②自身的特点和条件;③成本;④行业情况;⑤作业灵活性;⑥地点灵活性;⑦规模经济等。企业选择自建仓库还是选择租赁公共仓库?建设平房仓库还是立体仓库?总之,企业需要根据自身的特点和条件,在对成本权衡分析的基础上作出合理选择。

(2) 仓库数量的决策

在决定仓库类型之后,物流经理最主要的工作之一就是决定公司物流系统应该用多少个仓库,仓库数量对物流系统各项成本都有重要影响。仓库数量和物流成本的关系如图 6-15 所示,从图上可以看出,仓库数量过多或过少都会使物流总成本增多。

(3) 仓库规模的决策

仓库规模指仓库能容纳的货物的最大数量或总体积。直接影响仓库规模的因素有:

仓库的商品储存量。商品储存量越大,则仓库的规模也应越大。

商品储存的时间或商品周转的速度也影响仓库的规模,在储存量不变的前提下,周转速度越慢,所需的仓库规模就越大。

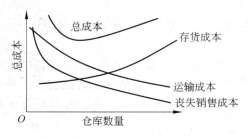

图 6-15 仓库数量和物流成本的关系图

(4) 仓库选址决策

仓库选址对商品流转速度和流通费用有直接影响;并关系到服务水平和质量,最终影响销售量和利润。本章 6.2 节已详细介绍了有关设施选址的内容,在此不再赘述。

(5) 仓库的布局

仓库的布局同设施设计一样,也分为两部分:库区规划(例如大型仓库的库区规划)和仓库内部设计。库区规划主要包括以下三个区域。

生产作业区:主要包括货场、库房、货棚、物资检验室、库内交通道、专用线、装卸站台等。

辅助生产区:如机修、油库、回收、车库、维护等。

行政生活区:主要包括办公楼、宿舍、食堂等。

仓库内部布局目的是为了充分利用仓储空间,提高存货的安全性,有效利用搬运设备,提高仓库运作效率和服务水平。仓库内部布局是对仓库内部通道空间、配备设备以及设施、货架位置等进行规划。

对于仓库内货区货位的布置常用的有三种形式:横列式布置、纵列式布置和倾斜式[①]。横列式是指仓库的主通道与货架的长边垂直;纵列式布置是指仓库的主通道与货架的长边平行;倾斜式布置是指主通道与货架的长边有一定的倾角,如采用 30°、45°、或 60°角,这样叉车作业需要的面积比其他布局方式要占用的少,因而储存面积相应提高。

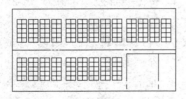

图 6-16 横列式布置

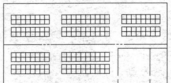

图 6-17 纵列式布置

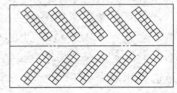

图 6-18 倾斜式布置

6.4 器具与设备

6.4.1 器具与设备的分类

"工欲善其事,必先利其器。"高度发达的设备和器具对提高物流能力与效率、降低物流成本、保证服务质量等方面都有着十分重要的影响。

在各项物流活动中,各种器具与设备深入到各作业细节,贯穿整个物流全过程,它种

[①] 崔介何. 物流学概论[M]. 北京:北京大学出版社,2005.

类繁多,形式多样,主要可以分为以下几个类别。

1. 物流仓库设备

这主要用于各种配送中心、仓库等,主要有货架、堆垛机、室内搬运车、分拣设备、提升机、AGV 及计算机管理和监控系统。这些设备可以组成自动化、半自动化、机械化的仓库,完成对物料的堆垛、存取、分拣等作业。

2. 起重机械

这主要用于将重物提升、降落、移动、放置于需要的位置。包括千斤顶、葫芦、桥式起重机、旋臂起重机、装卸桥等。

3. 输送机械

输送机械是按照规定的路线连续或间歇的运送散状物料或成件物品的搬运设备,是现代物料搬运系统的重要组成部分。包括带式输送机、辊式输送机、斗式提升机、悬挂输送机等。

4. 流通加工机械

这是用来完成流通加工作业的专用机械设备,主要包括金属、木材、玻璃等原材料的切割机和填充机、裹包机、封口机等包装机械。

5. 集装单元器具

主要有集装箱、集装袋、托盘、周转箱等。

6. 工业搬运车辆

这主要指在工厂、码头、仓库等运用极为广泛的叉车、跨车、牵引车等搬运设备。

6.4.2 物流仓库设备

1. 计量装置

仓库中使用的计量装置种类很多,从计量方法角度可以分为:
(1) 重量计量设备,包括各种磅秤、地下及轨道衡器、电子秤等。
(2) 流体容积计量设备,包括流量计、液面液位计。
(3) 长度计量设备,包括检尺器、自动长度计量仪等。
(4) 个数计量装置,如自动计数器及自动计数显示装置等。

此外，还有综合的多功能计量设备，如计量装置等。

2．货架

货架是仓库中常用的装置，是专门用于放置成件物品的保管设备。货架是仓储面积的扩大和延伸，与货物直接置于地面存放相比，货架可以成倍或几十倍扩大实际的储存面积。因此，在仓库中采用货架这种设施，是提高仓库能力的非常重要的手段。

货架种类很多，按货架的发展分为以下几类。

（1）传统式货架。包括：层架、层格式货架、抽屉式货架、橱柜式货架、U形架、悬臂架、栅架、鞍架、气罐钢筒架、轮胎专用货架等。

（2）新型货架。包括：旋转式货架、移动式货架、装配式货架、调节式货架、托盘货架、进车式货架、高层货架、阁楼式货架（图6-20）、重力式货架（图6-21）、屏挂式货架等。

（3）层架。是仓库使用最广泛的货架形式。它由框架和层板构成，具有结构简单、适用性强、便于收发作业等优点。超市中应用最为普遍。

（4）层格架。在层架的基础上，每层中用隔板分成若干个格。其间隔大小以存放的物资形状而定。

（5）抽屉式货架和柜式货架。这两种均为封闭式货架。其结构与层格架相似，只是在层格中有抽屉，外面装有柜门密封。由于这类货架封闭性能好，多用于存放精密仪器、刀具、量具等怕尘土的物资。如中药房。

上述几种货架一般所存放的物资都限于体积较小的。对于一些较笨重的长型材料，如金属型材、管材等，常选用下列一些长型货架。

（6）U形架。因其形状呈U形而得名。这是一种最简单的活动上开式货架。使用型货架时，可根据物资的长短，若干个合成一组储存。

（7）悬臂式货架。它是一种边开式货架，分有单面和双面两种。单面的使用时，一面应靠仓库墙壁。仓库多采用双面式。这种货架可用来储存各种中、小型长型金属材料。图6-19是悬臂式货架示意图。

（8）调节式货架。根据货架调节部位不同又分为层架调节货架和单元调节货架。层架调节货架可在其外形结构不变的情况下，可根据储存物的外形尺寸，调整货架的层距。单元调节货架由几个基本标准单元组合构成，高低可根据需要进行调整；在需要增加储存空间时，可以把单元叠加上去；当改变储存条件时，又能立即移动，重新布置和分组。

（9）装配式货架。又称为组合式货架。它是用货架标准配件，如立柱、搁板、联结板，根据需要组装成各种规格的货架。

（10）活动货架。也称之为移动式货架。在货架的底部装上轮子，用人力或电力驱动，使之沿着轨道方向移动（见图6-22）这种货架克服了普通固定货架每列必须留出通道的弊病，只需要一条通道，因此可大大提高仓库的面积利用率。

图 6-19　悬臂式货架

图 6-20　阁楼式货架

图 6-21　重力式货架

图 6-22　活动货架

3. 料棚

料棚又称货棚，是一种半封闭式的建筑物或装置。其防护作用低于正式建筑的库房，但高于露天堆场。由于造价低、建造方便、建造速度快，又适于某些对环境条件要求不高的物资的存放或适于一些物资的临时存放，所以有一定的使用量。

料棚按其结构特点和工作方式，主要有以下两类[①]。

（1）固定式料棚。建造成不可移动的半永久性建筑，立柱、棚顶都是不可移动的，进出货从料棚侧部进行。料棚可以是完全没有围护结构的敞开式，也可以是有部分围护结构的半敞式。围护结构是临时性的，因而侧部进出货方便，便于储存大件货物。

（2）活动料棚。指棚顶可移动的料棚。没有固定的基础和立柱棚顶及围护结构组成一个圆弧形或字形的整体，围护结构安装滚动或滑动机构，可沿轨道或按一定线路运动。一定尺寸的料棚成为一节，使用时，许多节料棚互相搭接在一起，就形成了一个条形的储存空间。装货、取货时，只需将料棚移开，就能方便地进行一般的货场作业了。作业时可以使用机械进行货物垂直移动，所以活动料棚之间的通道可以较窄，料场利用率较高。由

---

① 王之泰. 现代物流学[M]. 北京：中国物资出版社，1997.

于活动料棚是将料棚移开后作业,因而料棚高度可以较低,空间利用率也较高。活动料棚密封性也高于敞开式固定料棚。活动料棚的移动,可用人力,也可采用电力推动。

6.4.3 装卸搬运机械

装卸搬运机械是物流系统中使用频度最大、使用数量最多的一类机械装备。往往一次运输过程,最少也要有四次装卸搬运过程。国外一般将装卸搬运机械统称为"搬运设备",其所包含的范围各国有所不同。按学科的分类,装卸搬运机械可分为:起重设备、装卸设备、输送设备等[①]。

1. 起重机械

起重机械是靠人力或动力使物资做上下、左右、前后等间歇、周期性运动的转载机械。主要用于起重、运输、装卸、机器安装等作业。

(1) 轻小型起重机

指仅有一个升降运动的起重机。如滑车,手拉或电动葫芦等。其中,电动葫芦配有小车,也可以沿轨道运行。图 6-23 为手拉葫芦和电动葫芦。

(2) 桥式类型起重机

这是可在矩形场地及空间进行作业的起重机。它有一个横跨空间的横梁或桥架支撑起重机构、运行机构、完成起重作业。主要类型有悬梁式起重机、桥式起重机等。见图 6-24 和图 6-25。

图 6-23 手拉葫芦和电动葫芦

图 6-24 悬梁式起重机

图 6-25 桥式起重机

(3) 门式起重机和装卸桥

这也是可在矩形场地和空间进行作业的起重机,与桥式起重机不同的是有两个高支腿的

---

① 崔介何. 物流学概论[M]. 北京:北京大学出版社,2005.

门架。起重小车既可在跨度内,也可在悬臂端完成起重作业。图 6-26 所示为一门式起重机。

(4) 臂架类型(旋转式)起重机

这是可在环形场地及其空间作业的起重机。主要由可以旋转和变幅的臂架支撑,完成起重作业。常用的类型有门座式起重机、塔式起重机、汽车式起重机、轮胎式起重机等。图 6-27 即为门座式起重机。

图 6-26 门式起重机

图 6-27 门座式起重机

2. 装卸搬运车辆

装卸搬运车辆是依靠机械本身的运行和装卸机构的功能,实现物资的水平搬运和装卸、码垛(小部分车辆无装卸功能)的车辆。

(1) 叉车

叉车又名叉车装卸机,它以货叉作为主要的取物装置,依靠液压起升结构实现货物的托取、码垛等作业,由轮胎运行机构实现货物的水平运输。按功能分类的叉车类型如下:

① 平衡重式叉车。这种叉车依靠车体及车载平衡,其特点是自重大、轮距大、行走稳定,转弯半径大。见图 6-28。

② 前移式叉车。前移式叉车前部设有跨脚插腿,跨脚前端装有车轮,和车体的两轮形成四轮支承,作业时,重心在四个轮的支撑面中,比较稳定。架或货叉可以前后移动,以便于取货及装卸。见图 6-29。

③ 侧向叉车。叉车门架及货叉在车体一侧,主要特点是:在入出库作业时,车体顺通道进入后,货叉面向货架或货垛,在装卸作业时不必再转弯,这样,可在窄通道中作业,节约通道的占地面积,提高仓容率;有利于装搬条形长物,叉上长物,长物与车体平行,作业方便,在运行时可放于侧面台板上运行。见图 6-30。

④ 手动式叉车。这种叉车无动力源,由工人推动叉车,通过手动油压柄起降货叉,灵活机动,操作方便简单,价格便宜。在某些不需要大型机械的地方,可以有效地应用。

⑤ 电动式人力叉车。这种叉车类似于手动叉车,也是一种轻便型叉车,这种类型叉车也有不同的结构,如既可以是电动行驶、操纵货叉,人步行随机操作,也可是人力移动机器,电力操纵货叉。

图 6-28 平衡重式叉车　　　　　　图 6-29 前移式叉车

⑥ 多方向堆垛叉车。这种叉车在行进方向两侧或一侧作业,或货叉能旋转 180 度,向前、左、右三个方向做叉货作业,见图 6-31。

图 6-30 侧向叉车　　　　　　图 6-31 三向叉车

(2) 搬运车

这是一种用于载货,主要在物流据点内,进行水平搬运的车辆。小车上的载荷平台有固定式和升降式。升降式搬运车的载荷平台很低,可以伸入货架或托盘底部,托起货架或托盘后进行搬运。

(3) 牵引车和挂车

牵引车是具有机动运行和牵引装置,但本身不能载货的车辆;而挂车是无动力的车辆,必须由牵引车拖车运行。当牵引车和挂车配合使用时,构成牵引列车,在较长的距离内搬运货物,具有较好的经济性和较高的效率。

3. 连续输送机械

连续输送机械是一种可以将物资在一定的输送线路上,从装载起点到卸载终点以恒定的或变化的速度进行输送,形成连续或脉动物流的机械。

(1) 带式输送机

这是一种既把输送带作为牵引构件,同时又作为承载构件的连续运输机。一般进行水平或较小倾角的物资输送。整个输送带都支承在托辊上,并且绕过驱动滚筒和张紧滚筒。在连续装载条件下可以连续装载散装物资或包装好的成件物品。见图6-32。

(2) 辊式输送机

辊式输送机是由许多定向排列的辊柱组成,辊柱可在动力驱动下在原处不停地转动,以带动上置货物移动,也可在无动力情况下,以人力或货物的重力在辊柱上移动。辊式输送机主要特点是承载能力很强,由于辊子滚转,使货物移动的摩擦力很小,因而搬运大、重物件较为容易,常用于搬移包装货物、托盘集装货物。由于辊子之间有空隙,所以小散件及粒状、块状物料的搬运不能采用这种输送机。见图6-33。

图 6-32 带式输送机

图 6-33 辊式输送机

(3) 滚轮式输送机

和辊式输送机类似,不同之处在于,安装的不是辊子而是一个个小轮子,其分布如同算盘一样,所以也称算盘式输送机。滚轮式输送机无动力驱动,适合于人力和重力搬运,主要用于仓库、配送中心等设施内。见图6-34。

(4) 斗式提升机

这是用于在竖直方向和很大倾角时,运送散粒或碎块物资,也能运送成件的物品。它的主要构造是:固接着一系列料斗的牵引构件(胶带、链条)环绕在提升起的头轮与底轮之间闭合运转,利用料斗的装载和倾卸实现竖直方向上的物资输送。见图6-35。

(5) 悬挂输送机械

将装载物资的吊具通过滑架,悬挂在架空轨道上,滑架受牵引构件(链条等)牵引,沿着架空轨道悬空输送。它可以输送装入容器的成件物品,也用于企业成品和半成品的运输。

图 6-34 滚轮式输送机

图 6-35 斗式提升机

4. 自动导引小车

AGV 是自动导引小车（automated guided vehicle）的英文缩写。根据美国物流协会定义，AGV 是指装备有电磁或光学自动导引装置，能够沿规定的导引路径行驶，具有小车编程与停车选择装置、安全保护以及各种移载功能的运输小车（见图 6-36）。AGV 是现代物流系统的关键设备，它是以电池为动力，装有非接触导向装置，独立寻址系统的无人驾驶自动运输车。AGVS 是自动导引车系统（AGV system），它由若干辆沿导引路径行驶，独立运行的 AGV 组成。AGVS 在计算机的交通管制下有条不紊的进行，并通过物流系统软件而集成于整个工厂的生产监控于管理系统中。AGV 的主要特点如下。

图 6-36 AGV 工作示意图

（1）易于物流系统的集成。AGV 可十分方便地与其他物流系统实现连接，如 As/Rs（通过出/入库台）、各种缓冲站、自动积放链、升降机和机器人等；现在工作站之间对物料进行跟踪；对输送机进行确认；按计划进行输送物料并有执行检查记录；与生产线和库存管理系统进行在线连接以向工厂管理系统提供实时信息。

（2）提高工作效率。采用 AGV 由于人工拣取与堆置物料的劳动力减少，操作人员无须为跟踪物料而进行大量的报表工作，因而显著提高劳动生产率。另外，非直接劳动力如物料仓库会计员、发料员以及运货车调度员工作的减少甚至完全消失又进一步降低了成本。

(3) 减少物料的损耗。AGV 运料时,很少有产品或生产设备的损坏,这是因为 AGV 按固定路径行驶,不易与加工设备和其他障碍物碰撞。

(4) 经济效益高。绝大多数 AGV 使用者均证明,2~3 年从经济上均能收回 AGV 的成本。

(5) 线路布置方便。AGV 的导引电缆安装在地面下或其他不构成障碍的地面导引物,其通道必要时可作其他用处。AGV 取货点和发货点的数量从原则上是没有限制的。

(6) 系统具有极高的可靠性。AGVS 由若干台小车组成,当一台小车需要维修时,其他小车的生产率不受影响并保持高度的系统可利用性。所有的 AGV 都设计成具有一定的允许超载量。

(7) 节约能源与保护环境。AGV 的充电和驱动系统耗能少,能量利用率高,噪声极低,对制造和仓储环境没有不良影响。

美国、日本以及欧洲一些国家的 AGV 发展史都有几十年,我国 AGV 发展史比较短。20 世纪 70 年代中期,我国有了第一台电磁导引定点通信的 AGV。以后,我国越来越多的工厂、科研机构采用 AGV 为汽车装配、邮政报刊分拣输送、大型军械仓库、立体仓库系统服务。

6.4.4 集装单元器具

1. 集合包装

集合包装就是将若干个相同或不同的包装单位汇集起来,最后包装成一个更大的包装单位或装入一个更大的包装容器内的包装形式。如把许多货物包装成一个包,若干包又打成一个件,若干件最后装入一个集装箱,这便是集合包装的简单组合过程。

常用的集合包装容器有集装箱、托盘、集装袋、货捆、框架等。

2. 集装箱

(1) 集装箱的定义

集装箱(container)是集合包装容器中最主要的形式。根据国际标准化组织对集装箱所下的定义与技术要求,我国 1980 年颁发的国家标准《集装箱名词、术语》中,对集装箱的定义为:集装箱应具有如下特点和技术要求:

① 材质坚固耐久,具有足够的强度,能长期反复使用。

② 适用于各种运输形式,便于货物运送,用一种或多种运输方式运输时,途中转运不动容器内货物,可以直接换装。

③ 备有便于装卸和搬运的专门装置，可以进行快速的装卸和搬运，并可以从一种运输工具直接方便地换装到另一种运输工具上。

④ 要求形状整齐划一，便于货物的装满和卸空。

⑤ 具有 1 立方米和 1 立方米以上的内容积。

(2) 集装箱的特点

集装箱的优缺点都很明显，其优点概括如下：

① 强度高、保护防护能力强，因而货损小。

② 集装箱多功能，本身还是一个小型的储存仓库。因此，使用集装箱，可以不再配置仓库、库房。

③ 集装箱可以重叠垛放，有利于提高单位地面的储存数量。在车站、码头等待运处，占地也较少。

④ 在几种集装方式中，尤其在散杂货集装方式中，集装箱的集装数量较大。表 6-5 列出我国国家标准规定集装箱尺寸及重量，可以看出装载量与自重之和，最高可达 30 吨以上。

⑤ 集装箱还具备标准化装备的一系列优点，例如，尺寸、大小、形状有一定规定，便于对装运货物和承运设备做出规划、计划。可统一装卸、运输工具，简化装卸工艺，通用性、互换性强。

集装箱也有一些重大缺点，限制集装箱在更广的范围中应用：

① 自重大，因而无效运输、无效装卸的比例大。物流过程中，许多劳动消耗于箱体本身上，增加了货物对运费的承担。

② 箱子本身造价高，在每次物流中分摊成本较高。

③ 箱子返空困难，如果空箱返空有很大浪费。

(3) 集装箱的分类

① 按集装箱的规格分类

国际标准化组织技术委员会将集装箱分为 3 个系列，13 种箱型。它的外部尺寸和总重量如表 6-5 所示。

② 按集装箱的用途分类

通用集装箱。通用集装箱适于装载运输条件无特殊要求的各种不同规格的干杂货，进行成箱、成件集装运输。这类集装箱一般有密封防水装置，故也称为密封式集装箱。

专用集装箱。专用集装箱是根据某些商品对运输条件的特殊要求而专门设计的集装箱。箱内可设有通风、空调或货架等设备，可用于装载鲜活、易腐、怕热、怕冻或形体较大的商品等。

表 6-5　国际标准集装箱规格系列

箱　型	长/毫米	宽/毫米	高/毫米	总重量/千克
1AA	12 192	2 438	2 591	30 480
1A	12 192	2 438	2 438	30 480
1AX	12 192	2 438	<2 438	30 480
1BB	9 125	2 438	2 591	25 400
1B	9 125	2 438	2 438	25 400
1BX	9 125	2 438	<2 438	25 400
1CC	6 058	2 438	2 591	24 000
1C	6 058	2 438	2 438	24 000
1CX	6 058	2 438	<2 438	24 000
1D	2 991	2 438	2 438	10 160
1DX	2 991	2 438	2 438	10 160
1AAA	12 192	2 438	2 896	30 480
1BBB	9 125	2 438	2 996	25 400

③ 按集装箱的结构形式分类

保温集装箱。集装箱有保温装置,并用隔热材料构成。其特点是:限制箱内外传热,使箱内货物与外界温度隔绝,以保持箱内温度恒定或保持在一定的温度范围。它最适宜于装载易因温度变化而受到损伤的精密仪器、罐头食品等,也便于在寒冷季节或地区的集装运输。

通风集装箱。集装箱备有通风设备装置。按通风方式又可分为自然通风和备有机械通风设备的强制通风两种形式。通风集装箱适于装载水果、蔬菜等怕闷热的物资。

冷藏集装箱。冷藏集装箱箱内备有制冷装置,温度可降至-15℃~-25℃,适于装载鱼、肉等冷冻商品。见图 6-37。

敞顶式集装箱。这种集装箱无固定箱顶,可用起重机从箱上面装卸货物,装好后再覆盖防水布。它适于装载超重超长度的货物。

罐式集装箱。这是一种全密封式的大型容器,适宜装载液体商品,如化工原料、油类等。见图 6-38。

图 6-37　冷藏集装箱

图 6-38　罐式集装箱

散装货集装箱。散装货集装箱一般用钢板、铝板或铝合金制造。它适于装载散装固体货物,如粮食、化肥、砂石、化工产品等粉状和颗粒状物资。见图 6-39。

折叠式集装箱。这种集装箱的箱体侧端壁和箱顶等部件能折叠或分解。回空时体积可缩小,以降低回空时的舱损,从而降低运输费用。再用时,又可重新组合。

除此之外,还有挂式集装箱、汽车集装箱(见图 6-40)、牲畜集装箱等。

图 6-39 散装货集装箱

图 6-40 汽车集装箱

3. 托盘

托盘是目前被普遍采用的一种搬运物资的工具,是一种特殊的包装形式。托盘具有和集装箱类似的作用,即能把零散的物资组成一个较大的整体,以利于物资的装卸和运输。通俗地讲,托盘就像一个茶盘里放着茶壶和茶碗一样,可以一次全部端走。托盘在承托物品时,实际起到的是托起物品的作用,故而称之为托盘,如图 6-41 所示。可见,托盘即是为了便于装卸、运输、保管等而使用的由可以盛载单位数量物品的负荷面和叉车插口构成的装卸用垫板。

托盘既是装卸工具,储存工具,同时还是一种运输工具。托盘从企业内、车站内、港口内的使用发展到随船运输。托盘交流与联营业务组织好的国家,如北美和北欧诸国还直接将托盘运至商店,陈列在柜台上直接售货,又使托盘发展成售货工具[1]。

(1) 托盘的优点

① 可以有效地保护商品,减少物资的破损,在物资的运输、装卸、保管过程中具有特别的效用。

② 可以加快物资装卸、运输活动,减轻工人的劳动强度,从而加速商品的流转。

③ 可以节省包装材料,降低包装成本。

④ 可以促进装卸、运输作业的机械化和包装的标准化、系列化、规格化。

(2) 托盘的分类

① 按托盘实际操作和运用分类

两个方向通路的托盘。即指叉车的货叉可以从前面和后面两个方向进出的托盘。此

---

[1] 崔介何. 物流学概论[M]. 北京:北京大学出版社,2005.

托盘又可分为两个方向单面托盘和双面托盘。如图 6-41 中的(a)和(b)。

四个方向通路的托盘。即指叉车的货叉可以从托盘的前后左右四个方向进出的托盘。这种托盘同样又可分四个方向单面托盘和双面托盘。如图 6-41 中的(c)和(d)。

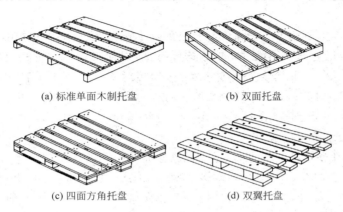

(a) 标准单面木制托盘　　(b) 双面托盘

(c) 四面方角托盘　　(d) 双翼托盘

图 6-41　平托盘

② 按托盘的材质分类

可分为木托盘、钢托盘、铝托盘、胶合板托盘、塑料托盘、复合材料托盘等。

③ 按托盘的结构分类

可分为平板式托盘、箱式托盘、主柱式托盘等。

平板式托盘即平托盘。

箱式托盘指在托盘上面带有箱式容器的托盘。箱式托盘的构造特点是：在托盘的上部至少在三个面上有垂直的侧板，或采用完全封闭，也可采用条状或网状形式。箱式托盘有固定式、折叠式和盖顶式等。图 6-42 所示即普通箱式托盘。

立柱式托盘没有侧板，但设有四根立柱，有的在柱与柱之间有连接的横梁。框架式托盘。托盘上面有框架组成，大多数框架是活动的，即可进行拆卸。如图 6-43 所示。

图 6-42　箱式托盘

图 6-43　立柱式托盘

(3) 托盘的规格

托盘的规格是指托盘的长与宽,通常用宽×长来表示。因为托盘的长与宽及其乘积面积,会涉及货物在托盘上的堆码,也涉及与运输工具内容尺寸和内容面积的配合,因此十分被物流界重视。

目前,全世界主要的工业国家都有自己的标准托盘,但所用尺寸各国不同。每个国家都希望自己国内已普遍使用的规格成为国际标准,以便在国际经济交流中更为有利。国际标准组织无法统一,只能接受既成事实,做到相对统一。ISO 标准(ISO 6780)原来有4 种托盘标准规格,即 1 200×800,1 200×1 000,1 219×1 016,1 140×1 140。2003 年 ISO 规格又通过了新方案,增加了 1 100×1 100 和 1 067×1 067 两种规格(单位均为mm),变为6 种标准规格。

中国联运通用平托盘主要尺寸及公差国家标准(GB/T 2934—1996)目前套用原 ISO 规定的 4 种并列的标准,即 1 200×800,1 200×1 000,1 219×1 016,1 140×1 140(单位均为 mm)。

根据全国物流标准化技术委员会托盘专业委员会的调查,我国目前流通中的托盘规格有几十种,并且还有增多之势。为了促进我国托盘标准化的进程,中国物品编码中心于2003 年对 28 家制造商、9 家零售商和物流公司进行了一次快速流通消费品行业的托盘标准调查,另据中国物流与采购联合会托盘专业委员会于 2005 年对 60 余家国内托盘生产、流通企业及机构进行的托盘标准调查。同年,中国国家烟草专卖局对烟草行业联运通用平托盘标准的使用情况进行了摸底调查。

上述托盘标准调查工作,由于调查主体、覆盖企业范围与数量各不相同,统计数据的结果各不相同。但上述一系列调查结果还是反映出,1 100×1 100 和 1 200×1 000 这两种规格的托盘,因其自身的特点和优势已成为我国目前托盘发展的主流和热点。考虑到已确定的亚洲联运通用平托盘标准的托盘尺寸也为 1 200×1 000 和 1 100×1 100 两种,因此,我国将 1 200×1 000 和 1 100×1 100 这两种规格的托盘确定为将来推行的重点[①]。

4. 其他集装器具

(1) 集装袋

集装袋的意思是一种柔性的、可拆曲的包装容器,因而也称之为软容器,见图 6-44。使用集装袋的范围很广,几乎所有的粉状和颗粒状的物资都可以使用集装袋完成流通过程。

按商品分类,集装袋的用途有下述几个方面:

盛装食品。可用于面粉、食糖、淀粉、食盐、大米、玉米、豆

图 6-44 集装袋

---

① 吴清一,唐英. 解读托盘新国标[J]. 物流技术与应用,2008(5).

类等。

盛装矿砂。可用于集装白云石烧结块、莹石粉、水泥、黏土、石膏等。

盛装化工原料和产品。可用于盛装硫酸铵、尿素、硝酸铵、化肥、纯碱、芒硝、染料及高分子塑料树脂等。

(2) 货捆

货捆是集装化的一种形式。它是采用各种材料的绳索,将货物进行多种形式的捆扎,使若干件单件货物汇集成一个单元。集装化的货物可以更好地利用运输工具,提高运载能力,更好地利用仓容面积,提高库容利用率。

(3) 框架

框架是集装化的一种重要手段。这是一种根据物资的外形特征选择或特制各种形式的框架,以适用于物资的集装方法。有些框架对物资的适应性较广,如门字形框架几乎所有的长形材均可使用;而有些框架则专用性很强,只适用于某种形状的物资使用。常见的门字形集装框架是用较小的钢管制作的卡箍和木条构成。如将框架底部使用刚性材料(如钢板),而侧面和顶面贯通使用柔性材料(如金属钢丝),则可形成使用更加广泛,而且不同的码放会形成不同的集装形式。

6.4.5 自动化仓库

自动化仓库又称自动化立体仓库、高层货架仓库、自动存取系统(AR/RS系统)等,它一般指采用几层、十几层甚至几十层高的货架,用自动化物料搬运设备进行货物出库和入库作业的仓库,如图 6-45 所示。自动化仓库一般是指用货架单元化的货物,采用电子计算机控制和人工控制的巷道式起重设备取送货物,不需要人工搬运作业的一种新型仓库。这种仓库出现在 20 世纪 60 年代初期。自此以后,随着物流技术日益被人们重视,对自动化仓库的研制和技术交流活动也在不断加强。

图 6-45 自动化立体仓库

1. 自动化仓库的分类

目前,自动化仓库有以下几种分类方法[①]:

(1) 按仓库的建筑形式分,有整体式自动化仓库和分离式自动化仓库。

(2) 按仓库高度分,12米以上的为高层自动化仓库,5~12米之间的为中层自动化仓库,5米以下的为低层自动化仓库。一般在5米以上,才称为"立体"仓库。

(3) 按仓库库容量分,托盘数量在2 000个以下的为小型自动化仓库,托盘数量在2 000~5 000个之间的为中型自动化仓库,托盘数量在5 000个以上的为大型自动化仓库。

(4) 按控制方法分,有手动控制的自动化仓库、电子计算机控制的自动化仓库。

(5) 按货架形式分,有固定货架式自动化仓库、重力货架式自动化仓库。重力式货架借助重力作用,使物资自动从一端进,另一端出。

2. 自动化仓库的特点

(1) 自动化仓库可以节省劳动力,节约占地。由于自动化仓库采用了电子计算机等先进的控制手段,采用了高效率的巷道堆垛起重机,使生产效益得到了较大的提高。往往一个很大的仓库只需要几个工作人员,节约了大量的劳动力。同时,仓库的劳动强度也大大的减轻,劳动条件得到改善。自动化仓库的高层货架能合理地使用空间,使单位土地面积存放物资的数量得到提高。在相同的土地面积上,建设自动化仓库比建设普通仓库储存能力高几倍,甚至十几倍。这样,在相同储存量的情况下,自动化仓库节约了大量的土地。

(2) 自动化仓库出入库作业迅速、准确,缩短了作业时间。现代化生产,要求物资能及时供应、流通迅速进行。自动化仓库由于采用了先进的控制手段和作业机械,采用最快的速度、最短的距离送取货物,使物资出入库的时间大大减少。同时,仓库作业准确程度高,仓库与供货单位和用户能够有机地协调,这就有利于缩短物资流通时间。

(3) 提高了仓库的管理水平。由于电子计算机控制的自动化仓库结束了普通仓库繁杂的台账手工管理办法,使仓库的账目管理以及大量资料数据通过电子计算机贮存,随时需要,随时调出,既准确无误,又便于情报分析。从库存量上看,自动化仓库可以将库存量控制在最经济的水平上。在完成相同的物资周转量的情况下,自动化仓库的库存量可以达到最小。

(4) 自动化仓库有利于物资的保管。在自动化仓库中,存放的物资多,数量大,品种多样。由于采用了货架托盘系统,物资在托盘或货箱中,使搬运作业安全可靠,避免了物资包装破损、散包等现象。自动化仓库有很好的密封性能,为调节库内温湿度,搞好物资的保管保养,提供了良好的条件。

---

① 崔介何. 物流学概论[M]. 北京:北京大学出版社,2005.

综上所述,自动化仓库的优点集中体现在经济合理上。它是采用现代科学技术、方法和手段在仓库管理中的集中体现,有利于以最少的劳动消耗获取最大的经济效益。

3. 自动化仓库的设备配置

一个比较完善的自动化仓库系统主要包括以下设备配置。

(1) 货物的存放与周转——高层货架和托盘

高层货架是自动化立体仓库的主体结构部分。一般是使用钢结构,采用焊接或组装而成。每排货架分若干列、层单元货格,每个货格中一般存放1~3个托盘。目前国内制造的高层货架一般在20米以下,以10~15米居多,焊接式货架多采用热轧型钢,组装式货架多采用薄型冷轧型钢。焊接式结构牢固、耐用,但笨重。组装式外形美观,拆装性能好,运输方便。因为冷轧型钢重量轻,成本低,所以应用潜力大,是高层货架的发展方向。

(2) 出入库作业——堆垛起重机

堆垛起重机是自动化立体仓库中存取货物作业的主要执行设备。它在货架的巷道中可以承载货物水平运行、升降,完成出入库、倒库等各种作业功能。为使堆垛机认址准确,水平、垂直伸叉运动均应设置正常运行速度和慢速两种速度(或采用变频无级调速),以减少停车时的冲击,并能准确到位。堆垛机还设置有货位和载货台虚实检测装置,防止由于控制失误,在货位已经被占用的情况下重复入库造成事故。此外,堆垛机还设置运行、起止的终端限速、限位开关,并在最终端设机械车挡,防止堆垛机各机构运行超过极限位置。

(3) 出入库分配系统——辊式、链式输送机、分配机、升降机等

在自动控制的立体仓库中,出入库分配系统按照计算机指令将入库货物分配至某一巷道口,再由该巷道堆垛机按照指令将入库货物送到指定的排、列、层货位。出库时按照相反方向输出。目前输送货物大多数根据实际情况,确定使用辊式或链式输送机,输送货物的交叉口往往使用升降机解决高差问题。另外,应设一个输送通道,使重量、尺寸不合格的货物输送到指定的地点整理后再进入库区。

(4) 计算机管理系统仓库的账目管理、数据分析、设备运行、库存情况的状态显示等。

计算机管理系统应能对全部货位和全部库存货物完成以下主要管理功能:

① 按照要求实现货物的先进先出、巷道优先、均匀分布等管理功能,进行出入库货位管理;

② 按照货位和货物品种盘库、查询;

③ 打印各种统计报表;

④ 库存情况分析;

⑤ 修改数据文件各项内容。

6.5 运输与搬运

6.5.1 运输系统中分析与决策的主要内容

运输是最核心的物流功能之一,运输能够创造产品的空间效用和时间效用。运输过程中运输方式、运输路线等的合理与否直接关系到企业的物流成本及客户服务水平。所以,在运输系统中通常要面临以下分析与决策。

(1) 运输方式的选择

如前所述,基本的运输方式有 5 种:公路运输、铁路运输、航空运输、水路运输和管道运输。每种运输方式都有各自的优缺点,要根据产品的特性、运输的要求加以选择。如高价值的货物、产品可得性要求高的货物,往往选择高效率的运输方式,如航空运输。相反,低价值的货物、客户服务水平低的货物则可以选择较廉价的运输方式。因此选择合适的运输方式是运输决策中的重要内容。

(2) 运输批量和运输时间的选择

运输批量往往需要根据货物的订购批量、运输费率以及运输工具的承运量进行调整,尽可能降低单位运输成本。

运输时间则是根据顾客预定的交付时间来安排。如果采用铁路运输、水路运输或是航空运输,还要根据列车、轮船或航班的班次进行调整,灵活性较低。相比之下,公路运输的灵活性较大。

(3) 自营运输和外包运输

随着第三方物流服务发展越来越迅速,运输业务的外包已成为当前物流服务外包的重要形式。选择运输外包的原因主要有降低成本、运输非企业的核心能力、流程再造、提高运输效率等。在自营运输中,企业一般能够采用的只有公路运输,需要考虑相关运输设备的投资,以及自营运输的实施计划和系统控制的步骤等。通常企业需要根据整体发展战略和产品的特性来选择自营运输还是外包运输。

(4) 运输路线的规划与选择

运输路线的选择是在一定的交通运输网络中,对某种产品在供应地点与需求地点之间的供求关系的建立及具体运输路线所作的规划和选择,这也是运输决策中最重要的一类问题。它直接关系到产品能否及时送到客户手中,以及运输成本的增加或降低。

6.5.2 运输优化与运输模型

所谓运输优化是从物流系统的总体目标出发,运用系统理论和系统工程的方法,充分利用各种运输方式的优点,以运筹学等数量方法建立模型和图表,选择和规划合理的运输路线和运输工具,以最短的路径、最少的环节、最快的速度和最少的成本,组织好物质产品的运输活动,避免不合理运输情况的出现。

建立运输模型是运输优化的基础,是用数学方法描述在各种条件限制下的物资运输问题,并对此数学模型求解,得到最优的解决方案。

1. 运输的一般模型

在物流系统中,根据已有的网络,制订调运方案,将货物从产地运往各需求地,而使总运费最小,是典型的运输决策优化问题[①]。典型的情况如 6.2.5 中选址的"线性规划——运输法"所描述的情况。

2. 表上作业法(最小元素法)

表上作业法是求解运输问题的一种简便而有效的方法,其求解工作在运输表上进行。它是一种迭代发,迭代步骤为:先按某种规则找出一个初始解(初始调运方案);再对现行解作最优性判别;若这个解不是最优解,就在运输表上对它进行调整,得出一个新解;再判别,再改进;直到得到运输问题的最优解为止。常用的有最小元素法和西北角法,下面仅介绍最小元素法。

所谓最小元素,就是运价表中单位运价最小的一项,为了减少运费,应优先考虑单位运价最小的业务,即最大限度的满足其供销量。然后,在余下的供销关系中,依次再考虑运价最小的业务,直到安排完所有的供销任务,得到一个完整的调运方案为止。

例 某家电企业有 3 个位于不同地点生产基地,供应 4 个不同城市的家电零售企业,假设该家电企业的供需平衡,即总产量等于总销量(单位:万台),如表 6-6 所示。问题中所给运费是每个销售点到每个生产基地之间最短路径的运输费用(单位:元/台),如何调运使总运费最小?

在本例中,因 A_2 到 B_1 的单位运价 2 最小,故优先考虑这项业务,且因为 A_2 的供应量为 10,B_1 的需求量为 8,所以 A_2 到 B_1 的供应量应为 8,这时 A_2 可供应量变为 2,B_1 的需求得到满足,以后的分配中不再考虑,故划去 B_1 列。然后在余下的表格中继续寻找最小运费,直到所有供销要求均得到满足。本例的最优解如表 6-7 所示。

[①] 胡运权. 运筹学教程[M]. 北京:清华大学出版社,2007.

表 6-6　某家电企业运价表

销地 产地	B_1	B_2	B_3	B_4	产量
A_1	4	12	4	11	16
A_2	2	10	3	9	10
A_3	8	5	11	6	22
销量	8	14	12	14	48

表 6-7　某家电企业最优调运方案

销地 产地	B_1	B_2	B_3	B_4	产量
A_1			10	6	16
A_2	8		2		10
A_3		14		8	22
销量	8	14	12	14	48

判别检验过程略。

对于产销不平衡的问题,可通过对模型作出适当修正,以便能用运输表求出运输方案,具体解法可参考运筹学相关书籍。

3. 最短路径法

最短路径法是运筹学中动态规划方法旅行者最短路线问题的典型方法,也就是在一个交通运输网络中,寻找由出发点到终点的最短路线的问题。交通运输网络可以简单地描述成一个由弧和节点组成的网络,其中节点代表物流节点,如仓库、配送中心、制造企业、零售商等,弧代表节点之间的成本(距离、时间或距离和时间的加权平均)。这样起讫点不同的路径规划问题就可以转化为求网络中一个特定点对之间的最短问题。

最短路的解法的思路是:首先在整个网络中找到距点 v_1 最近的点,将其最短路线确定,然后考虑通过最短路线既定的点,是否能缩短点 v_1 到其他点的距离。如果能则修改点 v_1 到各点的距离,再从最短路线未定的点中选择距离最小的点,确定其最短路线,重复上面的过程,直至找到我们要求的点 v_1 到点 v_8 的最短路。

例　某家运输公司签订一项运输合同,要把 v_1 的一批货物运送到 v_8 市。该公司根据这两个城市之间可选择的行车路线,绘制了公路网络,如图 6-46, v_i 代表各个城市,箭头代表两个城市之间的公路,公路上都标明运输里程。可以看出,从 v_1 市出发到达 v_8 市,可以有很多条路线可供选样。但是如何选择运输路线,能使总路程的长度最短呢?这就是运输规划的最短路问题。

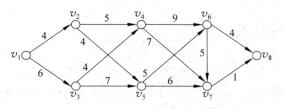

图 6-46 公路网络图

最短路径解法：

(1) 首先确定 v_1 点为起点。与 v_1 点直接相连的节点有 v_2，v_3，我们可以看到 v_2 是距 v_1 最近的点，记录路径 v_1—v_2 距离 $p=4$。

(2) 随后再找距离 v_1，v_2 最近的点，可以看到，有 v_1—v_3、v_2—v_4、v_2—v_5 最短路径记录为 v_1—v_3，距离 $p=6$。

(3) 考虑点 v_3，有 v_3—v_4、v_3—v_5，此时，到达 v_4 有两条路径，v_1—v_2—v_4 和 v_1—v_3—v_4 距离分别为 9 和 10，则到达 v_4 的最短路径记为 v_1—v_2—v_4，距离 $p=9$。

(4) 同理，到达 v_5 的最短路径记为 v_1—v_2—v_5，距离 $p=8$。

(5) 重复上述过程，直到到达终点 v_8，此时得到的最短路径 v_1—v_2—v_5—v_7—v_8，距离 $p=15$。

最短路径法非常适合利用计算机求解。把网络中弧和节点的资料都存在数据库中，选好某个起点和终点后，计算机很快就能算出最短路径。如能在此基础上考虑各条路线的实际运行质量，也就是对运行时间和距离设定一定的权数，就可以使得出的最短路径更具实际意义。

4. 起点和终点相同的路径规划问题

物流管理人员经常会遇到起讫点相同的路径规划问题，尤其是在企业自己拥有运输工具，承担运输作业时。我们熟悉的例子有，从某仓库送货到零售点然后返回的路线（从中央配送中心送货到食品店或药店）；从零售点到客户所在地配送的路线设计（商店送货上门）、校车、送报车、垃圾收集车和送餐车等的路线设计。这类路径问题是起讫点不同的问题的扩展形式，但是由于要求车辆必须返回起点行程才结束，问题的难度提高了。我们的目标是找出途经点的顺序，使其满足必须经过所有点且总出行时间或总距离最短的要求。

这类问题又被称为"旅行推销员"问题，人们已提出不少方法来解决这类问题。如果某个问题中包含的点的个数很多，要找到最优路径是不切实际的，通常对这类问题，往往采用的是近似算法。如感知式和启发式算法等，在此不再详细介绍。

6.5.3 物料搬运系统

物料搬运（material handling）是制造企业生产过程中的辅助生产过程，它是工序之间、车间之间、工厂之间物流不可缺少的环节。据国外统计：在中等批量的生产车间里，零件在机床上的时间仅占生产时间的5%，而95%的时间消耗在原材料、工具、零件的搬运、等待上；物料搬运的费用占全部生产费用的30%~40%。为此，设计一个合理、高效、柔性的物料搬运系统，对压缩库存资金占用、缩短物料搬运所占时间是十分必要的。

1. 物料搬运系统的三要素

在分析物料搬运系统时，首先要考虑三个要素：搬运对象、搬运路线和搬运方法。

（1）搬运对象

搬运对象即为需要搬运的物料，在企业的经营活动中，所涉及的物料由多种形式，一般包括：原材料、零部件、在制品、成品、残余物料、办公用品等。

物料有多种形态，可分为固体、液体、气体等；也可分为单件、包装件和散装等。所以在设计搬运系统之前要分清每种物料的特性，并对他们进行分类，对同一类物料采用同一种搬运方式。

具体涉及的物料的特性包括：①物料的物理特征（形态、重量、易碎性等）；②包装特征（集装方式、大小、形状等）；③数量（总数量、批量）；④时效性（紧急性、季节性）；⑤特殊控制（政府规定、企业标准）等。

（2）搬运路线

物料搬运路线分为直达型、渠道型和中心型，如图6-47所示。

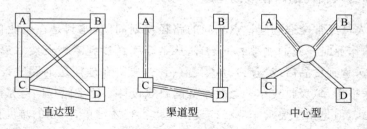

图 6-47 物料搬运路线分类

① 直达型。这种路线上各种物料从起点到终点经过的路线最短。流量较大、距离较短时，一般采用这种形式是最经济的，对于物料有一定的特殊性而时间又较紧迫时更为有利。

② 渠道型。一些物料在预定路线上移动,同来自不同地点的其他物料一起运到同一个终点。当物流量为中等或少量,而距离为中等或较长时,采用这种形式是经济的,尤其当布置是不规则而又分散时更为有利。

③ 中心型。各种物料从起点移动到一个中心分拣处或分发地区,然后再运往终点。当物流量小而距离较远时,这种形式是非常经济的。尤其当厂区外形基本上是方整的且管理水平较高时更为有利。

图 6-48 说明：直达型用于距离短而物流量大的情况；间接型(渠道型或中心型)用于距离长而物流量小的情况。依据物料搬运的规则,若物流量大而距离又长,则说明这样的布置不合理。距离与物流量指示图有助于我们根据不同的搬运活动来确定路线系统的形式。

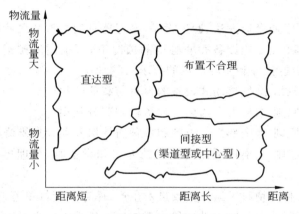

图 6-48　距离与物流量指示图

(3) 搬运方法

所谓搬运方法,实际上就是以一定形式的搬运设备,与一定形式的搬运单元相结合,进行一定模式的搬运活动,已形成一定的路线系统。

一个工厂或仓库的每项搬运活动都可以采用各种方法进行,综合各种作业所制定的各种搬运方法的组合,就是物料搬运方案。

2. 物料搬运的 20 条原则

国际物料管理协会下属的物料搬运研究所根据物料搬运专家数十年的经验,总结了物料搬运的 20 条原则。

(1) 规划原则　以获得系统整体最大工作效益为目标进行存储工作。

(2) 系统化原则　尽可能广泛地把各种搬运活动当作一个整体,使之组成相互协调的搬运系统。其范围包括收货、储存、生产、检验、包装、成品储存、发货、运输和消费用户等。

（3）物流顺畅原则 在确定生产顺序与设备平面布置时，应力求物流系统的最优化。

（4）精简原则 减少、取消或合并不必要的活动与设备，以简化搬运工作。

（5）利用重力原则 在可能的条件下，尽量利用重力搬运物料。

（6）充分利用空间原则 最大可能地充分利用建筑物的整个空间。

（7）集装单元化原则 尽可能地采用标准的容器与装载工具搬运，做到搬运过程的标准化、集装化。

（8）机械化原则 合理采用搬运机械设备和提高搬运机械化程度。

（9）自动化原则 在生产、搬运和储存过程中采用合理的作业自动化。

（10）选择设备原则 在选样设备过程中，考虑被搬运物料的特点、物料的运动方式和采用的搬运方法。

（11）标准化原则 使搬运方法、搬运设备、搬运器具的类型和尺寸标准化。

（12）灵活性原则 在专用设备并非必要的情况下，所采用的搬运方法和搬运设备应能适应各种不同的搬运任务和实际应用的要求。

（13）减轻自重原则 降低移动式设备的自重与载荷的比例。

（14）充分利用原则 求使人员与搬运设备得到充分利用。

（15）维修保养原则 为全部搬运设备制订预防性保养和计划维修制度。

（16）摒弃落后原则 当出现可提高效率的方法和设备时，合理更新陈旧设备与过时的方法。

（17）控制原则 利用物料搬运工作改进对生产、库存和接订单等控制管理工作。

（18）生产能力原则 利用搬运设备促使系统达到所要求的生产能力。

（19）搬运作业效能原则 以搬运一例单元货物所耗成本的指标考核搬运作业的效能。

（20）安全原则 为保证搬运的安全，提供合适的方法和设备。

6.5.4 物料搬运系统分析设计方法

搬运系统分析(systematic handling analysis，SHA)是理查德·缪瑟提出的一种有条理的系统分析方法，适用于一切物料搬运项目。该方法既包括一种解决问题的方法，还包括一系列依次进行的步骤和一整套关于记录、评定等级和图表化的图例符号(工业工程符号)，如图6-49所示[1]。

---

[1] 齐二石等. 物流工程[M]. 北京：高等教育出版社，2005.

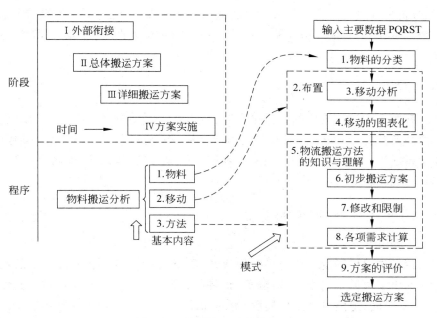

图 6-49 物料搬运系统分析过程

1. SHA 的阶段结构

每一搬运设计从开始申请到安装结束,都要经过四个阶段:

阶段Ⅰ——外部衔接。这个阶段要弄清整个所分析区域的全部物料进出搬运活动。

阶段Ⅱ——编制总体搬运方案。本阶段拟订出各主要区域之间搬运物料的方法。对于物料搬运的路线、搬运设备及容器类型做出初步决策。

阶段Ⅲ——编制详细搬运方案。这个阶段要考虑每个主要区域内部各工作地之间的物料搬运,要确定详细的物料搬运方法。诸如拟采用的具体方式、设备及容器等均需做出决定。

阶段Ⅳ——方案实施。这个阶段要进行必要的准备工作,订购设备,完成人员培训,安排进度并安装具体的搬运设施。然后对所规划的搬运方法完成实验工作,验证操作程序,以确保在全部设备安装之后它能正常工作。

这四个阶段依次交叉进行,其中Ⅱ、Ⅲ阶段是工业工程师的主要任务。

2. 程序模式

物料搬运是以物料、移动和方法三项为基础的。因而,物料搬运分析包括分析所要搬运的物料、分析需要进行的移动和确定经济实用的物料搬运方法。SHA 的程序模式完全基于这三个基本元素,是一个分步骤进行的程序。问题越复杂,这个模式就越有用、越可节约时间。

3. 主要数据

分析物料搬运问题所需要的主要输入数据,也就是原始资料:P——产品或物料(部件、零件、商品及其特性)、Q——数量(销售量、产量、物流量等)、R——路线(操作顺序、加工过程和搬运起讫点)、S——后勤与服务(如库存管理、订货单管理、维修等)、T——时间因素(时间要求和操作次数等)。

4. 物料搬运系统分析的步骤

(1) 外部衔接

外部衔接是指对已确定系统边界的物流系统,研究物料输入和输出系统的情况。包括物料输入输出工厂系统的方式(运输车辆、装载容器、路线入口等)、频率以及输入输出系统的条件(如时间、道路以及工厂周围等)的统计资料,必要时应以统计图表达。

(2) 输入搬运系统设计要素 P、Q、R、S、T

该步骤主要是对搬运系统调研、资料与数据的收集。包括对产品 P、数量 Q、路径 R、服务 S、时间 T 五项全面的资料收集。具体内容参见 6.2.7。

(3) 当量物流量计算及物料分类

对于收集到的资料、数据,必须进行适当的分析与处理才能有效使用。系统中物料很多,需要根据其重要性进行分类,也可采用 ABC 分类法。首先,计算物料的当量物流量;然后绘制物流种类-物流量的 P-Q 图,其中 P 代表物料种类,Q 代表物流量,根据每种物料对应的物流量,即可绘制直方图形式的 P-Q 图,见图 6-50;最后进行 ABC 分类,同库存管理的 ABC 分类法相似,A 类物料占总数的 5%~10%,物流量占 70%以上,B 类物料占总数的 20%左右,物流量占 20%左右,C 类物料占总数的 70%,物流量仅占 5%~10%左右。物料搬运系统的分析与设计重点考虑 A 类、B 类物料,C 类可忽略。

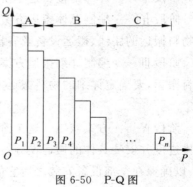

图 6-50 P-Q 图

ABC 分类的同时,也要考虑各种物料的物理特性、搬运特性等,将相同特性的物料归为一类,并且标明每类物料的主导特征,便于对同一类物料采用相同的搬运设备、搬运方式。

（4）物流流程分析

采用工业工程流程分析的技术，用流程分析的符号对物料的搬运流程进行描述和记录，并绘制相关的物流流程图、相关分析图等。

（5）绘制搬运活动一览表

为了把所收集的资料进行汇总，达到全面了解情况的目的，编制搬运活动一览表是一种实用的方法，表 6-8 标明了如何编制搬运活动一览表。

表 6-8 搬运活动一览表

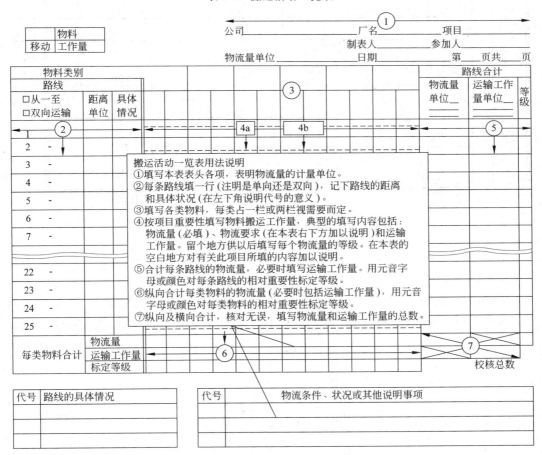

（6）在布置图上绘制物流表——物流图

为了更直观地观察物流状况，有必要将设施布置图与物流表结合起来。在布置图上标明各设施设备的准确位置，将每种物料在各设施间的移动路线、流向及物流量标注在图上。通过物流图(图 6-51),可以清晰直观地看出各种设施之间物流量的大小,对搬运系统是否合理一目了然,有利于分析和改善。但有时因为物料种类过多或移动频繁,物流图上的数据可能会比较混乱,不易看清楚。

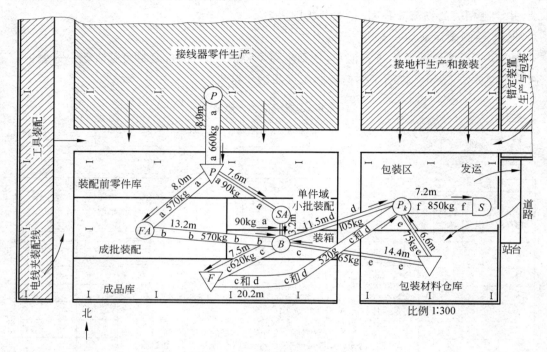

图 6-51 平面布置图上的物流图

(7) 绘制流量-距离图(F-D 图)

将每两点间的物流按其流量大小和距离大小绘制在一直角坐标系上,如图 6-52 所示。根据分析的需要,按照确定的物流量和距离,将图划分为Ⅰ、Ⅱ、Ⅲ、Ⅳ四个部分,划分

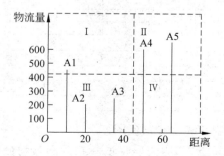

图 6-52 某车间流量-距离图(F-D 图)

的目的是为了发现不合理的物流,从图可以看出,Ⅱ部分的物流不合理,因为流量大且距离远。经过调整,尽量使第Ⅱ部分没有物流量。

(8) 确定可行搬运方案并修订

对物料进行了分类,并对各项搬运活动进行了分析和图表化,而且对于各种搬运方法、搬运工具有了一定的理解之后,就可以初步确定具体的搬运方案了。然后,对初步方案进行修改并计算各个需求量,并且可以按照搬运方法的不同设计成几个方案,已备选择。

(9) 方案的评价和选择

从几个合理可行的方案中选择最佳的方案,即方案评价,是搬运系统分析与设计的决定性的步骤。确定合适的评价指标,如费用最低、投资最少、量距积(流量与搬运距离之积)最小等,选择合适的评价方法,对各个方案进行综合评价。有时,除了定性的评价指标,还会考虑管理、环境、工作条件等多种因素,确定最终方案。

6.6 物流标准化

6.6.1 物流标准化的概念及特点

物流标准化,指的是以物流为一个大系统,制定系统内部设施、机械装备、专用工具等各个分系统的技术标准,制定系统内各分领域如包装、装卸、运输等方面的工作标准,以系统为出发点,研究各分系统与分领域中技术标准与工作标准的配合性要求,统一整个物流系统的标准;研究物流系统与相关其他系统的配合性,进一步谋求物流大系统的标准统一[①]。

物流标准化的主要特点有以下四个方面。

第一,物流标准化系统与一般标准化系统不同,其涉及面更为广泛,其对象也不像一般标准化系统那样单一,而是包括了机电、建筑、工具、工作方法等许多种类。虽然处于一个大系统中,但缺乏共性,而造成标准种类繁多,标准内容复杂,也给标准的统一性及配合性带来很大困难。

第二,物流标准化系统部分标准是建立在已有的标准化基础上,属于二次系统,或称后标准化系统。这是由于物流及物流管理思想诞生较晚,组成物流大系统的各个分系统,如运输和仓储,过去在没有归入物流系统之前,早已分别实现了本系统的标准化,并经过多年的应用、发展和巩固,已很难改变。在推行物流标准化时,必须以此为依据,通常还是

---

① 王之泰. 现代物流学[M]. 北京:中国物资出版社,1997.

在各个分系统标准化基础上建立物流标准化系统。这就必然从适应及协调角度建立新的物流标准化系统,而不可能全部创新。

第三,物流标准化更要求体现科学性、民主性和经济性。科学性的要求,是要体现现代科技成果,以科学试验为基础,在物流中则还要求与物流的现代化(包括现代技术及管理)相适应,要求能将现代科技成果联结成物流大系统。否则,尽管各种具体的硬技术标准化水平要求颇高,十分先进,但如果不能与系统协调,单项技术再高也是空的。甚至还起相反作用。所以,这种科学性不但反映本身的科学技术水平,还表现在协调与适应的能力方面,使综合的科技水平最优。民主性指标准的制定,采用协商一致的办法,广泛考虑各种现实条件,广泛听取意见,使标准更具有权威性,减少阻力易于贯彻执行。经济性是物流标准化的主要目的之一,物流过程增值是有限度的,物流中的多支出,必然影响效益。不能片面追求科技水平,引起物流成本的增加,自然会使标准失去生命力。

第四,物流标准化具有非常强的国际性。我国是加入WTO以后国际交往、对外贸易越来越重要,而国际贸易都是靠国际物流来完成。这就要求各国家间的物流相衔接,力求使本国标准与国际物流标准体系相一致,否则会加大国际交往的难度。更重要的是在很高的国际物流费用的基础上又增加了标准化不统一造成的损失,增加国际贸易成本。因此物流标准化的国际性也是区别于其他产品标准的重要特点。

6.6.2 物流标准的种类

由于物流系统的具有规模庞大、结构复杂、要素众多等特点,所以有必要对物流标准化的内容加以分类。主要涉及物流大系统配合性、统一性标准,各分系统的技术标准和工作标准等三个大方面。

1. 大系统配合性、统一性标准

(1) 专业计量单位标准。除国家公布的统一计量标准外,物流系统有许多专业的计量问题,必须在国家及国际标准基础上,确定本身专门的标准,同时,由于物流的国际性很突出,专业计量标准需考虑国际计量方式的不一致性,还要考虑国际习惯用法,不能完全以国家计量标准为唯一依据。

(2) 物流基础模数尺寸标准。基础模数尺寸指标准化的共同单位尺寸,或系统各标准尺寸的最小公约尺寸。在基础模数尺寸确定之后,各个具体尺寸标准,都要以基础模数为依据,选取其整数倍为规定的尺寸标准。物流基础模数尺寸的确定,不但要考虑国内的物流系统,而且要考虑到与国际物流系统的衔接,这具有一定难度和复杂性。

(3) 物流建筑模数尺寸标准。主要是物流系统中,各种建筑所使用的基础模数,它是以物流基础模数尺寸为依据确定的,也可以选择共同的模数尺寸。该尺寸是设计建筑物长、宽、高尺寸,门窗尺寸,建筑物间距离、跨度及进深等尺寸的依据。

(4) 集装模数尺寸标准。是在物流基础模数尺寸基础上,推导出的各集装设备的基础尺寸,以此尺寸作为设计集装设备三向尺寸的依据。在物流系统中,由于集装是起贯穿作用的,集装尺寸必须与各环节物流设施、设备、机具相配合,因此,整个物流系统设计时往往以集装尺寸为核心,然后在满足其他要求的前提下决定设计尺寸。因此,集装模数尺寸影响和决定着与其相关各环节的标准化。

(5) 物流专业名词标准。为了使大系统配合和统一,尤其是在建立系统的信息网络之后,要求信息传递非常准确,这首先便要求专用语言及所代表的含义实现标准化,如果同一个指令,不同环节有不同的理解,不仅会造成工作的混乱,而且容易出现大的损失。物流专业名词标准,包括物流用语的统一及定义的统一解释,还包括专业名词的统一编码。

(6) 物流核算、统计的标准化。物流核算、统计的规范化是建立信息系统、对系统进行统一管理的重要前提条件,也是对系统进行宏观控制与微观监测的必备前提。这标准化包含下述内容:①确定共同的,能反映系统及各环节状况的最少核算项目;②确定能用于系统进行分析并可供信息系统收集储存的最少的统一项目;③制定核算、统计的具体方法,确定共同的核算统计计量单位;④确定核算、统计的管理、发布及储存规范等。

(7) 标志、图示和识别标准。物流中的物品、工具、机具都是在不断的运动之中,因此,识别和区分十分重要,对于物流中的物流对象,需要有易于识别又易于区分的标识,有时需要自动识别,这就可以用复杂的条码来代替用肉眼识别的标识。标识、条码的标准化便成为物流系统中重要的标准化内容。

2. 分系统技术标准

(1) 运输车船标准。对象是物流系统中从事物品空间位置转移的各种运输设备,如火车、货船、拖拉车、卡车、配送车辆等。从各种设备的有效衔接等角度制定的车厢、船舱尺寸标准,载重能力标准,运输环境条件标准等。此外,从物流系统与社会关系角度出发制定的噪声等级标准、废气排放标准等。

(2) 作业车辆标准。对象是物流设施内部使用的各种作业的车辆,如叉车、台车、手推车等,包括尺寸、运行方式、作业范围、作业重量、作业速度等方面的技术标准。

(3) 传输机具标准。包括水平、垂直输送的各种机械式、气动式起重机、提升机的尺寸、传输能力等技术标准。

(4) 仓库技术标准。包括仓库尺寸、建筑面积、有效面积、通道比例、单位储存能力、总吞吐能力、湿度等技术标准。

(5) 站台技术标准。包括站台高度、作业能力等技术标准。

(6) 包装、托盘、集装箱标准。指包装、托盘、集装系列尺寸标准、包装物强度标准、包装托盘、集装箱重量标准以及各种集装、包装材料、材质标准等。

(7) 货架、储罐标准。包括货架净空间、载重胎力、储罐容积尺寸标准等。

3. 工作标准与作业规范

工作标准与作业规范是对各项工作制定的统一要求及规范化规定。工作标准及作业规范可提供划定各种岗位职责范围、权利与义务、工作方法、检查监督方法、奖罚方法等。可使全系统统一工作方式，大幅度提高办事效率，方便用户的工作联系，防止在工作及作业中出现遗漏、差错，并有利于监督评比。主要工作标准及作业规范有：

(1) 岗位责任及权限范围。

(2) 岗位交换程序及工作执行程序。例如配运车辆每次出车规定应由司机进行的车检程序，车辆定期车检时间及程序等。

(3) 物流设施、建筑的检查验收规范。

(4) 货车、配送车辆运行时间表、运行速度限制等。

(5) 司机顶岗时间，配送车辆的日配送次数或日配送数量。

(6) 吊钩、索具使用、放置规定。

(7) 情报资料收集、处理、使用、更新规定。

(8) 异常情况的处置办法等。

6.6.3 物流标准化的意义及作用

标准化是物流管理的基础，物流标准化对物流成本、效益有重大决定作用。托盘标准化、集装箱标准化、运输工具的标准化等手段对生产、流通都起到了很大作用。它能加快流通速度，保证物流质量，减少物流环节，降低物流成本，从而较大地提高经济效益。同时，物流标准化对国际物流也是非常重要的保证。

1. 物流标准化是物流管理，尤其是大系统物流管理的重要手段

在进行系统管理时，系统的统一性、一致性、系统内部各环节的有机联系是系统能否生存的首要条件。保证统一性、一致性及各环节的有机联系，除了需要有一个适合的体制形式外，还需要许多方法手段，标准化就是手段之一。例如，由于我国目前物资编码尚未实现标准化，各个领域又分别制订了自己领域的统一物资编码，其结果是，不同领域之间情报不能传递，电子计算机无法联网，妨碍了物流系统管理的实施。又如，我国铁道及交通两个部门集装箱未能实现统一标准，极大阻碍了车船的广泛联运，妨碍了物流水平的

提高。

2. 物流标准化对物流成本、效益有重大决定作用

标准化可以带来效益,这个在技术领域是早已被公认的了,在物流领域也是如此。标准化的效益通过以下几方面可以得到体现:实行了标准化后、贯穿于全系统,可以实行一贯到户物流,做到速度快、中转费用低、装卸作业费用低、中间损失低等要求。例如,我国铁路、交通集装箱由于未实行统一标准,双方衔接时要增加一道装箱工作,为此,每吨物资效益损失 1 元左右,相当于火车 30 km 以上的运费,这在广泛采用集装箱运输,物资运量加大后,效益损失是很大的。

3. 物流标准化是加快物流系统建设,迅速推行物流合理化的捷径

物流系统涉及面广,难度非常大,推行了标准化,会少走弯路,加快我国物流管理的进程。例如我国平板玻璃的集装托盘、集装架的发展初期未能及时推行标准化,各部门、各企业都发展了自己的集装设备,一下子出现了几十种集装方式,使平板玻璃物流系统的建立出现了困难,延缓了发展。

4. 物流标准化也给物流系统与物流以外系统的联结创造了条件

物流本身不是孤立的存在,从流通领域看,上接生产系统,下联消费系统。在生产物流看,物流和各个工序相联结,彼此有许多交叉点。要使本系统与外系统衔接,通过标准化简化和统一衔接点,这是非常重要的。

6.6.4 物流标准化的方法

由于现代物流的发展时间不长,从世界范围来看,各个国家的物流体系的标准化都还处于初始阶段,那么标准化的重点在于通过制定标准规格尺寸来实现全物流系统的贯通,提高物流效率。所以,这里介绍的物流标准化的一些方法,主要是初步的规格化的方法及做法。

1. 确定物流的基础模数尺寸

物流基础模数尺寸的作用和建筑模数尺寸的作用大体是相同的,其考虑的基点主要是简单化。基础模数尺寸一旦确定,设备的制造、设施的建设、物流系统中各环节的配合协调、物流系统与其他系统的配合就有所依据。目前国际标准化组织(ISO)中央秘书处及欧洲各国已基本认定 600mm×400mm 为基础模数尺寸,我国在制定各种设备、设施的

标准化时也应以此为基础模数尺寸。

2. 确定物流模数

物流模数即集装基础模数尺寸。由于物流标准化的基点应建立在集装的基础上,所以,在基础模数尺寸之上,还要确定集装的基础模数尺寸(即最小的集装尺寸)。集装基础模数尺寸可以从 600mm×400mm 按倍数系列推导出来,也可以在满足 600mm×400mm 的基础模数的前提下,从早已大量生产并实现了标准化的卡车或大型集装箱的分割系列推导出来。物流模数尺寸以 1 200mm× 1 000mm 为主,也允许 1 200mm×800mm 及 1 100mm ×1 100mm 等规格。

物流基础模数尺寸与物流模数的配合关系,可用物流模数尺寸的 1 200mm × 1 000mm 为例说明,如图 6-53 所示。从图中看出,物流模数可以用几个物流基础模数尺寸组成。

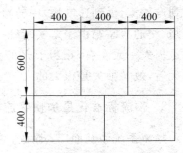

图 6-53 物流基础模数尺寸与物流模数的配合关系图例

3. 以分割及组合的方法确定物流各环节的系列尺寸

物流模数作为物流系统各环节的标准化的核心,是形成物流其他各环节系列化的基础。依据物流模数进一步确定有关系列的大小及尺寸,再从中选择全部或部分,确定为定型的生产制造尺寸,这就完成了某一环节的标准系列。例如日本按 1 200mm×1 000mm 推算的最小尺寸为 200mm×200mm 的整数分割系列尺寸就有 32 个,这 32 个尺寸被日本工业标准 JIS 规定为"输送包装系列尺寸"。

案例 惠普选址

选择具体的建筑物可能只是配送中心选址的最后阶段,在此之前惠普的全球物流副总裁罗伯特·吉福德必须考虑一大堆问题,使这个中心的选址能适应惠普五大不同的供应链的需要。

"惠普公司拥有全球第九大非军事供应链,我们运输从喷墨打印机的印盒到超级计算机的一切东西。"惠普全球物流副总裁罗伯特·吉福德说,"从物流的立足点上,我们公司在我们参与的每个市场中都占据支配地位,并且业务量相当大,比如在上海空运出港货物中,惠普就占了 8%,这就使物流显得非常重要。"

要处理这个超过 700 亿美元的公司的供应链,一个终端的配送设施网络尤其重要,惠

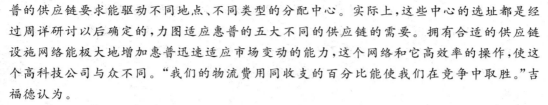

普的供应链要求能驱动不同地点、不同类型的分配中心。实际上,这些中心的选址都是经过周详研讨以后确定的,力图适应惠普的五大不同的供应链的需要。拥有合适的供应链设施网络能极大地增加惠普迅速适应市场变动的能力,这个网络和它高效率的操作,使这个高科技公司与众不同。"我们的物流费用同收支的百分比能使我们在竞争中取胜。"吉福德认为。

1. 从客户开始

对于惠普,像其他优秀的实践公司一样,选址过程是从客户开始的。"我们在设计产品供应链方面的第一个标准就是顾客。"吉福德说。考虑到这些要求,"我们寻找新物流园区地点时就会考虑几个主要问题,"吉福德补充,"首先,我们会问,商业的来源点在哪里?越来越多的回答是在中国、马来西亚、墨西哥或东欧。然后我们要问,在我们的供应链过程中什么是最佳的高效费用的商品运输方式?并且商品流向何处?我们是直接运输到顾客还是支持惠普制造点?"

吉福德继续说:"接下来,我们还得考虑在物流园区中,我们计划支持哪一部分顾客,中小企业、消费者还是国有企业?每个部分都要求我们不同对待。"中小企业也许要求产品尽快到达,另一方面,企业顾客可能想要所有商品都在特定的时间和日期中进行交付,"比如星期二下午3点。"吉福德说。这些服务种类确定了惠普怎么在离顾客最近的地点设置配送中心。

2. 选址的第一步

考虑到对灵活性的需求和短期设施的趋势,公司应该如何进行选址过程呢?第一步将是勘测当前形势和期望需求,来减少循环周期次数,改变供应来源或增加经营成本。

创建一个5～7年的销售和配送计划,然后根据地点对比计划中每一个与卖主服务点、仓库或顾客需求相关的服务预测量,从配送中心发出和接收货物的运输费用是主要考虑的因素。存货资产持有成本根据配送中心的数量自然地增加,存货资产持有成本和劳务成本构成第二大营业成本,需要引起重视。

3. 计算机模型的帮助

计算机模型的工作将同时考量所有这些因素和计算成本费用,以及服务分流。使用计算机模型,最大化存货、运输和顾客服务。这样的模型可以分析货物在卖方所在地,其他的配送中心和终端客户的流动情况。更具体地说,一个全面的计算机模型可以增加或删除顾客、产品和设施,为特别的顾客和商业部门通过产品指定顾客需求源,调整订货周期/运输时间目标,确定更好服务的成本,固定使用的设施数量,并且为仓库寻找最佳地点,修改费用、业务量及通过设施、产品或者设施和产品相组合的经营因素。

"最后的选择一般是在提供最低成本服务和适合公司的服务譬如灵活性服务等目标之间权衡的结果。"内斯豪认为。在选址过程中,这个时候就是挖掘关于被选定城市更多细节的时候了。研究和分析与劳动力有关的具体标准,配送高峰和营业成本。

"当你想缩短候选城市名单的时候,有几个主要因素需要考虑,"内斯豪说,"这些包括:劳动力质量和可获得性、劳资关系、人工成本、教育和训练资源,还有公共事业如电、气体、水和污水、运输服务和设施、国家税收和地方税收,公共业务包括消防、警察、垃圾清除等。"

除上面这些,还要考虑电信设施和服务、健康和医疗服务设施、地方法律、建筑规定、经营规定以及其他生活质量分析,如公园、民事设施、休闲、居住条件、学校。国家和地方政府的鼓励政策也很重要,自由土地、减税、员工训练等也是必须考虑的因素。

选址的这个阶段是相当费时的,要求大量收集可信和可靠信息。许多拥有大型交通和城市信息的选址咨询公司可以提供帮助。这时,也是时候进行你所选择的城市的参观来获得第一手经济标准的资料。从这些参观中,你的团队能开发和排列各个所选地点,着重于劳动力、房地产和税收结构刺激。有一个好办法是采访地方配送经营商,来核实相关的聘用、人才流动率、薪金水平、奖励机制和其他一些比如允许的行驶时间等劳动力数据。

一旦合格的城市名单缩小到最后名单,内斯豪建议公司可以从提供最大潜在利益的城市开始交涉。在完成这个阶段之前,确定一个或多个位于城市或社区的具体地点非常重要,以便这些候选站点的独特要求可能在交涉过程期间被考虑。

在你为在一个城市建立物流园区合同签字之前,必须要慎重地回顾一下这个交易。根据未来扩展能力、土壤情况、环境问题、便利设施、设置要求、分区制约等,核实候选地点符合提出的物流园区的经营要求。

"对具体地点的研究是需要非常详尽的,"内斯豪强调,"你不想在成交一个选址之后,发现还有一个重要的环境问题,或那片土地无法支持你需要面积的大厦,或某些地区在卡车行驶时间和通道方面的交通限制。最坏的是在你买入出租地点之后才发现,那不仅非常困窘,而且还会破坏你的事业。"

(资料来源:阙祖平. 物流案例分析[M]. 北京:人民交通出版社,2006.)

案例讨论题

1. 惠普配送中心选址过程中都考虑了哪些因素?
2. 计算机仿真模拟技术在选址过程中有什么作用?

思考题

1. 阐述物流工程的研究内容。
2. 何种动机能促使企业进行场址选择或重新选择场址?

第 6 章 物流工程技术与方法

3. 如果某大型连锁超市，欲建设一家配送中心，在选址时应考虑哪些因素？收集哪些数据？
4. 系统布置分析时要考虑的基本要素有哪些？简述系统布置设计的步骤。
5. 库存有什么作用？常用的库存管理模型有哪些？并解释其工作原理。
6. 介绍你所了解的物流各项作业过程中涉及的各种器具与设备，并谈谈设备的自动化对物流的影响。
7. 运输路线规划中有哪几类运输模型？
8. 物料搬运的基本原则是什么？
9. SHA 的四个阶段、程序模式、三大内容是什么？
10. 参照一个企业，分析该企业在物料搬运系统中存在的问题，提出你的改进意见。
11. 物流标准的种类有哪些？

第7章 物流管理

现代生产物流的发展,首先是物流设备的研究与发展。例如在物料运输、装卸、搬运、贮存过程中,大量使用机械化的设备,并采用各种电子仪器进行物料的检测等,这些无疑促进了物流技术的发展。然而,先进的技术和设备并不等于高效率和高效益,特别是对庞大的复杂的系统更是如此。有人曾经说,"三分技术,七分管理",说明科学、先进的管理可实现更大的效益。

7.1 物流管理概述

7.1.1 物流管理的定义

在我国 2001 年发布的《中华人民共和国物流术语国家标准》中,对物流管理的定义是:"为了以最低的物流成本达到用户所满意的服务水平,对物流活动进行的计划、组织、协调与控制。"但是,可以看出,这个概念主要针对的对象是微观角度的物流活动,并未将宏观的物流考虑进去。因此我们认为,对于物流管理更合适的定义如下:

"所谓物流管理,就是在社会再生产过程中,根据物质资料实体流动的规律,应用管理的基本原理和科学方法,对物流活动进行计划、组织、指挥、协调、控制和监督,使各项物流活动实现最佳的协调与配合,以降低物流成本,提高物流效率和经济效益。"

物流管理的本质要求就是求实效,即以最少的消耗实现最优的服务,达到最佳的经济效益。物流管理的"管",是指物流活动要受到一定的限制和约束;"理"则是指物流的各项活动要符合物资实体流动的规律。因此,物流管理就是通过一定的手段和方法,使得物流活动与客观规律的要求相适应,从而求得实效。物流管理的方法很多,最常用的、带普遍性的方法有经济方法、行政方法、法律方法和教育方法。在物流管理中,上述四种方法是相辅相成、相互制约的。有效地进行物流管理应当是上述方法的有机结合和正确运用。

经济方法是运用经济手段,特别是经济杠杆调节、引导物流活动,执行管理职能的一种方法。运用经济方法进行物流管理是由物流活动主体(指物流企业)是经济组织的性质所决定的。行政方法是依靠领导机构的权威,运用行政命令、指示等手段,采取令行禁止的方式执行管理职能的一种方法。行政方法是物流管理的必要方法,它能够保证物流在紧急情况下,迅速排除阻力。法律方法是指运用经济立法和经济司法的手段,执行物流管理职能的一种方法。法律方法可以保护物流企业的合法权益,禁止违法行为,维护物流活动的秩序。教育方法是指运用系统学习和普及宣传的手段,执行物流管理职能的一种方法。教育方法可通过提高物流专业职工队伍素质,从根本上提高物流效率。

7.1.2 物流管理的目标

1. 快速反应

快速反应关系到一个企业能否及时满足顾客的服务需求能力。信息技术提高为企业创造了在最短的时间内完成物流作业并尽快交付的条件。快速响应能力把作业的重点从预测转移到通过改善装运和装运方式实现对顾客需求的快速反应上来。

2. 最小变异

变异是指破坏物流系统表现的任何想象不到的事件,它可以产生于任何一个领域的物流作业。在充分发挥信息作用的前提下,采取积极的物流控制手段可以把这种风险减少至最低限度,作为经济上的结果,可以提高物流的生产率。

3. 最低库存

保持最低库存的目标是把库存减少到与顾客服务目标相一致的最低水平,以实现物流总成本最低。"零库存"是企业物流的理想目标,物流设计必须把资金占用和库存周转速度当成重点来控制和管理。

4. 物流质量

物流的目标是持续不断地提高物流质量。全面质量管理要求企业物流无论是对产品质量,还是对物流服务质量,都要做得更好。随着物流全球化、信息技术化、物流自动化水平的提高,物流管理所面临的是"零缺陷"的物流质量的高要求,物流在质量上的挑战强化物流的作业目标。

5. 生命周期支持

在某些情况下,必须召回那些已流向客户的超值存货。产品召回是由于不断提高的强制性质量标准、产品有效期的到期及因为有害而产生的责任等而引起的客户对产品的不满意所造成的结果。逆向物流需求也产生于某些法律规定。比如有些法律规定对某些饮料容器和包装材料禁止任意处理或鼓励回收,以致回收的数量不断增加,最终导致逆向物流的增加。

有些产品,如复印设备,最初的利润产生于出售产品和提供售后服务。服务支持物流的重要性直接随产品和卖主的变化而变化。对于营销耐用消费品和工业设备的厂商来说,对生命周期支持所承担的义务构成全方位、多要求的作业需要,这也是最大的物流作业成本之一。因此,厂商必须仔细地设计一个物流系统的生命周期支持的能力,也就是"从摇篮到摇篮"的物流支持。

7.1.3 物流管理的必要性与重要性

1. 物流管理的必要性

从生产力的范畴来看,物流管理是非常必要的。物流的出现是社会化生产发展到一定程度的结果。物流活动包括运输、储存、装卸搬运、包装、配送、流通加工等环节,涉及人、财、物等诸要素,要解决物质资料在供需之间的时间矛盾、空间矛盾和品种、规格、数量及质量之间的矛盾。因此,要使这样复杂的系统运转正常,物流畅通无阻,就需要加强管理,使其中的每个环节和诸多要素相互协调与配合。对物流活动的管理是一项非常复杂的系统工程。

从生产关系范畴来看,物流管理也是非常必要的。物流活动的主体是物流企业,物流活动是要由人去完成的。在社会主义社会,生产劳动者与生产资料所有者对立的生产关系虽然已消失,但在生产过程中,必然会产生在生产资料公有制基础上的各种经济关系,存在着国家、集体、个人之间不同的经济利益关系。同时物流活动中,必然会产生错综复杂的人与物、人与人的关系,需要通过管理进行协调。

管理的二重性表明了物流管理的必要性,同时说明物流管理既包括生产力方面的问题,也包括生产关系方面的问题,并且与上层建筑有着密切的联系。

2. 物流管理的重要性

① 积极而有效的物流管理是降低物流成本、提高物流经济效益的关键。搞好物流管理,可以实现合理运输,使中间装卸搬运、储存费用降低,损失减少;可以使物流企业进一步开放、搞活;可以协调好物流活动的各个部门、各个环节以及劳动者之间的关系,从而提高物流活动的经济效益。

② 提高物流管理水平是提高物流安全性的可靠保证。如果物流管理不善,就会造成

物流事故的增加,各种损失加大;如果物流不畅,就会使处于流动中的商品受到破坏和损失。由于服务质量差,我国物流损失每年不下百亿元。提高物流管理水平将会有效地促进物流活动的安全性的提高。

③ 加强物流管理是提高物流效率的捷径。加强物流管理、合理组织物流,可以减少库存、加速货物周转、节约运力、缩短运输距离,从而提高物流效率。

④ 搞好物流管理是改善物流质量的重要手段之一。物流质量对用户来说体现为物流的及时性、经济性和满意性,物流质量好就意味着以较少的消耗实现最优的服务。只有搞好物流管理,才能为社会提供方便、价廉、优质的物流服务。

7.1.4 物流管理的内容

1. 对物流活动诸要素的管理,包括运输、储存等环节的管理

运输管理:运输方式以及服务方式的选择、运输路线的选择、车辆调度与组织。

储存管理:原料、半成品和成品的储存策略、库存控制、保养等。

包装管理:包装容器和包装材料的选择与设计。

包装技术和方法的改进:包装系列化、标准化、自动化。

流通加工管理:加工场所的选定、加工机械的配置、加工技术的方法的研究和改进、加工作业与流程的优化。

配送管理:配送中心选址及优化布局,配送机械的合理配置与调度。

物流信息管理:对反映物流活动内容的信息、物流要求的信息、物流作用的信息和物流特点的信息进行的搜集、加工、处理、存储和运输等。

2. 对物流系统诸要素的管理,即对其中人、财、物、设备、方法和信息六大要素的管理

人的管理:物流从业人员的选拔与录用、物流专业人才的培训和提高、物流教育和物流人才培养规划措施的制定。

物的管理:涉及物流活动的各种功能,如物的运输、储存、包装、流通加工等。

财的管理:包括物流成本的计算与控制、物流经济效益指标体系的建立、资金的筹措与运用、提高经济效益的方法等。

设备管理:各种物流设备的选型与优化配置。各种设备的合理使用和更新改造、各种设备的研制和开发引进等。

方法管理:包括各种物流技术的研究、推广和普及,物流科学研究工作的组织开展、新技术的推广与普及,现代管理与方法的应用。

信息管理:物流业务信息分析、物流信息采集和录入、物流信息的存储及处理、物流信息的传输和输出。

3. 对物流活动中具体职能的管理,主要包括物流计划、质量、技术、经济等职能的管理

物流战略管理:就企业物流的发展目标物流在企业经营的战略定位、物流服务水平和物流服务内容等问题作出的整体规划。

物流系统设计与运营管理:作为物流战略制定实施的下一个阶段,物流管理的任务是设计物流系统的物流网络,规划物流设施,确定物流运作方式和程序等,形成一定物流能力并对系统运营进行监控,及时根据需要调整系统。

物流作业系统管理:在物流系统框架内根据业务需求制订物流作业计划,按照计划要求对物流作业活动进行现场物流作业指导,对物流设施设备进行维护,对物流作业的质量进行监控等。

物流经济管理:是按照基本经济规律和商品流通规律,对物流的全过程、全系统的经济活动进行的计划、组织、指挥、协调、控制、监督、激励的总称,即运用各种管理职能,对物流活动实行系统的统一管理,以降低物流成本,提高物流的经济效益,主要包括物流费用与成本的计算与控制、物流劳务价格的确定与管理、物流活动统计、物流活动的经济核算和物流活动的经济分析等。

7.2 物流组织

7.2.1 物流/供应链组织选择概述

物流/供应链组织要解决的一个主要问题就是安排企业里负责物流活动的人员,以鼓励他们更好地相互协调、相互合作。而这些组织活动要通过推动在物流系统规划和运作过程中频繁出现的成本平衡来提高货物和服务的供应、配送效率。在建立组织结构上要特别注意以下几点。

(1) 组织分部

传统的组织形式围绕着财务、运作和营销这三个部门来组织公司的活动。从物流角度看,由于这三个职能部门的基本目标与物流不同,这种组织形式会导致物流活动的不连续,即运输可能由运作部门负责,库存由三个部门分管,而订单处理则由营销部门或财务部门负责。但是,营销部门的首要职责是利润最大化;运作部门的职责是单位成本最小化;而财务部门的职责是利用最少的资金,为企业获得最多的投资回报。这些相互矛盾的目标会导致物流运作系统的次优,甚至会影响整个企业的运作效率。如市场营销部门会希望迅速送货以支持销售,而生产部门如果负责运输,则会希望送货成本最小。如果不采取措施来协调各个部门,就不可能实现物流成本——服务的最佳均衡。所以,设置某个机构来协调不同物流活动的决策是很必要的。

(2) 管理

为物流活动建立一定的物流机构可以明确权利和职责,以保证货物按计划发送。同时,必要时,可以重新制订计划。如果平衡客户服务和生产成本对于一个公司的运作很重要的话,这个公司就应该派专人来监督货物运送情况。在实践中,必须要有某个人来管理物流。虽然说,订单处理、运输、存储分开管理也可以运营良好,但往往还是需要有某个经理来协调其综合运作,也只有经理才有能力平衡各个部门的运作,实现企业效率的最优。

(3) 物流/供应链组织的重要性

物流机构及其组织机构取决于企业内物流的特点。尽管几乎每个公司或机构或多或少地都在进行物流活动,但物流活动的重要性并非对每个企业都是一样的。那些物流费用占总运营成本很小比例的企业或认为物流服务水平对于客户来说并不重要的企业不可能对物流组织给予充分的重视。但是,多数消费品工厂、食品厂及化工厂,情况则恰恰相反,这些企业物流成本平均占销售额的 50%,甚至更多。

(4) 组织结构的发展

多年来,关于什么是好的物流/供应链管理的思想以及物流/供应链活动的组织结构都在不断演变。Bowersox 和 Daugherty 将物流组织分发展分为三个阶段。

第一阶段大约出现在 20 世纪 70 年代,人们就已经认识到实物配送和实物供应相关的一系列活动,及其相互协调的必要性。企业将运输活动与库存、订单处理过程协调起来进行管理,以实现实物配送中成本和服务双重目标。同时将采购、内向运输和物料管理归到一个机构名下以便统一管理。然而,当时的组织结构非常不完善,许多公司都是通过言辞说服或人员协调等非正式的手段来平衡各项活动间的利益,这种物流组织方面的尝试并未对当时"既有"的组织形式作出根本性改变。

第二阶段,企业开始设一名高级主管专司相关物流活动(通常是实物供应或实物配送,但不是同时兼顾)。这样可以更直接地协调各项物流活动。这是物流组织结构的又一次演进。企业对良好的物流管理所带来是收益也有了更好的认识和了解。柯达、惠而浦等公司是运作这种组织形式的先驱。但是到了 1985 年,多数大公司要么仍停留在第一阶段(约 42%),要么已过渡到第三阶段(约 20%)。

第三阶段,越来越普遍的做法是物流活动全面一体化,并建立起协调各项物流活动的有一定职权范围的物流组织,其内涵既包括实物供应,又包括实物配送。准时管理、快速反应和时间压缩的管理理念要求对整个公司内部的所有活动准确协调,这些都驱动着物流活动的完全一体化。此外,共享的资产(如在实物供应和实物配送中都需要使用车队和仓库)也需要小心协调,以使之得到更充分的利用。

人们将现在所处的第四阶段称之为供应链管理(supply chain management)或一体化

物流管理阶段，此时的物流组织不仅包括第三阶段中物流活动的全面一体化，还包括生产过程中的物流活动。也就是说，处于第四阶段的企业认为物流包括发生在原材料采购、生产过程以及到达最终用户手中这一过程的所有活动。第三阶段与第四阶段最大的不同就是生产过程中的活动（如生产计划安排、半成品库存管理）以及企业内向和外向运输的适时管理计划协调都已包含在一体化物流管理的范围内。

可以预见，所谓第五阶段就是对整个供应渠道中各个独立法律实体之间的物流活动进行管理。为此，管理者的注意力首先会集中在企业能直接控制、直接负责的物流活动上。管理这个超组织系统不仅会带来新的挑战，也可能会实现现有机构设置和组织结构所不能达到的效率。

7.2.2 物流组织结构

如果有必要建立物流管理机构的话，企业可以选择以下几种基本形式：非正式组织、半正式组织、正式组织。任一企业所选择的管理机构通常是企业内部经营管理演化发展的结果，也就是说，物流管理组织形式常常取决于企业内部人员的个人喜好、企业组织的传统以及物流活动在企业中的重要性。

1. 非正式组织

物流/供应链组织的主要目标就是对各项物流活动规划、控制并加以协调。根据企业内部氛围的不同，这种活动可以通过一些非正式方式进行。此时，往往不需要变革现有组织结构，而是用强调或劝说手段来协调各项物流活动（如运输、库存管理和订单处理），不过往往需要建立激励机制来协调这些部门的运作。很多企业通常会将预算作为一种重要的控制手段，但它常常会阻碍协调工作的进行，例如运输部门的经理也许会觉得为了降低库存成本而增加运输成本是不可接受的，因为库存成本并不在他的运算责任范围内，他的业绩是通过将运输成本和预算作比较来衡量的。

还有一种鼓励各项活动进行合作的可行的激励方法是，不同部门之间相互收费或转移成本。考虑一下，如果运输方式的选择间接影响库存，但是对于运输部门的决策者来说，除了寻求尽可能低的运输成本外别无所求，那么应如何进行决策呢？

另一种激励方式是建立某种形式的成本节约分享机制。成本相互冲突的各部门将各自节约的费用集中在一起，按预先确定的计算表制作一个清单，对节约的成本重新分配。这种方法也是在鼓励合作，因为成本互相冲突的部门利益达到均衡时，可节约的成本最大。在企业界，这种所谓的利润共享计划作用有限，但在有些公司里却成效显著（如林肯机电公司）。

协调委员会也是一种非正式的物流管理组织形式。委员会的成员来自各个重要的物流管理部门。委员会通过提供借以交流的方法来协调管理。对于那些历史上有内部协调委员会的公司来讲，这种方式非常令人满意。杜邦公司(DuPont)就以其委员会的有效管理而闻名，成为这方面的典范。尽管利用委员会进行协调似乎是比较简单、直接的解决方法，但它也有缺点，如委员会无权实施议案。

总裁亲自考察物流决策和物流运作是一种特别有效的鼓励协调方法。这是因为，在组织结构中，高层管理者所处的地位容易发现机构内部次优的决策。然而，由于各物流部门的下属经理对高层管理者负责，在一个没有正式物流组织的企业里，高层管理者对跨部门协调、合作的鼓励和支持对实现企业目标也仅仅起到间接作用。

2. 半正式组织

采用半正式组织的企业认为物流规划和运作常常涉及企业组织结构中的不同部门。因此，企业会委派物流管理者协调那些既与物流有关，又涉及其他不同职能部门的项目。该种组织形式通常被称为矩阵型组织，在航天工业中尤其盛行。这个概念在引入物流管理系统时，作了一定的改动，其形式如图7-1所示。

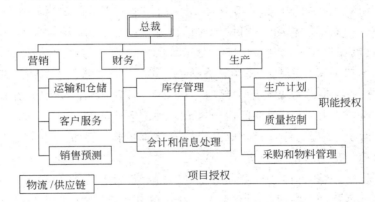

图 7-1 半正式物流组织结构图

在一个矩阵型组织中，物流/供应链经理对整个物流系统负责，但他并无每个环节的直接授权。企业传统的组织结构保持不变，但是物流/供应链经理与其他部门经理共有决策的权利与义务。无论是各职能部门还是物流项目都应合理的支出费用，这是合作和协调的基础。

尽管矩阵结构是一种有效的组织形式，但我们必须认识到它也会造成权利、责任界定不清，由此引发的冲突也难以解决。

3. 正式组织

正式组织就是建立一个权责分明的物流部门，主要包括：设置经理管理各项物流活动;给予该经理一定级别的权限,使之能更好地与公司其他主要职能部门(财务、操作和营销部门)合作。这种结构在形式上提高了物流管理人员的地位,促进了物流管理的协调。当非正式的组织形式导致效率低下,或者物流活动在企业中越来越受到重视时,企业就需要建立正式的组织形式。如图 7-2 所示。

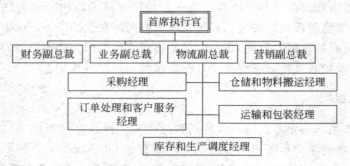

图 7-2　正式物流组织结构图

这种正式组织具有如下优点:第一,在组织结构上物流部门被提升到更高的级别,其权限与其他主要职能部门相同,这有助于保证物流管理与营销、运作和财务管理受到同等重视,也使得物流经理在解决利益冲突时有平等的发言权。物流和其他部门处于平等地位也有利于权利的平衡和企业的整体经济利益。第二,物流总裁下属有一些次级职能部门,如图 7-2 中,物流副总裁下设五个部门。这五个部门分别设有经理,并作为独立实体进行管理。从整体上看,这五个部门代表物流活动的五个重要方面。为什么恰好设这五个部门呢?实际上,部门的设置完全取决于技术上的要求。例如,如果将运输和库存管理合并为一个单独的部门可能更合适,因为这两个部门成本常常冲突,合在一起有利于更好地进行协调。但是,对各部门进行管理所需要的技术截然不同,因此将各部门合并管理就比较困难。通常可行的办法是分别派专人负责运输和库存管理,再由物流经理通过正式和准正式的组织形式协调各项活动。其他物流活动也如此。可见,正式的组织结构就是一种平衡的结果,一方面尽量减少管理部门的个数,以促进部门间的协调;另一方面将不同物流活动分别尽心管理以获得技术上的效率。

这种组织形式是现代工业界中常见的最正式、最集中化的管理形式。该形式将物料管理和实物配送整合在一起。实际上,只有很少的企业能达到这种一体化程度。但是从成本和客户复苏的发展趋势来看,这种形式将越来越受到欢迎。而且无论企业是围绕供应方活动组织物流运作(如许多服务性企业),还是围绕实物配送组织物流运作(如制造性企业),基本模式都是非常有用的。

7.2.3 跨职能组织

进入20世纪90年代,一个明显的趋势是物流组织正努力实现其运作能力由面向功能向面向过程的转移,也就是打破职能部门的界限,按照过程需求的要求,进行跨职能管理。就像一个观察者所总结的,"面向21世纪的完美组织,正在作为紧急的目标被寻找"。麦肯锡咨询公司顾问Frank Ostroff和Doug Smith认为功能垂直层次组织可转换成一个以过程为导向的水平组织的模式。

21世纪的组织概念被设想为由三个因素组成:第一,大力开发适宜自我指导工作团队(self directed work teams,SDWT)工作的环境,以此为媒介授权雇员产生最大的绩效;第二,通过管理过程而非功能提高生产率(这个观念永远是整合物流的核心);第三,迅速的精确信息分享可以实现组织所有方面的一体化,使信息技术代替组织层次,而成为新企业的基础结构。

彻底更新结构的争论,其本质在于:对组织改变的传统进化概念并不足以使服务或生产率取得较大的突破。传统组织改变的只是集权化和分权化之间的权重或是客户、地区或产品之间的合作,而未对基本工作过程进行任何重大的重新设计。由于这种更新结构通常认为功能组织将继续完成基本工作,而对实践结果不会产生多少差别,因此实质上,公司正重新集中于旧的商业实践而非设计新的、更有效的过程。

将物流作为过程来管理的奋斗目标有三个方面:第一,实现客户增值。一种活动仅当其对客户价值作出贡献时,其存在才被认为是正当的。第二,按照过程要求建立物流组织。以所选择的功能为基础进行组织的归类,将自然工作流和所形成瓶颈相分离,在此基础上,在过程框架下完成工作。第三,面向系统整合。在一个过程框架中完成的工作都应该是建立在系统一体化原则基础上的,从而实现以最小的投入取得最大的产出,进而强化物流在新产品开发、客户订货产生、完成和发送中的作用和影响。

关于如何建立和管理过程,过去10年里,最理想的物流解决方案是通过组织形式和实践绩效相结合,不断优化物流过程。矩阵组织为高水平物流过程的实现提供了可参考的组织形式。而信息技术的发展,进一步减少了对正式组织形式僵化管理结构的依赖。随着物流组织的发展,信息驱动的、跨越组织界限的物流网络的将是未来物流过程的基本形式。

7.2.4 虚拟组织

虚拟组织,即将正式的层次命令和控制组织结构被非正式的电子网络代替。"虚拟"这个词内含着一个没有正式确认的存在。"虚拟",其实质是,用不固定的和灵活的形式,将可以在一起工作的厂商组合起来,使他们所具有的单个核心能力结合在一起,以对物流服务供给者的未来产生重大影响。这种可灵活处理的物流能力理念的本质是,使用者在需要时即可获得,然后在不再长期需要时即可抛弃。灵活处理物流的理念可在专项促销、季节性和新产品的开发和介绍等领域应用。当今厂商不断地形成而后分解联盟的事实,对透明性和虚拟的强调给以相当程度的可信度。换句话说,一个虚拟组织,不管它是一个总的企业或是一个特定的核心能力,将会作为一个整合绩效的提供者而不是一个正式组织结构而存在。在物流系统中,工作小组通过信息系统,按照过程和工作流要求,以整合的方式完成至关重要的活动。

7.3 物流战略管理

7.3.1 物流战略概述

1. 物流战略及其意义

物流战略(logistics strategy)是指为寻求物流的可持续发展,就物流发展目标以及达成目标的途径与手段而制定的长远性、全局性的规划与谋略。

在传统的物流管理中,由于物流被看做企业经营活动中的辅助内容,因此许多企业没有物流战略,缺乏战略性的物流规划和运筹。而物流战略对于物流企业来讲更为重要,属于综合性战略。它是物流企业对自身总体和长远发展的分析和规划。而战略管理则是物流企业管理中的重要组成部分,在西方被誉为企业管理的"顶尖石(top stone)",它对物流企业的生存和发展起着决定性作用。特别是在买方市场的经济环境下,经营风险明显加大,物流企业的发展必须有明确的战略。物流企业要认真研究和分析各种内外部环境影响因素,既不能盲目随流,也不能错过发展时机。

2. 物流战略管理

物流战略管理(logistics strategy management),在西方战略文献中没有一个统一的看法,不同的学者有不同的认识。一般描述为:为达到某个目标,物流企业(或部门)在特定的时期,在特定的市场范围内,根据某种组织结构,利用某种方式向某个方向发展的全过程的管理。因此,它是对企业的物流活动实行的总体性管理,是企业制定、实施、控制和评价物流战略的一系列管理决策与行动,其核心问题是使企业的物流活动与环境相适应,以实现物流的长期、可持续发展。

物流战略管理是一个动态的管理过程,是一种崭新的管理思想和管理方法。物流战略管理的核心是制定战略和实施战略,而制定战略和实施战略的关键是对企业外部环境的变化进行分析,对企业物流资源、条件进行审核,并以此为前提确定企业的物流战略目标,使三者达成动态平衡。物流战略管理的任务,就在于通过战略制定、战略实施、战略控制实现企业的物流战略目标。

3. 物流战略的层次结构

(1) 全局性战略

物流管理的最终目标是满足用户需求(把企业的产品和服务以最快的方式、最低的成本交付用户),因此用户服务应该成为物流管理的最终目标。即全局性的战略性目标。通过良好的用户服务,可以提高企业的信誉,获得第一手市场信息和用户需求信息,增加企业和用户的亲和力并留住顾客,使企业获得更大的利润。

要实现用户服务的战略目标,必须建立用户服务的评价指标体系,如平均响应时间、订货满足率、平均缺货时间、供应率等。虽然目前对于用户服务的指标还没有一个统一的规范,对用户服务的定义也不同,但企业可以根据自己的实际情况建立提高用户满意度的管理体系,以此全面提高用户服务水平。

(2) 结构性战略

物流战略的第二个层次是结构性的战略,包括渠道设计和网络分析。渠道设计的内容包括重构物流系统、优化物流渠道等。通过优化渠道,可提高物流系统的敏捷性和响应性,降低物流成本。网络分析是物流管理中另一项很重要的战略工作,它为物流系统的优化设计提供库存状况的分析,网络分析内容主要包括:①库存状况的分析。通过对物流系统不同环节的库存状态分析,找出降低库存成本的改进目标。②用户服务的调查分析。通过调查和分析,发现用户需求和获得市场信息反馈,找出服务水平与服务成本的关系。③运输方式和交货状况的分析。通过分析,使运输渠道更加合理化。④物流信息及信息系统的传递状态分析。通过分析提高物流信息传递过程的速度,增加信息反馈,提高信息的透明度。结构性分析的目标是要不断减少物流环节,消除物流链运作过程中不增加价值的活动,提高物流系统的效率。

(3) 功能性战略

物流战略的第三个层次为功能性战略,包括物料管理、仓库管理、运输管理三个方面,内容主要有:运输工具的使用与调度;采购与供应、库存控制的方法与策略;仓库的作业管理等。

物料与运输管理是物流战略管理的主要内容,必须不断改进管理方法,使物流管理向零库存这个极限目标努力,降低库存成本和运输费用,优化运输路线,保证准时交货,实现物流过程的适时、适量、适地的高效运作。

（4）基础性战略

第四个层次的战略是基础性战略，主要作用是为保证物流系统的正常运行提供基础性的保障。内容包括：组织系统管理，信息系统管理，基础设施管理，政策与策略。

对于上述内容的管理，也必须从战略的高度去规划与管理，才能保证物流系统高效运行。

7.3.2 物流战略环境分析

物流战略的选择与企业内外部环境密切相关，在选择物流战略之前，必须对物流企业内部状况、同行业竞争状况、国内外市场环境、国家政策、科学技术发展、法律法规、环保要求等相关因素进行充分分析，为下一步的战略选择奠定基础。物流企业环境可分为内部环境与外部环境两大类。

1. 物流企业的外部环境分析

物流企业的外部环境是企业自身难以把握的不可控变化因素。它是一个复杂的、多层次的、多主体的立体结构系统。对外部环境进行认真分析可以使物流企业发现非常重要的机会和威胁，为进行战略决策提供重要信息。物流企业的外部环境划分为一般环境和竞争环境。

（1）物流企业的一般环境

物流企业的一般环境也称宏观环境，是指对处于同一地域的所有行业和所有企业都会发生影响的因素，是物流企业的外部环境中自身不能控制的诸多环境因素。包括政治法律环境、社会文化环境、经济环境、技术环境等。

① 政治法律环境。一个稳定的政治环境，是社会经济稳定发展的基础。对物流行业来说，目标市场的政治稳定性是其长期稳定发展的必要保证。法律、法规对于规范物流市场及物流企业行为有着直接的强制性作用。立法在经济上的作用主要表现为维护公平竞争、维护消费者利益、维护社会最大利益三个方面。市场经济越成熟的国家，在经济立法方面越完善。物流企业要想发展，就必须有一个完善且稳定的法律体系作保障。物流企业制定战略时，要了解现有法律的规定，它会给企业带来一定的机会或威胁。处理企业中的法律事务，可以引进法律人才或请教专家，尤其是当物流企业准备进军海外市场时，通过专家了解东道国的法律体系与具体法律至关重要。

② 经济环境。宏观经济环境是指在国家总体状况下对各行各业生产经营状况造成的影响。物流企业制订计划和战略决策应考虑总体经济环境的健康运作情况。比如国家GDP的增长、利率的变化，通货膨胀、国际贸易和预算赤字及剩余等经济环境，GDP与劳动收入之间的关系、与消费之间的关系和与投资之间的关系。消费与GDP的关系，实际

上也是消费运行与经济运行之间的关系。投资增长率越高,经济增长率也相对越高,经济将会趋于繁荣,反之亦然。

物流行业属于服务行业,其经营环境的好坏最终表现为购买力的大小,购买力可分为社会购买力和个人购买力。经济环境的变化如果能促进购买力的提高,不但能推进现有市场购买力的扩大,而且还会促进新市场开发,以满足扩大化的社会需求,这都会成为物流行业发展的机会。

③ 社会文化环境。社会文化环境是对市场、产品与服务产生重大影响的实质性因素。如人口数量及其分布、年龄构成、性别构成、教育程度、家庭构成、传统习惯、审美观念等因素,不同国家或地区会存在差异,从而导致对物流的需求数量、需求品种、需求质量上存在着较大差别,所以对于物流企业在制定企业战略时,要考虑经济吸引区内的社会文化环境。

④ 技术环境。技术进步不仅影响到国家的政治经济实力和国防实力的发展,也直接影响到人们日常生活水平的提高。技术的发展直接影响着大多数产品和服务,同时也影响着创造和运转这些产品或服务的生产过程。以电子信息技术、网络技术为核心的新技术革命发展迅猛,已经在实践中显示出极大的社会效益和经济效益,如 GPS、EDI、RFID等在物流系统中的应用,必将对物流系统的效率、质量、成本及效益产生重大影响。作为物流企业的决策者,应时时关注新技术的发展动态,不断引进新技术,以提高企业的竞争实力。

(2) 物流企业的竞争环境分析

除了一般环境之外,竞争环境是影响企业计划和决策的关键因素。竞争环境也称为中观环境或行业环境。它的发展变化,对物流企业的利润和物流行业内的竞争性质有着直接影响。

竞争环境(行业环境)分析就是对行业整体的发展状况和竞争态势进行详细分析,并确定本物流企业在行业中的地位。美国竞争管理学家迈克尔·波特给出的"五力模型"是企业分析竞争环境最常使用的分析工具。这一分析工具可使物流企业了解到物流行业中五种基本竞争力量对物流企业的竞争战略的影响和目前的竞争环境及其未来发展态势。这五种竞争力量如下。

① 行业潜在进入者的威胁。指准备进入某一行业市场中的企业,对行业内现有企业构成一种竞争威胁。

② 供应商(第三方物流企业)的讨价还价能力。讨价还价指双方交易时对价格条件的谈判和协商。第三方物流企业讨价还价能力与以下几个因素有关:物流市场是买方市场还是卖方市场;物流需求者转换成本的高低;物流企业之间具有差异性的高低;物流需求者需求量的多少;物流市场的集中化程度。

③ 购买者(物流服务需求者)的讨价还价能力。影响物流服务需求者讨价还价能力

的因素与影响物流企业的因素是一致的,影响的方向正好相反,即物流企业讨价还价能力越强,物流服务需求者讨价还价能力就越弱,反之亦然。

④ 替代产品的威胁。在物流市场中,替代产品是指物流行业内同类物流服务的项目。一个物流企业与具有同类物流服务项目的物流企业竞争,采取产品差异化是比较理想的战略。

⑤ 竞争者之间的竞争程度。物流企业的竞争的特点通常是服务项目的差异性、服务项目创新、价格的竞争。由于我国的现代物流业刚处于起步阶段,市场空间非常大,所以就目前来看,物流企业之间的竞争程度还不十分激烈。但是,随着国内"物流热"的升温和物流市场对外开放程度的加大,物流企业的数目会急剧增加,物流企业竞争的白热化不久将会出现。对于物流企业来讲,只有充分了解了自己的竞争对手,才能制定出更加完善的经营战略。

2. 物流企业的内部环境分析

物流企业的内部环境(又称内部资源环境)因素,是指构成物流企业内部生产经营过程的各种要素,并且体现为物流企业总体的经营能力,如物流企业的领导指挥能力、协同能力、应变能力、竞争能力、获利能力、开发创新能力等。物流企业内部环境因素是可控因素,可以经过努力,创造和提高企业能力,但也可能由于管理不善而失控和削弱。

物流企业内部环境分析的目的在于掌握物流企业的内部资源现状,找出影响企业战略形成与成败的关键因素,辨别企业的优势和劣势,适应环境变化,创造和获得成功的机会,避免或减少可能遇到的风险。对物流企业内部环境的分析从两个方面来进行。

(1) 对物流企业内部各职能部门进行分析

分析的内容主要是研究目前物流企业各职能现状及发展趋势,以及各部门之间的协调程度,而不涉及与其他相关物流企业进行比较的问题。其目的是找出物流企业的"瓶颈"部门,并指出该部门的主要问题所在。此分析直接服务于物流企业各职能战略选择。

(2) 对物流企业的生产要素进行分析

这种分析打破了职能部门间的严格界限,从物流企业整体发展的角度分析了物流企业中各要素对物流企业发展的影响,因而更适合于物流企业总体战略的分析。

7.3.3 物流战略选择与实施

物流战略按不同方法可划分为不同的种类,从发展方向上可以划分为增长(发展)战略、维持(稳定)战略和收缩(撤退)战略三大类;按业务相关性可划分为集中经营战略和多样化经营战略;按管理模式可分为纵向一体化经营战略与横向一体化经营战略。不同的类型进行组合还会产生不同的战略类型,如增长型的集中经营战略、增长型的多样化经营战略等。下面就其中几种类型的战略进行分析与选择。

1. 战略的类型及选择

(1) 增长型的集中经营战略

集中经营战略是指物流企业将全部资源集中使用在某一特定的市场、产品或技术上。物流企业在创立初期由于融资能力弱、管理经验不足以及营销渠道少等原因,大都采取区域市场中的集中经营战略。在此期间,物流企业力求改变实力弱小、竞争地位低下的局面,采取增加销量,扩大市场份额以及建立企业信誉、创立企业品牌的战略。初创物流企业的集中经营战略可使物流企业有明确的发展目标,组织结构简明,易于管理。只要有技术或市场优势,就能集中力量,并随着品牌形象的形成而迅速成长。因此,只要物流企业能及时捕捉市场时机就有可能通过集中经营在短期内获得较大的发展。

物流企业的集中经营战略也存在一定的风险,最主要的就是物流企业完全被行业兴衰所左右。当本行业受大环境的影响出现衰退时,集中经营的物流企业必然受到相当大的冲击。

因此,对于已经成熟的物流企业来说,集中经营战略适合于未完全饱和市场中占相对竞争优势的物流企业。这类物流企业的资金、技术、渠道、管理及品牌优势容易通过资本运作实现行业内的低成本扩张,迅速占领市场。对于中小物流企业来说,由于整体实力较弱小,其集中经营绝对不可能与大物流企业直接对抗,而应该找出大物流企业所未涉及的市场,包括地域市场和产品市场,靠低价竞争和大做广告等方式不是中小物流企业的优势所在,也极少能成功。对于参与大市场范围竞争的物流企业,选择集中经营战略的应该是在行业内领先的国际性公司;对于那些属于区域市场竞争型的物流企业,可针对众多不同地域的细分市场来实施集中经营战略。对于一些资源独占型的行业,如铁路行业,物流企业客观地形成了资源垄断,排斥了竞争对手,只要有市场,就可以选择集中经营战略。

任何商品的市场容量都是有限的,当市场已趋饱和,占相对竞争优势的物流企业的增长速度肯定会放慢,这会影响物流企业的长期稳定发展。集中经营的物流企业应考虑向多样化经营方向的战略转移。

(2) 增长型的多样化经营战略

① 多样化(多角或多元化)经营具有以下几方面优势:第一,分享技术和资源。采取多样化经营战略可以共享进货与销售渠道,共享研究成果和基建设施,调节资金运用周期。第二,分享组织结构和系统。采用多样化经营战略,可以用优势组织结构来同化或改进弱势组织结构。第三,分散经营风险,转移经营重心,提高稳定性。第四,短期性减轻税负。采用此战略,可以把原有业务的收益转化为对新业务的投资,能起到短期性减轻税负的作用。

采用多样化经营战略,各单位之间若能协调好,则物流企业整体力量会远大于各部分之和。因此,我国许多物流企业集团采取多样化经营战略。

② 采取多样化经营战略的动因

选择多样化经营战略的动因主要有两点:一是主导业务所在行业的生命周期已处于成熟期或衰退期,物流企业长期稳定增长潜力有限;二是主导业务已发展到规模经济,并占有较大的市场份额,市场竞争已处于均衡状态,不易消灭竞争对手,即投资的边际效益递减效应已初步出现,再继续扩大业务规模反而会规模不经济。

③ 多样化经营战略的一般程序

多样化经营战略的一般程序是:首先确定目标和预测市场发展前景;如果市场前景较好,则分析此行业现存的和潜在的竞争态势;分析本物流企业的资金、技术、管理、品牌、供货和销售渠道等实力情况,确定加入新行业后的市场占有率和赢利率等;如果市场占有率和赢利率等各项指标均达到满意水平,就可以投资。

在发展中国家,市场还不成熟,有许多待开发的机会,多样化经营的市场进入阻力远小于西方国家。而资金、技术和管理问题是发展中国家物流企业实施多样化经营战略的重点和难点。现实中,发展中国家的物流企业过多地看重了市场的商机,而忽视了资金技术和管理等自身的条件,一有机会就竞相进入,造成进去容易、出来难的被动局面。东南亚物流企业纷纷进入房地产业的结果就是一个很好的例子。

(3) 相关与非相关多样化经营

多样化经营按业务相关程度可分为相关多样化经营与非相关多样化经营。

① 相关多样化经营是一种比较稳妥的增长战略,它通过利用已有的某些生产要素,增加与原有业务相关的新产品或服务来完成。采用这一战略形式的物流企业,其业务之间虽有区别,但又有许多关联之处。相关多样化经营战略的基础是主导业务比较成功。若主导业务比较成功,就可以为新业务的开展提供各方面的支持,例如资金支持、管理经验、品牌共享、供销渠道等;若主导物流业务不成功,由于业务间的相关性,主导业务中的不利因素很可能转移到新业务中,容易造成投资失败,而且新业务还会分流主导的物流业务所需的各种资源,使物流业务更加困难。

相关多样化战略的核心是发挥范围效益,充分利用和扩张各种经营要素的优势,达到成本分摊和技术转移的目的。但应该指出,范围效益的产生是有条件的,当业务范围超过某一限度时,就会产生超范围效益,也就是负范围效益。

另一方面,当经济不景气时,消费疲软会危及各行各业,相关业务更趋向同涨同落,这使得相关多样化物流企业的抗风险能力大打折扣。如果物流企业总体实力不强,各业务又由于规模都较小,竞争力都较差,其效果可能均会不佳,实际上反而造成了分散企业力量的负面作用。这就是我国前期一些物流企业实行多样化经营后却全面亏损的部分原因。

② 非相关多样化经营指增加与原先业务不直接相关的业务。这是一种互不关联的

纯粹的多种经营。当目标市场未达到高级饱和(市场高级饱和是指在目标市场内,产品或服务的普及率相当高,形成了饱和状态),而且物流企业拥有相当实力,现有业务发展已开始放慢时,就可以考虑采用此经营战略。

物流企业实施非相关多样化经营的目的是多方面的:资金上的协同,一项业务产生的短期资金盈余可能恰好补充另一项业务资金需求,起到缩短资本循环周期的作用;有效利用闲置资源,采取长短线业务结合的方式;分散风险;扩大物流企业影响;相关多样化经营预期收益较低;现有市场发展受阻,而原产业的范围太窄,相关多样化发展潜力不足,物流企业需要转向突围。这些因素都是物流企业选择非相关多样化战略的原因。

非相关多样化经营有三个主要缺陷:1)它对高层管理者提出了很高的要求。物流企业经营业务范围越广,高层管理者就越难以了解各经营单位的经营状况,也难以协调单位之间的工作。如各单位之间协调不力,不仅会增大管理费用,而且由此引起管理困难和混乱的风险也是相当大的,可能会妨碍各项业务潜力的更大发挥,反而抑制了各项业务的发展。2)非相关多样化经营会分散物流企业的人力、物力、财力等资源,使原有优势项目得不到充分的后续资源保障,相对抑制了其发展势头。而物流企业在新项目上又缺乏经验,短时间内很难实现其经济效益。同时,在此期间内物流企业为适应新环境而付出的学习费用和树立新品牌的费用明显加大。3)由于业务间内在联系小,而外部竞争压力大,在竞争压力下实现资本联合的成效有限。与其他形式相比,非相关多样化经营的成功率是最低的。

影响非相关多样化战略成功的关键因素是物流企业对从事的新经营领域的熟悉程度。物流企业向陌生的行业扩张,一般缺乏应付困难局面的技能和经验。因此,非相关多样化的过程不宜过快,尽量以稳为主,在新业务未成熟之前,不宜把发展重心转移。对于中小物流企业,由于规模小,技术落后,非相关多样化经营只会分散物流企业提高竞争优势所急需的有限资源,虽然遍地开花,结果却是到处亏损。因此,一个物流企业在运用此战略时,应当谨慎从事,不要单纯为扩大企业规模而采取多样化经营战略,也不要跟风,去做其他企业已经在做的业务,而做其他物流企业不肯做或没有能力做的事业。

从集中战略到相关多样化战略,再到非相关多样化战略,这是一个业务范围逐步扩大的过程,很难严格地划分它们的具体范围,但这又是一个对物流企业总体实力不断提高要求的过程。一般实力弱小时,选择集中战略,形成一定优势后,可以考虑向相关产业迈进。当相关多样化战略取得明显成效时,物流企业就有资格实施非相关多样化战略了。因此,三个战略不是相互对立的,而是后者以前者为前提。一步到位地选择非相关多样化战略的物流企业是不存在的,而从集中战略直接进入非相关多样化战略的物流企业也是很少见的,并且大多以失败告终。

(4) 纵向一体化战略

纵向一体化战略是指企业出于管理和控制上的目的,对为其提供原材料、半成品或零部件的其他企业采取投资自建、投资控股或兼并的管理模式,即某核心企业与其他企业是一种所有权关系。例如:美国福特汽车公司拥有一个牧羊场,出产的羊毛用于生产本公司的汽车坐垫;拥有一个橡胶场,出产的橡胶用于生产本公司的汽车轮胎。一些大型的工商企业拥有自己的运输车队、仓储中心、汽车维修厂。推行纵向一体化经营战略的目的,是为了加强核心企业对原材料供应、产品制造、分销和销售全过程的控制,使物流企业能在市场竞争中掌握主动,从而达到增加各个业务活动阶段的利润。这种类型的战略在市场环境相对稳定的条件下是有效的。

纵向一体化战略在竞争激烈、顾客需求不断变化的形式下,不宜选用,它有如下缺陷:

① 增加物流企业的投资负担。不管是投资建新工厂,还是用于其他公司的控股,都需要物流企业自己筹集必要的资金。这一工作给企业带来许多不利之处。企业必须花费人力、物力去筹集资金,资金到位后还要花费精力从事新项目的实施,由于项目有建设周期,在此期间,企业要按期偿还借款利息。

② 承担丧失市场机会的风险。对于某些新建项目,由于有一定建设周期,往往出现市场机会在项目建设过程中逝去。因此,建设周期越长,企业承担的风险越高。

③ 迫使物流企业从事不擅长的业务活动。由于核心企业什么都想管住,不得不从事自己并不擅长的业务活动,使得许多管理人员往往将宝贵的精力、时间和资源花在辅助性职能部门的管理工作上,而无暇顾及关键性业务的管理工作。结果是,辅助性管理工作没有抓起来,关键性业务也无法发挥出核心作用,不仅使企业丧失了特色,而且增加了企业产品成本。

④ 在每个业务领域都直接面临众多竞争对手。物流企业必须在不同业务领域直接与不同的竞争对手进行竞争。在企业资源、精力、经验都十分有限的情况下,四面出击的结果是可想而知的。

⑤ 增大企业的行业风险。如果整个行业不景气,采用纵向一体化战略的企业不仅会在最终用户市场遭受损失,而且会在各个纵向发展的市场遭受损失。

(5) 横向一体化战略

横向一体化战略的思维方式是,任何一个企业都不可能在所有业务上成为世界上最杰出的企业,只有优势互补,才能共同增强竞争实力。因此,国际上一些领先型企业摒弃了过去那种所有相关业务都自己负责的方式,转而在全球范围内与供应商和销售商建立最佳合作伙伴关系,与他们形成一种长期的战略联盟,结成利益共同体。例如:美国福特汽车公司在推出新车 Festiva 时,就是采取在美国设计,在日本马自达生产发动机,在韩国的制造厂生产其他零件和进行装配,最后再运往美国和世界市场上销售。Festiva 从设计、制造、运输、销售,采用的就是横向一体化的全球制造战略。整个汽车的生产过程,从设计、制造直到销售,都是由制造商在全球范围内选择最优秀的企业,形成一个企业群体。在体制上,这个群体组成了一个主体企业的利益共同体。

（6）按物流服务的范围和机能整合性划分的物流企业的战略形式

① 领先型企业的战略——综合物流

功能整合度高，物流服务广的企业为物流界的先驱型企业，它是一种综合性物流企业，这种企业的业务范围往往是全国或世界规模，它能对应货主企业的全球化经营从事国际物流，因而也被称为超大型物流业者(mega-carried)。综合物流的优点是能实现一站托运。随着货主企业活动的不断扩大，发货、入货范围逐渐延伸到全国或海外市场，这种状况下，输送手段涉及各种不同的运输工具通过多式联运形式完成全程运输。

如果综合物流企业能实现物流服务供给中经营资源的共有化，就能达到效益的乘数效应，如：建成集商品周转、流通加工、保管功能于一体的综合物流设施，或实现输送、保管等物流机能的单一化管理等，将显著降低综合物流业者的服务成本。但是，企业组织的巨大化也会存在间接成本增加、费用高昂的风险。

② 系统化物流功能结合型企业的战略

功能结合型企业是机能整合度高、物流服务范围较窄的企业，特征是通过系统化提高机能整合度来充分发挥竞争优势，例如宅急便公司、专业型物流企业、外航船运公司等都属于这种类型。这类企业集中于特定的物流服务，在从事这类服务中，企业拥有高水准、综合的物流服务机能，因此在特定市场，其他企业难以与之竞争。

技能结合型企业经营战略的特点是以对象货物为核心，导入系统化的物流，通过推进货物分拣、货物追踪系统提供高效、迅速的输送服务。同时从集货到配送等物流活动全部由企业自身承担，实现高度的机能结合。但是，由于这种以特定货物为对象构筑的系统，一般货物运输无法适应。因此，物流服务的范围受到限制。

对于机能结合型企业来讲，机能的内涵和服务质量是这类企业共同的基础和核心，机能的不断弱化和陈旧化将直接动摇企业在特定物流市场上的地位。所以，不断提高机能的结合度发展机能的深度和广度是企业发展的根本战略。

③ 运送代理型企业的战略——柔性物流

与功能结合型企业相对的是运输代理型企业，这类企业的物流服务范围广、功能整合度低，是物流市场中的运输代理者，代理运输企业虽然利用各种运输机构提供宽广范围的输送服务，但实际上企业自身并不拥有运送手段，因此，它是一个特定经营管理型的物流企业。这类企业由于不用在输送手段上进行投资，因而能够灵活应对市场环境的变化；然而另一方面，在输送机能管理不充分的情况下，往往缺乏物流服务的信赖性。这类企业以综合运用铁路、航空、船舶运输等各种手段，开展货物混载代理业务。代理型企业的最大优点是企业经营具有较高的柔性，物流企业可以根据货主企业的需求构筑最适合的物流服务。

目前最常见的是为了保证货主企业物流的效率化而设立物流子公司，这类子公司虽然有的也拥有货车、仓库等物流设施，但大多数都是租用货车业者和仓库业者的设施来提供物流服务。在后一种状况下,物流分公司作为运输代理业者接受货主企业的物流要求,同时由于自身并不拥有经营资源,因而可以彻底实行物流效率化,例如货车的大幅削减或物流中心的集约化可以很快实现。

从发达国家的发展来看,货主企业集中于本企业,将不属于本企业主导的物流部门分离出去,进而利用外部的物流公司从事物流活动的情况逐渐在增加。针对这种情况,在欧美出现了用契约的形式明确货主物流效率的目标,进而全面承担货主物流的第三方物流企业(third-party logistics,TPL)。

第三方物流企业中既有自己拥有货车、仓库等资产的企业,也有自己不拥有任何物流设施采取租赁经营的企业,两种类型的企业物流服务范围都很广,前者逐渐向机能结合型企业发展,而后者成为纯粹的货主物流代理业者。

作为运送代理型企业的经营战略主要是向无资产的第三方物流企业发展。由于企业实质上并不拥有整合的物流机能,因而可以灵活、柔软、彻底地实现物流效率。但是也正因为无资产而可能产生物流服务不稳定,企业应该建立并加强有效的输送机能管理体系,这其中的核心是信息系统的完善以及树立良好、柔软的企业间关系。

④ 缝隙型企业的战略——差别化、低成本物流

功能整合度低、物流服务较窄的企业通常是以局部市场为对象、在特定市场从事特定机能的物流活动,这类企业被称为缝隙型企业。这类企业在经营资源数量和质量方面都受限制的中小企业中,必须发挥在特定机能或特定物流服务方面的优势,在战略上实现物流服务的差别化和低成本化。

在从事单一物流服务的情况下,实现服务的差别化比较困难,例如运输服务,只要在货车、车库等设施达到一定水准的条件下,任何企业都能够参与,这种无差别物流服务的企业只有不断降低物流费用,实现低价格竞争才能够生存、发展。通常的措施除了加强企业内部管理外,还可以根据运输周期或货物特性实行弹性化的价格政策,例如,对繁忙期以外的货物运输或可以用机械装卸的货物运输实行运费折扣或优惠运输等等。

尽管缝隙型企业较难达到差别化,但是也存在通过集中于特定顾客层提供附加服务,进而成功实现差别化的事例。目前这方面比较突出的物流服务主要有搬家综合服务、代收商品服务、仓储租赁服务以及摩托车急送等形式。例如,搬家综合服务除了从事专业化的搬家物流服务外,还替顾客从事清扫、整理、杀虫、垃圾处理等事物;在代收商品服务中,物流业者通过代行繁杂的代收商品、检品等业务,然后用货车进行配送,增加物流服务的附加价值;仓储租赁服务是目前兴起的新兴物流形式,它通过出租仓储、安全保管顾客存放的任何货物(大宗商品、书籍、字画、金钱等高价商品或贵重物)来突出物流服务的差别化。近年来,在我国大都市出现的小型保险柜租赁业务就是这种物流服务的具体表现形式之一。

此外,在差别化物流服务中,高效的商品多频度、少量共同配送也非常引人注目,它已

成为企业物流差别化的有力武器而得到广泛推广。

2. 物流战略的实施

物流战略实施是在战略选择的基础上进行的。通过对企业内外部环境的分析,确定出企业的战略,接下来战略管理的重点就转向了战略实施。所以,战略选择是战略实施的前提,而战略实施是战略选择得以实现的保证。

战略实施的主要内容即是制订物流企业的战略实施计划。计划是物流企业系统地开发可以达到预定经营目标的各种行动和项目,而战略实施计划强调物流企业组织的整体性,它是一个在10年或者更长期限内,将物流企业视为一个整体,共同实现物流企业目标的长期计划。

战略实施计划没有统一的模式,而且不同的物流企业由于影响其计划系统设计的因素不同,在进行战略实施计划设计之前,首先要分析影响战略计划设计的因素。

(1) 影响战略计划系统设计的因素

所谓影响因素主要是指它们对计划系统规范程度有影响。影响因素主要有以下几方面。

① 物流企业的规模。这是影响战略实施计划系统设计的一个主要因素。首先是物流企业形态的影响,小物流企业一般表现出比较宽松、灵活性强、非正式程度高的特点。因此,小物流企业的战略实施计划趋于非规范化,较为简单。大物流企业的特点正好与小物流企业相反,一般情况下,大物流企业的战略实施计划规范程度较高,较为详尽。其次是计划角色的影响。小物流企业参与计划的人员少,作业较为简单,所以它的战略实施计划系统不如大物流企业的战略实施计划系统复杂,同时物流企业的经理往往迫于环境的压力,不得不用大量的时间与精力去处理当前的经营问题,很少有时间进行战略方面的思考;在大物流企业中,参谋人员能够解决日常工作中的问题,高层经理便可以有时间去研究全局性的战略问题。最后是组织结构的影响。物流企业如果采用集权式的组织结构,经营业务又比较单一,该物流企业的计划系统则会简单些;若物流企业采取分权制,又经营若干个互不联系的业务,该物流企业的计划系统就比较复杂。

② 管理风格。物流企业高层管理的风格对于计划工作系统的设计有较大的影响。不同的管理风格产生出不同的计划工作系统。一般来讲,高层管理人员的思维方式,信奉的管理哲学、制定决策的方式、解决问题的方法等都会明显地表现出他们内在的风格。研究管理风格会更清楚地认识到一个物流企业的计划系统的特色,以便采取相应的实施措施或竞争战略。

③ 经营过程的复杂程度。具有资本密集型或高技术密集型的物流企业需要相对复杂的、正式的计划系统。与此特性相反的物流企业则倾向于较为简单的、比较灵活的计划系统。

④ 物流企业环境的复杂程度。这是一个重要的影响因素。物流企业处于一种竞争较弱的相对平衡环境中时，一般很少有计划，即使有计划，也往往是形式上的。如果物流企业处于动荡的环境之中，竞争压力较大，则物流企业需要有相应的战略实施计划，而且该计划要有相当大程度的灵活性与非正式性。

除以上因素之外，影响战略实施计划系统设计的因素还有战略实施计划的目的、改变组织结构的能力、有效制订计划的信息等因素。不同条件的物流企业要根据自己所处的环境来考虑影响因素，从中找出关键因素，不能照抄照搬其他成功物流企业的战略实施计划。

（2）战略实施计划系统设计的方法

战略实施计划系统设计一般有四种不同的方法。

① 自上而下的方法。在西方国家的物流企业中，实行集权制的物流企业在采取这种方法。

制订计划时，一般是首先由公司总部的高层管理人员制订出整个物流企业的计划，然后，各部门再根据自己的实际情况以及总部要求来实施计划。实行分权制的物流企业一般由公司总部给各事业部提出计划指导书，要求他们制订详细计划，公司总部检验并修改这些计划之后，再将计划返还各事业部去执行。

这种方法最突出的优点是物流企业的高层管理者决定着整个物流企业的经营方向，可以对各事业部或各部门如何实现经营方向提供具体的指导。这样，物流企业的高层管理人员可以集中精力去思考经营方向，制订应达到的战略目标，以及可能贯彻实施的战略。不足之处是，高层管理者可能会因为没有经过深思熟虑，对下层各部门或事业部提不出详尽的指导。另外，事业部的管理人员也可能会认为这种自上而下的指导是一种约束，不能发挥他们的作用。

② 自下而上的方法。物流企业运用这种方法时，高层管理对事业部不给予任何指导，只是要求各事业部提交计划。高层管理人员从中掌握主要的机会与威胁，主要的目标、实现目标的战略、计划实现的市场占有率等信息，对此加以检验平衡，然后给予确认。

此方法的优点是：由于高层管理者对事业部没有具体的指导，各事业部会感到计划中的约束较少，可以提出更加完善的计划。不足之处是：有些习惯于指导方式的事业部的管理人员会感到无所适从，从而影响计划的质量。

③ 上下结合的方法。在制订计划的过程中，既有高层管理人员参加，也有事业部的管理人员参与。此方法的最大优点是，可以产生较好的协调效果，从而物流企业可以用较少的时间和精力完成更具有创造性的计划。这种方法多为分权制的物流企业所采用。

（3）战略实施计划的制订程序

物流企业的管理层次一般分三层，即总部、事业部与职能部门，因而产生三种主要战略与计划：全局性（总体）战略与计划、经营战略与计划、职能战略与计划。为使这三种战略与计划相互衔接,密切配合,有必要考虑运用一定的程序来制订战略实施计划。

① 建立物流企业总体目标

在计划的最初阶段,物流企业总部的经理与事业部经理之间要进行初步对话,共同探讨物流企业总体目标。在探讨过程中,各事业部对目标深入的程度与范围可以有不同的看法。在对话的基础上,物流企业总部为事业部经理制订本事业部的战略实施计划规定了一定的方向,然后,各事业部根据自己的战略来制订计划。最后,物流企业总部在均衡配置物流企业各项资源的基础上,阐明物流企业的总体战略。

② 制订事业部的战略方案

在物流企业总体目标确定以后,总部高层管理者应要求各事业部的经理制订出本事业部的战略方案,详细说明该事业部所确定的经营活动范围和目标,提出经营战略与下一年度的临时目标。在计划过程中,这一步骤相当重要。一个清楚的战略方案可以使各事业部更加明确自己的经营范围,减少各事业部之间相互竞争的风险。战略方案制订以后,事业部的经理要向物流企业总部高层管理人员提交自己的经营目标与战略,以及贯彻实施的计划,最后由物流企业总部来平衡。

③ 达成贯彻实施的行动计划的临时协议

各事业部的负责人与职能部门的经理达成有关要贯彻实施的行动计划的临时协议。之所以是临时协议,是因为这时不可能明确地指出销售目标或利润目标,因为过细的计划会约束部门经理的行为,使他们失去了创造性地实现事业部目标的机会;另一方面是因为只有在物流企业总部同意了事业部的计划并给予相应的资源后,事业部的目标才能最后确定下来。

④ 确定资源分配,安排详细的资金预算

事业部负责人与总部再次协商,最后决定资源的分配,安排详细的资金预算。在资源分配上,物流企业总部既要考虑满足每个事业部的要求,也要有个通盘的安排,确保整体的平衡。

7.4 物流成本管理

物流长期以来被认为是经济领域的"黑暗大陆",同时又被认为是企业的第三利润来源,而物流成本管理则由于对费用了解的空白,具有很大的虚假性,被认为是"物流冰山"。物流作为生产运作在流通领域的继续,是创造价值的,这主要是通过节约成本费用而创造的。但这并不是说物流成本越高,物流所创造的价值就越高,因为物流并不能创造新的使用价值,物流成本只是社会财富的一种扣除。再加上长期以来人们对物流活动普遍重视不够,大部分物流成本得不到揭示,使得物流方面的浪费现象严重,直接影响了经济效益。

因此,加强物流成本管理,特别是把现代成本管理模式融入到物流成本管理中,进而形成新的物流成本管理模式,不断降低物流成本,消除"黑暗大陆"与"物流冰山",以提高经济效益。

7.4.1 物流成本结构

狭义的物流成本是指由于物品实体的场所(或位置)位移而引起的有关运输、包装、装卸等成本。广义的物流成本是指包括生产、流通、消费全过程的物品实体与价值变换而发生的全部成本。它具体包括了从生产企业内部原材料协作件的采购、供应开始,经过生产制造过程中的半成品存放、搬运、装卸,成品包装及运送到流通领域,进入仓库验收、分类、贮存、保管、配送、运输,最后到消费者手中的全过程发生的所有成本。而物流成本管理则是对所有这些成本进行计划、分析、核算、控制与优化以达到降低物流成本的目的。

物流成本按照不同的目的和表示方法,可以划分为:固定成本与可变成本、直接成本与间接成本以及工程成本和酌量成本。这三种不同的成本表达方式可以表示为如图 7-3 所示的三种不同的切割立方体的方式。立方体的体积代表了总成本,尽管切割方式不同,但总成本是不变的。了解不同的分类方式及其目的,对于有效的成本分析和管理将起到重要作用。

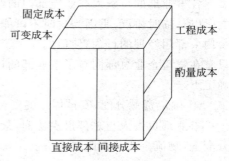

图 7-3 切割"总成本立方体"的三种方法

1. 固定成本与可变成本

一种常用的成本分析方法是考察业务量变化对成本的影响。当业务量变化时,成本趋向于以不同的方式进行响应。

(1) 固定成本:当业务量变化时,或者至少在一给定业务量范围内,该成本趋于保持不变;

(2) 可变成本:随着业务量的变化而变化的成本。

固定成本包括诸如仓库租金之类的成本,该类成本通常以时间为基础(如:元/月)交纳,当业务量增多时,可能需要增加额外的仓库,这样就形成了我们所熟悉的阶梯式固定成本。如图 7-4 所示。如果业务量减少,将会关闭一些仓库,而同样的关系依然适用。

可变成本包括诸如直接原料之类的成本,它是根据需求确定的。需求增加时,我们就会大量购买。在业务量为零时,可变成本也从零成本开始,一般来说,会随着业务量的增加而增加。如图 7-5 所示。

如果在一给定业务量范围内(以便固定成本能完全保持不变)将可变成本加到固定成本之上,然后再加上销售收入(它也随着业务量的增加而增加),我们就可以得到一个盈亏

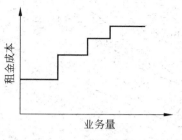

图 7-4　租金与业务量的关系

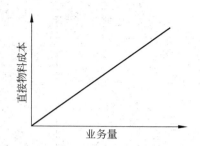

图 7-5　直接原料成本与业务量的关系

平衡图，如图 7-6 所示，从 O 开始的斜线是销售收入，从 F 开始的是总成本线，表示可变成本和固定成本的总和。销售收入和总成本线的交叉点代表盈亏平衡点。低于这一点企业会遭受损失，高于这一点则会取得利润。

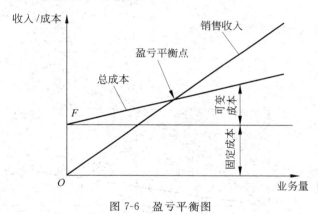

图 7-6　盈亏平衡图

在分析盈亏平衡图时，一个有用的概念是贡献：

$$贡献＝销售收入－可变成本$$

因此，贡献等于固定成本加上利润。在制定决策时，贡献是很有帮助的。较高的单位贡献率表明这是一个易变、波动性大的企业，也就是一个风险性较大的企业。所以，我们期望一个单位贡献率较大的企业在更长一段时间内能够提供更高的投资回报。试比较图 7-7 和 7-8 两个盈亏平衡图。这两种情形之间有什么差别？盈亏平衡点有什么变化？为什么？

图 7-6 表示可变成本高而固定成本低的情形。图 7-7 与图 7-6 恰好相反，盈亏平衡点向右移动了一大截：也就是若想让 B 情形达到盈亏平衡，需要一个比 A 更大的业务量。这是因为，为了弥补高固定成本，需要一个更高的销售额。

此外，对图 7-7 所示的 A 情形，贡献率对业务量的增加影响较小，而对 B 的影响则较

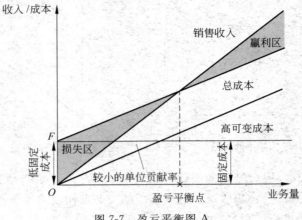

图 7-7　盈亏平衡图 A

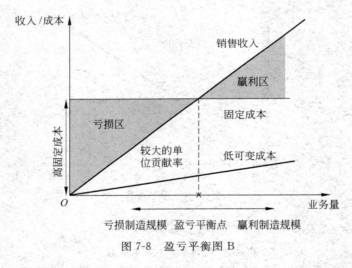

图 7-8　盈亏平衡图 B

大。因此,固定成本高、可变成本低的情形将导致企业对业务量较敏感。所以在 B 情形下,业务量的变化更能够影响其利润(盈亏平衡点以上的区域)。就贡献率而言,A 代表的是单位贡献率较小的情形,因此和 B 相比,其风险较小。

这些考虑在供应链中的意义在于:大多数情况下,我们常会面对 B 情形。例如,虽然销售额逐渐降低,但是我们几乎没有机会相应的降低核心资源(如仓储和配送系统的投资),而只能是阶梯式的改变成本,增加投资回报(ROI):增加销量,降低成本。销量每增加 1% 或成本每降低 1%,都能对利润产生相应的杠杆作用,这一点是毋庸置疑的。

例　边际成本计算

A 公司计划制造一种新产品,其初始销售预测为:在第一年能够以 800 元/件的单价销售 3 600 件产品。财务部门通过计算得到每辆车的可变成本为 300 元,当年制造设施的固定成本为 1 500 000 元。根据销售预测和财务部门提供的这些信息,现在我们可以通过平衡固定成本和可变成本来计算该项活动的计划利润、贡献率、盈亏平衡点(如表 7-1)。

表 7-1 计划利润与盈亏平衡点计算　　　　　　　　　　　元

计 划 利 润		计划盈亏平衡点	
销售收入	2 880 000	固定成本	1 500 000
一可变成本	1 080 000	单位贡献率＝销售价格－可变成本	500
贡献	1 800 000		
一固定成本	1 500 000	盈亏平衡点(件)＝固定成本/单位贡献率	3 000
利润	300 000		

如果 A 公司能够实现 3 600 件的销售预测,那么就能够获得 300 000 元的计划税前利润。重要的是,公司的盈亏平衡点是 3 000 件,该点上公司既没有赢利也没有亏损,因为总销售收入(2 400 000 元)等于该生产过程所耗费的所有可变成本(900 000 元)和所有固定成本(1 500 000 元)之和。该点之上任何额外的销售都将给公司提供赢利性销售收入。计划利润和盈亏平衡点之间的差异成为安全边际。本例中安全边际等于 600 件。

2. 直接成本与间接成本

切割"总成本立方体"的另一种方法是:根据成本能否直接分配到某产品上,进行成本分析。进而把成本分为两大类别。

(1) 直接成本:和特定的产品相联系的成本。最明显的例子是直接人工和直接原料。所以,我们能够把用于组装产品而购买零件的成本准确地分配到产品上。

(2) 间接成本:分配了直接成本后,所有剩余的成本。间接成本也被称为"一般管理费用",包括从常务董事的薪水到租用配送中心的租金等的一切费用——任何不能直接分配到产品上的费用,都属于间接成本。

成本的直接度与成本能够直接分配到给定产品上的程度有关。这是一个完全不同于固定成本和可变成本的概念。尽管有一种趋势是把固定成本和间接成本相联系,可变成本和直接成本相联系,但是事实上它们之间根本没有必然联系。这样,直接人工成本倾向于是固定的,至少短期内是这样的。

如上所述,我们分析成本的原因是为了获得更好的关于成本基础的信息,以使我们能够更好地管理企业。当我们提供一种以上产品或一项以上服务时,直接成本和间接成本有助于我们决定一种产品和一项服务的完全成本。如果只有一种产品时,情形就简单得多,因为这时可以把所有的成本都分配到该种产品上。但是,许多企业要比这复杂得多,并且面临着如何把间接成本分摊到产品上的问题。最通行的间接成本分摊方法是建立在直接人工成本的基础之上的分摊方法。但是,该方法既不是间接成本分摊的正确方法,也不是唯一的方法。

将固定成本分摊到产品上的一种更准确的方法是直接产品利润率(DPP)方法。它是一种规划可变成本加价率的方法,它通过计算调整后的单位毛利润并分配该项目用于分销和销售等的直接产品成本来决定单个项目的赢利能力。其本质是明晰产品或订单在分销渠道中产生的所有费用。形象地讲,就是当一种产品在物流系统中流通时,通过假设该产品如何引发固定成本,进行固定成本的分配,这就是 DPP 分摊固定成本的基本思想。该方法已经在零售业中得到广泛使用,它有助于理解物流成本如何分摊到每种产品之上。

一个良好的 DPP 系统应当考虑到在开发、采购、生产、销售和配送产品时所采取的方式中存在的所有重大差异。为了使这项分析切实可行,一般的,产品需要被分类组合到一起。产品组需要具有共用技术、过程、固定资产、原材料投入和包装方法。产品分组的主要目标是免除分摊成本的必要性,从而也不必把利润分摊到产品上。

表 7-2 所示是在一个制造公司中应用 DPP 系统的例子。需要注意的是,这里并没分配全部的固定成本。DPP 假设只有那些能被合理分配的成本才能被扣除。因此,DPP 可以被视为直接成本与间接成本核算的一个发展,理由在于:它试图把物流成本转化为直接成本,否则,物流成本将被视为固定成本。通过这种方式,DPP 试图提供更准确的信息,以确定哪些产品对利润的贡献最大,哪些产品对利润的贡献最小。

表 7-2 直接产品利润率(DPP)

产品组的总销售额		X
减:产品特定的折扣和回扣		X
产品的净销售额		X
减:产品的直接成本		X
总产品贡献		X
减:基于产品的营销费用	X	
产品特定的直接销售支持成本		
减:产品特定的直接运输成本	X	
—采购成本	X	
—运作支持	X	
—固定资产融资	X	
—仓储和配送	X	
—库存商品融资	X	
—订单、发票和收款的处理	X	X
减:由产品承担的一般管理费用		X
直接产品利润(DPP)		X

这里，一个关键原则是：良好的会计核算和财务分析促使我们更关心经营现状问题。在这个问题上，DPP可以发挥这样一种作用：它试图把物流成本具体地分摊到产品上（在本例中还有订单），而不是基于一种假设（如直接人工成本）进行可能性的分摊"固定"成本。

例 Filmco公司DPP分析

Filmco公司制造两种用于食品行业包装的薄膜产品（厚度＝12微米）。产品A有涂层，因而能够在其表面上印图案，产品B没有涂层。因为两种产品生产过程中所不同的只是打开或者关闭涂料鼓，所以生产线上没有换模时间。一旦产品在薄膜制造线上的生产完毕，剩下的就是按照客户订单将薄膜切割成一定的宽度和长度。Filmco公司中大约有40%是产品A，60%是产品B，而且因为薄膜制造过程很高的资本成本，所以公司全年360天都在不间断地进行生产。

在Filmco公司中，进行了一项DPP的研究，根据主要客户决定两种产品A和B的相对赢利能力。具体做法如下。

（1）发票价格：即向客户开出的总销售额。

（2）下订单成本：销售部门的总成本（工资等）除以当月配送的订单数量。每单成本（150元）被分配到每个客户下达的每个订单上面。

（3）制造成本：原材料、人工、动力、包装和废弃物成本各项相加就是每种产品的可变成本。制造费用（固定成本）是在基于直接人工进行分配的。因为两种产品生产方法的差异很小，所以两种产品的生产成本大致相似。产品A的生产成本为2 107元，产品B的生产成本为2 032元。

（4）仓储成本：仓储运作的总成本为80万元/年。有8 300个托盘位置，假如全年有360个工作日，一个托盘每天的成本为0.3元。一个给定订单的仓储成本为：托盘数×天数×0.3元。

（5）机会成本：在生产出最后一卷薄膜之前，订单必须在仓库中等待。一次价值3 000元的订货要在仓库中等待7天，假定利率为14%，其机会成本为8.2元。

（6）运输成本：建立在为某个客户运送一吨产品的价格的基础之上。

（7）总成本：对给定订单来讲，其总成本等于从（2）到（6）的各项成本总和。

（8）DPP：等于销售价值（发票价格）减去总成本（7）。

表7-3给出了客户P的四个订单的DPP的计算示例。在某个月内发送客户P的所有订单的平均DPP值为22.9%，而客户Q的为23.1%，客户R的为33.0%。这说明了什么呢？

表 7-3　一个月内,客户 P 的四个订单样品的 DPP 值

订单编号	薄膜	重量(吨)	a	b	c	d	e	f	g	h(%)
186232	A	482	1 210	150	876	1.08	1.88	79	1 108	8.4
185525	A	2 418	5 997	150	4 344	7.83	9.33	190	4 709	21.6
185187	B	4 538	13 000	150	8 402	20.80	30.33	343	8 954	31.2
185351	B	2 615	7 579	150	4 897	14.58	17.68	198	5 284	30.3

3. 工程成本与酌量成本

第三种成本分析方法是考虑成本分配的难易程度的分配方法。有些事物很容易计算其成本,而有些则需要进行大量分析,因为应用现有方法很难计算出其成本。这条思路引出了切割"总成本立方体"的第三种方法——工程成本与酌量成本。

(1) 工程成本:存在清晰的投入—产出关系。换句话说,某一给定成本的收益是能够衡量出来的。例如,在工厂中花费了 10 小时去生产 10 箱 A 产品,那么我们就能衡量出每小时投入所获得的产出收益——1 箱 A 产品。

(2) 酌量成本:没有清晰的投入—产出关系。这里,投入成本是明确的,但是产出收益是不明确的。例如,合同清洁工打扫工厂的成本是明确的,但他们所创造的收益则很难量化计量。

在这种情况下,所面临的挑战是把酌量成本折合为工程成本,以便我们能够更好地计量出一个给定行动过程对竞争力的影响。把酌量成本折合为工程成本的一个经典例子是:将酌量成本概念上的"质量"折合为工程成本概念上的"质量成本"(戴尔和普拉卡特,1995)。这是通过把质量概念分解为三种成本驱动因素而得来的:

① 预防成本:是为预防缺陷产生所采取的措施的成本,如培训和过程能力学习。

② 鉴定成本:是检测缺陷所发生成本,包括测试和检查。

③ 内部故障成本和外部故障成本。内部故障成本是指废料、返工,以及与没能"一次成功"有关的成本。外部故障成本是指产品到达最终客户以后,校正故障的费用,如担保索赔、退货和维修。

在这种情况下,有人认为,如果在预防上加大投资,那么,质量总成本将会递减。

总之,工程成本与酌量成本方法的基本原则就是只要有可能就要将酌量成本转化为工程成本。如上例所示,通常,分析出这些工程成本是什么是有可能的,或许需要同时进行敏感性分析或风险分析。如果没有这些指导,一些决策方案的选择可能不得不凭直觉来进行,或者,根本就不被考虑。换句话说,也许物流团队有一个极好的提高配送中心柔性的项目,但是,因为他们没能给出量化的成本节约(产出),该项目申请就会被拒绝。

7.4.2 物流成本核算

1. 当前物流成本核算存在的主要问题

(1) 物流会计核算的范围、内容不全面,只涉及部分物流费用。目前物流会计核算的范围着重于采购物流、销售物流环节,忽视了其他物流环节的核算。按照现代物流的内涵,物流应包括:供应物流、生产物流、企业内部物流、销售物流、逆向物流等。与此相应的物流费用包括:供应物流费、生产物流费、企业内部物流费等。

从核算内容看,相当一部分企业只把支付给外部运输、仓储企业的费用列入专项成本,而企业内部发生的物流费用,由于常常和企业的生产费用、销售费用、管理费用等混在一起,因而容易被忽视,甚至没被列入成本核算。其结果导致物流成本的低估或模糊,影响了会计信息的真实性,不利于相关利益者以及企业内部管理者的决策。

(2) 物流会计信息的披露与其他成本费用的披露混杂。从物流会计信息的披露看,由于物流活动贯穿于企业经营活动的始终,因而对于相关物流费用的核算基本上并入产品成本核算之中,与其他成本费用混合计入相关科目。例如,对于因取得存货而发生的运输费、装卸费、包装费、仓储费、运输途中的合理损耗、入库前的挑选整理费等,作为存货的实际成本核算,进而作为销售成本的一部分,从总销售收入中扣除以得到总利润。物流会计信息与其他信息的混杂,致使有关物流的数据信息需从相关会计信息中归纳,过程复杂且数据的时效性差,不利于物流管理和绩效的评价。

(3) 部分物流费用是企业间接费用的一部分,其分配方法依然沿用传统会计方法。随着物流费用对企业利润贡献的加大,传统会计方法中间接费用依据生产过程中的直接人工工时或机器工时的分配不仅歪曲了产品、服务成本,不利于生产业绩的考核、评价,而且高级管理人员基于这些数据所作的决策也是不正确的。

2. 物流成本的核算方法

(1) 按支付形态划分并核算物流成本。

把物流成本分别按运费、保管费、包装材料费、自家配送费(企业内部配送费)、人事费、物流管理费、物流利息等支付形态记账。从中可以了解物流成本总额,也可以了解什么经费项目花费最多。对认识物流成本合理化的重要性,以及考虑在物流成本管理过程中应以什么为重点,十分有效。

(2) 按功能划分并核算物流成本。

分别按包装、配送、保管、搬运、信息、物流管理等功能来核算物流费用。从这种方法可以看出哪种功能更耗费成本,比按支付形态计算成本的方法能更进一步找出实现物流合理化的症结。而且可以计算出标准物流成本（单位个数、质量、容器的成本），进行作业管理，设定合理化目标。

（3）按适用对象划分并核算物流成本的方法。

按适用对象核算物流成本，可以分析出物流成本都用在哪一种对象上。如可以分别把商品、地区、顾客或营业单位作为适用对象来进行计算。

按支店或营业所核算物流成本，就是要算出各营业单位物流成本与销售金额或毛收入的对比，用来了解各营业单位物流成本中存在的问题，以加强管理。

按顾客核算物流成本的方法，又可分为按标准单价计算和按实际单价计算两种计算方式。按顾客计算物流成本，可用来作为选定顾客、确定物流服务水平等制订顾客战略的参考。

按商品核算物流成本是指通过把按功能计算出来的物流费，用以各自不同的基准，分配各类商品的方法计算出来的物流成本。这种方法可以用来分析各类商品的盈亏，在实际运用时，要考虑进货和出货差额的毛收入与商品周转率之积的交叉比率。

（4）采用作业成本法核算物流成本。

作业成本法（activity based costing，ABC）被认为是确定和控制物流费用最有前途的方法。它以作业为基础，把企业消耗的资源按资源动因分配到作业，再把按作业归集的作业成本按作业动因分配到成本对象的核算方法。其理论基础是：生产导致作业的发生，作业消耗资源并导致成本的发生，产品消耗作业，因此，作业成本法下成本计算程序就是把各种资源库成本分配给各作业，再将各作业成本库的成本分配给最终产品或劳务。

以作业为中心，不仅能提供相对准确的成本信息，而且还能提供改善作业的非财务信息。以作业为纽带，能把成本信息和非财务信息很好地结合起来，即以作业为基础分配成本，同时以作业为基础进行成本分析和管理。

应用作业成本法核算企业物流并进行管理可分为如下四个步骤。

① 界定物流系统中涉及的各个作业。作业是工作的各个单位，作业的类型和数量会随着企业的不同而不同。例如，在一个顾客服务部门，作业包括处理顾客订单、解决产品问题以及提供顾客报告三项作业。

② 确认企业物流系统中涉及的资源。资源是成本的源泉，一个企业的资源包括有直接人工、直接材料、生产维持成本（如采购人员的工资成本）、间接制造费用以及生产过程以外的成本（如广告费用）。资源的界定是在作业界定的基础上进行的，每项作业涉及相关的资源，与作业无关的资源应从物流核算中剔除。

③ 确认资源动因，将资源分配到作业。作业决定着资源的耗用量，这种关系称做资源动因。资源动因联系着资源和作业，它把总分类账上的资源成本分配到作业。

④ 确认成本动因，将作业成本分配到产品或服务中。作业动因反映了成本对象对作

业消耗的逻辑关系。例如,问题最多的产品会产生最多顾客服务的电话,故按照电话数的多少(此处的作业动因)把解决顾客问题的作业成本分配到相应的产品中去。

例 应用作业成本法进行成本核算

某工厂有四条生产线,每条生产线年运转 8 000 小时。由于都生产尺寸和颜色不同的多种产品,由此也需要很多的换模工作,相应的发生安装和维护成本。如果按照传统方法,维护成本是基于机时来分配的,所以每条生产线的维护成本相同。因此,100 万元的维护预算费用将被分为 4 部分,每条线负担 25 万元。

销售和市场部门注意到某些产品的市场份额正在流失,而造成这种现象的原因是由于这些产品的价格相对于竞争对手较高。为此,工厂通知所有部门,调查成本并且建议改进办法。应用作业成本法(ABC)如何改善这种状况?

通过识别维护活动的成本动因,在此例中即换模次数,就可以据此分配每条生产线的维护成本。这样,就把成本和产生成本的作业联系起来,因而避免了成本的交叉互补。

在表 7-4 中,显示了应用 ABC 法进行成本核算的结果。现在,维护成本被转移到了产生换模活动的生产线上。例如,生产线 A 的成本是 50 万元,较之传统方法增加了一倍。而生产线 D 的成本降低到 5 万元。在此例中,ABC 法并没有脱离过程考虑成本,而是对成本进行了重新分配,从而给出关于成本基础的更好地解释。现在,需要做的就是制定决策,以影响产品范围的成本竞争力,使之处于更有利的位置。

表 7-4 分配维护成本的不同方法

生 产 线	A	B	C	D	总计
机时	8 000	8 000	8 000	8 000	32 000
换模次数	50	30	15	5	100
平均分摊	250 000	250 000	250 000	250 000	250 000
根据作业分摊	500 000	300 000	150 000	50 000	1 000 000
差异	250 000	50 000	−100 000	−200 000	0

7.4.3 物流成本管理策略

物流成本能够真实地反映物流作业的实际状况,通过物流成本的计算,可以进行物流经济效益的分析,发现和找出企业在物流管理中存在的问题和差异。物流总成本是衡量与评价物流合理化的统一尺度。由于物流作业各要素成本间交替损益的状态,因此不能以某一环节作业的优劣和某一单项指标的高低去评价物流系统的合理性。物流各项作业成本之间的相互影响,最终将体现在物流总成本上。因此,物流总成本就成为衡量与评价物流综合经济效益和物流合理化的统一尺度。

1. 物流成本控制策略

物流成本控制是指对物流各环节发生的成本进行有计划有步骤的管理,压缩不必要的成本,以达到预期设定的成本目标。

(1) 绝对成本控制

绝对成本控制,是把成本支出控制在一个绝对金额以内的控制方法。绝对成本控制从节约各种成本支出到杜绝浪费。进行物流成本控制,要求把劳动生产过程中发生的一切成本支出划入成本控制范围。标准成本和预算控制是绝对成本控制的主要方法。

标准成本是指在一定假设条件下应该发生的成本。对标准宽严程度的看法不同,从而有多种不同的标准成本概念。

① 理想标准。理想标准是指在现有最理想、最有利的作业情况下,达到最优水平的成本指标。

② 正常标准。它是在目前的生产经营条件下,为提高生产效率,避免损失、耗费的情况下所应达到的水平。这一标准广泛应用于企业的标准成本控制之中。

③ 过去业绩标准。依据以前中期成本实际水平制订的标准。

(2) 相对成本控制

相对成本控制,是通过成本与产值、利润、质量和服务等对比分析,寻求在一定制约因素下取得最优经济效益的一种控制技术。相对成本控制扩大了物流成本控制领域。要求在降低物流成本的同时,注意与成本关系密切的因素,诸如产品结构、项目结构、服务质量水平、质量管理等方面的工作,目的在于提高控制成本支出的效益,即减少单位产品成本投入,提高整体经济效益。

2. 压缩物流成本策略

在考虑物流和销售间的相关成本问题时,可以提出实行物流合理化的两种方法:一是以改变客户服务水平为前提的物流合理化;二是在规定服务水平的前提下,改进物流活动效率的合理化。

就压缩物流成本的效果来看,以前一种方法为好。但用这种方法,服务水平随之改变,与销售部门的关系需要作某些调整。后一种方法可在物流部门单独地完成,但这个方法所能实现的合理化有一定的限度。可以说,仅仅在合理化的最初阶段有较大的成果,后期的成果则不明显,且空间较小。

从各企业物流合理化的步骤看,采用由后一种方法入手,向前一种方法过渡的较多。在优先生产或优先推销的企业中,按这样的步骤过渡,所遇阻力小,可以说这种步骤是有实际意义的。

各企业为降低物流成本而实施的方法有以下几种。

(1) 通过采用物流标准化进行物流管理。

物流标准化是以物流作为一个大系统,制订系统内部设施、机械设备、专用工具等各个分系统的技术标准。制订系统内各个分领域如包装、装卸、运输等方面的工作标准,以系统为出发点,研究各分系统与分领域中技术标准与工作标准的配合性,统一整个物流系统的标准。物流标准化使货物在运输过程中的基本设备统一规范,如现有托盘标准与各种运输装备、装卸设备标准之间能有效衔接,大大提高了托盘在整个物流过程中的通用性,也在一定程度上促进了货物运输、储存、搬运等过程的机械化和自动化水平的提高,有利于物流配送系统的运作效率,从而降低物流成本。

(2) 通过实现供应链管理,提高对顾客物流服务的管理来降低成本

实行供应链管理不仅要求本企业的物流体制具有效率化,也需要企业协调与其他企业以及客户、运输业者之间的关系,实现整个供应链活动的效率化。正因为如此,追求成本的效率化,不仅仅企业中物流部门或生产部门要加强控制,同时采购部门等各职能部门也都要加强成本控制。提高对顾客的物流服务可以确保企业利益,同时也是企业降低物流成本的有效方法之一。

(3) 借助现代信息系统的构筑降低物流成本

要实现企业与其他交易企业之间的效率化的交易关系,必须借助与现代信息系统的构筑,尤其是利用互联网等高新技术来完成物流全过程的协调、控制和管理,实现从网络前端到最终端客户的所有中间过程服务。一方面是各种物流作业或业务处理正确、迅速地进行;另一方面,能由此建立起战略的物流经营系统。通过现代物流信息技术可以将企业订购的意向、数量、价格等信息在网络上进行传输,从而使生产、流通全过程的企业或部门分享由此带来的利益,充分对应可能发生的各种需求,进而调整不同企业间的经营行为和计划,企业间的协调和合作有可能在短时间内迅速完成,这可以从整体上控制了物流成本发生的可能性。同时,物流管理信息系统的迅速发展,使混杂在其他业务中的物流活动的成本能精确地计算出来,而不会把成本转嫁到其他企业或部门。

(4) 从流通全过程的视点来加强物流成本的管理

对于一个企业来讲,控制物流成本不单单是本企业的事情,即追求本企业的物流效率化,而应该考虑从产品制成到最终用户整个流通过程的物流成本效率化,即物流设施的投资或扩建与否要视整个流通渠道的发展和要求而定。例如,有些厂商是直接面对批发商经营的。因此,很多物流中心是与批发商物流中心相吻合,从事大批量的商品输送。然而,随着零售业界便民店、折扣店的迅速发展,客户要求厂商必须适应零售业这种新型的业态形式,展开直接面向零售店铺的物流活动。因而,在这种情况下,原来的投资就有可能沉淀,同时又要求建立新型的符合现代物流发展要求的物流中心或自动化的设备。显然,这些投资尽管从企业来看,增加了物流成本,但从整个流通过程来看,却大大提高了物流绩效。

(5) 通过效率化的配送降低成本。

对于用户的订货要求尽量短时间满足,正确的进货体制是企业物流发展的客观要求。但是,随着配送产生的成本费用要尽可能降低。特别是多频度、小单位配送要求的发展,更要求企业采取效率化的配送。因此,就必须重视配车计划管理,提高装载率以及车辆运行管理。

一般来讲,企业要实现效率化的配送,就必须重视配车计划管理,提高装载率以及车辆运行管理。通过构筑有效的配送计划信息系统就可以使生产商配车计划的制订与生产计划联系起来进行,同时通过信息系统也能使批发商将配车计划或进货计划相匹配,从而提高配送效率,降低运输和进货成本。

(6) 通过削减退货来降低物流成本。

退货成本也是企业物流成本中一项重要的组成部分,它往往占有相当大的比例。这是因为随着退货会产生一系列的物流费,退货商品损伤或滞销而产生的经济费用以及处理退货商品所需的人员费和各种事务性费用。特别是存在退货的情况下,一般是商品提供者承担退货所发生的各种费用,而退货方因为不承担商品退货而产生的损失。因此,容易很随便地退回商品,并且由于这类商品大多数数量较少,配送费用有增高的趋势。不仅如此,由于这类商品规模较小,也很分散,商品入库、账单处理等业务也很复杂。由此,削减退货成本是物流成本控制活动中需要特别关注的问题。

3. 强调总成本的控制

由于要同时达到高度的可行性、作业表现的可靠性,成本将非常高,因而适当水平的物流成本开支必然与所期望的服务表现有关。一项重要的管理挑战源自这样的事实,即物流成本与增加的物流表现之间有着非比例关系。一个为了履行24小时随时交付义务而保持高额存货的厂商,与承担较少义务的厂商相比,也许要增加加倍的物流成本。同一家厂商如果按100%的一致性承诺24小时服务,可能会因试图提供客户也许并不需要的服务而白白地浪费资源。因此,要取得物流竞争优势的领导地位,关键是要掌握权衡自己的能力与关键客户的期望和需求相匹配的艺术,对客户的承诺是形成物流战略的核心。

7.5 物流系统绩效评价

7.5.1 物流系统评价概述

1. 物流系统绩效评价的意义

物流系统的管理在实施过程中,需要耗费大量的人力、物力和财力,存在来自管理、组织和产品的风险。因此，必须进行严格的核算和绩效评价，才能实现企业资源和社会资源的最大化应用。

20世纪50—60年代，由于客户需求大于供给，企业的主要任务是以最低的成本生产出尽可能多的产品，以实现利润最大化为战略目标。在这种情况下，企业以财务指标作为绩效评价的唯一指标。进入20世纪70年代，随着卖方市场向买方市场的转变以及市场竞争的加剧，企业管理的重心也逐步由成本管理向客户关系管理发展。从20世纪80年代后期开始，人们开始对企业绩效评价体系进行综合的评价。

有效的绩效评价体系，可以为物流系统在管理过程中解决如下四个方面的问题：

(1) 评价企业原有的物流系统，发现原有物流系统的缺陷和不足，并提出改进措施。

(2) 评价新构造的物流系统，监督和控制物流系统的运营效率，充分发挥物流系统管理的作用。

(3) 作为物流系统业务流程重组的评价指标，建立基于时间、成本和绩效的物流系统优化体系。

(4) 寻找物流系统约束和建立有效的激励机制的参照系，同时建立节点企业和标杆物流系统体系的基准。

传统的绩效评价指标使用财务资料评价企业绩效，忽略了机会成本和货币时间价值，相对于财务指标，非财务指标有以下优点：

(1) 评价更加及时、准确、易于度量。

(2) 与企业的目标和战略相一致，可以有效地推动企业的持续改进。

(3) 具有良好的柔性，能够适应市场和企业周围环境的变化。

(4) 能够全方位、多角度的描述企业的经营状况。

正是传统财务指标的缺陷和非财务指标的优点，才推动了现代绩效评价体系的建立和完善，形成了一个多尺度全方位的标准体系。

2．绩效评价体系的框架

建立在绩效评价指标基础上的体系模型，对于精确地进行物流系统绩效评价和控制尤为重要。物流系统绩效评价是一项比企业绩效评价更加复杂的系统工程，简单的指标组合不能正确反映企业的绩效水平，必须采用合理的体系框架结构。

Bourne(2000)等人认为，要建立和实施一个完整的绩效评价体系应包含以下四个步骤：绩效评价指标的设计(包括辨别关键目标和设计评价指标)、评价指标的选取(分为初选、校对、分类/分析和分配四个步骤)、评价体系的应用(评价、反馈和纠偏行动)和战略假设的验证(反馈)。此外，Bourne等人还强调了评价体系应具有环境变化适应性。Waggoner DB等人(1999)的研究成果表明，绩效评价系统是一个动态系统，推动该系统演进和变化的因素主要来自四个方面：内部影响因素、外部影响因素、过程因素和转换因素(如图 7-9 所示)。

内部影响因素	外部影响因素
力量关系 占优的合作兴趣 同等单位的压力 需求和理性	法律规定 市场的多样性 信息技术 工作性质
绩效评价系统的演进与变革	
过程因素	转换因素
评价实施的态度 政策过程的管理 创新的饱和度 缺乏系统设计	高层管理者支持的程序 因变革导致的损益风险 组织文化的影响

图 7-9 绩效评价系统的演进与变革

为了满足不同条件对评价体系要求的不同,Begemann(2000)提出了一套动态绩效评价体系的框架。该框架的三层体系包括以下几个子系统:

(1) 外部环境控制子系统,利用绩效评价指标连续控制外部环境中关键参数的变化。

(2) 内部环境控制子系统,利用绩效评价指标连续控制内部环境中关键参数的变化。

(3) 反馈控制机制,利用内部、外部环境控制其提供的绩效信息和更高层系统设置的目标和优先权决定内部目标和优先权。

(4) 配制子系统,使用绩效评价指标为各经营单位、加工过程设置修正后目标和优先权。

(5) 简化子系统和保障子系统。

3. 物流系统绩效评价体系的难点和不足

物流系统评价体系十分复杂,物流系统绩效评价体系的难点和不足主要表现在如下几个方面。

(1) 缺乏统一的、明确的物流系统绩效定义,难以产生一致的研究成果。

(2) 物流系统绩效评价体系缺乏系统性,大部分以成本或者客户满意度作为物流系统绩效的评价标准,却忽略了诸如产品质量等重要指标。

(3) 对物流系统绩效的研究大多集中在物流系统的优化,很少综合考虑构建物流系统时节点企业的选择对物流系统运营绩效的影响问题。

(4) 面向复杂的集成化物流体系,其整体绩效受到各子系统的影响和制约,目前还缺乏综合考虑整体绩效和子系统的评价体系。

(5) 缺乏对物流管理成熟度的理解和认识,不能从管理角度建立评价体系,评价管理绩效。

(6) 对物流系统绩效评价体系的研究主要集中于制造业,研究领域和应用面较窄。

因此,有关物流系统绩效评价体系的研究还有待进一步深入,应该将整个物流系统作为研究对象,在产品生命周期概念的引导下,以物流系统整体绩效为目标,强调物流系统整体绩效的改进和提高,建立节点企业选择和动态优化的绩效评价体系,并且建立集成化物流系统绩效评价的层次结构模型,不仅评价物流系统的整体绩效,还要评价各子系统的绩效。

7.5.2 物流系统绩效的评价方法

1. 物流系统绩效评价指标的原则及特点

(1) 物流系统绩效评价的原则

随着物流系统管理理论的不断发展和物流系统研究的不断深入,客观上要求建立与之相适应的物流系统绩效评价方法,并确定相应的绩效评价指标,以客观科学地反映物流系统的运营情况。物流系统绩效评价指标有其自身的特点,其内容比现行的企业评价指标更为广泛,它不仅仅代替会计资料,同时还提出一些方法来测定物流系统是否有能力及时满足客户或市场的需求。在实际操作中,为了建立能有效评价物流系统绩效的指标体系,在衡量物流系统绩效时应遵循如下原则:

① 要对关键绩效指标进行重点分析。

② 要采用能反映物流系统业务流程的绩效指标体系。

③ 指标要能反映整个物流系统的运营情况,而不仅仅反映单个节点企业的运营情况。

④ 应尽可能采用实时分析与评价的方法。因为能反映物流系统实时运营状况的信息要比事后分析更有价值。

(2) 物流系统绩效评价的特点

根据物流系统绩效评价应遵循的原则,物流系统绩效评价指标主要反映物流系统整体运营状况以及上下节点企业之间的运营关系,而不是孤立地评价某一节点企业的运营情况。例如,对于物流系统中某一供货商来说,该供货商所提供的原材料价格很低,如果孤立的对这一供货商进行评价,就会认为该供货商的运营绩效较好,其上层次节点企业如果仅仅考虑原材料这一指标,而不考虑原材料的加工性能,就会选择该供货商所提供的原材料,而该供货商提供的这种价格较低的原材料加工性能不能满足该节点企业生产工艺要求,这势必会增加生产成本,从而使这种低价格原材料所节约的成本被增加的生产成本所抵消。所以,评价物流系统运营绩效的指标,不仅要评价该节点企业的运营绩效,而且还要考虑该节点企业的运营绩效对整个物流系统的影响。

现行企业的绩效评价指标主要是基于功能的绩效评价指标(如图 7-10 所示),不适用于物流系统运营绩效的评价。物流系统绩效评价指标是基于业务流程的绩效评价指标(如图 7-11 所示)。它描述了规划、设计、构建和优化物流系统的途径和方法,突出了价值链社会化的增值能力。物流系统绩效评价体系的建立,不仅应该考虑物流决策、关系决策和整合决策,而且还要综合考虑反映了物流系统竞争优势的方法(如图 7-12 所示)。

图 7-10　基于功能的绩效评价指标

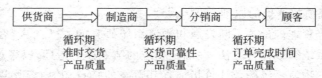

图 7-11　基于物流系统业务流程的绩效评价指标

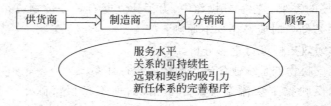

图 7-12　基于供应链关系的物流系统绩效评价体系

2. 物流系统绩效评价的指标选取

物流系统绩效评价指标不是简单的将各个节点企业的功能性绩效评价指标汇总,由一个个小集合变成一个大集合,它应该成为透视整个物流系统、综合反映整个物流系统的绩效评价体系,如表 7-5 所示。

3. 量化方法的选择

目前,关于物流绩效评价的量化方法较多,主要有:层次分析法、模糊综合评价法、基于灰色系统的物流评价方法、DEA 法、功效系数法、综合效用法等。对物流系统的评价一般采取综合评价方法,通常采用模糊数学或灰色系统理论的方法对物流系统进行综合评价。各种方法都有其适用的范围和优缺点。现将主要几种绩效的评价方法介绍如下。有关方法的基本原理请参阅相关书籍。

表 7-5　物流系统的绩效评价指标

选择的指标体系	考 核 指 标
用户满意度	(1) 产品质量 • 保修率 • 退货率 (2) 服务水平 • 用户投诉率 • 用户抱怨解决时间 (3) 承诺水平 • 准时交货率 • 失去销售百分比 (4) 产品价格
供应	(5) 可靠性
交通运输	(6) 订单完成率 (7) 运输天数
需求管理	(8) 物流系统总库存成本 (9) 总周转时间
客户服务质量	(10) 可信性 (11) 服务态度 (12) 可靠性 (13) 客户沟通能力
信息技术	(14) 可变性 (15) 整合性

(1) 层次分析法在物流系统评价中的应用

层次分析法是分析复杂问题的一种简便方法,它特别适宜于那些难以完全用定量指标进行分析的复杂问题。近年来,我国在资源分配、科技成果的综合评价、干部选拔、军工系统、城市规划等方面都成功地应用了层次分析法,取得了满意的效果。为了便于读者掌握层次分析法,下面通过一个例子介绍层次分析法的应用。

例:某公司为了对各地区更好地供应货物,准备修建一大型出运站。现有 5 个备选地点,用 x_1, x_2, x_3, x_4, x_5 表示,以物流成本、物流效率、环境、能源四个方面作为决策准则,用 y_1, y_2, y_3, y_4 表示。试选择一最佳库址,使公司的储运效益更高。

首先,建立层次结构图,如图 7-13 所示。再用两两比较法得到 Y 关于 z 的判断矩阵为

$$A = \begin{bmatrix} 1 & 1 & 5 & 7 \\ 1 & 1 & 5 & 7 \\ 1/5 & 1/5 & 1 & 3 \\ 1/7 & 1/7 & 1/3 & 1 \end{bmatrix}$$

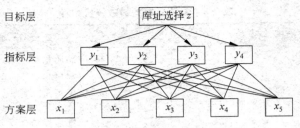

图 7-13 库址选择问题层次结构模型

用代数平均值法可求出 Y 关于 z 的权向量 $w_z(Y)$ 为

$$w_z(Y) = (0.421, 0.421, 0.106, 0.052)^T \tag{7-1}$$

设 $X = (x_1, x_2, x_3, x_4, x_5)$ 关于 $y_i(i=1,2,\cdots,4)$ 的判断矩阵分别为

$$A_1 = \begin{bmatrix} 1 & 1/7 & 1/5 & 1/8 & 3 \\ 7 & 1 & 2 & 1/3 & 8 \\ 5 & 1/2 & 1 & 1/4 & 7 \\ 8 & 3 & 4 & 1 & 9 \\ 1/3 & 1/8 & 1/7 & 1/9 & 1 \end{bmatrix} \quad A_2 = \begin{bmatrix} 1 & 1/9 & 1/5 & 1/2 & 3 \\ 9 & 1 & 1/3 & 7 & 9 \\ 5 & 3 & 1 & 5 & 5 \\ 2 & 1/7 & 1/5 & 1 & 2 \\ 1 & 1/9 & 1/5 & 1/2 & 1 \end{bmatrix}$$

$$A_3 = \begin{bmatrix} 1 & 1/3 & 1/2 & 1 & 1 \\ 3 & 1 & 2 & 3 & 3 \\ 2 & 1/2 & 1 & 2 & 2 \\ 1 & 1/3 & 1/2 & 1 & 1 \\ 1 & 1/5 & 1/2 & 1 & 1 \end{bmatrix} \quad A_4 = \begin{bmatrix} 1 & 1/5 & 1/7 & 2 & 5 \\ 9 & 1 & 1/2 & 6 & 8 \\ 7 & 2 & 1 & 7 & 9 \\ 1/2 & 1/6 & 1/7 & 1 & 4 \\ 1/5 & 1/8 & 1/9 & 1/4 & 1 \end{bmatrix}$$

注意:A_1 是 X 对物流成本 y_1 的比较判断矩阵,A_2 是 X 对物流效率 y_2 的比较判断矩阵,A_3,A_4 分别是 X 关于环境 y_3、能源 y_4 的比较判断矩阵。分别算出 X 对 $y_i(yi=1,2,3,4)$ 的权向量 $w_{yi}(X)$ 和一致性指标 C.I.$_{yi}$,并列入表 7-6 中。不难看出,C.I.$_{yi}$ 都能通过一致性检验。

表 7-6 库址选择问题层次分析中的相关数据

i	1	2	3	4
$w_{yi}(X)$	0.064 2	0.055 2	0.123 8	0.101 9
	0.256 0	0.380 3	0.393 8	0.311 6
	0.172 4	0.423 5	0.234 4	0.465 9
	0.483 8	0.086 0	0.123 8	0.073 1
	0.031 6	0.055 2	0.123 8	0.031 7
C.I.$_{yi}$	0.082 9	0.085 6	0.003 7	0.070 2

库址选择问题层次分析的目的就是要得到 x_1, x_2, x_3, x_4, x_5 在 z 中所占的比例。从上面的计算结果可知，x_1 在 $y_1, y_2, \cdots, y_4$ 中所占的比例分别由表 7-6 中 $w_{yi}(\boldsymbol{X})$ 的第一行（即表 7-6 的第二行）元素表示，而 $y_1, y_2, \cdots, y_4$ 在 z 中占的比例向量 $w_z(\boldsymbol{Y})$ 由（7-1）式给出，故 x_i 在 z 中所占的比例 $w_z(x_i)$ 是它们的相应项的两两乘积之和，即

$$w_z(x_k) = \sum_{i=1}^{4} w_{yi}(x_k) w_z(y_i); k = 1,2,3,4,5 \tag{7-2}$$

由此，可计算得到各方案排序为 $x_2 > x_3 > x_4 > x_1 > x_5$。

(2) 模糊综合评价方法

建立在表 7-5 所示指标体系基础上的物流系统的综合评价，是一个典型的多目标多层次的综合评价问题。并且有些指标具有定性属性，这些指标只能用一组定性的概念来刻画，确定这些指标往往带有主观的色彩，用传统方法不易得到满意结果。为此，可以应用模糊综合评价的有关理论来建立物流系统的多目标多层次的模糊综合评价方法。模糊综合评价是通过构造等级模糊子集把反映被评事物的模糊指标进行量化（即确定隶属度），然后利用模糊变换原理对各指标综合。其基本步骤如下。

i. 确定评价对象的因素论域。

若令 U 为评价指数域，则 $U = \{u_1, u_2, \cdots, u_p\}$，也就是 U 由 p 个评价指标组成。评价指标见表 7-5。

ii. 确定评语等级论域

若令 V 为评语集，$V = \{v_1, v_2, \cdots, v_m\}$，即 V 为 m 个评语等级的集合。在一般情况下，选定的评语集为：$V = \{好，较好，一般，较差，差\}$，其分值对应为 $V = \{9, 7, 5, 3, 1\}$。

iii. 进行单因素评价，建立模糊关系矩阵 $\boldsymbol{R}$

在构造了等级模糊子集后，就要逐个对被评事物从每个因素 $u_i (i=1,2,\cdots,p)$ 上进行量化，也就是确定从单因素来看被评事物对各等级模糊子集的隶属度 $(R \mid u_i)$，进而得模糊关系矩阵 $\boldsymbol{R}$

$$\boldsymbol{R} = \begin{bmatrix} R \mid \mu_1 \\ R \mid \mu_2 \\ \vdots \\ R \mid \mu_p \end{bmatrix}_{m \times m} = \begin{bmatrix} r_{11} & r_{12} & \cdots & r_{1n} \\ r_{21} & r_{22} & \cdots & r_{2n} \\ \vdots & \vdots & \vdots & \vdots \\ r_{p1} & r_{p2} & \cdots & r_{pn} \end{bmatrix}_{m \times n} \tag{7-3}$$

其中 $r_{ij} (i=1,2,\cdots,p; j=1,2,\cdots,n)$ 表示某个供货商从因素 u_i 来看对 V_j 等级模糊子集的隶属度。

iv. 确定评价指标的模糊权向量 $\boldsymbol{W} = (\omega_1, \omega_2, \cdots, \omega_p)$

一般情况下，p 个评价指标对于被评事物并非同等重要，各单方面因素的表现对总体

表现的影响也是不同的,所以应对评价因素给予不同的权重。常见的确定权重系数的方法有:主观经验判断法、专家调查法或专家征询法、评判专家小组集体讨论投票表决法、层次分析法(AHP)。为了保证确定的权重系数的客观性、公正性和科学性,常常可将上述几种方法结合起来使用。

由于物流系统的不同,相应的,在确定权向量指标时,也应该有所不同。这一点在选择权向量指标时应予以体现。

v. 确定"最满意"物流系统各项指标基准

根据最终用户的实际需求,依据表7-5所示的指标体系,确立出所提供"最满意"物流系统的指标的具体数值,即物流系统评价基准。该基准应随实际情况的要求进行动态变化。

(3) 基于模糊语意距离的物流评价方法

有时可能存在几个不同的物流系统来供选择,即所谓纵向物流系统集成问题。对此类问题,可以采用基于模糊语义距离的相似物流系统检索方法,进行物流系统的排序选择。

该方法的原理是:首先找出某环节所需的最满意物流系统的评价属性值,再按实际需求与最满意物流系统各项属性相近程度排序。在物流系统选择指标体系中,其指标中既有模糊区间资料(此资料为定量型数据),又有定性属性资料,此类问题,物流系统检索步骤如下:

① 建立物流系统选择指标体系

其指标体系如表7-5所示。

② 建立物流系统选择库

设物流系统选择库 E 中有 m 个物流系统以供选择,即:$E=\{E_1,E_2,\cdots,E_k,\cdots,E_m\}$,$k=1,2,\cdots,m$ 为分析及运算方便,对于一个物流系统而言,根据实际问题,设其有 n 个属性,将这些属性分成定性属性与定量属性两类,设其中有 r 个属性为定量属性,而其他 $n-r$ 个属性为定性属性,即

$$E_k = E_{kx} \bigcup E_{ky} = (\alpha_1,\alpha_2,\cdots,\alpha_{kj_1},\cdots\alpha_{kr}) \bigcup (\alpha_{k(r+1)},\alpha_{k(r+2)},\cdots,\alpha_{ki_1},\cdots,\alpha_{kn}) \quad (7\text{-}4)$$

式中 E_{kx} 表示定量属性,E_{ky} 表示定性属性,$k=1,2,\cdots,m$。上式中 $1 \leqslant j_1 \leqslant r, r+1 \leqslant i_1 \leqslant n$,$n$ 个属性的权重分配可由下述方法求出:

i. 确定评语等级论域

$$V = \{v_1, v_2, \cdots, v_m\}$$

即选定的评语集为:$V=\{好,较好,一般,较差,差\}$,其分值对应为 $V=\{9,7,5,3,1\}$。

ii. 构造 n 个指标的判断矩阵 $\overline{\boldsymbol{B}}$

$$\overline{B} = \begin{bmatrix} b_{11} & b_{12} & \cdots & b_{1p} \\ b_{21} & b_{22} & \cdots & b_{2p} \\ \vdots & \vdots & \vdots & \vdots \\ b_{p1} & b_{p2} & \cdots & b_{pp} \end{bmatrix} \tag{7-5}$$

其中 $b_{ij}=1$，b_{ij} 表示指标 b_i 与 b_j 相比的重要性分值，分值的集合为 $K=\{1,3,5,7,9\}$，分别对应 {非常不重要，不重要，一般重要，较重要，非常重要}。

iii. 模糊权向量 w

$$w = \frac{\sum\limits_{j=1}^{p} b_{ij}}{\sum\limits_{i=1}^{p}\sum\limits_{j=1}^{p} b_{ij}} \tag{7-6}$$

在由 $\overline{B}w = \lambda w$，（其中 λ 为特征值），求得判断矩阵 $\overline{B}$ 的特征值及特征向量，对判断矩阵进行一致性检验。若 C.R.$=\dfrac{\text{C.I.}}{\text{R.I.}} \leqslant 0.1$，其中 C.I.$=\dfrac{\lambda_{\max}-n}{n-1}$，$n$ 为指标数，R.I. 值可以从平均随机一致性指标表查取（见表 7-7），说明判断矩阵一致性可以接受，这时，所求得的 $w=(w_1,w_2,\cdots,w_p)$ 为模糊权向量的权重值。依要求将各属性与权重的对应关系重排为：$w=(w_1,w_2,\cdots,w_i,\cdots,w_p)$，其中 w_i 为权系数。

表 7-7 平均一致性指标 R.I.

N	1	2	3	4	5	6	7	8	9	10	11	12	13	14	15
R.I.	0	0	0.58	0.90	1.12	1.24	1.32	1.41	1.45	1.49	1.51	1.48	1.56	1.57	1.59

③ 求出最满意物流系统与物流系统选择库中各物流系统的定量型属性之间的模糊语义距离

按文献关于模糊数及模糊语义距离的定义及计算公式，可得到物流系统选择问题中定量型属性之间的语义距离 SD：

$$SD(\alpha_{pj_1},\alpha_{0j_1}) = w_a \times |d_{pj_1}-d_{0j_1}| + w_b \times |b_{pj_1}-b_{0j_1}| \tag{7-7}$$

$$SD(\alpha_{qj_1},\alpha_{0j_1}) = w_a \times |d_{qj_1}-d_{0j_1}| + w_b \times |b_{qj_1}-b_{0j_1}| \tag{7-8}$$

式中，w_a，w_b 为权系数，$[d,b]$ 为模糊区间数，α 为模糊数，为保证下列分析具有通用性，假设供货商的 r 个定量属性的取值均为模糊区间数，并设模糊区间为最大，那么属性值为一个点值的情况是属性值为一个模糊区间数的特例。

设 E_0 的前 r 个定量属性为：

$E_{01} = ([d_{01},b_{01}],[d_{02},b_{02}],\cdots,[d_{0j_1},b_{0j_1}],\cdots,[d_{0r},b_{0r}])$，在物流系统选择库中任选两个物流系统 E_p，E_q，则 E_p，E_q 的前 r 个定量属性为：

$E_p = (\alpha_{p_1},\alpha_{p_2},\cdots,\alpha_{pj_1},\cdots,\alpha_{pr}) = ([d_{p_1},b_{p_1}],[d_{p_2},b_{p_2}],\cdots,[d_{pj_1},b_{pj_1}],\cdots,$

$[d_{pr}, b_{pr}])$

$$E_q = (\alpha_{q_1}, \alpha_{q_2}, \cdots, \alpha_{qj_1}, \cdots \alpha_{qr}) = ([d_{q_1}, b_{q_1}], [d_{q_2}, b_{q_2}], \cdots, [d_{qj_1}, b_{qj_1}], \cdots, [d_{qr}, b_{qr}])$$

式(7-7)和式(7-8)中,α_{0j_1} 对应为最满意物流系统 E_0 的某一定量属性值,而上式中,α_{qj_1} 和 α_{pj_1} 分别为物流系统选择库中某两个待选物流系统的定量属性值,其值与最满意物流系统 α_{0j_1} 所代表的属性值相对应,式(7-7)和式(7-8)中,SD 则表示对应于 j_1 属性的模糊语义距离,w_a, w_b 为相对于 j_1 属性的权重指标,其取值视具体情况而定。

④ 求出最满意物流系统与物流系统选择库中各物流系统的定性属性以及各定性概念之间的模糊语义距离

定性属性需用定性概念来刻画,例如:劳动者的学习能力这一指标是定性属性,一般用集合{学习能力强,学习能力较强,学习能力一般,学习能力差}来表达,并用一个实数来表达其定性概念上出现的程度,如:{7,5,3,1},表明学习能力强的取 7,学习能力较强的取 5,学习能力一般的取 3,学习能力差的取 1。因此,设第 i_1 个定性属性 α_{i_1} 可用 Z_{i_1} 个定性概念来描述,有

$$E_{\alpha_{i_1}} = \{\alpha_{i_1}^1, \alpha_{i_1}^2, \cdots, \alpha_{i_1}^z, \cdots, \alpha_{i_1}^{Z_{i_1}}\} \quad z = 1, 2, \cdots Z_{i_1} \tag{7-9}$$

设物流系统选择库 E 中有两个待选物流系统 E_p 和 E_q 的第 i_2 个定性属性 α_{i_2}。则在 $E_{\alpha_{i_2}}$ 的定性属性的集合为

$$E_{p\alpha_{i_2}} = \{\mu_{p\alpha_{i_2}^1}, \mu_{p\alpha_{i_2}^2}, \cdots, \mu_{p\alpha_{i_2}^z}, \cdots, \mu_{p\alpha_{i_2}^{z_{i_2}}}\} \tag{7-10}$$

$$E_{q\alpha_{i_2}} = \{\mu_{q\alpha_{i_2}^1}, \mu_{q\alpha_{i_2}^2}, \cdots, \mu_{q\alpha_{i_2}^z}, \cdots, \mu_{q\alpha_{i_2}^{z_{i_2}}}\} \tag{7-11}$$

其中,μ 为定性属性的隶属度,再设最满意物流系统在第 i_2 个定性属性 α_{i_2} 在 E_{i_2} 的定性概念上取值集合 $E_{0\alpha_{i_2}}$ 为

$$E_{0\alpha_{i_2}} = \{\mu_{0\alpha_{i_2}^1}, \mu_{0\alpha_{i_2}^2}, \cdots, \mu_{0\alpha_{i_2}^z}, \cdots, \mu_{0\alpha_{i_2}^{z_{i_2}}}\} \tag{7-12}$$

而 E_p, E_q 在 E_0 在第 i_2 个定性属性 α_{i_2} 的语义距离为

$$SD(\alpha_{pi_2}^z, \alpha_{0i_2}^z) = |\mu_{p\alpha_{i_2}^z} - \mu_{0\alpha_{i_2}^z}| \tag{7-13}$$

$$SD(\alpha_{qi_2}^z, \alpha_{0i_2}^z) = |\mu_{q\alpha_{i_2}^z} - \mu_{0\alpha_{i_2}^z}| \tag{7-14}$$

⑤ 构造定量属性模糊相似优先比矩阵

优先比 S 公式为

$$S_{pq}^{j_1} = S(\alpha_{pj_1}, \alpha_{qj_1}) = \frac{SD(\alpha_{qj_1}, \alpha_{oj_1})}{SD(\alpha_{pj_1}, \alpha_{oj_1}) + SD(\alpha_{qj_1}, \alpha_{oj_1})} \tag{7-15}$$

式(7-15)的意义为:定量属性 α_{pj_1} 和 α_{qj_1} 对 α_{0j_1} 的优化比。依照上述公式,则

$$S(j_1) = (S_{pq}^{j_1})_{m \times m} = \begin{bmatrix} 0 & s_{12}^j & \cdots & s_{1m}^j \\ s_{21}^j & 0 & \cdots & s_{2m}^j \\ \vdots & \vdots & \vdots & \vdots \\ s_{m1}^j & s_{m2}^j & \cdots & 0 \end{bmatrix}_{m \times m}$$

上述矩阵的含义是：对应于第 j_1 个定量属性的模糊相似优先比矩阵。依次取 $j_1=1,2,\cdots,r$，求得对应于 r 个模糊相似优先比矩阵：$\boldsymbol{S}(1),\boldsymbol{S}(2),\cdots,\boldsymbol{S}(r)$。

⑥ 求最满意物流系统 E_0 最相似待选物流系统序列

i. 求出与 E_0 依定量属性而言的相似程度序列

对 $S(j_1)$ 取各 λ——截集 $S(j_1)\lambda$ 得出待选物流系统相对于 j_1 个定量属性与 E_0 的相似程序序列，其中最相似的排在序列的第 1 号，最不相似的排在最后。则可得到对应于 r 个定量属性的序号集 T_{j_1}。

$$T_{j_1}=\{t_{1j_1},t_{2j_1},\cdots,t_{kj_1},\cdots,t_{mj_1}\} \tag{7-16}$$

其中 t_{kj_1} 表示顺序号，k 代表待选物流系统个数。$j_1=1,2,\cdots,r$

ii. 求出与最满意物流系统 E_0 依定性属性而言的相似程度序列

由上述讨论知定性属性集：$A=\{\alpha_{r+1},\alpha_{r+2},\cdots,\alpha_{i1},\cdots,\alpha_n\}$，而定性属性 α_{i1} 的取值集 A 为

$$A_{\alpha_{i_1}}=\{\alpha_{i_1}^1,\alpha_{i_1}^2,\cdots,\alpha_{i_1}^z,\cdots,\alpha_{i_1}^{Z_{i_1}}\} \tag{7-17}$$

则对应于 α_{i_1} 的 Z_{i_1} 个取值的 Z_{i_1} 个相似程度序列集 T 为

$$T_{i_1}^z=\{t_{1i_1}^z,t_{2i_1}^z,\cdots,t_{mi_1}^z\} \tag{7-18}$$

设 α_{i_1} 的 Z_{i_1} 个取值的权重分配 $\boldsymbol{W}$ 为

$$\boldsymbol{W}_{i_1}=(w_{i_1}^1,w_{i_1}^2,\cdots,w_{i_1}^{Z_{i_1}}) \tag{7-19}$$

而物流系统 E_k 在定性属性 α_{i_1} 的 Z_{i_1} 个取值上的序列值的加权和 t 则为

$$t_{ki_2}=\sum_{z=1}^{Z_{i_1}}w_{i_1}^z\times t_{mi_1}^z \tag{7-20}$$

将 m 个实例与 α_{i_1} 对应的序列值综合，得到对应于定性属性 α_{i_1} 的序列号集 T 为

$$T_{i_1}=\{t_{1i_1},t_{2i_1},\cdots,t_{mi_1}\}\quad i=r+1,r+2,\cdots,n \tag{7-21}$$

iii. 求得最满意物流系统 E_0 与各待选物流系统相似程度序列

将式(7-16)与式(7-21)联立，即可得到 m 个待选物流系统与最满意物流系统 E_0 在 n 个属性上的相似程度总序列 T 为

$$T_j=\{t_{1j},t_{2j},\cdots,t_{mj}\}\quad j=1,2,\cdots,n \tag{7-22}$$

第 k 个实例中的选择库 E_k，在所有实例中与 E_0 相似程度序列中的顺序号 t_k 为

$$t_k=\sum_{j=1}^n w_j\times t_{kj},\quad k=1,2,\cdots,m \tag{7-23}$$

利用式(7-23)即可得到 m 个待选物流系统的顺序号大小，t_k 越小，E_k 与 E_0 就越相似，即其相似程度的位置越靠前。

案例　日本物流的发展战略

1. 日本物流面临的问题

20世纪80年代后期以来,随着日本国内商业经营环境的变化,日本面临着诸多重大的物流问题。

大多数日本公司,包括制造商、批发商和零售商,在物流管理方面都遇到了一些困难。原因主要有:第一,顾客对物流服务变得更为苛求,期望值很高;第二,近些年,日本劳动力不足以及土地价格猛涨,引起物流费用支出大幅增加。

(1) 物流服务的复杂性加剧

JIT观念最初是对汽车工业生产流程的描述,应用于丰田汽车的装配线作业中。后来逐渐推广到日本的其他经济部门。现在每个产业部门的顾客甚至小零售店主,都希望供应方做到JIT交货。当其订货时,认为对方理应在次日一早送到。对JIT送货的需求提高了交货服务质量,受其影响,交货次数变得愈加频繁,而每次交货数量相对减少,很多公司都在实行频繁而小批量的送货服务。许多公司日益倾向于削减库存,以免既占地又费钱。公司愿意通过有效的管理手段,并实施进货方式,以更频繁而少量的进货降低保管费用。

(2) 频繁而小批量送货的影响

由于频繁而小批量送货增加,载货车质量利用率下降。小批量运输条件下,做到载货车的满载相当不易。频繁而小批量送货的趋势现已从运输业蔓延到仓储业的经营中,产品按顾客订单进行储存、拣选,按预定的目的分拣,这就增加了作业难度。过去,当顾客需要一定数量的存货时,习惯于成箱购买,而进货通常是散件订购。比如,零售商甚至可能只订购两瓶洗发水、三瓶护发液,而不是以前的几箱,这导致作业更为复杂,需额外增加劳动力在仓库拣选零散的订货。

制造商向市场投放的产品越来越多,使得仓储状况更复杂。在日本,小批量多品种的生产方式已经取代了大量生产,所以产品品种数量增加很快,这也是制造商为扩大销量与市场份额而采取的应变措施。不过,这就使得不仅制造商,连批发商与零售商都不得不增加储存多品种商品的空间,仓储作业相应变得烦琐。总之,顾客对频繁而小批量送货的需求使物流管理作业难度及复杂程度加深,而流通环节的产品品种数量增加更强化了这种态势。

(3) 劳动力不足和地价上涨

20世纪80年代末的经济繁荣增加了物流成本,工资与地价的上升对物流管理有着副作用。与日本的其他产业相比,公路货运业的工作条件较差,载货汽车驾驶员总是面临交通事故的风险。尽管工作时间长,但按日本的标准衡量,工资待遇并不高,所以,很多驾驶员都到其他行业寻找工作,使载货汽车驾驶员缺乏的矛盾变得突出。在货运高峰季节,运输公司也许就不能保证货运任务的圆满完成。为了招募驾驶员,导致工资支出快速增加。不仅运输公司,即使只运送自己的货物的公司,也对严重的劳动力短缺与工资上涨感到发愁。和工资问题一样,土地价格也影响着物流方面的经营。日本经济的繁荣带来地价上涨,而地价的过快上涨大大影响了物流的作业效率。公司趋向于扩充完善其物流设施,因为要处理的产品越来越多,场地相对显得狭小,而在闹市周围很难找到地价适中的位置进行物流经营。一些公司面临租用场地和购置场地之间的选择。另一方面,租金也是水涨船高,难以承受,这样,公司新的配送中心不得不选在远离市区的地方。地处东京的公司碰到的最严重问题是物流作业人员短缺,不仅缺少载货车驾驶员,仓库人员也不足。另一个主要问题是没有足够的仓容去适应产品品种的增加。

2. 物流战略与分销渠道

上述物流问题的发生使日本许多公司注意到物流战略在管理上的重要。有几家公司在物流问题开始暴露前,就认识到一个成功的物流战略的重要性,并在物流系统的革新上有所建树。有的日本公司引进信息系统来改善它们的物流,并在信息系统的使用上取得迅速进展。

尽管这样,如果公司不同时改进它们的分销渠道,也不可能使物流系统得以完善。公司人员发现,物流系统与分销渠道密切关联,脱离现有分销渠道去独自改进物流系统是不行的。分销渠道的复杂性减缓了物流方面的发展。一个产品的典型分销渠道一般是从制造商起,经过批发商,最后到零售商。因为批发商在分销中的双重角色,造成分销过程的复杂程度加大。一个批发商可以把货卖给零售商,也可以卖给其他次级批发商。若想建立先进的物流系统,除了将现有分销渠道合理化外,别无选择。那些在物流方面成绩突出的公司正是相应地对分销渠道进行了改变。

(1) 零售业中的先进物流

在日本,零售业是首先建立先进物流系统的行业之一。便利店作为一种新的零售业业态迅速成长起来,现已遍及日本,正影响着日本其他的零售商业形式。这种新的零售商业业态需要利用新的物流技术,以保证店内各种商品的供应顺畅。

日本"7-11"是有着日本最先进物流系统的连锁便利店集团。"7-11"原是美国一个众所周知的便利店集团,后被日本的主要零售商伊藤洋华堂引入,日本"7-11"作为下属公司成立于1973年,日本"7-11"把各单体商店按"7-11"的统一模式管理。自营的小型零售业,例如小杂货店或小酒店在经日本"7-11"许可后按日本"7-11"的指导原则改建为"7-11"门店。日本"7-11"随之提供独特的标准化销售技术给各门店,并决定每个门店的销售品类。现在,全日本有4 000多家"7-11"商店。

便利店依靠的是小批量的频繁进货,只有利用先进的物流系统才可能发展连锁便利店,它使小批量的频繁进货得以实现。典型的"7-11"便利店非常小,场地面积平均仅100平方米左右,但就是这样的门店提供的日常生活用品却达3 000多种。虽然便利店供应的商品品种广泛，却通常没有储存场所，为提高商品销量，售卖场地原则上应尽量大。这样，所有商品必须能通过配送中心得到及时补充。如果一个消费者光顾商店时不能买到本应有的商品，商店就会失去一次销售机会，并使便利店的形象受损。

为每个门店有效率地供应商品是配送环节的重要职责。首先要从批发商或直接从制造商那里购进各种商品，然后按需求配送到每个门店。为了保证有效率地供应商品，"7-11"不得不对旧有分销渠道进行合理化改造。许多日本批发商过去常常把自己定性为某特定制造商的专门代理商，只允许经营一家制造商的产品。在这种体系下，零售商要经营一系列商品的话，就不得不和许多不同的批发商打交道，每个批发商都要单独用载货车向零售商送货，送货效率极低，而且送货时间不确定。"7-11"在分销渠道上进行了改革，通过和批发商、制造商签署销售协议，实现有效率的分销渠道与所有门店连接。批发商是配送中心的管理者，为便利店的门店送货。这样，虽然"7-11"本身并没在配送中心上投资，但却成为了分销渠道的核心。批发商自筹资金建设配送中心，然后在"7-11"的指导下进行管理。通过这种协议，"7-11"无须承受任何沉重的投资负担就能为其门店建立一个有效率的分销系统。为了与"7-11"合作，许多批发商也愿意在配送中心上做必要的投资；作为回报，批发商得以进入一个广阔的市场。

"7-11"重组了批发商与零售商，改变了原有的分销渠道，配合先进的物流系统，使各种各样的商品库存适当，保管良好并有效地配送到所有的连锁门店。从给便利店送货的载货车数量下降上可以体现出物流系统的先进程度。十几年前，每天为便利店送货的载货车有70辆，现在只有12辆。显然，这来自于新的配送中心的有效率的作业管理系统。

(2) 制造业中的先进物流

Kao是一家生产香皂、洗发水、卫生用品等日用必需品的制造商。作为一个制造商，Kao早就认识到物流的重要性，从20世纪60年代起就开发其物流系统。现在，Kao被认为是物流系统最优秀的公司之一。

Kao按照次日交货的策略向批发商和零售商供应产品。即使一个零售商订购少于一箱产品，无论在日本的哪个地方，Kao都会在第二天将货送到。Kao建立了几个大型物流中心，取代以前那些小而分散的配送中心，以保证优良的服务水平。由于供应范围广，物流中心的规模必然很大，只有实现自动化作业才能提高效率，作业人员也能尽量缩减到最少。供应作业中先进的信息系统运用了，从零售终端传来的订单可立即传输给物流中心，所有订货产品的信息都能直接转达给工厂，使生产计划做到了合理化。

Kao的分销渠道与多数日本公司的分销渠道一样，都是长而复杂的。产品只有经过一级批发商和二级批发商才到零售商手中。一个制造商有时难以确切掌握其产品处于分销过程中的数量，因为批发商在经销制造商产品时彼此是独立的，所以又长又复杂的分销渠道实际上阻碍了制造商对产品最终销售情况的有效跟踪。这种信息上的滞后性又反过来使制造商不能及时根据消费者喜好的变化调整生产。这样,制造商就会面临产品生产过剩的风险。所以,对于制造商来说,为了获得分销过程中的即时信息,尽可能缩短分销渠道是非常重要的。

Kao通过设立销售代理公司来代替批发商,使分销渠道合理化。以前,一个传统批发商经销的产品不仅Kao一家,而销售代理公司专门经销的产品。Kao原先在每个商业地区都单独设立这样的销售代理,但以后逐渐被调整为一个综合销售体系。通过信息系统将全日本的20个Kao销售代理以及大量零售商联网,使得生产厂家可以即时了解产品的销售状况。这种实时信息的管理使Kao的生产富有效率。

3. 改善物流的途径

在物流上领先的日本公司都竭力保持其物流系统的先进性。同时,制造商和零售商都在根据需要不懈地追求分销渠道的合理化。日本人经常把分销渠道比做河流,制造商位于上游,零售商居于下游,接收从上游过来的制造商的产品。制造商通过与下游零售商的整合形成先进的物流系统,在这方面,Kao就是一个典型例子。而日本"7-11"的例子恰好相反,它是零售商通过重组上游批发商来实现流通过程的一体化。没有分销渠道的一体化,高效的物流系统就不能建立,这正是领先的日本公司坚持的原则。但是,在产品沿着分销渠道的流动中,每个公司仍将不断碰到新的矛盾。一个公司的成功,关键在于怎样更好地做到与上游或下游公司的分销一体化。即使公司在建立自己的先进物流系统方面出现问题,在某种情况下,如果他们能和那些具有先进物流系统的公司良好整合,也会使其物流系统趋于完善,这已在日本成为一种改善物流的途径。

(资料来源:东瀛岛国:亚洲现代物流的代表. http://www.chinawuliu.com.cn/.)

思 考 题

1. 什么是物流管理,其主要内容包含哪些?
2. 物流管理的目标是什么?
3. 物流组织的五个阶段分别是什么?如果一家企业处于其物流组织发展的第二阶段,它如何才能向第三阶段、第四阶段、第五阶段演进?
4. 如果一个企业不希望建立一个独立的、明确的物流管理部门,它应该如何在部门间进行协调,以有效地管理物流活动?
5. 什么情况下你会建议公司:
   (a) 外包部分或全部的业务
   (b) 寻求合作伙伴共享物流系统
   (c) 带头积极促成物流战略联盟的形成

(d) 所有物流活动自营
6. 什么是物流战略？请说明物流战略的层次结构。
7. 物流战略环境有哪些？如何进行物流战略环境分析？
8. 有哪些物流战略类型？如何选择适合的物流战略？
9. 战略实施计划系统设计的四种方法是什么？其优缺点如何？
10. 如何降低物流成本？
11. 物流系统绩效评价的原则及特点是什么？
12. 比较几种不同的量化方法的适用范围。

第8章 物流发展的最新动态

当前,经济全球化、市场一体化日益形成,信息技术迅猛发展,其应用领域日益扩大,环境保护日益成为社会关注的焦点,加入WTO后国内企业面临的外部环境和国内市场更为复杂。在此背景下,物流业也显现出了一些新的发展动态和趋势。本章首先就供应链管理、绿色物流及第四方物流这几个典型新模式进行介绍。最后给出未来物流发展的新挑战与新趋势。

8.1 供应链管理

当今,企业面对的环境越来越复杂,一方面经济全球化、知识经济及世界制造日趋形成;另一方面市场竞争日益激烈、用户需求的不确定性和个性化逐步提高、产品寿命周期逐渐缩短,为了适应新的竞争环境,一种被称为物流管理最高阶段的、新的管理理念——供应链管理——应运而生。

8.1.1 供应链的概念、特征及类型

1. 供应链的概念与特征

供应链是一个不断发展的概念,目前尚未形成统一的定义,许多学者从不同的角度出发给出了许多不同的定义。当前比较权威的是《APICS辞典》(第11版)给出的定义,它认为:供应链是通过设计好的信息流、物流和资金流建立的,用于交付产品或服务的,从原材料到最终客户的全球网络。

供应链概念是一个随着认识和实践的深入而不断发展的过程。早期的观点认为供应链是制造企业中的一个内部过程,它是指把从企业外部采购的原材料和零部件,通过生产转换和销售等活动,再传递到零售商和用户的一个过程。传统的供应链概念局限于企业的内部操作层上,注重企业自身的资源利用。后来供应链的概念注重了与其他企业的联系,注重了供应链的外部环境,认为它应是一个"通过链中不同企业的制造、组装、分销、零售等过程将原材料转换成产品,再到最终用户的转换过程",这是更大范围、更为系统的概

念。到了最近,供应链的概念更加注重围绕核心企业的网链关系,如核心企业与供应商、供应商的供应商乃至与一切前向的关系,与用户、用户的用户及一切后向的关系。此时对供应链的认识形成了一个网链的概念,像丰田、耐克、尼桑、麦当劳和苹果等公司的供应链管理都从网链的角度来实施。Harrison 进而将供应链定义为:"供应链是执行采购原材料、将它们转换为中间产品和成品,并且将成品销售到用户的功能网。"

而从结构功能来看,传统的供应链结构模式偏重于企业内部的流程,如原材料和零部件的采购、生产的转换过程和销售等,在市场竞争加剧、不确定性增加的环境下,供应链越来越注重企业与外部企业之间的合作,通过发挥各个企业的核心竞争力,实现供应链的整体竞争优势。在供应链中,节点企业间是一种需求与供应的关系,供应链的结构模式可用图 8-1 表示。

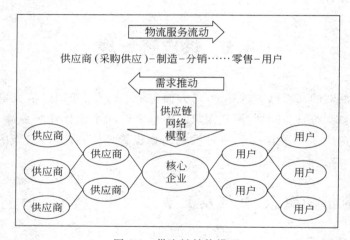

图 8-1 供应链结构模型

从供应链的结构模型可以看出,供应链是一个网链结构,它具有以下特征:

(1) 复杂性。供应链往往由多个不同类型甚至跨国的企业组成,所以各个节点企业之间的利益和矛盾关系十分复杂,较单个企业的结构模式而言,供应链中的关系协调难度大并且非常重要。

(2) 动态性。企业战略的调整以及市场需求的变化,都需要节点企业的动态更新,这使供应链具有明显的动态性。

(3) 以客户需求为核心。供应链的形成、存在及重构,都是基于一定的市场需求而发生的,且在供应链运作过程中,用户的需求是供应链中信息流、产品/服务流、资金流运作的驱动源。

(4) 交叉性。节点企业可以同时是一个以上供应链的成员,众多供应链交叉形成交叉结构。

2. 供应链的类型

根据不同的划分标准,我们可以将供应链分为以下几种类型。

(1) 根据供应链存在的稳定性来划分

根据供应链的稳定性,可划分为稳定的供应链和动态的供应链。基于相对稳定、单一的市场需求而组成的供应链稳定性较强,而基于相对频繁变化、复杂的需求而组成的供应链动态性较高。在实际供应链管理中,需要根据市场需求的不断变化,相应地调整和改变供应链成员的构成。

(2) 根据供应链容量与用户需求的关系来划分

根据供应链容量与用户需求的关系,可以划分为平衡的供应链和倾斜的供应链(如图8-2所示)。一个供应链具有一定的相对稳定的设备能力和生产能力(所有节点企业能力的结合,包括供应商、制造商、运输商、分销商、零售商等)。但用户的需求处于不断变化的过程中,当供应链的容量能满足用户需求时,供应链处于平衡状态,而当市场变化加剧,造成供应链成本增加、库存增加、浪费增加等现象时,企业不是在最优状态下运作,供应链则处于倾斜状态。

图 8-2 平衡的供应链和倾斜的供应链

(3) 根据供应链中各子系统的交互作用来划分

根据供应链中各子系统的交互作用,可以分为合作型供应链和对抗型供应链。合作型供应链的各子系统之间是一种平等关系,各子系统的决策者都同意通过信息共享和策略联盟合同来实现整个供应链达到动态优化的共同目标。这一合同就是双方(或多方)同意并遵守的法则,而法则体现了在某一时间内各子系统认可的理性优化和预测目标,事实证明,这种方法可使供应链动态性能显著提高。

对抗型供应链是指供应链上各成员之间的交互作用比较薄弱,参与方之间除物流关系外没有多少交互作用,每一个子系统只考虑自身的利益,不太关心是否对其他子系统造成影响。而且,供应链上的各子系统还积极地互相抵制,每一个子系统都想尽可能战胜与其有联系的其他子系统,而使自己成功。

(4) 根据供应链所涉及的范围来划分

按照供应链所涉及的范围,可分为内部供应链和外部供应链。内部供应链是指企业内部产品生产和流动过程中所涉及的原材料采购、生产产品、存储原材料及产品、销售产品等环节组成的网络;外部供应链是指企业外部的,与企业相关的产品生产和流动过程中所涉及的供应商、运输商、销售商以及消费者组成的供需网络。内部和外部供应链共同组成了企业产品从原材料、半成品、成品到消费者的完整供应链。内部供应链是外部供应链的浓缩,它们的区别在于后者比前者的范围更大,涉及的企业更多,企业之间的协调更困难。

(5) 根据供应链动力因素的来源来划分

根据供应链的推动力来源,可以分为"推式"供应链和"拉式"供应链两种(见图8-3)。"推式"的供应链的出发点是从原材料一直推至客户端;"拉式"的供应链的出发点是以客户及客户满意度为中心的管理,以客户需求为原动力的管理。

图 8-3 "推式"和"拉式"供应链管理模式

传统的供应链模式叫做"推式"模式,即根据商品的库存情况,有计划地将商品推销给客户。"推式"供应链管理以企业资源计划(ERP)为核心,要求企业按计划来配置资源。"推式"供应链要求具备高度多样化及庞大的备用存货。而现今流行的供应链模式是"拉式"模式,该供应链模式源于客户需求,客户是该供应链中一切业务的原动力。

8.1.2 供应链管理的概念及其演化

供应链管理(supply chain management)的概念是在20世纪80年代初产生的,但其真正快速发展却是在20世纪90年代。尽管供应链管理概念产生的时间不长,但是由于国际上一些著名的企业,如IBM公司、惠普公司、DELL计算机公司等在供应链实践中取得了巨大的成绩,从而使人们更加坚信,供应链管理是进入21世纪后企业适应全球竞争的一种有效途径。因而,引发了许多学者和企业界人士研究和实践供应链管理的兴趣。

目前,关于供应链管理的定义,国内外的不同学者有着不同的看法。著名的供应链专家艾尔拉姆(Ellram)认为"供应链管理是在从供应商到最终用户的过程中,用于计划和控制物资流动的集成的管理方法";埃文斯(Evens)认为"供应链管理是通过前馈的信息流和反馈的物料流及信息流,将供应商、制造商、分销商、零售商直到最终用户连成一个整体的管理模式";菲利普(Philip)则认为"供应链管理是一种新的管理策略,它把不同企业集成起来以增加整个供应链的效率,注重企业之间的合作"。美国供应链协会认为"供应链管理贯穿于整个渠道,管理供应与需求、原材料与零部件采购、制造与装配、仓储与存货跟踪、订单录入与管理、分销以及向顾客交货"。我国有的学者认为,供应链管理是对整个供应链系统进行计划、协调、操作、控制和优化的各种活动和过程,其目标是要将顾客所需的正确的产品(right product)在正确的时间(right time)按照正确的数量(right quantity)、正确的质量(right quality)和正确的状态(right status)送到正确的地点(right place)——即实现"6R",并使总成本最小。2001 年,我国发布实施的《物流术语》国家标准对供应链管理的定义为"利用计算机网络技术全面规划供应链中的商流、物流、信息流、资金流等,并进行计划、组织、协调与控制"。

目前相对权威的《APICS 辞典》(第 11 版)则认为:供应链管理是供应链活动的设计、计划、执行、控制、监测,目标是创造净值、建立竞争基础、平衡全球物流、同步供应和需求、测量全球绩效。

8.1.3 供应链管理的内容及基本原则

1. 供应链管理的内容

有关供应链管理的内容,按照著名供应链管理专家马士华教授认为,供应链管理主要涉及供应(supply)、生产计划(schedule)、物流(logistics,主要指运输和存储)和需求(demand)四个领域,如图 8-4。

在以上四个领域的基础上,可以将供应链管理细分为职能领域和辅助领域。职能领域主要包括产品工程、产品技术保证、采购、生产控制、库存控制、仓储管理、分销管理。而辅助领域主要包括客户服务、制造、设计工程、会计核算、人力资源。

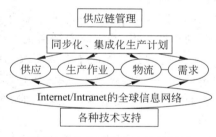

图 8-4 供应链管理涉及的领域

可见,供应链管理关心的不仅仅是物料实体在供应链中的流动,除了企业内部与企业之间的运输问题和实体分销以外,供应链管理还包括以下主要内容。

(1)战略性供应商和用户合作伙伴关系管理;

(2)供应链产品需求预测和计划;

(3)供应链的设计(全球节点企业、资源、设备等的评价、选择和定位);

(4)企业内部与企业之间物料供应和需求管理;

(5)基于供应链管理的产品设计和制造管理、生产集成计划、跟踪和控制;

（6）基于供应链的用户服务和物流（运输、库存、包装等）管理；

（7）企业间资金流管理（汇率、成本等问题）；

（8）基于 Internet/Intranet 的供应链交互信息管理等。

供应链管理注重总的物流成本与服务水平之间的关系，为此要把供应链各项职能活动有机地结合起来，从而最大限度地发挥供应链整体的力量，达到供应链企业群体获益的目的。

2．实施供应链管理的原则和步骤

根据 Mercer 管理顾问公司的报告，有近一半接受调查的公司经理将供应链管理作为公司的 10 项大事之首。调查还发现，供应链管理能够提高投资回报率、缩短订单履行时间、降低成本。Andersen 咨询公司提出了供应链管理的 7 项原则。

（1）根据客户所需的服务特性来划分客户群。传统意义上的市场划分基于企业自己的状况，如行业、产品、分销渠道等，然后对同一区域的客户提供相同水平的服务；供应链管理则强调根据客户的状况和需求，决定服务方式和水平。

（2）根据客户需求和企业可获利情况，设计企业的后勤网络。一家造纸公司发现两个客户群存在截然不同的服务需求：大型印刷企业允许较长的提前期，而小型的地方印刷企业则要求在 24 小时内供货，于是它建立的是三个大型分销中心和 46 个紧缺物品快速反应中心。

（3）倾听市场的需求信息。销售和营运计划必须监测整个供应链，以及时发现需求变化的早期警报，并据此安排和调整计划。

（4）时间延迟。由于市场需求的剧烈波动，因此距离客户接受最终产品和服务的时间越早，需求预测就越不准确，而企业还不得不维持较大的中间库存。例如，一家洗涤用品企业在实施大批量客户化生产时，先在企业内将产品加工结束，然后在零售店才完成最终的包装。

（5）与供应商建立双赢的合作策略。迫使供应商相互压价，固然使企业在价格上收益；但相互协作则可以降低整个供应链的成本。

（6）在整个供应链领域建立信息系统。信息系统首先应该处理日常事务和电子商务；然后支持多层次的决策信息，如需求计划和资源规划；最后应该根据大部分来自企业之外的信息进行前瞻性的策略分析。

（7）建立整个供应链的绩效考核准则，而不仅仅是局部的个别企业的孤立标准，供应链的最终验收标准是客户的满意程度。

Kearney 咨询公司强调首先应该制订可行的实施计划，这项工作可以分为四个步骤。

（1）将企业的业务目标与现有能力及业绩进行比较，首先发现现有供应链的显著弱点，经过改善，迅速提高企业的竞争力。

（2）与关键客户和供应商一起探讨、评估全球化、新技术和竞争局势建立供应链的远景目标。

（3）制订从现实过渡到理想供应链目标的行动计划，同时评估企业实现这种过渡的现实条件。

（4）根据优先级安排上述计划，并且承诺相应的资源。

根据实施计划，首先定义长期的供应链结构，使企业在与正确的客户和供应商建立的正确的供应链中，处于正确的位置；然后重组和优化企业内部和外部的产品、信息和资金流；最后在供应链的重要领域，如库存、运输等环节提高质量和生产率。实施供应链管理需要耗费大量的时间和财力，在美国，也只有不足 50％的企业在实施供应链管理。Kearney 咨询公司指出，供应链可以耗费整个公司高达 25％的运营成本，而对于一个利润率仅为 3％～4％的企业而言，哪怕降低 5％的供应链耗费，也足以使企业的利润翻番。

8.1.4 典型供应链管理方法介绍

供应链管理在近几年发展迅猛，供应链管理方法更是层出不穷，其中较为典型的有快速反应系统（quick response，QR）、有效客户反应系统（efficient customer response，ECR）等。虽然由于行业的不同，各种供应链管理方法的侧重点不同，但它们的实施目标是相同的，即减少供应链的不确定性和风险，从而积极地影响库存水平、生产周期、生产过程，并最终影响对顾客的服务水平，其核心内容是系统优化[①]。

1. 供应链管理方法之一——快速反应系统

（1）快速反应的概念

快速反应，简称 QR，是从美国纺织与服装行业发展起来的一种供应链管理战略。它强调零售商和制造商密切合作，建立战略伙伴关系，利用 EDI 等技术进行销售终端信息（POS 系统信息）交换以及订货补充等其他经营信息的交换，共享信息资源，建立快速供应链系统，从而实现销售额增长和顾客服务最大化，库存量、商品缺货、商品风险和减价最小化的目标。

（2）快速反应的基本思想

QR 的基本思想是为了在以时间为基础的竞争中占据优势，必须建立一整套对环境能够反应敏捷和迅速的系统。QR 是信息系统和 JIT 物流系统结合起来，实现"在特定的时间和特定的地点将特定的产品交予客户"的产物。

（3）QR 的实现

QR 的实现主要依靠的是信息技术的发展，特别是电子数据交换（EDI）、条形码和带

---

① 周艳军. 供应链管理[M]. 上海：上海财经大学出版社，2004：154-163.

有激光扫描仪的电子销售终端(EPOS)系统等技术的使用。从根本上说,QR 背后所隐含的意义是需求信息的获取要尽量实时并贴近客户。QR 系统通过系统处理速度的加快可以减少大量的前置时间,从而减少库存量,并可进一步减少反应次数。

(4) QR 的效益

实施 QR 给企业特别是商业企业带来了巨大的效益。调查表明:通过实现 QR,零售商的销售额增长了 20%~25%;在 QR 环境下经营的企业可以得到更准确的销售数据,实现更频繁的订货,维持 97%左右的现货率,从而在较高客户满意度下降低库存水平,进行低成本经营;实施 QR 可使一般商品和季节性商品的削价损失减少 30%,服装的削价损失减少 40%;使商业企业经营费用中的购销费用平均减少 0.5%~1.0%,配送费用平均下降 1.5%~1.4%,管理费用平均下降 0.14%,库存利息支出平均下降 0.7%。

QR 目前在欧美国家已达到较高水平,已经从建立密切合作关系发展到联合计划、预测与补货(CPFR)阶段。调查表明,实施 CPFR 后,除了前述项目外,在其他方面也取得了显著的效益,使新产品开发的前导时间减少 2/3,库存周转率提高 1~2 倍。制造商与零售商联合,保证 24 小时供货,使可补货品的缺货大大减少。提高了服务水平。通过敏捷制造技术,企业的产品中可有 20%~30%是根据客户的特定需求而制造的。总之,通过运用 QR 策略,商品的制造商和零售商为客户提供了更好的服务,同时也减少了整个供应链上的非增值成本。

(5) QR 的实施要点

① 条形码和 EDI。零售商首先必须安装条形码(UPC 码)、POS 扫描和 EDI 等技术设备,以加快 POS 机收款速度,获得更准确的销售数据,并使信息沟通更加通畅。POS 扫描用于数据输入和数据采集。EDI 用于贸易伙伴交换商业单据进行信息沟通。

② 自动补货。QR 的自动补货要求供应商更快更频繁地运送重新订购的商品,以保证店铺不缺货,从而提高销售额。通过对商品实施快速反应并保证这些商品能敞开供应,使商品周转速度更快,消费者可以选择更多的花色品种。

③ 建立先进的补货联盟。为了保证补货业务的流畅,零售商和消费品制造商联合起来检查销售数据。对未来需求进行预测并制订需求计划,在保证有货和减少缺货的情况下降低存货水平,以加快库存周转速度,提高投资毛利率。

④ 销售空间管理。根据每个店铺的需求模式来规定其经营商品的花色品种和补货业务。

⑤ 联合产品开发。厂商和零售商联合开发新产品,缩短从新产品概念到新产品上市的时间。

⑥ 快速反应的集成。围绕消费者的需求这个中心,通过重新设计业务流程,将前述 5 项和公司的整体业务集成起来,以支持公司的整体战略。

2. 供应链管理方法之二——有效客户反应系统

(1) 有效客户反应的概念与目标

有效客户反应,简称 ECR,是 1992 年从美国食品杂货业发展起来的一种供应链管理战略。它是一种分销商与供应商为消除系统中不必要的成本和费用,并给客户带来更大利益而进行密切合作的供应链管理战略。

ECR 的目标是建立一个具有高效反应能力和以客户需求为基础的系统,使零售与供应商以业务伙伴方式合作,提高整个供应链的效率,大幅降低成本、库存,提高服务水平。

(2) ECR 的效益

ECR 策略可以在工业企业和商业企业中得到应用。制造业、批发商、零售商之间可以共同合作建立某种联盟关系,消除单方面不协调的行动,从全局观点提高相互间货物补充过程中的效率,降低由生产开始的整个贸易周期的成本。

在欧洲,对企业的调查结果表明:对于制造商,实施 ECR 可使预期销售额增加 5.3%,制造费用减少 2.3%,销售费用降低 1.1%,仓储费用减少 1.3%,总赢利上升 5.5%。对于批发商和零售商,可使销售额增加 5.4%,毛利增加 3.4%,仓储费用降低 5.9%,库存量下降 13.1%,使衡量商业企业效益的一个重要指标——每平方米销售额增加 5.3%。

除上述可量化的效益之外,对于企业以及客户,还存在着广泛的共同潜在效益,如信息通畅、货物品种规格齐全、减少缺货、提高企业信誉、改善供应与销售企业的关系、客户购物便利、增加可选择性、保证货物新鲜等。

(3) ECR 的实施要点

① 加快新产品的开发、引进速度。在保证成本水平前提下,有效地开发研制新产品,并合理地制订生产计划,提高新产品的开发、引进速度。

② 加快货物配送速度。对产品进行分装或第二次包装以满足不同订单的需求,对新包装重新标识,提高分拣效率和分销效率,提高库存周转率和商店空间使用率。

③ 提高促销系统效率。提高仓储、运输、管理和生产效率,减少预先购买,减少供应商库存与仓储费等。

④ 提高补货速度。实施电子数据交换(EDI)。应用计算机辅助订货,补货时间短、成本低。

(4) 实施 ECR 的必要技术手段

① 计算机辅助订货(CAO)。CAO 是基于库存和客户需求信息,利用计算机进行自动订货管理的系统。它是一个由零售商建立的"有效客户反应"工具,其作用是将有关产品转移及影响需求的外在因素、实际库存、产品接受和可接受安全库存等信息进行集成的订单准备工作。

② 连续补货程序(CRP)。CRP 是利用及时准确的销售时点信息确定已销售的商品数量,并根据零售商或批发商的库存信息和预先规定的库存补充程序确定发货补充数量和配送时间的计划方法。采用 CRP 后,就能根据客户信息自行决定补货数量,采取频繁交货、缩短提前期等办法降低共同成本。

③ 做好接力运输。将仓库和配送中心作为转运场。对到货应预先通知,拥有自动识别与数据自动采集设备,具备交货接受的自动确认能力。

④ 建立产品、价格和促销数据库。它是无纸信息系统实施的基础,应面向供应链所有信息节点并且有校准措施。

应注意的是,ECR 的主要目的是降低供应链各环节的成本,它和快速反应战略(QR)有所不同,后者的目标是对客户需求作出快速反应。

3. 供应链管理方法之三——价值链分析法

(1) 价值链的内容与特点

价值活动就是企业所从事的能够给企业带来价值增值的物质和技术的活动,它们共同为客户创造价值,最终形成企业的价值链。

不同企业的价值活动划分与构成不同,价值链也不同。以制造业为例,价值链的基本活动包括内向物流、外向物流、市场营销和服务,辅助活动包括企业基础设施(企业运营中各种保证措施的总称)、人力资源管理、技术开发与采购,如图 8-5 所示。每一个活动都包括直接创造价值的活动、间接创造价值的活动和质量保证活动三部分。企业内每项活动对企业创造价值和降低成本的贡献大小不同,每一个价值活动的成本是由各种不同的驱动因素决定。价值链的各种联系成为降低单个价值活动成本和企业最终成本的重要因素。而价值链各个环节的创新则是企业竞争优势的来源。

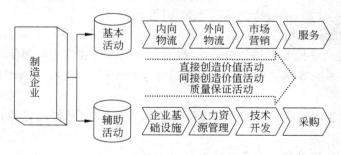

图 8-5 制造业的价值链活动

价值链的特点主要体现在以下几个方面。

① 价值和价值活动构成价值链的分析基础。价值表现为买方愿意为企业提供的价格,它代表着客户需求满足的实现。价值活动是企业制造为买方提供有价值的产品源泉,

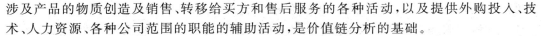

涉及产品的物质创造及销售、转移给买方和售后服务的各种活动,以及提供外购投入、技术、人力资源、各种公司范围的职能的辅助活动,是价值链分析的基础。

② 价值链的整体性。价值链揭示的是企业创造的总价值,体现在更广泛的价值体系中。供应商拥有创造和交付企业价值链所使用的外购输入的价值链(上游价值),许多产品通过渠道价值链(渠道价值)到达买方手中,企业产品最终成为买方价值链的一部分。因此,进行价值链管理,不仅要理解企业自身的价值链,而且要理解企业价值链所处的价值体系。

③ 价值链的异质性。不同的产业具有不同的价值链。在同一产业,不同企业的价值链也不同,它反映企业各自的历史、战略和实施战略的途径等方面。

(2) 价值链分析法的内容

价值链分析法是由美国哈佛商学院教授迈克尔·波特提出来的,是在成本分析和控制的基础上,协助供应链上、中、下游的公司分析各种品类商品在不同通路所需成本和可以降低的成本。它是一种战略性的分析工具,用来评估当前的经营状况,评定拟订的改进措施的潜在影响,寻求确定企业竞争优势。

价值链分析的具体内容包括识别价值活动、确定活动类型和分析企业竞争的优势。

① 识别价值活动。价值活动有两类,即基本活动和辅助活动。

基本活动可分为与接收、存储和分配相关联的各种内部后勤活动;与将各种投入转化为最终产品相关联的各种生产经营活动;与集中、仓储和将产品发送给买方相关联的各种外部后勤活动;与提供一种买方购买产品的方式和引导它们进行购买相关联的各种市场营销活动;以及因购买产品而向顾客提供的、能使产品保值增值的各种服务,如安装、维修和零部件供应等。

辅助活动有四种,包括购买用于企业价值创造的采购活动、技术开发活动(它可以发生在企业中的许多部门)和人力资源管理,以及包括总体管理、计划、财务、会计、法律、政治事务和质量管理等在内的企业基础管理活动。

② 确定活动类型。在每类基本和辅助活动中,都有直接活动、间接活动和质量保证活动三种类型。

直接活动涉及为买方创造价值的各种活动,如零部件加工、安装、产品设计、销售、人员招聘等。

间接活动是指那些使直接活动持续进行成为可能的各种活动,如设备维修与管理,工具制造,原材料供应与存储,新产品开发等。

质量保证活动指确认其他活动质量的各种活动,如监督、视察、检测、核对、调整和返工等。这些活动有着完全不同的经济效果,对竞争优势的确立起着不同的作用。通过区分,权衡取舍,以确定核心和非核心活动。

③ 分析企业竞争优势。企业竞争优势有三个主要来源,即价值活动、价值链的内部联系和外部联系。

价值活动是构筑竞争优势的基石,企业在关键价值活动的基础上建立和强化这种优势就可能获得成功。通过同其他企业对比，企业发现自身竞争优势。

价值链的内部联系是指基本价值活动之间、不同支持活动之间、基本活动与支持活动之间存在着联系，竞争优势往往来源于这种联系。如成本高昂的产品设计、严格的材料规格或严密的工艺检查也许会大大减少服务成本的支出，而使总成本下降。

价值链的外部联系是指企业与供应商、渠道价值链和买方价值链之间的联系。供应商、渠道买方各种活动进行的方式会影响企业挥动的成本和利益，它们与企业价值链的各种联系也会为增强企业的竞争优势提供机会。

（3）价值链分析法的实施步骤

① 准备阶段。设立价值链分析组织，确定数据收集计划、成员的具体责任、工作计划和预期结果等。

② 确定当前成本基准。从企业总账和盈亏平衡表提取原始数据，将这些数据写入价值链分析所需的格式，并保证数据的正确性。

③ 收集主要业绩指标并完成业绩评估。

④ 评估有效客户反应的成熟程度。小组的所有成员和其他熟悉企业情况的员工共同合作，评估到目前为止各种 ECR 改进方法的成功程度，并撰写 ECR 成熟度报告。

⑤ 估测成本的降低额。根据第②和第④步提供的 ECR 成熟程度报告，企业就可以运用价值链分析模型来估测成本和成本降低的机会。仔细检查估算的每种改进方法实现的成本降低程度，以保证小组的所有成员都了解估测值的形成。

⑥ 准备最终报告。根据小组的发现和结论，对每种产品品种提出特定的建议，包括反映企业经营目标的总体行动计划和优先行动方案的具体计划，并提供给高级管理层，作为实施 ECR 行动的基础。

总之，供应链管理能消除企业之间各种形态的信息化孤岛，建立跨企业的信息共享与业务集成，能使企业更好地整合和优化利用各方的社会资源，分享和占有更多的市场机会。它适应了新世纪的时代特征，必将是物流业发展的主流趋势。

8.2 绿 色 物 流[①]

8.2.1 绿色物流的概念

1. 绿色物流的定义

人口膨胀、资源短缺、环境资源恶化程度的加深，导致了能源危机、资源枯竭、臭氧层

---

① 本节参考王长琼. 绿色物流[M]. 北京：化学工业出版社，2004.

空洞扩大、环境遭受污染、生态系统失衡等一系列问题。因而,对环境的利用和环境的保护越来越受到重视,作为经济活动的一部分,物流活动同样面临环境问题,需要从环境角度对物流体系进行改进,即需要形成一个与环境发展共行的物流管理系统。这种物流管理系统建立在维护全球环境和可持续发展基础上,改变原来发展与物流、消费生活与物流的单向作用关系,在抑制物流对环境造成危害的同时,形成一种能促进经济与消费健康发展的物流系统,即向绿色物流转变。

国家物流标准术语中对绿色物流的定义是:绿色物流(environmental logistics)在物流过程中抑制物流对环境造成危害的同时,实现对物流环境的净化,使物流资源得到最充分利用。它是以降低对环境的污染、减少资源消耗为目标,利用先进物流技术规划和实施运输、仓储、装卸搬运、流通加工、配送、包装等物流活动。从经济管理的角度来讲,绿色物流是指为了实现和提高顾客满意度,连接绿色供应主体和绿色需求主体,克服时间和空间阻碍的有效、快速的商品和服务流动的绿色经济管理活动。现代绿色物流管理从环境角度强调了全局和长远的利益,强调全方位对环境的关注,体现了企业绿色形象,是一种全新的物流形态。绿色物流除了一般物流的经济利益目标以外,还追求节约资源、环境保护这一既具经济属性又具社会属性的目标,是一个多层次的概念,具体可以理解为具有以下内涵。

(1) 绿色物流最本质的内容——集约资源。整合现有资源,优化资源配置,从而提高企业资源利用率,减少资源成本。

(2) 解决环境污染的有效路径——绿色运输。即有两方面的要求:首先是要对货运网点、配送中心的配置合理布局与规划,通过缩短路径和降低空载率,实现节能减排的目的。另一个要求是,改进内燃机技术和使用清洁燃料,同时防止运输中的资源和能源泄漏问题。

(3) 选址的要求——绿色仓储。要求仓库布局合理,并且建设相应的环境影响评价,充分考虑仓库建设对当地环境的直接影响和潜在影响。

(4) 商品营销的有效手段——绿色包装。避免一次性包装(如,白色污染等),进行绿色包装改造。包括:使用易降解的环境材料、提高材料利用率、设计折叠式包装以减少空载率、建立包装回用制度等。

(5) 充分利用现有资源,建设循环型经济的举措——逆向物流。实施逆向物流需要完善的商品召回制度、废物回收制度以及危险品废物处理制度等。

8.2.2　绿色物流产生的背景和意义

经济的高速发展、物流量的急剧上升以及人们环保意识的增强,使传统的物流模式越来越落后于经济和社会发展的要求,同时环境问题日益凸显。绿色物流正是在这种背景下提出来的,它是可持续发展的必然选择,是绿色制造与绿色消费的纽带,也是全球经济一体化发展的必然趋势。

1. 绿色物流是可持续发展的必然选择

物流是原材料、产成品从供应地向消费地的实体流动过程,在这个流动过程中,需要经过包装、运输、装卸搬运、储存、流通加工等环节,在物料流动的同时伴随着资源的消耗和能量的消耗;粗放的物流模式会产生很多废弃物,污染环境。

绿色物流是将可持续发展思想融入企业物流战略规划和物流管理活动中,将生态环境与经济发展连结为一个互为因果的有机整体,强调物流系统效率、企业经济利益与生态环境利益的协调和平衡,是一种资源节约型和综合利用型的生产方式。因此绿色物流是社会经济可持续发展的必然选择,是可持续发展的一个重要组成部分,是绿色经济循环系统的重要一环。

2. 绿色物流是最大限度降低经营成本的必由之路

日本的西泽修先生曾提出了"物流成本冰山说",认为隐藏在海水下面的冰山才是物流费用的主体部分。一般认为,产品从投产到销出,制造加工时间仅占10%,而几乎90%的时间为仓储、运输、装卸、分装、流通加工、信息处理等物流过程。因此物流成本在产品的整个系统中占据了较大的比例。传统的物流基本上还是高投入-大物流、低投入-小物流的运作模式,而绿色物流强调的是低投入-大物流的方式,它不仅追求降低成本,更重要的是它追求物流的绿色化和节能高效少污染,因此绿色物流对经营成本的节省是不可估量的。

3. 绿色物流是绿色消费和绿色制造的需要

经济的发展,公众环保意识的增强,促进了绿色消费需求的增长;同时,又对企业和研究界提出了绿色产品设计和绿色制造的要求。

生产和消费领域目前存在这样一个循环:企业不断地推出新产品、新式样,不断刺激、不断满足消费者的多样化和个性化需求,新产品开发和新产品上市的周期越来越短,消费者也以越来越快的频率淘汰并非功能丧失的旧产品,追求新产品。这种循环的结果是,产品更新换代越来越快,产品寿命越来越短;消耗的原材料和能量也越来越多,产生的污染物和产品废弃物也越来越多,致使垃圾处理越来越困难,环境污染越来越严重。

随着生活环境质量的严重破坏,越来越多的公众开始反思这种快速消费、快速淘汰的粗放型消费方式,在20世纪80年代后期逐渐形成了一种新的消费观念——绿色消费。绿色消费观念指的是人们不仅仅关心产品的功能、寿命、款式和价格,而且还关心产品的环境性能,在求得生活舒适的基础上,注重节约资源和能源,更易于接受再生资源、再生产品。

消费者环保意识的觉醒、绿色消费市场的兴起,激励企业推出环境友好的产品和服务。环境管理不善不仅要承担法律责任,还会使企业的公众形象受损进而经济利益下降,这些促使企业实施绿色行动。绿色产品设计和绿色制造正是适应了绿色消费的需要而产生的。它通过将产品设计和环境保护融为一体,使产品从原材料选择、功能设计和结构设计上满足环保要求,生产过程中的能源消耗和浪费尽可能少,报废后的拆卸、重用更加容易。伴随着绿色消费和绿色制造需求的增加,对绿色服务的需求日益提高。物流是企业向顾客提供产品和服务过程中不可或缺的重要环节,同时,由于消费是通过流通决定生产的,所以要实现从产品制造到产品消费的绿色化,就需要物流的绿色化。绿色物流是连接绿色制造和绿色消费之间的纽带。绿色物流与绿色制造、绿色消费共同构成了一个节约资源、环境保护的绿色经济循环系统。

4. 绿色物流是全球经济一体化发展的必然趋势

环境也是一种资源,是有价值的。环境成本内在化是当今世界讨论的热点问题。随着国际社会对人类共同生存环境的关注,在国际贸易中,与贸易有关的环境保护要求将增加企业的成本支出,最终影响企业的竞争力。将环境与贸易挂钩,用经济手段解决环境问题符合当代环境问题的发展趋势,在国际贸易中更多地考虑环境因素成为一种必然。

随着全球经济一体化的发展,一些传统的关税和非关税的壁垒日渐淡化,但绿色壁垒日渐兴起,在此情形下,ISO 14000 逐渐成为众多企业进入国际市场的门槛。加入 WTO 后,我国将取消大部分产品的分销限制,外国商人可以分销进口产品及我国产品;在物流服务方面,经过合理的过渡期后,将取消大部分外国股权限制,外国物流企业将进入我国物流市场。由于国外物流企业起步早,物流经营管理水平相当完善,势必给国内物流企业带来巨大的冲击。我国物流企业要想在国际市场上占据一席之地,发展绿色物流是必然的选择。

8.2.3 绿色物流系统构成

1. 绿色物流系统的微观构成

在微观层面,绿色物流系统的实现需要从组织和过程两个方面来保障,其系统结构参照图 8-6,物流组织建立全面的环境管理体系,确保系统中所有环境行为都遵守特定的规范,系统的环境影响日益减少,呈现出良性循环的趋势。物流过程采用先进的绿色技术,确保物流活动中的废物排放和能源消耗不断降低;同时以生命周期评价方法从整体上测量改善情况,监控系统的整体优化效果。

从图 8-6 中可以看出,运输配送、储存保管、装卸搬运、现代包装、流通加工、物流信息是物流系统的六大基本要素,也是物流系统绿色化的基本内容,六大基本要素中,运输配

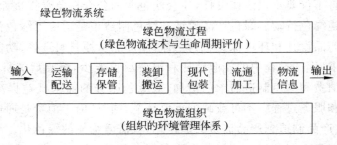

图 8-6　绿色物流系统

送、存储保管、装卸搬运、现代包装、流通加工对环境的影响较大,因此绿色物流系统的功能要素主要由绿色运输、绿色仓储、绿色包装和绿色流通加工构成。

(1) 绿色运输

运输是物流系统中最基本、最重要的活动,运输成本占了物流总成本的 40%～50%。运输也是物流系统影响环境的最重要因素。随着物流服务的多样化、门到门式配送服务的发展,公路货运越来越成为现代物流系统中的支柱性的运输方式,但同时公路运输的能量消耗高、废气排放多、运输利用率低,使物流成为造成环境污染的主要原因之一。

绿色运输指的是以节约能源、减少废气排放为特征的运输,要实现这一目的,通常有以下几种实施策略:

① 绿色运输方式,即结合其他几种运输方式,降低公路运输的比例。

② 环保型运输工具,鼓励采用节能型的或以清洁燃料为动力的汽车等。

③ 绿色物流网络,即采用路程最短的、最合理的物流运输网络,以便减少无效运输。

④ 绿色货运组织模式,指的是城市货运体系中,通过组织模式的创新,降低货车出动次数、行驶里程、周转量等。

同时,绿色运输的实施不仅是企业的事情,而且还必须从政府约束的角度,对现有的物流体制强化管理,并构筑绿色物流建立与发展的框架。从发达国家的实践来看,政府对绿色运输的影响主要体现在三个方面:发生源约束、交通量约束和交通流约束。

① 发生源约束主要是对产生环境问题的来源进行管理,引导企业合理化运输管理,减少在途货车的增加,从而降低大气污染加重。

② 交通量约束主要是发挥政府的指导作用,推动企业从自用车运输向营业用货车运输转化,发展共同配送,建立现代化物流信息网络等,以最终实现物流的效率化。

③ 交通流约束的主要目的是通过建立都市中心部环状道路、道路停车规章以及实现交通管制的高度化等来减少交通堵塞、提高配送效率。

绿色运输的构成可用图 8-7 表示。

(2) 绿色仓储

绿色仓储要求仓库布局合理,以节约运输成本。布局过于密集,会增加运输的次数,从而增加资源消耗;布局过于松散,则会降低运输的效率,增加空载率。

物流管理中库存与运输之间存在着典型的对应关系,即当库存数量增加时,与库存相关的经营费用上升,但是相对应的运输费用却下降,因为一定时期内通过仓库的物资数量是固定的。因此,选择增加库容还是增加运输对物流都将产生直接的影响。

仓库建设前还应进行相应的环境影响评价,充分考虑仓库建设对所在地的环境影响。

(3) 绿色包装[①]

绿色包装是指采用节约资源、保护环境的包装。绿色包装的途径主要包括:促进生产部门采用尽量简化的以及由可降解材料制成的包装,商品物流过程中尽量采用可重复使用的单元式包装,实现物流部门自身经营活动用包装的减量化,主动地协助生产部门进行包装材料的回收与再利用。

按照包装的构成,绿色包装可分解为包装材料的绿色化、包装方式的绿色化和包装作业过程的绿色化三个方面;按照包装产品生命周期的观点,绿色包装包括了绿色包装设计、包装生产过程的绿色化、包装作业过程的绿色化、包装废弃物的回收再利用等。绿色包装的构成如图 8-8 所示。

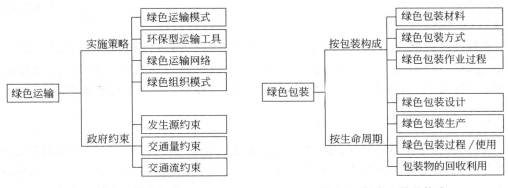

图 8-7　绿色运输的构成　　　　图 8-8　绿色包装的构成

(4) 绿色流通加工

绿色流通加工实施的途径包括:

① 专业化集中式流通加工,以规模作业方式提高资源利用效率。

② 流通加工废料的集中处理,与废弃物物流顺畅对接,降低废弃物及废弃物物流过程中的污染。

---

① 夏春玉,李健生. 绿色物流[M]. 北京:中国物资出版社,2005.

2. 绿色物流系统的宏观构成

在宏观层次,绿色物流系统体现了 3R 原则:减量化(reduce)、可重用(reuse)、再循环(recycle),真正实现了以有效的物质循环为基础的物流活动与环境、经济、社会的共同发展,使社会发展过程中的废物量达到最少,并使废弃物实现资源化和无害化处理。宏观绿色物流系统的结构参照图 8-9。根据物流的服务对象,由供应流、生产物流、销售物流及回收物流组成了一个闭环,保证这个闭环正常运转的外部条件包括绿色物流技术、物流环境影响评价标准和物流企业审核制度等。

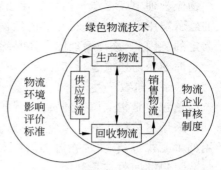

图 8-9 宏观绿色物流系统框图

8.2.4 逆向物流

逆向物流是指所有与资源循环、资源替代、资源回收和资源处置有关的物流活动。它能够充分利用现有资源,减少对原材料的需求,常被发达国家作为建设循环经济的重要举措。

在逆向物流中,物资从产品消费点(包括最终用户和供应链上客户)到产品来源地的物理性流动,在这个过程中又伴随着信息流、资金流、价值流等,它与正向物流无缝对接而成为整个物流系统的有机组成部分,使原来单向的企业物流变成完整循环的物流网。

1. 逆向物流的类别

按照成因、途径和处理方式的不同,逆向物流可以被划分为投诉退货、终端使用退回、商业退回、维修退回、生产报废与副品、包装 6 大类别。各类逆向物流的特点如表 8-1 所示。

(1) 投诉退货。此类逆向物流可能是由于运输差错、质量问题等造成的,一般在产品出售短期内发生。

(2) 终端退回。这主要是经完全使用后需处理的产品,通常发生在产品出售之后较长时间。终端退回可以是出于经济的考虑,最大限度地进行资产恢复。

(3) 商业退回。指未使用商品退回还款,如零售商的积压库存,这些商品通过再使用、再生产、再循环或者处理,尽可能进行价值的回收。

(4) 维修退回。指有缺陷或损坏产品在销售出去后,根据售后服务承诺条款的要求,退回制造商,它通常发生在产品生命周期的中期。

(5) 生产报废和副品。生产过程的废品和副品,一般来说是出于经济和法律条例的原因,发生的周期较短,且不涉及其他组织。

(6) 包装。包装品的回收在实践中已经应用很久了,逆向物流的对象主要是托盘、包装袋器皿等,它考虑经济的原因,将可以重复使用的包装材料和产品载体通过检验和清洗、修复等流程进行循环利用,降低制造费用。

表 8-1 供应链中逆向物流的分类及特点

类 别	周期时间	驱动因素	处 理 方 式	例 子
投诉退货: 运输短少、偷窃、质量问题、重复运输等	短期	市场营销	确认检查、退换货、补货	电子消费品,如手机、DVD、录音笔等
终端退回: 经完全使用或需处理的产品	长期	经济 市场营销	再循环、再生产	电子设备的再生产、地毯循环、轮胎修复
		法规条例	再循环	白色和黑色家用电器
		资产恢复	再循环、再生产、处理	计算机元件
商业退回: 为使用商品退回还款	短到中期	市场营销	再使用、再循环、再生产、处理	零售商积压库存、时装、化妆品
维修退回: 缺陷或损坏的产品	中期	市场营销 法律条律	维修 处理	有缺陷的家用电器、零部件、手机
生产报废或副品: 生产过程的废品和副品	较短期	经济 法律条例	再循环 再生产	药品行业、钢铁业
包装: 包装材料和产品载体	短期	经济	再使用	托盘、条板箱、器皿
		法律条例	再循环	包装袋

2. 逆向物流的特征

与正向物流相比,逆向物流具有以下特征。

(1) 流动的逆向性,即消费者—中间商—制造商—供应商。

(2) 逆向物流的分散性,废旧物资可能产生于生产领域、流通领域或生活流通领域,涉及任何领域、任何部门、任何个人,这种多元性使其具有分散性。

(3) 逆向物流的不确定性,指逆向物流发生的时间、地点和数量难以事先确定而且因为其发生地点分散、无序,不能集中一次向上游转移,难以实现运输和仓储的规模效益。

(4) 逆向物流的复杂性,指逆向物流中处理系统和方式复杂多样。

(5) 逆向物流的缓慢性,指逆向物流数量少、种类多,只有在不断汇集的情况下才能形成较大的流动规模。

(6) 价值的非单调性,价值的非单调性体现在逆向物流的不同阶段,在退货和召回流程中,产品具有价值递减性,因为这其中产生的运输、仓储、检验和处理等费用都会冲减其价值;报废的回收品,对消费者以没有任何价值,但是如果回收以后再利用,那么就会实现价值再造,所以具有价值递增性。

8.3 第四方物流

8.3.1 第四方物流的概念与特征

1. 第四方物流的概念

在物流链中,买卖货物的双方被称为第一方、第二方,物流公司专门为其提供运输、仓储等服务,被称为第三方,而提供供应链管理、物流咨询、物流培训等系统供应链解决方案的企业就是第四方物流。

第四方物流(fourth party logistics,4PL)的概念最早是由 Accenture 管理咨询公司于 1996 年提出来的,并对 4PL 这个术语注册了商标。1998 年,该公司的 John Gattorna 在其出版的《战略供应链联盟》中第四方物流定义为:"第四方物流提供商是一个供应链的集成商,它对公司内部和具有互补性的服务商所拥有的不同资源、能力和技术能进行整合和管理,并提供一整套供应链解决方案。"这是目前学术界比较认同的定义。

其他的典型定义有:美国著名的互助基金公司——摩根斯坦利公司认为,第四方物流就是"将供应链中附加值较低的服务通过合同外包出去后,剩下的物流服务部分",同时在第四方物流概念中引入"物流业务的管理咨询服务"的概念。而 European 4PL Research Club(欧洲第四方物流研究中心)则认为第四方物流是:设计、协调和控制敏捷供应和服务网络的一个物流管理理念。因此,单一中立的第四方物流服务提供商通常通过整合专业服务公司来提供模块化服务。

尽管对第四方物流的界定还存在多种认识,但无论哪种定义,都基本上包含着如下内涵。

(1) 与第三方物流的外包性质有所不同,第四方物流既不是委托企业全部物流和管理服务的外包,也不是完全由企业自己管理和从事物流,而是一种中间状态。

由于物流业务的外包有一定优势,例如它能减少委托企业在非核心业务或活动方面的精力和时间、改善顾客服务、有效地降低某些业务活动的成本等。但与此同时,企业内部的物流协调和管理也有它的益处,即它能在组织内部培育物流管理技能,对客户服务水准和相应的成本实施严格的控制,并能与关键顾客保持密切的关系和面对面的沟通等。正是出于以上两方面的考虑,第四方物流将两种物流管理形态融为一体,在统一的指挥和

调度下,将企业内部物流和外部物流整合在一起。

(2) 第四方物流组织往往是主要委托客户企业与服务供应组织之间通过签订合资协议或长期合作协议而形成的组织机构。

在第四方物流中,主要委托客户起了两种角色的作用,一是它本身就是第四方物流的参与者,因为第四方物流运作的业务中包含了委托客户企业内部的物流管理和运作,这些需要企业直接参与和控制;二是主要委托客户同时也是第四方的重要客户,它构成了第四方物流生存发展的基础或市场。由于上述两重身份,因此在第四方物流组织中,主要委托客户企业不仅有资本上的参与,而且他们也将内部的物流运作资产、人员和管理系统交付给第四方使用,第四方在使用这些资产、系统的同时,向主要委托客户企业交纳一定的费用。

(3) 第四方物流经常是一个主要委托客户企业与众多物流服务提供商或IT服务提供商间的唯一中介。

由于第四方物流要实现委托客户企业内外部物流资源和管理的集成,提供全面的供应链解决方案,因此,它势必在很大程度上广泛整合各种资源,这样第四方物流内部可能在企业关系或业务关系的管理上非常复杂。尽管如此,对于委托客户企业而言,它将整个供应链运作管理的任务委托给的对象只是第四方物流。所以,任何因为供应链运作失误而产生的责任,一定是由第四方承担,而不管实际的差错是哪个具体的参与方或企业造成的,这是第四方物流全程负责管理的典型特征。

(4) 第四方物流的形成大多是在第三方物流充分发展的基础上产生的。

第四方物流的管理能力应当是非常高的,它不仅要具备某个或几个业务管理方面的核心能力,更要拥有全面的综合管理能力和协调能力,其原因是它要将各个参与企业的资源进行有机整合,并根据每个企业的具体情况,进行合理安排和调度,从而形成第四方物流独特的服务技能和全方位、纵深化的经营诀窍,这显然不是一般企业所具备的。从发展规律来看,第四方物流的构成主体除了主要委托客户外,高度发达和具有强大竞争能力的第三方才是第四方孕育的土壤,这些企业由于长期以来从事物流供应链管理,完全具有相应的管理能力和知识,并且目前优秀的第三方已经在从事各种高附加价值活动的提供和管理,具备了部分综合协调管理的经验。

2. **第四方物流的特征**[①]

第四方物流是在第三方物流的基础上产生的,是对整个物流业的整合和发展,作为一种物流方式,第四方物流具有明显的特征,这些特征中,有些是第四方物流特有的,有些是第三方物流的强化。

(1) 集约化、信息化

第四方物流的经营集约化是指通过专业化和规模化运营使物流更快更省,降低客户

---

① 陆道生. 第四方物流:理论探索与实践运作[M]. 上海:上海社会科学院,2003.

物流成本,提高产品的市场竞争力。这一特征已成为第四方物流具有强大生命力的重要保障。主要表现在以下几个方面。①以业务流程改革和供应链再造为核心。第四方物流从业务流程再造入手,通过监控、分解、评估、重塑业务流程中的各个环节,进行删除、压缩、整合、外包的改进和再造,把供应链中的各个环节按顾客需要重新组合、不断优化,帮助业主获得最佳的服务效果。②第四方物流革命性地大量使用信息技术,以此压缩管理时空,增强应变能力,保证集约化经营取得的突破性进展,并带动电子物流的强劲发展。③第四方物流进行理想的机构整合,信息管理,优化要素配置,提高经营回报。④第四方物流能顺应市场需求,不断发展企业经营服务项目。

(2) 综合性

第四方物流提供了一个综合性供应链解决方案,以有效地适应需方多样化和复杂化的需求,集中所有的资源为客户完善的解决问题。综合供应链解决方案包括:①供应链再造。第三方物流由于自身的许多限制,其提供的供应链多是间断的、不完整的或者是小范围的、局部的。只有第四方物流才能提供真正意义上完整的供应链。第四方物流通过对供应链进行全局性的规划与实施,创造性地重新设计了参与者之间的供应链;②功能转化。第四方物流通过战略调整、流程再造、整体性地改变管理和技术之间的关系等措施,将传统的保证服务链完成的功能发展到引导、监控、优化和重塑服务链的功能上来。③业务流程再造。第四方物流将系统和优化技术用于物流的流程设计和再造,融入新的管理制度,分析企业核心流程,找出流程中的障碍,循序渐进地再造物流企业业务流程,消除行业发展瓶颈。

(3) 高利润、低成本

第四方物流通过影响整个供应链来获得价值,为整条供应链上的用户带来利益,同时降低链的运作成本。第四方物流通过实现"无缝"供应链,将原来那些供应链各环节连接上的成本消耗降到最低,通过采用现代信息技术、科学的管理流程和标准化管理,使库存和现金周转次数减少,进而大幅度降低了工作成本;同时,服务质量的提高、实用性的增强提高了供应链的整体收益。

(4) 规范化、标准化

物流的标准化是指以物流为一个大系统,制定系统内部设施、机械装备,包括专用工具等的技术标准,包装、仓储、装卸、运输等各类作业标准,以及作为现代物流突出特征的物流信息标准,并形成全国以及与国际接轨的标准化体系。由于第四方物流交易具有多重性,物流管理的标准化和规范化就更加有意义,它是第四方物流顺利运作的前提和保证,同时第四方物流的发展又加速了整个物流行业标准化和规范化的进程。

(5) 国际化

第四方物流是在经济全球化的大趋势下出现的,因此其自身的国际化将是不可避免的。第四方物流的国际化主要体现在以下几个方面。①物流市场的国际化。当今世界各国之间的物资、原材料、零部件与制成品的进出口运输,无论是质量还是数量都发生了较大的变化。现在的物流市场已经从封闭的、单体式的市场发展到了国与国之间的综合性的物流市场,因此跨国公司要想在国际市场上保持优势,必须依靠第四方物流为其设计全新的供应链。②服务需求国际化。跨国公司的生产和销售,推动了物流服务需求的国际化,越来越多的跨国公司将核心业务从货物贸易扩展到服务贸易领域,成为国际物流需求的主要来源。同时大型物流公司通过全球统筹规划的服务定位和覆盖全球的发送中心网络,加速了全球并购活动,扩大了公司的生产与经营的规模,延长了供应链,还使物流服务在全世界范围内展开。③物流支持系统的国际化。国际化物流信息系统是第四方物流非常重要的支持手段,因此第四方物流必须建立信息化的支持系统,尤其是技术、信息和人力资源的国际化。④供应链管理的国际化。第四方物流由于涉及面广,而且是利用极为综合的资源,精确地控制供应链整个流程,因此需要全面的、国际化的、信息化的管理。⑤营造国际化的企业文化。营造国际化管理的企业文化管理模式是第四方物流发展的内在要求。

3. 第四方物流的功能

第四方物流同第三方物流相比,服务的内容更多,覆盖的地区更广,对从事货运物流服务的公司要求也更高。它通过对整个供应链的影响力,提供综合的供应链解决方案,进而为其顾客带来更大的价值。可以说,第四方物流是在解决企业物流的基础上,整合社会资源,实现解决物流信息充分共享、社会物流资源充分利用的目标。它的功能体现在以下三个方面。

(1) 供应链管理功能——从货主、托运人到顾客全过程

第四方物流作为供应链管理的一种新模式,其出现是市场对物流外包的必然产物。第四方物流在复杂的供应链管理中担负着主要的任务,是供应链外部的重要组成部分。它对供应链的物流进行整体上的计划和规划,并监督和评估物流的具体行为和活动的效果。对供应链管理来说,第四方物流是对包括第四方物流服务商及其客户在内的一切与交易有关的伙伴的资源和能力的统一。第四方物流集成了管理咨询和第三方物流服务商的能力,更重要的是,一个前所未有的、使客户价值最大化的统一的技术方案的设计、实施和运作,只有通过咨询公司、技术公司和物流公司的齐心协力才能实现。

(2) 供销、运输、中试和检验一体化功能——负责管理运输公司、物流公司之间在业务操作上的衔接与协调问题。

一体化物流的基本含义是指不同职能部门之间或不同企业之间通过物流上的合作,达到提高物流效率、降低物流成本的效果。第四方物流向用户提供更加全面的供应链解决方案,并只有通过第三方物流企业、信息技术企业和咨询企业的协同作业来实现,使物流的集成化一跃成为供应链一体化,将上下游产业连接起来。

(3) 供应链再造,整合上下游产业的功能

供应链再造是指为了增加市场份额、销售收入,增强竞争力优势,供应链集成商根据货主、托运人在供应链战略上的要求,及时改变或调整战略战术,使其经常高效率地运作。供应链再造是一个有效的手段,能够扩大市场份额,增进顾客忠诚度,获得持久竞争优势。

第四方物流最高层次的方案就是再造。再造过程就是基于传统的供应链管理咨询技巧,使得公司的业务策略供应链策略协调一致;同时,技术在这一过程中又起到催化的作用,整合和优化了供应链内部和与之交叉的供应链的运作。

8.3.2 第四方物流的运作模式

第四方物流的运作模式有三种,分别是第四方物流的协同运作模式、第四方物流的方案集成模式以及第四方物流的行业创新模式[①]。

1. 第四方物流的协同运作模式

第四方物流和第三方物流共同开发市场,第四方物流向第三方物流提供一系列的服务,包括:技术、供应链策略、进入市场的能力和项目管理的能力。第四方物流在第三方物流公司内部工作,其思想和策略通过第三方物流企业这样一个具体实施者来实现,以达到为客户服务的目的。第四方物流和第三方物流一般会采用商业合同的方式或者战略联盟的方式合作。

2. 方案集成运作模式

在这个模式里面,第四方物流为客户提供运作和管理整个供应链的解决方案。第四方物流对本身和第三方物流的资源、能力和技术进行综合管理,借助第三方物流为客户提供全面的、集成的供应链解决方案。第三方物流通过第四方物流的方案为客户提供服务,第四方物流作为一个枢纽,可以集成多个服务供应商的能力和客户的能力。其结构如图 8-10 所示。

3. 行业创新运作模式

在行业创新模式中,第四方物流为多个行业的客户开发和提供供应链解决方案,以整合整个供应链的职能为重点,第四方物流将第三方物流加以集成,向下游的客户提供解决方案。在这里,第四方物流的责任非常重要,因为它是上游第三方物流的集群和下游客户集群的纽带。行业解决方案会带给整个行业最大的利益。第四方物流通过卓越的运作策略、技术和供应链运作实施来提高整个行业的效率。该模式结构图见 8-11。

---

① 邹振高,计佃. 浅谈第四方物流的产生和发展[J]. 铁道物资科学管理,2003(6).

第 8 章 物流发展的最新动态

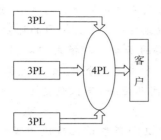

图 8-10 方案集成商运作模式结构图

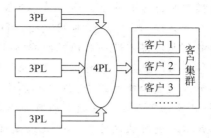

图 8-11 行业创新运作模式结构图

案例 1 戴尔公司的供应链管理

戴尔计算机公司以直接经营模式著称，其高效运作的供应链使它在全球经济衰退，特别是 IT 行业不景气，绝大多数 IT 公司效益下滑的情况下逆市而上。据权威的国际数据公司（IDC）统计，在 2002 年第三季度，戴尔重新回到了全球个人电脑市场占有率第一的位置。在中国市场上，戴尔的业绩更是不俗，出货量与 2000 年同期相比增加了 42%。这种骄人的成绩很大程度上要归功于戴尔独特的直接经营模式和高效的供应链运作。用戴尔自己的话讲："直接经营模式使我们在供应商、戴尔及客户之间构筑了一个我们称之为'虚拟整合'的平台，保证了供应链的无缝集成。"这使得戴尔公司在全球的业务得以迅猛增长。

戴尔的供应链覆盖了产品设计、制造、库存管理、信息系统、网络分布、销售及市场推广的整个过程。事实上，戴尔的供应链系统早已打破了传统意义上"厂家"与"供应商"之间的模式。在戴尔的业务平台中，客户变成了供应链的核心，"由于直接经营的模式和高效的供应链管理，我们可以从市场得到第一手的客户反馈和需求，然后，生产等其他业务部门便可以及时将这些客户信息传达到戴尔的原材料供应商和合作伙伴那里。"

在 1994 年，戴尔还处在计算机制造业市场中的第二阵营，与其他厂商一样，也是根据库存和产品提前订购配件；然而，为了尽快赶超其他对手，戴尔别无选择，必须构建一种新的业务流程和经营模式。戴尔制订了一个供应链再造计划，把经营转变为定制程序，并寻找一个接近"无库存"的经营方式去降低库存量，面向顾客直销产品，以增加现金流。这种运作模式是无法用手工操作来完成的，必须采用一套计算机供应链软件系统来完成，因为戴尔需要将它的客户、供应商，以及自己内部的各个业务部门和业务流程通过系统集成起来。

起初，戴尔的营销和制造执行官反对建立这套"无库存定制"的供应链管理系统。然而，它们的经理们却坚决拥护这种模式，同时在市场的竞争压力下，戴尔决定做第一个"吃螃蟹"的企业，走上了这条艰难但通往辉煌的道路。供应链重组工作开始时，由于新的供

355

应链模式对公司的各个方面都带来了变革和影响，为了将不利影响消除到最小，戴尔每周都要召开会议，来自销售、市场营销、制造和采购的高层经理一起制订公司的计划和行动，同时戴尔也不得不做一些困难的战略性转变，使其重要的活动与新模式相协调。这些努力使得公司的重组业务更加完善，业务流程更加流畅，方案更加合理，组织更具凝聚力。在整个供应链构建过程中，戴尔都非常有效地利用了团队方法，不仅创建了它的再造战略，而且确保了在变革基础上的商务模式的定位。

戴尔所进行的这些变革的效果是极为惊人的。把这种新型供应链能力置于核心战略，其意义远远超出了简单地追求效率和价值产出。这种在供应链系统中将客户视为核心的"超常规"运作，使得戴尔能做到 4 天的库存周期，而竞争对手大都还徘徊在 30～40 天。这样，以 IT 行业零部件产品每周平均贬值 1% 计算，戴尔产品的竞争力便更是显而易见。戴尔生产计算机仅用 3 个小时，但配件却有 60 天的提前期。为了平衡需求，戴尔的上层采购、制造、市场营销执行官每周例会以决定本周的产品制造是否可行。

为了更好地管理需求的匹配和平衡，戴尔通过利用每天的价格浮动、品牌刺激吸引客户订单，订购公司能够制造的产品（即"卖你有的"系统）。这些管理人员有共同的工作目标和措施。他们定期碰头开会关注一些共同的问题，一起分析"战斗"过程中获得的信息；供应链管理的另一个重要工作是深度地进行市场细分，把市场需求与公司供给能力相匹配。通过细分来选择客户是供应链成功的一个要素。戴尔公司仔细地界定客户目标，经常与有关系的客户联系，预测其需要的产品配置。客户细分能使公司有一个稳定的、可预见的采购模式。戴尔公司就是把这个采购模式嵌入它的"产品定制"供应链管理系统，获得了比竞争对手更强的竞争优势。

在供应链管理中有效的渠道战略也帮助戴尔公司比竞争对手更有机会接近客户。它的面向客户的渠道战略在行业中是一个突破。它削减了竞争对手对重要客户的接近机会和对市场的进入机会。许多这种基于供应链的直销战略获得了明显的好处。戴尔公司通过直接客户关系去控制价格，实施客户和市场的反馈，实现"卖你有的"产品的能力，消除过时的、过多的零售商库存，在互联网上为客户提供新的渠道机会和新式的服务。

戴尔公司在其供应链上的 5 个重要方面开展了新式运作。第一，制定了被广泛关注的无瑕疵"定制"系统；第二，建立了有效的供应商管理系统，缩短了交货提前期，支持 JIT 运作要求的全面质量标准；第三，戴尔"卖你有的"系统平衡了供需关系；第四，戴尔公司设计了十分清晰的产品生命周期管理流程，减少成本、增加战略收益；第五，与供应商一起合作缩短其产品生产周期，向整个渠道推广戴尔模式。这些运作能力一起构成了戴尔模式的基石。

在不断完善供应链管理的过程中，戴尔公司还敏锐地捕捉到互联网对供应链带来的巨大变革，不失时机地在供应链管理系统中加入了包括信息收集、原材料采购、生产、客户支持、客户关系管理，以及市场营销等环节在内的网上电子商务平台。目前，互联网已经

第 8 章 物流发展的最新动态

成为公司业务的普通模式,成为有别于其他公司的、基于客户运作的差异化能力。这种能力使客户关系更紧密、更稳固。例如,戴尔公司通过开通客户专用网站来实行在混合市场的差异化,能够高度地适应客户的特性化。同时,还利用与客户的直接联系及时地获取关于客户需求的最新信息,去开发新一代的产品。在网站上,戴尔公司和供应商共享包括产品质量和库存清单在内的一整套信息,同时还利用互联网与全球超过 113 000 个客户直接开展业务。通过网站,用户可以随时对戴尔公司的全系列产品进行评比、配置,并获知相应的报价,进行在线订购,并且随时监测产品制造及送货过程。目前,戴尔公司经营着全球规模最大的互联网商务网站,覆盖 80 个国家,提供 27 种语言或方言、40 种不同的货币报价,每季度有超过 9.2 亿人次浏览。戴尔公司的电子商务实践使"直接经营"供应链运作插上了腾飞的翅膀,极大地增强了其产品和服务的竞争优势。

(资料来源:周艳军. 供应链管理[M]. 上海:上海财经大学出版社,2004:54-55.)

案例 2　日本夏普公司的绿色包装与绿色运输

日本夏普(SHARP)公司通过其"超级绿色计划"(Super Green Initiatives)建立了一个环境可持续型的管理框架,制订了产品设计、制造、物流等阶段的绿色行动计划,下面介绍夏普在物流阶段的绿色实施。

1. 夏普公司的绿色包装行动

设计易于再循环的包装容器和包装材料是夏普绿色物流的行动计划之一。具体内容如下:

(1) 包装材料的再生计划。夏普公司通过观察发现,对于家用电器类商品,大多数的垃圾一般都来自于包装箱里的减震物。公司最初使用的也是普通的塑料减震材料,这类塑料不但降解需要很长的时间而且还会对环境造成较大影响。现在,公司已经开发出用纸板制作的缓冲材料,纸板更容易再生,废弃后对环境的影响较小。夏普生产的液晶电视,除了型号特大的之外,几乎都是使用纸板减震材料。

(2) 包装材料的重复使用。夏普公司投入大量精力改进进口和出口的包装物。公司将可反复使用的安全袋作为包装袋的减震衬垫,这一做法取得了很好的效果,使日本的聚苯乙烯消耗量每月降低了 216 立方米。另外,夏普还积极采取措施,降低运输包装废弃物的产生。如在海运一些体积较小的产品时,采用可以反复使用的包装材料;对于那些木质的包装物一般是经修复后重复使用。

(3) 易于重复使用的包装箱结构设计。当家庭成员希望收藏包装箱以便下次重复使用时,一般必须将包装物分割成更小的部分,或者折叠起来。基于此点,公司设计了一种特殊结构的纸箱,这种纸箱用来包装音频产品,它可以轻松地折叠成体积较小、便于处理的形状。而且,这收藏过程中,纸箱不需要用绳子或带子捆绑,而是靠自身的结构实现固定,所以下次使用时就非常容易。

(4) 包装材料的环境标识。从2003年4月起,夏普公司积极响应日本政府的"促进资源有效利用"的政策法规,在它的所有产品包装材料上都贴上响应的标识。此外,从2002年起,夏普公司就开始在它们的纸箱上使用"波纹状纸板再生循环标记",这个标记是由日本印刷产业联合会(Japan Corrugated Case Association,JCCA)制定的。

2002年,日本印刷产业联合会主办了"日本包装大赛",夏普公司凭借两项设计在电器类产品包装中获胜,其中一项是空调室内机新包装设计,另一项是具有环境意识的扬声器包装设计。空调室内机包装设计通过一个能折叠成薄片的箱子,来包装捆绑着的配件,从而节约了包装材料;另外,主要部件的缓冲材料也易于处理。扬声器包装结构的包装材料完全使用再生纸和再生纸板,采用再生材料,不仅在生产环节进行有效的设计,而且也是一种非常环保的包装方式。

2. 夏普公司的绿色运输系统

(1) 向铁路运输方式转移。与公路运输相比,铁路运输和船舶运输具有良好的环境效果。因此,夏普公司采取积极的措施,逐步用铁路货运方式取代载重汽车运输方式,尤其是对于需要长距离运输的货物。

在2002年,夏普公司通过铁路运输的集装箱每月大约有311标箱,这样大约能减少131吨CO_2的排放,这一数值比上一年提高了31%。如果靠树木来吸收这些CO_2,那么所需的绿化面积相当于19个东京那么大。由此可见,减少公路运输量对环境的改善效果是非常明显的。图8-12是夏普公司近几年铁路集装箱运输量的上升趋势和CO_2排放量缩减的情况。

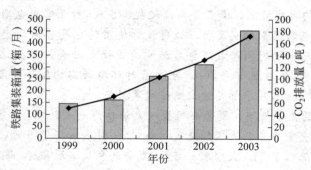

图8-12 铁路集装箱运输量和CO_2排放量的缩减

2003年,公司将普遍使用的5吨型集装箱改装成10吨载重量的铁路集装箱,以此来提高运输效率;同时,公司也将准备采用船舶运输与铁路运输相结合的多方联运方式,也就是说,20英尺和40英尺的集装箱从海外用船舶方式运到日本,再采用铁路运输方式。这样,每月运输的集装箱就可以达到450标箱,比2002年增加了44.7%。公司正采取措

第8章 物流发展的最新动态

施,加快向铁路货物运输方式转移的步伐。

(2) 使用低污染的车辆。在物流中心,公司现在使用电动叉车完成搬运装卸作业。用电力驱动的叉车代替燃料驱动的叉车,不仅能够减少 CO_2 排放量,而且能够降低功率消耗,因为电动叉车代替燃料驱动的叉车即使是在功率较低时也能正常工作。2002年,公司已经淘汰了98%的燃料驱动叉车。

另外,日本政府也在不断加大对卡车货运的法规限制。例如,通过颁布法令,控制车辆对氮氧化物的排放、限制排放该类物质的车辆上路行驶、限制车速等。随着这些法规条例的执行,公司还在不断寻求使用更低污染的货车,如使用天然气驱动的货车或混合驱动的货车。

(3) 消除发动机空转等待。货车在物流中心、仓库等设施处,在等待装、卸作业的时候,一般都是让发动机转动,而发动机空转等待时排出的 CO_2、铅化合物等废气量是正常行驶时的若干倍。夏普公司意识到了这一问题,他们在运输工具内粘贴标签、标识和海报并对司机进行环保知识宣传,督促司机在等待货物装卸时关闭引擎,基本上消除了发动机空转。这一措施使该企业在物流活动中每月所减少的 CO_2 排放量达60吨,并且每月节约了23 000升的燃料,这些省下来的燃料足够一辆卡车行驶90 000公里,(即绕地球两圈)。

(4) 降低总的运输量。为了减轻运输对环境的负担,公司采取了一些措施提高物流效率,如提高一次运输的装载率,尽量满载行驶;提高从制造厂的直接装运量,减少中间转运量。

(资料来源:王健. 现代物流概论[M]. 北京:北京大学出版社,2005:309-312.)

思 考 题

1. 什么是第三方物流?
2. 供应链管理产生的原因有哪些?
3. 试分析发展绿色物流的意义。
4. 什么是第四方物流?
5. 假定你是一个供应链经理,你被要求参加新产品开发团队的会议,你会对这个团队提出哪些问题以保证你的供应链能为产品有效投放做好准备?
6. 核心企业与顾客合作的主要风险是什么?

参 考 文 献

[1] 王国华. 中国现代物流大全[M]. 北京：中国铁道出版社，2004.
[2] 汝宜红. 物流运作管理[M]. 北京：清华大学出版社，2003.
[3] 中国物流与采购联合会. 中国物流发展报告 2006-2007[M]. 北京：中国物资出版社，2007.
[4] http://blog.sina.com.cn/s/blog_4a42cd89010007s1.html.
[5] 庄严. 美国物流业研究[D]. 硕士学位论文. 长春：吉林大学，2004.
[6] http://www.ocn.com.cn/.
[7] 金真. 全面认识物流服务[J]. 商业经济文荟，2000(6)：20-22.
[8] 苏选良等. 应重视企业物流研究[J]. 中国物流与采购，2002(15)：37-38.
[9] http://www.examda.com/wuliu/anli/.
[10] http://www.chinawuliu.com.cn/.
[11] 国家发展和改革委员会经济运行局等. 中国现代物流发展报告 2006[M]. 北京：机械工业出版社，2006.
[12] 何明珂. 物流系统论[M]. 北京：中国审计出版社，2001.
[13] 鞠颂东，徐杰. 高层次物流教育与学科建设问题研究[C]. 第二届中国物流学术年会. 北京，2003.
[14] http://wiki.mbalib.com/wiki.
[15] 江少文. 现代物流[M]. 上海：立信会计出版社，2006.
[16] 张晓青. 现代物流概论[M]. 武汉：武汉理工大学出版社，2005.
[17] 邓明荣，张红，葛洪磊等. 现代物流管理[M]. 北京：高等教育出版社，2005.
[18] 齐二石等. 物流工程[M]. 北京：高等教育出版社，2005.
[19] 胡强，中小企业物流管理优化策略研究——历杰化工公司实证分析[D]. 硕士学位论文. 北京：北京交通大学，2007.
[20] 马士华. 基于供应链的企业物流管理——战略与方法[M]. 北京：科学出版社，2005.
[21] 任敏娟. 基于 ABC 的成品油生产企业物流成本核算研究[D]. 硕士学位论文. 北京：北京交通大学，2007.
[22] 董千里. 区域性物流战略设计与组织实施的思考[J]. 北方交通大学学报，1997(7).
[23] 刘文茹，赵启兰，王耀球. 论区域性物流中心的建设[J]. 物流技术，2001(6).
[24] 海峰，张丽立，安进. 怎样认识区域物流[J]. 中国物流与采购，2003(10).
[25] 张欣. 旅游产业区域竞争力的理论研究与实证分析[D]. 硕士学位论文. 青岛：青岛大学，2002.
[26] 日通综合研究所. 物流手册[M]. 吴润涛等译，北京：中国物资出版社，1986.
[27] 陈铁军. 云南区域经济协调发展论[M]. 昆明：云南人民出版社，1999.
[28] 刘志学. 现代物流手册[M]. 北京：中国物资出版社，2001.
[29] 徐涛. 厦门市发展现代物流产业经济环境分析[D]. 硕士学位论文. 武汉：武汉理工大学，2002.
[30] Marc Goetschalckx, Carlos J. Vidal, Koray Dogan. Modeling and Design of Global Logistics

Systems: A Review of Integrated Strategic and Tactical Modelsand Design Algorithms [J]. European Journal of Operational Research, 2002:1-18.

[31] A Jian, CHEN Yin san, YU Qiang, GUO Rong ging, ZHANG Ping yu. The Application Study of Retarderto Automobile Driving Down Slope Road [J]. Journal of Xian Highway University, 1999, 19(4).

[32] Editorial. Collaboration in Logistics [J]. European Journal of Operational Research, 2003.

[33] Balsmeier P W, Voisin W J. Supply Chain Management: A Time-Based Strategy [J]. Industrial Management, 1996.

[34] Evens GN, et al. Business Process Reengineering the Supply Chain [J]. Production Planning and control, 1995, 6(3).

[35] 方仲民. 物流系统规划与设计[M]. 北京:机械工业出版社,2003.

[36] 董千里. 区域物流信息平台与资源的整合[J]. 交通运输工程学报,2002(4).

[37] 中国物流与采购联合会. 中国物流发展报告2005[M]. 北京:中国物资出版社,2005.

[38] 方赛银,区域物流规划方法与实证研究[D]. 硕士学位论文. 昆明:西南林学院,2007.

[39] 刘秉镰. 建立天津区域物流中心的对策研究[J]. 港口经济,2006.

[40] 孙咏华. 中国国际物流体系的构建[J]. 物流技术,2004(2).

[41] 王广宇. 电子商务与国际物流发展[J]. 2004(9).

[42] Edward Frazelle. Supply Chain Strategy-The Logistics of Supply Chain Management [M]. Mc Graw-Hill, 2002.

[43] 崔杰,沈辉. 国际物流的现状[J]. 价值工程,2003(6).

[44] Goldsborough William W. and David L. Anderson. The international logistics environment. // Robeson, James F and William C. Copacino (eds). The Logistics Handbook [M]. Free Press, 1994.

[45] 林正章. 国际物流与供应链[M]. 北京:清华大学出版社,2006(10).

[46] 杨晓菲,帅斌,文子娟. 国际物流在我国的发展现状[J]. 物流技术与应用,2005(10).

[47] 胡圣,我国国际物流发展对国际贸易的影响及对策研究——以钢铁行业为例[D]. 硕士学位论文. 成都:西南财经大学,2007.

[48] 吴清一. 现代物流概论[M]. 北京:中国物资出版社,2003.

[49] 毛照昉. 面向客户价值和精/敏战略的制造供应网络绩效评价研究[D]. 博士学位论文. 天津:天津大学,2006.

[50] 唐纳得·鲍尔索科斯,戴维·克劳斯. 物流管理——供应链过程一体化[M]. 北京:机械工业出版社,2003.

[51] 彭俊松. 汽车行业供应链战略——管理与信息系统[M]. 北京:电子工业出版社,2006.

[52] 兰如玉. 基于GPS的物流运输调度管理系统设计与实现[D]. 硕士学位论文. 长春:吉林大学,2003.

[53] 李晓梅. 基于全供需网的汽车制造供应商选择评价及协同对策研究[D]. 博士学位论文. 天津:天津大学,2007.

[54] 唐纳德·J,鲍尔索克斯,戴维·J,克劳斯等. 供应链物流管理[M]. 马士华等译. 北京:机械工业出版社,2007.
[55] Alan Harrison, Remko van Hoek. Logistics Management and Strategy—Competing through the Supply Chain (3rd edition) [M]. Financial Times/Prentice Hall, 2008.
[56] 许永龙. 物流系统的经济评价理论与方法[M]. 北京:中国社会科学出版社,2006.
[57] 罗积玉,邢英. 经济统计分析方法及预测[M]. 北京:清华大学出版社,1987.
[58] 骆温平. 物流与供应链管理[M]. 北京:电子工业出版社,2002.
[59] Ronald H. Ballou 等. 企业物流管理[M]. 王晓东等译. 北京:机械工业出版社,2007.
[60] 艾伦,哈里森,瑞莫克 V,胡可等. 物流管理与战略[M]. 方海萍等译. 北京:电子工业出版社,2003.
[61] 张余华. 现代物流管理[M]. 武汉:华中科技大学出版社,2006,9.
[62] 曾益坤. 物流成本管理[M]. 北京:知识产权出版社,2006,8.
[63] 程光. 物流管理[M]. 北京:机械工业出版社,2005.
[64] 孟建华. 现代物流管理概论[M]. 北京:清华大学出版社,2004.
[65] 王晓东. 现代物流管理[M]. 北京:对外经济贸易出版社,2001.
[66] Johnson M, Templar S. The Influence of Supply Chains on a Company's Financial Performance [M]. PA Consulting Group, London, 2007.
[67] Derocher R, Kilpatrick, J. Six Supply Chain Lessons for the New Millennium [J]. Supply Chain Management Review, 2000, 3(4): 34-40.
[68] Brewer P C, Steh T W. Using the Balanced Scorecard to Measure Supply Chain Performance [J]. Journal of Business Logistics, 2000, 21(1): 75-93.
[69] 齐二石,方庆琯. 物流工程[M]. 北京:机械工业出版社,2006.
[70] 张成海. 供应链管理技术与方法[M]. 北京:清华大学出版社,2002.
[71] 陈子侠. 现代物流学理论与实践[M]. 杭州:浙江大学出版社,2003.
[72] 周艳军. 供应链管理[M]. 上海:上海财经大学出版社,2004.
[73] 马士华. 供应联管理[M]. 北京:机械工业出版社,2000.
[74] 王昭凤. 供应链管理[M]. 北京:电子工业出版社,2006.
[75] 李琪,魏修建. 电子商务物流管理[M]. 重庆:重庆大学出版社,2004.
[76] 何杨平,韩海雯,张潇元. 现代物流与电子商务[M]. 广州:暨南大学出版社,2004.
[77] 桂学文. 电子商务物流[M]. 武汉:华中师范大学出版社,2001.
[78] 王庆云. 经济物流[M]. 北京:中国科学技术出版社,2005.
[79] 王长琼. 绿色物流[M]. 北京:化学工业出版社,2004.
[80] 夏春玉,李健生. 绿色物流[M]. 北京:中国物资出版社,2005.
[81] 李吟龙. 物流基础[M]. 北京:北京人民交通出版社,2003.
[82] 夏春玉. 现代物流概论[M]. 北京:首都经贸大学出版社,2003.
[83] 周莞阳. 第四方物流及其在我国发展对策的研究[D]. 硕士学位论文. 武汉:武汉大学,2005.
[84] 陆道生. 第四方物流:理论探索与实践运作[M]. 上海:上海社会科学院出版社,2003.
[85] 陈兵兵. SCM 供应链管理——策略、技术和实务[M]. 北京:电子工业出版社,2004.

[86] 王之泰. 现代物流学[M]. 北京：中国物资出版社，1997.
[87] 叶怀珍. 现代物流学[M]. 北京：高等教育出版社，2003.
[88] 张树山. 物流信息系统[M]. 北京：人民交通出版社，2005.
[89] 林自葵. 物流信息系统[M]. 北京：北方交通大学出版社，2004.
[90] 王家善，吴清一，周家平. 设施规划与设计[M]. 北京：机械工业出版社，2000.
[91] 李永先，胡祥培，熊英. 物流系统仿真研究综述[J]. 系统仿真学报，2007(4).
[92] 刘丽文. 生产与运作管理[M]. 北京：清华大学出版社，2004.
[93] 王炬香，温艳，王磊. 采购管理实务[M]. 北京：电子工业出版社，2007.
[94] 崔介何. 物流学概论[M]. 北京：北京大学出版社，2005.
[95] 吴清一，唐英. 解读托盘新国标[J]. 物流技术与应用，2008(5).
[96] 胡运权. 运筹学教程[M]. 北京：清华大学出版社，2007.
[97] 孟国强. 中国物流标准化的现状与全国物流标委会的工作[J]. 上海物流，2003(6).
[98] 杨辉. 我国物流标准化现状及对策[J]. 集装箱化，2006(6).

教学支持说明

扫描二维码在线填写
更快捷获取教学支持

尊敬的老师：

您好！为方便教学，我们为采用本书作为教材的老师提供教学辅助资源。鉴于部分资源仅提供给授课教师使用，请您填写如下信息，发电子邮件给我们，或直接手机扫描上方二维码在线填写提交给我们，我们将会及时提供给您教学资源或使用说明。

（本表电子版下载地址：http://www.tup.com.cn/subpress/3/jsfk.doc）

课程信息

书　　名			
作　　者		书号（ISBN）	
开设课程1		开设课程2	
学生类型	□本科　　□研究生　　□MBA/EMBA　　□在职培训		
本书作为	□主要教材　　□参考教材	学生人数	
对本教材建议			
有何出版计划			

您的信息

学　　校			
学　　院		系/专业	
姓　　名		职称/职务	
电　　话		电子邮件	
通信地址			

清华大学出版社客户服务：
E-mail：tupfuwu@163.com　　　　　　　　　网址：http://www.tup.com.cn/
电话：010-62770175-4506/4903　　　　　　传真：010-62775511
地址：北京市海淀区双清路学研大厦B座506室　邮编：100084